U0462328

代化丛书

后发省域经济现代化

安树伟◎主编

陈润羊◎著

山西出版传媒集团
SHANXI PUBLISHING MEDIA GROUP

山西经济出版社

图书在版编目（ＣＩＰ）数据

后发省域经济现代化 / 陈润羊著. -- 太原：山西
经济出版社，2024.10. --（区域现代化丛书 / 安树伟
主编）. -- ISBN 978-7-5577-1358-4

Ⅰ. F12

中国国家版本馆CIP数据核字第2024RB5172号

后发省域经济现代化
HOUFASHENGYU JINGJI XIANDAIHUA

著　　者：	陈润羊
出 版 人：	张宝东
选题策划：	侯轶民
责任编辑：	丰　艺
助理编辑：	岳子璇
装帧设计：	华胜文化
出 版 者：	山西出版传媒集团·山西经济出版社
地　　址：	太原市建设南路21号
邮　　编：	030012
电　　话：	0351—4922133（市场部）
	0351—4922085（总编室）
E-mail：	scb@sxjjcb.com（市场部）
	zbs@sxjjcb.com（总编室）
经 销 者：	山西出版传媒集团·山西经济出版社
承 印 者：	山西人民印刷有限责任公司
开　　本：	787mm×1092mm　　1/16
印　　张：	34
字　　数：	469 千字
版　　次：	2024 年 10 月　第 1 版
印　　次：	2024 年 10 月　第 1 次印刷
书　　号：	ISBN 978-7-5577-1358-4
定　　价：	68.00 元

甘肃省哲学社会科学规划项目：

　　双循环新发展格局下甘肃的机遇、挑战与应变对策

甘肃省基础研究计划–软科学专项：

　　甘肃省培育和发展新质生产力的指向、机制与路径研究

甘肃省高校青年博士支持项目：

　　数字经济驱动甘肃绿色转型发展的实现路径研究

兰州财经大学首批学科科研融合团队建设项目：

　　区域经济学

总 序

习近平总书记在党的二十大报告中指出："以中国式现代化全面推进中华民族伟大复兴……从二〇二〇年到二〇三五年基本实现社会主义现代化；从二〇三五年到本世纪中叶把我国建成富强民主文明和谐美丽的社会主义现代化强国。"中国式现代化是世界文明进步运动在中国的生动实践，具有人口规模巨大、全体人民共同富裕、物质文明和精神文明相协调、人与自然和谐共生和走和平发展道路五个鲜明特征。改革开放45年来，中国经济取得了举世瞩目的成绩，综合国力显著提升。1978—2022年，国内生产总值由3679亿元增长到1204724亿元，一般公共预算收入由1132亿元增长到203703亿元，人民生活水平稳步提高，2022年全国居民人均可支配收入达到36883元。产业基础更加牢靠，产业体系更加完备，是全世界唯一拥有联合国产业分类中全部工业门类的国家。基础设施更加完善，已经建成发达的现代化综合交通体系，2022年全国铁路营业里程达到15.5万千米（其中高铁营业里程4.2万千米）、高速公路里程17.73万千米、公路密度55.78千米/百平方千米，一次能源生产总量达到46.60亿吨标准煤、发电装机容量达到25.64亿千瓦，为全面建成社会主义现代化强国奠定了坚实的物质基础。

我们也应该看到，在实现中国式现代化进程中也面临着其他国家都不曾有过的问题。第一，老龄化程度不断加深，总人口开始减少。中国有超过14亿人的人口，在未来较长时间内超大规模的市场优势依然存在，但是2022年中国65岁及以上人口所占比重为14.9%、老年抚养比为21.8%。同时，中国人口总量开始减少，2022年全国人口比上年减少85万人，2023年又比上年减少208万人。第二，城乡居民收入差距依然较大。到2020年，中国虽然解决了现行标准下农村绝对贫困人口的温饱问题，但城乡居民收入差距依然较大，2022年全国城乡居民人均可支配收入之比为2.45∶1（农村居民=1），全国居民按五等份分组的高收入户（20%）人均可支配收入为90116.3元，是低收入户（20%）的10.48倍。第三，生态环境治理成效尚不稳固，生态环境状况依然不容乐观。大气污染综合治理仍需加强，2022年中国生态质量指数（EQI）值为59.6，生态质量为二类。2022年全国有213个城市空气环境质量达标，占全部地级及以上城市数量的62.8%，部分重要生态空间仍然被侵蚀，局部地区生态功能退化较严重。2021年全国水土流失动态监测成果显示，全国水土流失面积267.42万平方千米。第六次全国荒漠化和沙化调查结果显示，截至2019年底全国荒漠化土地面积为257.37万平方千米、沙化土地面积为168.78万平方千米。第四，区域经济布局与人口、资源分布匹配度低。改革开放以来，中国制造业、生产性服务业和劳动力不断向东部地区集聚，导致能源原材料的市场消费地与富集区的空间错位更加突出，使重要能源矿产资源出现长距离调运和工业品、农民工大规模跨地区流动。尤其是2013年以来，中国区域发展分化态势明显，经济重心逐步南移，中国在还没有妥善解决东西差距的同时，又面临着缩小南北差距的挑战。第五，面临着一定的外部挑战，不确定、难预料因素增多。中国资源供给存在明显短板，油气对外依存度较高，国内关键战略物资储备能力有限。2020年中国石油生产量约为19477万吨，仅占消费总量的29.8%。现阶段，中国部分关键元器件、零部件、原材料依赖进口，关键产业技术仍然面临被发达国家"卡脖子"的风险。

正如习近平总书记在党的十九大报告中指出的，"我国仍处于并将长期处于社会主义初级阶段的基本国情没有变，我国是世界最大发展中国家的国际地位没有变"。发展仍然是中国解决一切问题的基础和手段，是实现中国式现代化的重要途径。这就要求我们要处理好人口发展面临的突出问题，优化人口结构，大力发展养老事业和养老产业，建设老年友好型社会，让全体老年人享有基本养老服务。全力抓好粮食生产和重要农产品供给，牢牢守住保障国家粮食安全底线，将中国人的饭碗牢牢地端在自己手里。提升生态系统的多样化、稳定性和持续性，划定生态保护红线，完善生物多样性保护网络，增强水资源刚性约束和战略储备，实施山水林田湖草沙一体化保护修复，实现人与自然和谐共生。促进人口减少城市空间紧凑布局，形成优势互补、高质量发展的区域经济布局和国土空间体系。实现重要产业、基础设施、战略资源、重大科技等关键领域安全可控，不断增强经济实力和综合国力。

中国幅员辽阔、人口众多，各地区自然资源禀赋差别之大在世界上是少有的，不同地区实现现代化的内涵既有相同之处，也有鲜明的特色差异。为了深入研究中国区域的现代化问题，积极服务国家发展战略，面向科学问题，概括提炼中国式现代化的区域经济理论，我们策划了这套区域现代化丛书，试图从黄河流域、资源型地区、后发省域、城市群等角度，研究探讨区域现代化的内涵、特征、战略任务、实现路径和政策保障，为实现中国式现代化贡献力量。

安树伟

首都经济贸易大学二级教授、博士生导师

代 序

数月前，我接到兰州财经大学教师陈润羊的来电。他告知我，自己撰写了一部《后发省域经济现代化》的书稿，在阅读我新近发表的一篇文章后，深感文章所表达的想法与他书中的主旨高度契合，因此希望能将这篇文章放在该书前面，作为序言，并诚恳地请求我的应允。随后，我仔细阅读了快递过来的书稿，也查看了他的个人简介，侧面了解了他的情况，最终决定接受他的请求，将那篇已经公开发表的论文作为其著作的代序。这样做全然出于鼓励青年学人的目的。当然，对我而言，一篇已经发表的论文，能够引起青年学者的共鸣和肯定，也是值得欣慰的。我那篇文章的标题是《国家级区域战略与西部欠发达地区选择：聚焦甘肃》（载《探索与争鸣》，2023年第4期），这里为适应代序的要求，对标题做了简化，同时，根据我后来发表在公众号的文章，增补了部分内容。希望我的文章能够给陈润羊博士的著作增色，也希望更多的学者关注西部欠发达地区的社会经济发展问题，共同为该地区的发展出谋划策。

赵　伟*

2024年7月6日记于杭州

---

*赵伟，浙江大学经济学院教授、博士生导师，浙江大学民营经济研究中心首席教授。

国家级区域战略与甘肃选择

我国已进入国家级区域战略与总体勾画引领区域经济发展的一个新阶段。国家级区域战略的实施正在改变区域竞争态势、区域竞争重心、区域竞争强度和区域竞争标的，国家级总体勾画的推进进一步强化着这种变化趋势。在此背景下，以西部欠发达地区典型省域甘肃为代表的国家级区域战略外围地区，或者虽为国家级区域战略涵盖、但并非核心区域的地区，必须直面在区位、机制、政策、城市群实力等方面的劣势，借助总体勾画发掘与发挥本区域相对优势，谋求高质量发展与共同富裕。面对新一轮经济空间重构与区域竞争，西部欠发达地区应由政策竞争转向城市竞争与人力资本竞争；由聚力产业发展转向宜居、宜业、宜学城市构建；以优化民营企业发展环境为突破口，进一步推进市场化体制与机制改革。

一、问题的提出

我国已经进入国家级区域战略和总体勾画引领区域经济发展的历史阶段，各地区社会经济发展都不同程度地纳入某个国家级战略和总体勾画之下。因此区域层面谋划社会经济发展，必须顺应这个阶段性大势。

国家级区域战略主要指，2014年以来中央先后推出的针对我国重要区域和流域社会经济发展的系列战略，大体上可概括为"三区、两流域"。"三区"即沿海三个区域经济发展战略，分别为京津冀协同发展战略、粤港澳大湾区战略和长三角一体化发展战略。"两流域"即两大流域的发展战略，分别为长江经济带战略、黄河流域生态保护和高质量发展战略。这些战略涵盖了特定区域或流域所经地区，因此属于国家级区域战略。

国家级总体勾画主要有两个，都和对外开放有关。一个是"一带一路倡议。"这个倡议原本也叫战略。现实实施中，对外虽叫倡议（initiative），但内部各级政府无疑是作为一种国家战略性勾画去推动的。另一个是双循环新发展格局。这是在新冠疫情暴发之后推出的，根据2020年9月1日中央深改小组会议精神，高层明确宣布此系"根据我国发展阶段、环境、条件变化作出的战略决策，是事关全局的系统性深层次变革"。这一总体勾画，实际上为我国经济发展尤其是区域经济开放重心的调整确定了长期导向。此外，还有一个介于区域战略和总体勾画之间的战略，即海南自贸港建设战略。这个战略虽然只涵盖了海南省，但其实施则带有强烈的"顶层设计"特征，全国人大专门立法授权，为海南自贸区设定了明确的法律框架。

　　从区域社会经济发展视野来看，随着上述系列国家级战略和总体勾画的推出，每一个地区在制定未来中长期规划时，都得考虑本地区在国家级战略和勾画中的定位，由此可以利用的相应政策，以及所须直面的区位优势与劣势等约束条件。

　　客观来说，随着国家级区域战略的推出和实施，我国地区实际上分成两种类型，分别为国家级区域战略涵盖和尚未涵盖的地区。国家级区域战略涵盖的地区，包括沿海"三区"战略涵盖的8个省市（其中京津冀3个省市，粤港澳1个省和2个特别行政区，长三角4个省市）；长江经济带战略涵盖的7个省市（总共涵盖11个省市，除去长江下游与长三角战略重叠的4个省市，则只有7个省市）；黄河流域生态保护和高质量发展战略沿线9个省区（青海、四川、甘肃、宁夏、内蒙古、山西、陕西、河南、山东），一共24个省（区、市）；外加海南自贸港涵盖的1个省，一共25个省市。国家级区域战略尚未涵盖的省区，只有6个，亦即东三省、新疆、福建及西藏6个省区。

进一步地，在国家级区域战略涵盖的省区中，也存在两种情形：一种是整个省域都为某个战略所涵盖。比如长三角一体化、京津冀协同发展战略和海南自贸港战略，都明确地涵盖了所涉地区的各省域。但粤港澳大湾区和2个流域的战略，仅涵盖部分地区。其中粤港澳大湾区明确地包含广东省9个地级市和港澳2个特别行政区，不到广东省21个地级市的一半。至于2个流域区域战略，无论长江流域抑或黄河流域，流经地区的许多省区，仅有部分地市涵盖在内。一般的情形是，越是上游省区，流域所涵盖的地市就越少。

我们的问题是，在国家级战略大背景下，那些位于国家级区域战略圈定的地区之外，或者虽为国家级区域战略所涵盖，但并非核心区域的那类地区，下一步经济发展将面临怎样的约束条件？进一步，此类地区如何选择？客观来看，在所有此类地区中，甘肃最具典型意义。除了其大部分地市不为国家级区域战略涵盖而外，还有一大弱势，即和临近省区相比较，其既得不到宁、新、藏、蒙等民族自治地区那样的优惠政策，也未能获得青海那类高寒地区的政策关照。

现有涉及这一问题的研究与政策探讨，主要包含两种情形。一种是关于国家级区域战略的研究上，迄今为止几乎全部限于具体战略所圈定的地区。无论关于长三角一体化、粤港澳大湾区、京津冀协同发展，抑或2个流域战略的研究文献，几乎全部都是以这些战略所圈定的特定地区为落点，鲜有将"三区两流域"战略打通，进而考虑这些战略推进的临近地区效应者。另一种表现在国家级区域战略与总体勾画的关系上，大量研究仅限于"双循环"及"一带一路"倡议对特定地区的影响，鲜有通盘考虑两个层面之战略与勾画的协同导向及其效应者。至于从西部欠发达地区现实出发，在通盘考虑上述两个层面之战略与勾画，尤其是国家级区域战略实施将可能带来的"域外效应"基础上，针对像甘肃此类欠发达地区的对策类研究，尚属空白。因此，本文拟针对过往研究欠缺，重点探讨甘肃这类西部欠发达地区典型省域的约束条件与区域选择。尽快弥补上述研究的缺失，同时就甘肃此类欠发达地区下一步发展必须面对的约束条件进行系统性分析并提出对策建议，就是本文的主旨所在。

需要强调的是，本研究也与以往基于西部大开发战略的有关甘肃等西部地区发展的研究明显不同。最大的不同是所聚焦区域的大背景不同，因而所要研究的问题不同。以往关于西部大开发战略下甘肃及类似地区的研究，大多以梳理西部大开发战略的政策措施为起点，而以贯彻落实中央政策措施的区域举措为落点。本文研究的大背景则是国家级区域战略与总体勾画推动，五大世界级城市群引领的我国经济的空间重构，落点是在新一轮区域经济空间重构和竞争中甘肃及类似地区的应对策略。

二、国家级区域战略改变了什么？

从区域决策视野来看，每一个地区的决策层均须首先搞清楚国家级区域战略和总体勾画的意图，审视上述战略和勾画的合力指向，进而明确本区域必须直面的发展导向及其相应的约束条件。

先看国家级区域战略。笔者早先的研究发现，"三区两流域"国家级战略中，除了黄河流域生态保护和高质量发展战略而外，沿海三区和长江经济带战略的共同指向，是世界级的城市群。其中沿海京津冀、长三角、粤港澳三个世界级城市群已成型。"两流域"战略中的长江经济带战略，虽然涉及沿江11个省市，号称占全国40%以上的GDP和人口，但按照2016年9月中央审定并公布的《长江经济带发展规划纲要》，其重点在于推动"一轴""三极"与"多点"三个层次的城市群发展。"一轴"即长江黄金水道城市带。"三极"即沿江三个特大城市群，分别为长江上游的成渝城市群，中游的武—沙—昌城市群，以及下游的长三角城市群。"多点"，即以沿江地级市为支点的中小城市群。总体来看，长江经济带的重头，也是城市群，是三个世界级的沿江城市群和一系列中小城市群。

再看国家级总体勾画。前已论及，总体勾画有两个：一个是疫前推出的"一带一路"倡议，另一个是疫期推出的双循环新发展格局。

"一带一路"倡议有四个关键词，分别代表这个倡议的战略要义。四个关键词分别是"借用历史符号""高举和平与发展大旗""推动区域经济合作"以及构建人类"命运共同体"。四个关键词的第三个，即推动区域经济合作，当是这个倡议的阶段性重头目标，其核心要义是构建贯通亚欧非国家间稳定的经济合作关系。这些定位的指向与五大城市群战略之间的联系也是不难推断的，这便是搅动沿线国家与地区经济的空间重构，营造全方位对外开放的大环境，为我国五大世界级城市群的崛起开辟市场和要素互换空间。构建双循环新发展格局的勾画定位也很明确，纵览国家领导人历次讲话和中央关于加快构建双循环新发展格局的有关文件，大体上可以理出两个要义：其一，依托国内市场，构建以内循环为主，内外循环互促的新发展格局；其二，双循环绝不是走向封闭，而是更高水平、更大规模的对外开放。

不难看出，国家级两大总体勾画都聚力于我国经济的对外开放。有所不同的是，"一带一路"倡议侧重点在于营造以我为主的对外开放环境，而双循环新发展格局勾画，侧重点在于对外开放与对内开放的贯通，在于提升对外开放的层次。

综合审视国家级区域战略和总体勾画也不难看出，不仅五大国家级区域战略与"一带一路"倡议之间存在内在的关联，而且其在疫前与疫后战略之间存在明确的关联。具体而言，国家级区域战略支持的五大城市群所涵地区，代表了我国区域经济发展的最高水平，得益于国家级战略的支持，这些地区在目前和未来相当长一段时间内，不仅将在我国区域经济发展与空间重构中发挥引领作用，而且还将作为构建双循环新发展格局和高质量发展的标杆地区发挥引领和示范之双重效应。

从区域决策视野看，面对前述国家级区域战略和总体勾画，需要摸准的是下一步区域经济发展与区际竞争必须面对的约束条件，区域层面必须直面的首要问题是，国家级战略正在改变什么？

综合分析国家级区域战略与国家级总体勾画的共同指向，需重点关注以下四个方面的变化。

一是区域竞争态势的变化，由以往产业引领上升为城市群引领，再上升为区域性城市群引领。全国范围内五大城市群引领区域竞争已成大势。五大城市群之后是区域性城市群，其中两大区域性城市群格外引人瞩目，分别为中原城市群和关中平原城市群。2018年11月《中共中央、国务院关于建立更加有效的区域协调发展新机制的意见》明确指出，以京津冀城市群、长三角城市群、粤港澳大湾区、成渝城市群、长江中游城市群、中原城市群、关中平原城市群等城市群推动国家重大区域战略融合发展，建立以中心城市引领城市群发展、城市群带动区域发展新模式，推动区域板块之间融合发展。据此不难推断，在中原城市群和关中平原城市群这些特大城市群之下的中小城市多半是跟进者，主要涉及西部省会城市，发挥区域引领作用。

二是区域竞争重心的变化，由产业与要素层面上升到城市层面。自改革开放到国家级系列战略推出的数十年间，区域间经济竞争的重心多半位于产业与要素层面。产业层面竞争的集中体现是各地拼全力推动产业园区建设与发展，而要素竞争的集中体现则是招商引资各出奇招，许多区域一度对于外资来者不拒。近年随着前述国家级战略的密集推出，一个明显的变化是产业园区与招商引资热度让位于城市，各地区纷纷把宜居宜业城市，进而宽泛的营商环境，作为参与区域间竞争的重头依托。

三是区域竞争纵向与横向两个空间维度上强度的变化。我国区域行政体制架构属于一种多级分层体制，在此体制下，区域竞争同时发生于两个维度：一个是由乡镇而县、市再到省城之间的纵向维度；另一个是行政级别相同地区之间的横向维度。在国家级战略密集推出前的工业化高潮期，前一种竞争，即较高行政科层所辖区域间的纵向竞争（乡、县、市之间）受到不同程度的抑制，竞争主要发生在不同行政区之间，横向竞争盖过纵向竞争。进入城市群引领竞争的时代，区域竞争对于产业与投资的重视程度正在让位于优质要素，尤其是企业家和高素质的劳动者，人的跨区域流动越来越重于资本等物的流动。近年不时看到如下现象：一方面，沿海几个特大城市群不断有企业家前往中西部城市布局，乃至贵州、青海、甘肃河西走廊等地正在成为新能源和数字产业的高地。另一方面，西部一些地级市好不容易成长起来的本土企业家，则趋向迁往沿海城市群。诸此，都意味着，区域间纵横交错的竞争，正在盖过以往横向竞争盖过纵向竞争的态势。

四是区域竞争标的标志的变化，是从"重物轻人"到"重人轻物"。我国曾经承受过持续的人口与劳动力供大于求的压力，各地紧迫且棘手的问题是解决当地新增劳动力与下岗职工再就业问题，在这个背景下的区域竞争一度呈现"重物轻人"的趋向。各地都将招商引资作为头等要务，同时推出了各种政策措施限制外来人口的流入，尤其是农村和中小城市人口向大城市的流入。然而自21世纪第二个十年以来，我国人口形势突然发生逆转。经济学家们纷纷断言我国"人口红利"正在消失，由此促成了许多区域尤其是一些省会城市决策层对当地人口数量的关注，越来越多的省会城市废除了以往限制人口流入的政策，而代之以户口、住房、现金补贴等政策措施，吸引那些受过一定教育，因而含有一定"人力资本"者移入。此类城市不仅包括全省人口流出多于流入的一些中西部省会城市，而且包括杭州、宁波等省域人口净流入的沿海城市。可以预料的是，随着城市引领区域竞争势头的进一步强化，区域竞争中这种"重人轻物"的态势还将强化。

三、新一轮区域经济重构中甘肃必须直面的区域劣势

面对前述国家级战略和勾画推进所带来的四方面变化，作为西部欠发达地区典型省域的甘肃做出选择的第一步，无疑是搞清楚区域层面决策者所须面临的约束条件与发展空间。客观来看，随着上述国家级战略实施形成的约束条件属于一般意义的约束条件，对于所有区域都适用。就我们的分析所要聚焦的具体省域而言，除了搞清楚一般约束条件外，更重要的是得搞清楚西部这个典型省域必须面对的具体约束条件。

就甘肃来看，可以将其面对的约束条件分为两类：一类是区域劣势，就是与别的省域相比，在国家级战略推进中必须面对的相对弱项；另一类是区域优势，同样与别的地区相比，下一步在城市群引领的发展与竞争中，甘肃可以发挥的绝对优势和相对优势。

区域劣势多半与区域竞争态势的变化联系在一起，甘肃的区域劣势体现在以下三个方面。

第一个方面的区域劣势体现在区位上。其中，最突出的区位劣势当不少于二：一个是处在国家级区域战略重点支持发展的城市群外围。不论别的，单讲一个事实就能说明：前述国家级区域战略推动的五大世界级城市群，全部位于"胡焕庸"线以东地区，也就是占我国目前陆地面积43.8%的地域范围内。甘肃不仅与西部大部分地区一样位于这五大城市群涵盖的地域之外，且距五大城市群更远。这意味着在下一步城市群引领的区域竞争中，其所面临的竞争压力将比紧邻五大城市群的地区要大，从空间经济学上来看，有被"边缘化"的危险。另一个是由远离出海口的内陆干旱和半干旱地区的区位和自然环境决定，几乎没有水上运输通道可资利用，物流成本比沿海地区和长江经济带要高许多。省会同时也是全省最大的经济

中心兰州，东距最近的出海口江苏连云港近1700千米，南距广西北海港2000多千米。黄河上游不通航的现实，意味着甘肃生产的所有货物都须经陆路或空运才能抵达别的地区或国际市场，这不仅严重制约着甘肃的区际贸易和国际贸易，而且严重制约着甘肃的产业集聚，因为任何产业集聚都得首先考虑运输成本。不仅如此，与内陆区位相联系的是内陆型气候和高原干旱与半干旱的生态环境。境内大部分地区年降水量大于蒸发量，生态环境极其脆弱。

第二个方面的区域劣势体现在机制与政策上。反应机制劣势的一个重要标志是市场化程度低，发展民营企业的环境差。其中市场化程度方面，根据王小鲁、樊刚等的研究报告，2000年至2016年，甘肃市场化指数由3.13上升到4.54。2016年的市场化指数排在各省市倒数第4位，仅高于西藏（1.12）、青海（3.37）和新疆（4.1）。而与沿海发达省市相差甚远。沿海市场化程度最高的浙江省，同期由6.89上升到9.97，一度为10（2015年），广东、江苏等都在9以上。即便在西北地区，也低于内蒙古（4.8）、宁夏（5.41）和陕西（6.57）。较低的市场化程度不仅意味着资源配置效率的低下，而且意味着大众就业与居民收入增长空间有限。大量统计数据与案例说明，近年我国新增就业的九成以上来自民营经济。民营企业发展环境方面，从中小企业发展环境可见一斑。工信部转发的有关机构最新研究报告（中国中小企业研究中心，2023）显示，按照市场、融资、法制、创新和政策五项指标测算的中小企业发展环境指数，甘肃省会兰州市排名全国36个省会及计划单列市之倒数第2位，得分只有26.53，相当于得分最高城市深圳市（79.42）的约1/3，勉强高于西藏拉萨（24.56）。

而政策劣势主要体现在与周边地区相比，中央支持性政策相对乃至绝对少。在所有此类政策中，甘肃在"老少边穷"地区支持性政策方面获得的财政支持和优惠政策较少。其中，民族地区和高寒地区支持政策差异最为明显。在甘肃所在的西北五省中，除区位条件较好的陕西省之外，其余3个省区多为民族区域自治地区，不同程度地享有中央和沿海发达省份给予的双重政策支持。中央的支持，最直接作用于民族地区转移支付。相关数据显示，整个西部地区获得此种转移支付最多的省区，是贵州、云南、青海3个省和5个民族自治区。在2019年和2020年中央此项财政专项转移支付中，这8个省区就分别占83.2%和82.9%。与甘肃接壤的新疆、宁夏和青海，2020年获此项转移支付分别为113亿元、458亿元和393亿元，而甘肃只获得16.7亿元。前3个省区所获转移支付占总额的比重都在5%以上，甘肃两年均排名第10位，仅获得2.2%和2.5%的转移支付。

实际上，除了中央财政转移支付之外，藏、新、青、宁等紧邻省区还获得沿海和中部省市的对口支援。其中，东部和中部17个省负有援藏任务，19个省负有对口援疆任务，6个省市对口支援青海。以青海为例，单是江苏一省，截至2019年的9年间，分三批选派了36名干部和40名专业技术人员在青海挂职，对口支援的海南藏族自治州，仅在"十三五"期间就安排援建项目139个，累计投资14.97亿元。相比之下，此类对口援助在甘肃鲜有。

第三个方面的区域劣势体现在城市群实力上。甘肃省会兰州市及其临近的几座县城属于国家批准的兰西（兰州—西宁）城市群规划的核心区域，其中兰州市还属于兰西城市群所依托的两大中心城市之一。兰西城市群则是新冠疫情前获中央批准的9个城市群之一。按照经济实力、人口规模及其辐射范围，9个城市群大体上可分为三个层次。

第一个层次是世界级或潜在的世界级城市群，获批的有三个，分别为长三角、长江中游和上游的成渝城市群，京津冀城市群和粤港澳大湾区城市群也属于这个层级。第二个层次是国家级城市群，以获批的中原城市群和关中平原城市群为代表，此类城市群在全国社会经济发展中具有区域引领作用。第三个层次是区域性城市群，获批的有三个，东部一个，即北部湾城市群；西部两个，分别为呼包鄂榆城市群和兰西城市群。

就这三个层次的城市群来看，兰西城市群除了与国家级区域战略联系不大，因而无法获得相应的政策支持而外，还有一些别的相对劣势，其中最明显的不少于三点。

其一是地广人稀。按照规划，兰西城市群规划面积虽然只有9.75万平方千米，但后面是横跨甘青两省的9个地级市，总面积近18万平方千米，总人口1232万人，每平方千米约只有68人。实际上，这后面还得考虑兰西城市群规划未涵盖甘青两省其余地区，若算上这些地区，则总面积达约118万平方千米（甘肃约45.37万平方千米，青海约72.23万平方千米）。常住人口约3247万人（甘肃约2647万人，青海约600万人），每平方千米仅28人左右。地广人稀的现实决定了城市群发展缺乏内生动力。

其二是域广城少。兰西城市群规划虽然涉及9个地级市和1232万人常住人口，但除2个省会城市（兰州、西宁）外，绝大部分地级市仅含一两座县城。即便两座省会城市，目前所集聚的城市人口也不多。"七普"数据显示，截至2020年，兰州市常住人口约435.9万人，其中城市人口约占83.1%。西宁常住人口约246万人，其中城镇人口约174万人，占比约70.7%。

其三是城镇间空间距离超大。由于地广城少，兰西城市群各主要城市间距离很大。兰州、西宁两座中心城市间的距离超过230千米，高速公路近3小时车程，高铁最快目前已提速为近1个小时。中间只有几座小县城，几乎未有10万人以上规模的城市。这些特征意味着兰西城市群目前仅存在于概念上，大部分城镇带有"孤岛"特征。和常规意义上的城连城，半小时到一小时经济圈的城市群属于两个概念。

四、甘肃的区域优势

区域优势可分为新旧两大类。其中旧的也就是原有优势，既包括了资源环境以及发展基础等"硬实力"，也包括了人文历史积淀等"软实力"。新的优势则在很大程度上与我国社会经济发展阶段以及前述国家总体勾画的推出联系在一起。

（一）旧的区域优势

旧的区域优势也就是区域原有的优势，主要体现在四个方面。

其一是底蕴深厚的历史文化积淀。这方面东面的陇东，西面的河西走廊，南面的甘南，都有丰富且具有巨大感召力的历史文化遗产。陇东属华夏文明发源地范围，遍布传说中的人文始祖遗迹。河西走廊别的不说，单是作为世界佛教艺术明珠的敦煌，就吸引着全世界的艺术家和学者向往。而甘南藏传佛教文化与艺术，也具有巨大的吸引力。

其二是山川奇异的旅游资源。陇南紧邻大熊猫保护区，平凉崆峒山，天水麦积山，河西走廊以祁连山和张掖丹霞地貌为代表的奇特山水，都是丰裕的旅游资源。

其三是已有一些宜居宜业的城市。其中，兰州首屈一指，万里黄河唯一穿城而过的省会城市，夏无酷暑，冬无严寒，物产丰富，人文荟萃。近些年随着对大气污染及生态环境整治的深入，已经成为宜居宜业的城市。东南的天水、平凉，南部的陇南，西部的敦煌、嘉峪关，也是西北少有的宜居城市。

其四是优质或曰高水平的教育与研发资源。这方面的集中体现是有一所响当当的国家级"985"高校和一批国家级科学研究院所。我们知道，"985"高校代表了我国高等教育的最高水平，是全国各地高考生追逐的第一组团。拥有"985"高校的地区尤其是城市，在优质生源区域竞争方面就占有先机，因而在潜在人力资源竞争方面占有先机。不仅如此，

"985"高校无一例外地属于研究型大学，自身集聚的创新型人才就很可观，是所在城市的创新高地。与"985"高校同样具有高素质人才集聚及知识扩散效应的是高水平研究机构，所有研究机构中，中国科学院下属的研究机构占据首位。就这两块去比较，甘肃不仅在西部欠发达地区占有先机，而且在整个西部地区也占有优势。目前全国共设有部委直属"985"高校39所，只有17个省市拥有"985"高校，其余23个省（区、市）尚属空白。而整个西部12省（区、市），仅拥有7所，除去陕西3所（交大、西工大、西农大）及四川2所（川大、电子科技大）共5所而外，别的10个西部省（区、市）只有3所"985"高校。其中甘肃就占有1所（兰州大学）。而临近的内蒙、青海、新疆、西藏都没有堪与兰州大学比肩的国内一流高校。另据中国科学院公布的数据，中国科学院在各省市设立的分院一共有12个，其中绝大部分在东部，西部只有4个分院，其中兰州也占了1个。兰州分院在研究实力和人才集聚方面虽稍逊于京沪等沿海城市，但名列别的城市前列。

（二）新的区域优势

新的优势，也就是正在形成的区域优势，主要由4个方面的因素引发。

第一个方面由双循环新发展格局勾画引发。前已论及，这个战略的主旨是构建以内循环为主，内外循环互促的新发展格局。其直接引出的无疑是开放重心的转换，由外循环为主转为内循环为主。我们知道，内循环的重要基础与重头内涵是区际开放。笔者早先的研究指出，区域层面的经济开放属于区际化与国际化并进的"二重开放"，对于内陆型地区而言，区际开放比国际开放更重要且更现实。甘肃作为一个典型的内陆型省份，经济发展的最大动力源自区际贸易与跨区域要素流动。国家级双循环新发展格局战略，实则更强调区际开放，尤其是区际要素流动，这无疑赋予包括甘肃在内的广大内陆型地区以新的发展动能。

第二个方面由我国经济总体发展阶段引发。我们早先的研究认为，按照美国经济史学家罗斯托的经济增长阶段理论判断，21世纪初叶我国大城市和部分沿海地区正在迈入大众高消费阶段。其主要标志是大众消费时代的3个重要消费浪潮相继涌起：以私家小轿车为代表的耐用消费品的普及；以闲暇旅游为代表的旅游休闲业的兴起；高等教育的普及化。

就近年的发展态势来看，这些消费浪潮不仅已席卷全国各地，而且比先行工业化国家往昔经历规模更大、来势更猛。其中，小轿车外加全国高铁网络的形成，极大地扩大了人们的活动半径；旅游业数年持续发热，作为一个支柱产业已经兴起，包括甘肃在内的西北偏远地区的发展机会正在到来，"荒凉"之地也有市场。3个浪潮中影响最为深远的，当是高等教育的普及。这个浪潮的涌动，意味着我国人力资本在加速形成，西部地区有望逆转过往多年人力资本流失的局面，加速人力资本积累与集聚，强化区域经济发展的要素基础。

第三个方面由空间经济学视野的区位变化引发。从空间经济学视野看，区域之间的区位优劣主要是由距离引出的广义运输成本决定的。运输成本一般包括三重：第一重是贸易成本，主要是货物移动涉及的成本；第二重是信息流动成本，也叫思想移动的成本；第三重是人员移动的成本，也叫"面对面的成本"。客观来看，最近30年尤其是最近10多年以来，包括甘肃在内的西部地区，这三重成本都有了大幅度下降。其中，货物移动成本是随着全国高速公路网的完善和铁路网的扩展，航空货运业务的兴盛而下降的。与此同时，省际限制贸易与要素流动壁垒的消除，也有助于货物移动成本的下降。信息流动成本则随着互联网与移动通信网络的技术革命与应用普及而呈断崖式下降。至于人员流动成本，则与高铁、高速公路、航空业的迅速发展密不可分。随着城际省际高铁网络的建成，外加高铁、航空业与高速公路客运业的激烈竞争，客流效率在不断提高，成本与票价在不断下降。上述克服距离三重成本下降的直接受益者，是包括甘肃在内的广大内陆地区。由于克服距离之三重成本的下降，使内陆城市不再闭塞。而互联网移动通信时代，身处任何一座城市，只要能上网，就可获得最新信息，可以和远在天涯的业界学界同仁交流思想、合作研讨。由此意味着，"距离"的意义开始弱化。

第四个方面由空间经济学揭示的经济活动集聚与扩散变化规律引出，说白了就是经济活动空间集聚的物极必反现象。空间经济学研究揭示，经济活动有一种在地域上集聚的倾向，偏向于在少数区位优势明显的地域集聚。若集聚过度，则物极必反，产生扩散效应。某些经济活动会向外围地区扩散。目前沿海一些发达地区已显现出集聚过度，扩散渐增的势头，人才、投资、产业向中西部地区扩散的态势已显现。这无疑为包括甘肃在内的西部地区创造了新的机遇。

（三）两大优势的叠加

前面的分析已显示，国家级战略推动之五大城市群引领的新一轮区域竞争，正在改变我国区域竞争的态势、重心、强度和标的，面对此类变化，甘肃在上述区位、体制机制以及城市群实力方面的劣势将进一步凸显。其中远离海洋及可通航江河的空间区位，意味着做大此类地区的城市难度极大，现有世界级城市或城市群无一例外地具有沿江沿海的区位特征。体制机制方面的劣势意味着在横向区域竞争强度强化的大环境下，此类地区对于各类市场主体，尤其是非公市场主体的向心力或将减弱，而城市群实力的相对乃至绝对弱势，则意味着在新一轮城市群引领的区域竞争中，此类地区将处在极其不利的地位。

然而就本文梳理的甘肃可以依托的新旧优势来看，区域城市发展与强化的潜力也不小。其中最值得关注的是两大优势的叠加。

一个是新老优势对接形成的叠加优势，即我国社会经济发展阶段与甘肃自然人文景观对接的优势，这个优势意味着旅游业、进而一三产业的对接将会给此类地区带来新的发展机遇。

另一个是空间经济学视野的两大新优势叠加，分别为跨区域交通运输通信基础设施改善而促成的运输成本和信息流动成本的下降，以及经济活动由集聚而扩散的自然规律作用。综合分析比较区域优势与劣势可以认为，面对新一轮区域竞争，甘肃及类似地区并非处在绝对的不利地位。

五、区域选择：甘肃对策

（一）谁来选择？何以选择？

论及区域选择，首先面临的问题是谁来选择？一般而言，区域层面存在三个行为主体。

第一个行为主体是地方政府，借助"看得见的手"干预产业与市场，接下来其选择的约束条件是经济大势、国家级区域战略、总体勾画以及区域现实。

第二个行为主体是各类企业，除了肩负国家战略使命的少数央企、国企外，绝大多数企业是用钞票或曰投资投票的，其决策者一般根据一个地区的政策环境以及宽泛的营商环境优劣作出判断与选择。

第三个行为主体是普通民众，具有消费者、就业者和投资者三重身份，他们"用脚投票"。近些年，随着各主要城市争夺人力资本的加剧，限制人才乃至宽泛的劳动力流入的城市越来越少，代之以城市之间的争抢。与此同时，随着我国出生率的下降和人口老龄化的加速，对人的争夺日益激烈，也使得普通民众"用脚投票"的选择空间越来越大，各区域政府的压力也越来越大。

从区域经济三个行为主体的影响力来看，最重要的主体无疑是地方政府。对于欠发达地区而言，由于市场在配置资源方面的作用较弱，政府不仅作为"第一推动力"的作用显得尤其重要，而且在资源配置中也发挥着重要影响。因此，论及新一轮区域经济重构中的甘肃选择，主要还在于地方政府的选择。

对于地方政府而言，直截了当的问题是，选择的逻辑是什么？何以选择？

经济学视野去看，地方政府选择的逻辑，当是约束条件下的区域发展目标最大化。那么，什么是接下去？也就是"十四五"至2035年区域社会经济发展的目标？关于十四五至2035年区域社会经济发展的目标，虽然可以列出多个具体目标，但总体上须贯彻中央提出的两个要义：一个是高质量发展，另一个是共同富裕。其中前一个要义被中央列为"十四五"规划和2035年远景目标的主题，后一个要义则是社会主义的本质要求。两个要义的结合，实际上代表了效率优先与兼顾公平的战略导向。这个，当是接下去包括甘肃在内的所有区域社会经济发展的核心目标。

（二）甘肃地方政府选择：六点建议

从上述诸多约束条件来看，在新一轮由城市群引领的区域竞争中，甘肃地方政府可为且能为的选择，至少包括以下六点。

其一，认清大势，顺势而为，由区域政策差异为依托的竞争转向以城市品质为依托的竞争，由重物轻人转向重人为要。前已论及，随着沿海与沿江四大国家级区域战略的推进，区域竞争方面最明显的一个大势，就是区域间竞争正在从政策与要素有别而产生的落差，逐步转向基于城市差异所形成的城市竞争，而城市竞争则从争夺投资与产业转向争夺人力资本竞争。其中，"人往哪里走"已成为新一轮区域竞争的风向标。而争夺人力资本，从而以宽泛的人才为重要依托，无疑是城市的魅力。何为城市魅力？国际权威机构对于魅力城市的评价依据六个方面的相对优势，六个方面分别为经济、研发、宜居性、通达性、生态环境和文化互动。就这六个方面来看，目前甘肃也不乏在某些方面具有竞争优势的城市。其中，甘肃省会兰州市在多个方面并不比沿海三线城市差。若以七普人口迁移数据衡量，兰州市是甘肃少有的人口净迁入城市。统计数据显示，2000年至2020年两个十年，兰州都是人口净增长的城市，境况远优于东三省的哈尔滨和沈阳、大连等城市。

其二，提升城市品质，发展宜居、宜业、宜学城市。建设有魅力的宜居、宜业、宜学城市，规划乃重头。这方面可按照"一核、多点、旷野绿洲"的思路构建松散的城市带。"一核"即兰州市，率先把兰州打造成宜居、宜学、宜业的城市；"多点"，就是省会之外的宜居城市，可先从高铁、高速通达的地级市做起。其中，陇东的平凉，夏无酷暑，已被纳入国家级"关中平原城市群"规划范围，可借助关中平原城市群建设，作为西咸都市区的避暑胜地和产业扩散承接区。天水的人文环境和生态环境俱佳，可借助黄河流域生态保护和高质量发展战略的实施，提升城市品位；"旷野绿洲"，即发展那些地广人稀的区域小城镇，如河西嘉峪关、敦煌、甘南夏河，等等，这些城市都有发展成宜居而后宜业、宜学城市的潜力。

其三，向临近区域、丝绸之路经济带争取机遇。前已论及，为推动丝绸之路经济带建设，国家出台了一系列鼓励与激励投资与贸易政策。但这些政策绝大多数是针对境外投资和跨境贸易的，甘肃作为丝绸之路经济带的重要通道，得到的优惠政策很少。在内外有别的激励政策刺激下，面临着投资与相应要素"穿肠过"的现实风险。不少内地投资和相应人才有舍弃甘肃而西向境外的趋向。对此，地方政府应积极争取国家层面政策支持，比如，是否可以设想争取沿海企业在甘肃投资能够享受与投资中亚国家相近的优惠政策和信贷支持？

其四，以优化民营企业发展环境为突破口，挖掘区域优势，弥补区域劣势，促进共同富裕。无论是区域产业发展还是宽泛的"魅力城市"的建设与品质提升，都离不开民营企业和宽泛的民营经济。这方面浙江的发展经验最值得借鉴。浙江是我国民营经济发展方面的一个标杆，民营经济不仅成就了改革开放以来浙江经济的后来居上，而且促成了浙江省内地区之间、城乡之间以及城乡居民之间收入的相对公平。恰恰由于这方面的良好基础，浙江被中央确定为共同富裕试点地区。甘肃经济发展相对落后，一个重要的原因是民营经济发展不足。这方面两个数据足以为证：一个是民营经济占比很低。有研究显示，甘肃民营经济增加值勉强占到区域GDP的36%，不仅远低于浙江（90%），而且距全国平均水平（60%以上）差许多；另一个是民企规模普遍偏小，新近公布的全国民企500强名单，甘肃没有一家民企上榜。全国没有上榜企业的省区也只有4个，另3个为青海、西藏和海南。民营经济发展不足和民企规模偏小的后面，是前述民营企业发展环境的不佳。

其五，推进体制机制改革尤其是产权改革。作为体制机制转型的经济体，地区经济发展绩效很大程度上与体制改革进程紧密相关。甘肃作为市场化程度较低的一个省域，应争取更多的改革权限，按照"让市场在资源配置中起决定性作用"的精神，进一步推进体制机制改革。其中，产权改革应更灵活，走得更远。比如在农村宅基地和农地确权试点方面，可以争取跟上甚至比浙江嘉兴等区域走得更远。

其六，大力支持一流高校（兰州大学等）和一流研发中心（中国科学院兰州分院等）与城市的融合与发展，激发和促成它们在区域社会经济发展中的三个重要功能：作为兰州市乃至整个甘肃省吸纳创新型人才的集散中心。一座好的大学，就是一个高水平的人才集散地；作为兰州市乃至甘肃省知识外溢尤其是研发知识外溢和创新观念外溢的重要中心；作为沿海企业家和高校学生创业创意的重要集聚中心。

（三）并非题外话

关于激发名牌大学作为城市与区域创新型人才集散中心的功能方面，广东省近些年的做法值得借鉴。我们知道，2017年广东省出台《关于加快新时代博士和博士后人才创新发展的若干意见》（粤组通〔2017〕46号），鼓励中大、华工等在粤名校大力引进博士后。为此拿出专项资金，规定每接纳一名优秀博士后给予60万元的生活补贴，分两年发放。截至2022年，五年时间，延揽各类优秀博士人才4万多人。这些人才在广东近几年的创新中已经开始发挥作用，其长远影响将迅速放大。

关于促进高校与城市融合发展方面，不妨借鉴浙江省及杭州市对于浙江大学紫金港校区建设中的支持。浙大紫金港校区的建设，完全是在浙江省、杭州市和余杭区三级政府的大力支持下推进的，当初8000亩（1亩≈666.67平方米）校园用地，几乎白送给浙大。这在寸土寸金的江南水乡，不是件容易做的决策。然而浙大也不负地方政府厚望，短短十多年时间，紫金港校区成了一个巨大的创新中心和人才集散中心。校区所在的余杭区，居然从大片农田和乡野，变身一个科创大走廊。相比较之下，甘肃省和兰州市最大的败笔，无疑是把一所享誉世界的"985"高校逼出了城市，导致城校分离，其结果是隔断了高校对于城市发挥上述三个功能的通道。

对于逆转兰州大学与兰州市校城分离的困局，笔者曾提出过一个补救方案：就是兰大两个校区可实行"哑铃式"运作，把两个校区摆在同样重要的地位，但功能当有所不同：城关校区主要集中研究生和博士后教育及相应的研发资源，夏官营校区主要集中本科教学资源，致力于本科二三年级的教学。研究生以上教育和研究活动应集中在城关校区，同时创造条件使每位本科生在城关校区有一定的居住与学习机会，使他们可以近距离接触城市，进而融入城市。同时借鉴广东省的做法，把兰大和中国科学院兰州分院作为吸纳高端人才的集散中心。实际上，省市政府若能助力兰大天水路校区略作拓展，即可容纳一半在校学生。这样就可使学生有两年时间住在城里（一般在一年级和四年级），两年住夏官营校区。为促进城校融合，激发知识外溢，激发前述三个功能创造基本的物质条件。

目 录

第一章

导论

　　内容提要： 后发地区作为一种问题区域，既是实现中国式现代化的难点区域，也是破解新时期发展不充分、不平衡的关键区域，而后发省域是从行政和空间尺度而言划分的一类后发地区。本章首先梳理了从后发国家到后发地区的基本理论；其次辨析了比较优势、后发优势、竞争优势及其适用性；再次概括总结了地区发展中对内开放、区际开放与国际开放及其多重性；然后对后发省域相对落后的成因及出路进行了剖析；最后，介绍了本书的研究对象、内容结构和逻辑关系。本书利用区域经济学、发展经济学、农业经济学、生态经济学、环境经济学等多学科的理论原理，试图对后发省域现代化过程中面临的关键问题进行剖析梳理，力求回答后发省域何以滞后、如何赶超等基本问题。

促进区域协调发展是实现高质量发展和全体人民共同富裕的重要途径。党的二十大报告把促进区域协调发展作为加快构建新发展格局、着力推动高质量发展的重点任务之一，并明确指出要"深入实施区域协调发展战略、区域重大战略、主体功能区战略、新型城镇化战略，优化重大生产力布局，构建优势互补、高质量发展的区域经济布局和国土空间体系"。后发地区发展的不充分以及与先发地区发展的不平衡，是我国区域协调发展面临的巨大挑战，也是实现全体人民、全域共同富裕需要着力应对的重大命题。

习近平总书记在2019年8月的中央财经委员会第五次会议上指出，新形势下促进区域协调发展总的思路是：按照客观经济规律调整完善区域政策体系，发挥各地区比较优势，促进各类要素合理流动和高效聚集，增强创新发展动力，加快构建高质量发展的动力系统，增强中心城市和城市群等经济发展优势地区的经济和人口承载能力，增强其他地区在保障粮食安全、生态安全、边疆安全等方面的功能，形成优势互补、高质量发展的区域经济布局[1]。

后发地区是实现中国式区域现代化的难点区域，也是破解新时期发展不充分、不平衡的关键区域。因此，本书基于区域现代化的视角，以后发省域为研究对象，围绕后发省域现代化涉及的基本理论、实践探索、发展态势、重点难点、关键领域、实施路径等问题，进行分析探究，以期助力推动区域协调、城乡融合、全体人民共同富裕的中国式现代化目标的实现。

一、从后发国家到后发地区的基本理论

后发地区实现现代化跨越是中国式现代化的重要方面。相对而言，先发地区实现现代化的难度小、进度快，后发地区实现现代化的难度相对大，进度也慢。因此，后发地区追赶先发地区实现经济跨越式发展需要寻找充分的理论依据，以确保后发地区经济的跨越式发展不只是注重速度，而是经济社会的全面转型。

（一）后发国家基本理论

关于后发国家的概念界定。后发国家的概念最早是在1950年代发展经济学的框架下所形成的，主要针对的是当时新独立的殖民地、半殖民地国家在"二战"后国际秩序中要面对的工业化与现代化的任务[2]，是在不利的国际环境下被迫从传统社会转入现代社会的国家，且在现代化转型上落后于先发国家。原因在于，后发国家只有一些"初级要素"，比如自然资源或低技术的简单劳动力，缺乏发达国家具有的"优质要素"，即物化着先进技术的物质资本，由教育和知识的积累、技术进步所形成的人力资本和科技创新能力，以及在长期增长中形成的较为有效的体制机制（包括管理技能）等[3]。

后发国家的经济发展问题一直都是学术界关注的重点，也是大部分发展中国家政府制定经济发展政策时考虑的重要因素。大多学者认为落后国家要想实现经济发展，就需要利用好自己的相对优势，即比较优势与后发优势。后发国家经济发展过程中需要遵循比较优势的原因是，只有符合要素结构比较优势的产业结构，才能避免陷入"结构赶超"的泥潭。后发国家经济发展需要发挥后发优势则是因为，作为后发国家特有的一种发展要素，不仅在发展的每一个阶段上都发挥着重要的作用，而且在"中等收入"及以后的发展阶段上，仍然发挥着更加重要的作用。后发国家最终能否实现和发达国家产业结构与收入水平"趋同"，关键在于能否充分发挥后发优势[3] [4]。但后发优势只是一种可能性，并不必然地自动转变为现实的竞争优势，要把这种可能性变为现实的竞争优势，还需要后发国家的主观努力，采取各种有效措施，创造必要的条件和环境让这些后发优势的潜力充分释放出来，并且规避后发劣势，才有可能实现后发国家的跨越式发展[4] [5]。林毅夫认为后发国家只有充分依靠和发挥自己的比较优势，才能建立自己的竞争优势，进而最大限度地促进自己的经济发展。只有遵循自己的比较优势来发展经济，企业和产业才能够拥有最大的竞争优势，最大限度地创造经济剩余，才能够最大限度地积累资本，进而使后发国家的要素禀赋结构与发达国家不断接近，最终达到获得高层次竞争优势和提高人均收入水平的目的[6]。总体而言，后发国家拥有比较优势、后发优势是重要的，但只有最终转化为现实的竞争优势，才能实现后发国家的跨越式发展。

也有学者认为，后发国家发展的关键在于经济战略的实施。跟随战略、追赶战略、赶超战略和超越战略是后发国家可供选择的四种发展战略：一是跟随战略，认为发达国家的过去就是后发国家的现在，主张按照发达国家走过的老路亦步亦趋；二是追赶战略，认为可以充分借鉴发达国家的成功经验和失败教训，在模仿和创新的基础上逐步缩小与发达国家的差距，后发优势战略就是典型的追赶战略；三是赶超战略，即采取扭曲产品和要素市场价格的办法和以计划制度替代市场机制的制度安排，在很低的起点和较短的时间内集中发展资本密集型产业，以使产业结构达到先进国家水平的战略；四是超越战略，当与发达国家的差距越来越小时，适时将重点由模仿创新转为自主创新，直接进入发达国家的行列。从理论上说，当后发国家已经接近和赶上先发国家时，后发优势趋近于零，在这种情况下自主创新和实施以创新为主的战略就成为后发国家的必然选择[7]。但是，由于面临快速缩小与发达国家的发展差距、实施完全满足发达国家要求的开放战略和成功培育内生发展路径的"不可能三角"难题，后发国家在前两个因素的共同作用下，会因难以抵挡外部力量的影响而无法成功培育内生发展路径，并最终陷入发展迷雾。运用这一机理剖析中国过去几十年的发展历程，发现内生技术供给体系无法满足技术需求、生产力无法匹配生产关系等两大难题是中国陷入发展迷雾的客观原因。面对这些问题，我国新发展格局所明确的发展功能的决定性地位、发展工具的从属性地位、发展道路的独立性方向，成为破解"不可能三角"难题的另一种思路[8]。

（二）后发地区基本理论

后发地区的发展是我国区域经济协调发展的关键，区域经济协调发展要求后发地区实现经济的赶超型、跨越式发展，这是我国经济可持续发展的基本前提和重要途径。

大体而言，经济发展理论、后发优势理论、大国经济非均衡发展理论、区域产业结构优化理论、增长极理论等为后发地区经济跨越式发展提供了理论依据[9]：一是经济发展理论。W. 刘易斯、R. 纳克斯、P. 罗森斯坦-罗丹等人把资本视为一个地区经济增长的关键因素，认为资金、技术与生产资料对于后发地区经济加快发展具有关键作用。以T. 舒尔茨、G. 贝克尔和J. 明塞尔为代表的人力资本论学者，从强调物质资本投入逐渐转变到强调人力资本积累上来，他们认为教育水平与劳动技能对经济发展具有重要意义，发展教育对于后发地区经济实现跨越式发展具有不可忽略的作用，必须特别强调教育与人才培训在地区经济跨越式发展中的作用；二是后发优势理论。后发优势理论后来也用来分析一个大经济体之内的相对后发地区追赶先进地区的过程。后发地区通过学习和借鉴发达地区的成功经验，吸取其失败的教训，采取优化的赶超战略，可以缩短经济发展的时间，较快地进入到较高的经济阶段，提高地区居民的收入水平。后发地区引进发达地区先进的技术和设备，节约科研费用和时间，快速培养人才，在一个较高的起点上推进工业化进程，并将人才、技术、资本与制度等要素组合起来，构成整体追赶能力，从而成为后发地区进行追赶的必要条件；三是大国经济非均衡发展理论。在区域经济发展过程中，随着人力资本的提升、物质资本的积累与产业结构的优化，一个发展相对滞后地区的要素禀赋将逐渐显现并得到利用，进而可能接受来自先发地区的技术、组织、管理与人力资本等先进生产要素的辐射，逐渐同先发地区形成均衡化发展。所以，大国的经济发展不可能是全面与均衡地进行的，其经济发展必然从重点区域开始，再通过增长极的作用带动其他地区发展，最终实现均衡化发展与国民福利待遇的均等化；四是区域产业结构优化理论。产业结构的转换与升级是经济跨越式发展的重要表现，也是经济增长的重要推动力。从产业一般演进规律来看，一个经济封闭体要实现经济增长，走工业化的道路是最常见的选择，经济结构首先由第一产业为主逐渐向第二产业为主转变，进而向第三产业为主转变。对于开放的经济体或者作为一个国家内部有机组成部分的某个地区而言，它可以基于区域之间的分工协作关系，不必要经过产业发展的所有阶段，在一些主导服务业态的带动下，直接进入服务经济社会形态，这是基于内生与比较优势的产业发展所推动的；五是增长极理论。F. 佩鲁认为，一个区域的经济增长不会同时出现在所有地方，它以不同的强度首先出现于一些地区，然后通过不同的渠道向外扩散。在某个地区集中相同或相近产业，不仅可以实现劳动力市场共享，拥有中间投入品的规模经济，也可以获得知识信息的外溢，从而较快地取得技术进步。因此，一个地区经济发展首先走集聚的路子，在形成经济规模与位势之后，再利用先发地区的技术、资本与人才，对外扩散、拓展，再拉动其他区域的发展，最终实现整个地区的均衡发展。

关于我国后发地区如何实现经济的赶超型、跨越式发展。有学者基于中国经济的非均衡发展现状，认为后发地区立足比较优势，发挥自身后发优势，实现对先发地区经济的增长接力是中国经济实现持续性增长的内在动力机制[10]。此外，正确处理经济发展与生态环境保护的关系是后发地区实现跨越式发展的基本问题[11]，后发地区应高度重视生态文明建设，并通过树立生态文明理念，强化生态文明政策措施，完善生态文明制度，从而谋求后发地区的"绿色崛起"之路[12]。当前，数字经济通过推动技术进步，促进了经济增长收敛，且这种机制效应在后发地区表现得更为显著[13]。因此，结合新老基建，搭乘数字经济的快车，实现"弯道超车"或"换道超车"是后发地区实现赶超的难得机遇和有利契机。新时期要推进西部大开发形成新格局，牢牢把握国内外发展机遇，坚持从后发地区的实际出发，切实抓好关键环节，固底盘、补短板、增动能；优化地区发展环境，加快特色产业发展；激发新区、自贸区、开放试验区等各类战略功能平台的综合效能，通过其多重调适及其规则化，形成符合地方实际的治理创新方案；解决好大保护、大开放、高质量发展的关键问题[14]，对实现后发地区跨越式发展有重要战略意义。

二、比较优势、后发优势与竞争优势及其适用性

（一）关于比较优势的研究

比较优势理论最早可以追溯到亚当·斯密所提出的绝对优势理论，认为各国按照自身的绝对优势参与国际分工，可以通过自由贸易获得收益。但该理论无法解释一国在所有产品的生产上同外国相比都存在绝对劣势时，国家间贸易为何仍然存在。针对这一理论缺陷，大卫·李嘉图提出了相对比较优势理论，论证了即使一国在所有产品的生产上相比他国都处于绝对劣势，仍可按"两优取重，两劣取轻"的原则与他国进行分工，生产并出口本国优势较大或劣势较小的产品，进口优势较小或劣势较大的产品[15]。后来的一些理论也延续了这一思路，比如杨小凯的分工与交易成本比较优势理论和克鲁格曼的规模收益比较优势理论，分析了各国各自可以通过分工的深化和规模效益的扩大，获得更大的贸易利益。赫克歇尔–俄林提出了"要素丰裕度比较优势"理论，说明两个国家、两种要素、两种产品，在生产技术相同的情况下，各自根据不同的要素丰裕程度，进行分工与贸易[3]。林毅夫提出的新结构经济学分析框架，把不同发展程度国家的结构差异和一个国家随着发展水平的提高所发生的各种结构转型都内生化，并统一在一个理论框架里，其理论核心是，每一个时点给定、随时间可变的要素禀

赋结构决定最优生产结构（产业与技术），此即基于结构范式而非配置范式的比较优势理论[16]。也有学者指出，新结构经济学对于比较优势原理存在着误解，新结构经济学将比较优势原理固化为静态理论，误以为进口替代与赶超战略违反了比较优势原理，然而，比较优势原理是分工交换的基础机制，在静态上依旧可以解释自由贸易的产生[17]。

比较优势理论常被用于分析发展中国家与发达国家之间贸易失衡问题、全球生产分工等问题，比较优势作为一种基本的理论方法具备良好的解释力[15]。比较优势理论也可以解释个人之间、企业之间和地区之间的交易、分工和合作等问题，只要经济主体之间的偏好、禀赋、技术存在任一差别，都可以产生商品相对价格差异即比较优势，并可通过交易改善配置效率[16]，并适用于分析发达区域与落后区域的分工与发展问题，即强弱分明的不同区域之间分工，也就是说，一个区域比另一区域在生产任何产品方面都占优势，则应该按比较优势原则进行分工[18]。

（二）关于后发优势的研究

"比较优势理论"和"要素丰裕度比较优势理论"是针对国际贸易发生的原因提出来的，但其中建立在分工基础上的、利用比较优势获得更多利益的思想，可以说为后发优势理论的产生和发展奠定了思想基础[19]。后发优势的概念，是美国俄裔历史学家格申克龙于1962年提出来的，用来解释后发国家实现工业化的速度要比发达国家早期工业化的速度越来越快。后发国家收入水平、技术发展水平、产业结构水平与发达国家有差距，可以利用这些差距，凭借技术引进、制度创新、结构变动、规模扩张、人力资源等方面的后发优势，直接利用发达国家已经发展起来的成熟的技术、知识和商业模式，不必一切自己从头做起，这节省了大量的研发成本和试错成本，能够实现更快的经济增长[3][20]。

但也有学者认为，在经济发展过程中，相对发达国家而言，后发国家处于不利地位，面临的首先是后发劣势[4]。后发劣势理论认为后发国家有许多东西可从发达国家模仿，虽然模仿技术容易，但模仿制度较难，会触犯既得利益，故而许多后发国家只模仿技术不模仿制度，虽会取得一时的发展，但给长期发展会留下许多隐患[21]。由此可见，任何一个后发国家，都需要同时清醒地认识到后发优势和后发劣势，尽量地发挥优势、弥补或克服劣势、扬长避短，尽量弱化劣势。如果忽视其中任何一个方面，都会在现代化过程失去一些机会或遇到一些困难[22]。

关于后发国家如何发挥后发优势，规避后发劣势，学术界也有较大的分歧。杨小凯认为以技术模仿代替制度模仿是后发国家的"后发劣势"，后发国家应由难而易，先完成较难的制度模仿，特别是应该首先模仿英美的宪政共和体制，才能克服后发劣势，在没有模仿好先进国家的制度前是没有资格讲制度创新的[23]。林毅夫则认为技术模仿是后发国家后来居上的主要依据，是后发优势的主要内容，制度是内生的，制度的转变是一个长期的缓慢的过程，宪政民主体制不是经济长期发展成功的充分或必要条件，也不具备短期内建成的可行性，宪政民主体制不一定是最优的制度[20]。有学者认为后发优势与后发劣势就像收益和成本的关系一样，乃是硬币之两面。要获得利用后发优势的好处，就必须承担面对后发劣势的代价，这是无可避免的两难冲突，应对后发优势与后发劣势之间的两难冲突，关键不在于在政治领域推行民主共和制，而在于要切实地维护和保障私有产权，让私产所有者在市场中自由选择[24]。贾根良认为制度创新是实现后发优势的基础，后发国家在制度上可以不模仿发达国家，可以通过制度创新形成的后发优势，关键是抓住"新熊彼特"学派演化经济学家基于"技术—经济范式"的概念所区分的技术后发优势的两种机会窗口：追赶和跨越[25]。

也有一些学者将后发优势理论运用于区域经济的研究中，探求中国区域经济协调发展问题，认为在中国这样的大国体制下，作为落后地区同落后国家一样，可以充分利用其独有的后发优势，获得后发利益。在拥有后发优势的同时，也存在着后发劣势，但通过努力可以克服后发劣势的不利影响，从而使后发优势大于后发劣势，获得后发利益，实现经济的跨越式发展。后发优势理论的发展表明，后发优势是多维的，既包括技术的后发优势，也包括资本的后发优势、人力的后发优势、制度的后发优势和结构的后发优势。对于一个落后的经济体而言，不应该仅仅依赖于哪一个方面的努力，而应该根据实际情况全面综合利用好多维的后发优势。因而，后发地区经济的跨越式发展，应该是一个综合各方面因素作用不断演进的过程[19]。

延伸而言，后发优势理论，常用于解释与发达国家具有差距的后发国家，即如何形成差异化分工，最终实现与发达国家的发展趋同，也适用于解释区域经济问题。当然，区域经济问题是多维的，因此，对于区域问题的分析和解释，除了后发优势理论，也要综合利用比较优势和竞争优势等理论。

（三）关于竞争优势的研究

现实的竞争优势是后发地区经济跨越式发展的关键。从迈克尔·波特出版其《国家竞争优势》一书开始，竞争优势理论便开始在全球范围内广泛传播，该理论指出一国或区域的产业在大市场中竞争力取决于六大因素：生产要素、需求条件、相关产业和支持性产业的表现、企业战略以及企业结构和竞争对手、政府、机会，这六大因素构成了"波特钻石模型"。波特认为，竞争优势建立在两个不同的层次上，低层次的竞争优势是一种"低成本竞争优势"，而高层次的竞争优势则是一种"产品差异型竞争优势"。前者一般并不需要钻石模型的全部因素来配合，仅仅需要具有足够丰裕的初级生产要素就能够形成，而后者的建立则需要钻石模型中的各种因素相互配合才能够形成[6]。

国内学者大都以波特的研究为出发点，将国家竞争力这个概念应用于区域竞争力的研究，对区域竞争力的内涵和外延进行了界定，并探讨了区域竞争力的构成要素，以国家竞争优势钻石模型为代表的区域竞争力模型是评价区域竞争优势的理论框架[26]。区域竞争力可以看成区域创造竞争优势的能力，可以说是，一个区域在竞争和发展的过程中与其他区域相比较所具有的吸引、争夺、拥有、控制和转化资源，争夺、占领和控制市场的能力，为其自身发展所具备的资源优化配置能力。也可以说，是一个区域为其自身发展对资源的吸引力和市场的争夺力。具备了竞争优势的区域，就有可能使自己在区域中通过竞争来获取区域经济发展所需的战略资源。同时，区域竞争优势理论认为，一个区域可以发展其他区域具有优势的相同产业，关键在如何正确地选择其竞争战略，创造竞争优势，实现赶超[27]。

竞争优势理论则常用于分析综合竞争力不同的区域之间的分工，也就是说，各个区域的综合竞争力存在差异，因而各个区域可实现错位发展，可以通过竞争优势识别不同类型问题区域的分工与专门化方向[18]。

三、对内开放、区际开放与国际开放及其多重性

构建"以国内大循环为主体、国内国际双循环相互促进的新发展格局"国家战略的提出，要求以更高质量发展为指引，以建立现代化经济体系和统一大市场为基础，更加注重发展的安全性和韧性，用好改革关键一招的作用并激发创新驱动的动力，实现更高水平的开放。

我国沿海开放战略的实施，使东部地区成为我国经济增长极，全国范围内的区域空间发展极为不平衡，这不仅会引发区域之间的矛盾、加剧市场割据，也制约着我国内需潜力释放，我国各地都将对外开放视为重中之重，但对内开放相对不足[28]。赵伟认为区域层面的经济开放属于区际化与国际化并进的"二重开放"，对于内陆型地区而言，区际开放比国际开放更重要且更现实[29]。王必达等认为解决地区发展的不平衡、不充分问题，应选择对内开放、区际开放与国际开放"三重开放"同时推进的开放模

式，这可以有效解决对内开放不足和区际开放滞后的问题[30]。区域内开放是指通过发展民营经济、培育各类市场主体、建立和完善现代市场体系和产权体系，提高市场化水平；区际开放是指通过与国内其他省份的产业分工和贸易合作，积极融入国内价值链；国际开放是指通过积极开展与共建"一带一路"沿线国家以及世界其他国家的经济交往，积极融入全球价值链[31]。因此，在新发展格局下，凭借地区的"三重开放"模式展开，有利于建设开放型的经济新体制，有利于形成地区竞争新优势。

近年来，共建"一带一路"将开放的目光由东转向西，为国内后发地区创造了开放新机遇，中国广袤的后发地区蕴藏着巨大的发展潜力和开放空间，共建"一带一路"可以改善后发地区的基础设施，加快后发地区优势资源的开发，有利于集聚国内外资本、技术等资源要素，增强后发地区承接产业转移的竞争优势，这对加快后发地区经济增长、缩小区域间发展差异、促进国内大循环有着重要作用[32]。

在现实与理论的双重逻辑下，后发地区要协同推进对内开放、区际开放与国际开放的"三重开放"，遵循比较优势、发挥后发优势和塑造竞争优势，才能实现后发地区追赶和超越。

四、后发省域相对落后的成因及出路

后发地区也就是落后区域（又称落后地区），其与膨胀区域、萧条区域共同构成问题区域，问题区域在西方学术界也用危机区域、困难区域以及非优势区域等概念称呼。后发省域是从行政和空间尺度而言划分的一类后发地区。后发地区又称"穷者"，是区域发展过程中必然出现的一种区域病症，是指有史以来一直在贫困落后中挣扎的地区。"穷者"地理分布上有突出的特点，要么是农业为主的地区，要么是自然条件极端的地区：

一是地理环境恶劣，二是地理位置偏远。若以农业为主，则经济处于相对落后状态；若地理位置远离经济中心，则很难接收到经济中心地区辐射。因而，"穷者"缺乏良性发展和现代化的基本条件[18]。

此外，从国家区域发展政策来看，1978年改革开放后，中国实行非平衡的、对部分地区倾斜优惠的发展政策，鼓励东部沿海地区先发展起来，先富裕起来，结果是相对于东部沿海地区，中西部地区发展相对滞后，发展差距持续拉大。近年来，随着国家区域重大战略的提出和实施，我国已经进入国家区域重大战略引领区域经济发展的新阶段，西部欠发达地区与东部发达地区发展差距趋于缩小，但西部欠发达地区的经济体制、政策环境、发展条件、技术水平等方面相对滞后仍是长远挑战[33]。

后发省域相对落后的成因表明了后发省域实施经济追赶的必要性和紧迫性，但随着区域优势和相对成本的变化，也会促使技术、资本等要素不断从高势位地区向低势位地区流动，从而为后发省域实现追赶目标提供有利的条件和赋予发展的巨大潜力，即后发优势。但是，要使后发省域的后发优势转换为现实的后发利益，这不仅要取决于众多条件（如物质资本条件、人力资本条件和规模经济条件等）的支持，而且还取决于各种要素及条件在不同时空范围内的有效组合（如技术模仿与制度移植的互动性、制度移植与非正式约束的兼容性以及市场空间结构一元化等）。因此，我国后发省域要发挥"后发优势"，就需要排除各种困扰，这不仅要依赖于政府区域经济政策的支持与驱动，而且更为重要的是后发省域自身要寻找、创造和改进吸纳各种发展要素以及形成内生技术资源的领域、渠道、条件和方式[34]。

后发省域经济的跨越式发展，应该是一个综合各方面因素作用不断演进的过程。在政府对问题区域实施政策中，重点应落脚于促使其加快从农业社会转向工业社会或服务业社会，最终步入现代化轨道[35]。后发省域应抓住制造业升级优化、提升价值链位置的新机遇，利用自身规模经济优势，从改善营商环境和市场配置资源机制入手，实现自身的赶超目标[36]。

后发省域发展要顺应构建优势互补、高质量发展的区域经济布局和国土空间体系的趋势，把握国家深入实施区域协调发展战略、推动西部大开发形成新格局、向西开放等战略机遇，积极融入"一带一路"建设，大力发展优势产业，深入实施重大生态工程，不断提升可持续发展能力，并根据国土空间规划的定位，分类分区推进差异化和特色化发展。

五、本书的研究对象、内容结构和逻辑关系

至少从2015年以来，甘肃省的人均地区生产总值在全国31个省份中垫底，甘肃省也是全国城乡居民收入差距最大的省域，且甘肃省内部区域差距巨大、城乡差距问题突出。可以说，甘肃省是全国发展不充分、不平衡的典型省域代表。因此，本书以甘肃省作为我国后发省域的典型代表，进行分析研究。

本书利用区域经济学、发展经济学、农业经济学、生态经济学、环境经济学等多学科的理论原理，以比较优势、后发优势和竞争优势等"三个优势"为基础的区域优势理论作为分析的依据，基于对内开放、区际开放和国际开放等"多重开放"的学术视野，试图对后发省域现代化过程中面临的关键问题进行剖析梳理，力求回答后发省域何以滞后、如何赶超等基本问题。

鉴于此，本书由二十章构成，研究逻辑思路如图1-1所示。其中，第一章导论，搭建了后发省域经济现代化的理论框架。交代了全书的理论基础和总体框架，介绍了从后发国家到后发地区的基本理论，并以区域优势理论、多重开放理论和区域协调发展理论为依据，分析了后发省域相对落后的成因及出路。

第二章省域经济发展的回顾与展望，揭示后发省域经济现代化的历史逻辑和现实逻辑。回顾了全国层面的区域发展演变历程，分析了省域经济

发展的差异，指出了后发省域经济发展的未来路向，并提出了推动高质量发展的路径。

构建新发展格局是后发省域经济现代化的现实背景，第三章构建新发展格局下后发省域的选择，对新发展格局的相关概念进行了辨析，分析后发省域的机遇和挑战，并指出构建新发展格局下后发省域的选择。

从要素驱动走向创新驱动是后发省域经济现代化的必由之路和内生动力，第四章创新驱动后发省域高质量发展，介绍了经济增长的三种理论解释框架，分析了后发省域创新发展的现状特征和存在的不足，进而提出了后发省域创新发展的基本路径。

黄河流域生态保护和高质量发展是涉及部分后发省域现代化的区域重大战略之一，第五章黄河流域生态保护与高质量发展的省域方略，通过辨析实施黄河流域生态保护和高质量发展这一区域重大战略中面临的主要挑战，揭示黄河流域生态保护和高质量发展战略中的工作重点以及关键策略。

构建区域增长极体系是后发省域经济现代化的空间支撑，第六章积极构建区域增长极体系。在概述了区域增长极基本理论的基础上，概括分析了典型后发省域区域经济发展的基本特征，提出了区域经济发展的基本路向。

数字经济是后发省域经济现代化实现"弯道超车"的新契机，第七章布局数字基础设施与加速发展数字经济。通过阐明数字基础设施建设对后发省域具有"弯道超车"的意义，揭示全国及后发省域数字经济发展的现状特点、进展与不足，提出了统筹推进后发省域数字基础设施的对策。

第八章文化产业高质量发展的路径和第九章培育核产业链为新增长点，涉及后发省域经济现代化的产业布局问题。第八章总结提炼了典型后发省域文化产业发展呈现的特点，提出了后发省域文化产业高质量发展的路径；第九章从理论与现实角度审视了我国核产业发展的态势，并提出典型后发省域培育核产业发展的对策。

中心城市和都市圈是后发省域经济现代化的空间依托和空间动能，第十章后发省域"强省会"的实施路径，分析了后发省域"强省会"的现状特征、突出矛盾、经验借鉴和实施路径等问题，辨析了"强省会"中涉及的基本关系。第十一章构建"内联外通、开放包容"的现代化都市圈，通过对现代化都市圈的发展现状与特征的分析，指出了发展中存在的问题，明确其空间结构的优化方向以及未来发展的重点，并提出了建设现代化都市圈的对策。

绿色转型是后发省域经济现代化的基本趋势，第十二章实施低碳城市发展模式、第十三章生态产品总值核算与生态产品价值实现和第十四章深入实施碳达峰碳中和行动，分别探讨了低碳城市的发展模式、生态产品价值实现的推进策略和低碳转型的实施路径。

县域是后发省域经济现代化的空间载体，第十五章县域经济高质量发展的路径，分析了发展县域经济需要处理好的基本关系，并提出了县域经济高质量发展的选择。

广大的乡村地区是后发省域经济现代化的空间腹地，第十六章脱贫攻坚、乡村振兴与和美乡村建设和第十七章县域乡村振兴的路径，辨析了脱贫攻坚、乡村振兴与和美乡村建设的逻辑关系，揭示了宜居宜业和美乡村的内涵并提出了实施路径。以典型县域为对象，得出了一般意义上县域乡村振兴的基本路径。

日趋严重的老龄化是后发省域经济现代化的长远挑战，第十八章积极应对人口老龄化，通过分析后发省域老龄化的基本特征，识别了应对老龄化的特殊困难并提出了应对之策。

营商环境优化是后发省域经济现代化的基本条件，第十九章持续优化营商环境，从营商环境取得的积极成效和存在的短板因素入手，进行了营商环境的定量评价，并探寻后发省域优化营商环境的路径。

深化开放是后发省域经济现代化的动力来源，第二十章"一带一路"倡议下西北地区深化开放发展的路径，在揭示了西北地区开放发展现状特征的基础上，分析了深化开放发展的机遇和挑战，进而提出了深化开放发展的基本路径。

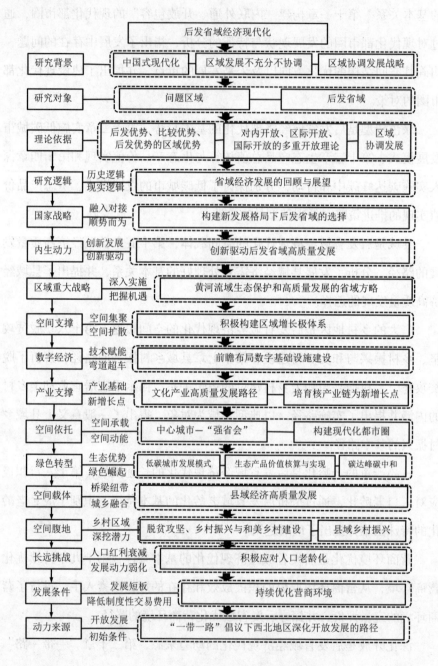

图1-1 本书研究的逻辑思路

参考文献

[1] 习近平.推动形成优势互补高质量发展的区域经济布局[J].求是, 2019（24）: 4-9.

[2] 文化纵横编辑部.后发国家发展道路[J].文化纵横, 2019（3）: 16-17.

[3] 樊纲.比较优势与后发优势[J].管理世界, 2023, 39（2）: 13-21, 22, 37.

[4] 简新华, 许辉.后发优势、劣势与跨越式发展[J].经济学家, 2002（6）: 30-36.

[5] 郭熙保.中国经济高速增长之谜新解——来自后发优势视角[J].学术月刊, 2009, 41（2）: 63-71.

[6] 林毅夫, 李永军.比较优势、竞争优势与发展中国家的经济发展[J].管理世界, 2003（7）: 21-28, 66-155.

[7] 郭熙保, 胡汉昌.后发优势新论——兼论中国经济发展的动力[J].武汉大学学报（哲学社会科学版）, 2004（3）: 351-357.

[8] 蔡之兵.新发展格局如何破解后发国家追赶发展的"不可能三角"难题[J].学术论坛, 2023, 46（2）: 49-60.

[9] 沈开艳, 陈建华.试论西部后发地区经济跨越式发展的理论基础[J].广东社会科学, 2012（6）: 44-52.

[10] 谢浩, 张明之.区域经济增长的空间跨越及区间收敛——泛长三角经济区接力式增长模式探究[J].江汉论坛, 2014（11）: 47-51.

[11] 李霞菲.后发地区生态环境问题的对策研究——以福建省宁德市为例[J].中共福建省委党校学报, 2010（12）: 63-67.

[12] 李宏伟, 厉磊.生态文明与后发地区"绿色崛起"[J].开放导报, 2014（1）: 46-48.

[13] 邵秀燕,陈思华.数字经济发展是否促进了中国区域经济增长收敛?[J].南京社会科学,2022(8):37-46.

[14] 范恒山,肖金成,陈耀,等.西部大开发:新时期新格局[J].区域经济评论,2020(5):1-15.

[15] 江小涓,孟丽君,魏必.以高水平分工和制度型开放提升跨境资源配置效率[J].经济研究,2023,58(8):15-31.

[16] 林毅夫,付才辉.比较优势与竞争优势:新结构经济学的视角[J].经济研究,2022,57(5):23-33.

[17] 刘乐易,曹越洋,蔡继明.对比较优势原理的双重误解——评新结构经济学与新李斯特经济学之争[J].经济思想史学刊,2023(3):52-82.

[18] 张可云.穷堵老者的前世今生与未来[N].凤凰财经,2017-08-28(205).

[19] 郭丽.后发优势理论演进及其启示[J].当代经济研究,2009(4):57-60.

[20] 林毅夫.后发优势与后发劣势——与杨小凯教授商榷[J].经济学(季刊),2003(3):989-1004.

[21] 杨小凯.后发劣势[J].新财经,2004(8):120-122.

[22] 黄少安.发展中国家现代化过程中的一般经济规律[J].求索,2023(5):17-26.

[23] 高传胜,刘志彪."林杨之争"与后发国家经济长期发展[J].学海,2005(5):22-28.

[24] 谢作诗.后发优势与后发劣势:硬币之两面——兼评林毅夫、杨小凯后发优劣势之"争"[J].经济体制改革,2003(4):9-12.

[25] 贾根良.后发优势的演化创新观[J].山西大学学报(哲学社会科学版),2004(1):70-75.

[26] 李明超.基于区域竞争力的城市国际化评估与提升路径[J].企

业经济，2017，36（10）：127-133.

[27] 夏智伦，李自如.区域竞争力的内涵、本质和核心 [J].求索，
2005（9）：44-47.

[28] 张辉，吴唱唱."一带一路"高质量发展对加快构建新发展格局
的影响与实践路径 [J].社会科学辑刊，2023（5）：136-147.

[29] 赵伟.区域开放:中国的独特模式及其未来发展趋向 [J].浙江学
刊，2001（2）：75-79.

[30] 王必达，赵城.黄河上游区域向西开放的模式创新:"三重开
放"同时启动与推进 [J].中国软科学，2020（9）：70-83.

[31] 王必达.论甘肃向西开放的模式选择与政策取向 [N].甘肃日
报，2021-12-13（004）.

[32] 张可云."一带一路"与中国发展战略 [J].开发研究，2018
（4）：1-13.

[33] 赵伟.国家级区域战略与西部欠发达地区选择——以甘肃为例
[J].探索与争鸣，2023（4）：125-136.

[34] 王必达.后发优势与区域发展 [M].上海:复旦大学出版社，
2004.

[35] 张可云.区域协调发展新机制的内容与创新方向 [J].区域经济
评论，2019（1）：5-9.

[36] 蔡昉.从比较优势到规模经济——重新认识东北经济 [J].学习
与探索，2019（9）：1-11，194.

第二章

省域经济发展的回顾与展望

　　内容提要：省域经济发展是全国经济高质量发展中的重要一环，但目前我国后发省域发展不充分以及其与发达省域发展不平衡的问题突出，致使区域协调发展与全体人民共同富裕面临巨大挑战。本章回顾了全国层面的区域发展演变，分析了省域经济发展的差异，在此基础上总结了后发省域甘肃省经济发展的成就、研判了未来趋向，提出了后发省域经济发展的未来路向：保持战略定力和历史耐心，树立高质量发展的总方向和总基调；顺应需求侧管理为主转向供给侧管理为主的趋势，加大改革创新的力度；直面发展空间受限的约束，在融合型经济上寻求新增长点；守正出奇，寻求高质量发展的有力抓手；提升治理能力，形成现代化的治理体系。并揭示了推动高质量发展的路径：长期创新成为第一动力，但短期不能忽视要素驱动的作用；着力区域和城乡问题的解决，使协调成为内生特点；围绕绿色产业体系建设，使绿色成为普遍形态；抢抓"一带一路"倡议的重大机遇，使开放成为必由之路；着眼具体民生问题的解决，使共享成为根本目的。

当前，我国经济已经从高增长阶段进入高质量发展阶段，促进区域协调发展是实现高质量发展和全体人民共同富裕的重要途径。后发省域的发展不充分以及与发达省域之间发展的不平衡，是区域协调发展需要着力应对的重要课题。因此，培育壮大省域经济，对于后发省域缩小与发达省域之间的差距、促进区域协调发展并最终实现全体人民共同富裕都具有十分重要的意义。

一、全国层面区域经济的发展演变

促进区域协调发展是实现全体人民共同富裕的重要途径，目前我国区域发展差距仍然较大，区域发展不协调呈现新的特征和表现形式[1]。区域差距是资源禀赋、区域战略与政策、要素流动、市场需求、市场化水平和文化传统等多因素作用的结果[2]。

（一）从"四大板块"中东西差距的老问题到南北差距的新趋向

从全国层面区域来看，1978—2021年，中国经济总体实现了较快的增长，中国GDP从3678.7亿元增加至1143670.0亿元，人均GDP从385元增加至80976元。从东西地区来看，2005年中西部地区GDP占各地区总额的比重为36.8%，2012年提高到40.9%，2021年进一步提高到43.1%，共提高了6.3个百分点。其间，中部地区所占比重由19.5%提高到22.0%，西部地区所占比重由17.4%提高到21.1%，分别提高了2.5个和3.7个百分点。从南北地区来看，1978—2021年，北方人均GDP相对水平（以各地区平均为100）由105.8下降到87.2，而南方人均GDP相对水平则由95.5上升到108.7。1993年是一个转折点，此后北方人均GDP相对水平一直低于南方，且二者差距不断扩大。此外，东北地区人均GDP相对水平从1980年的150.8下降到2003年的101.3，2021年进一步下降到71.0，呈现持续快速下降的趋势[1]。

进入21世纪以来，中国区域经济发展呈现"东高、中中、西低"的阶梯特征。中西部地区呈现更快的增长态势，中国区域经济增长在趋于收敛。2007年以来，中西部地区经济增长速度都高于东部地区，这种情况一直维持到2019年。之后，2020年西部经济增速和2021年中部经济增速也高于东部地区，经济发展水平较低的地区增长速度快于较发达地区，在2007—2021年间，中部和西部地区GDP年均增长9.5%和9.8%，分别比东部地区年均增速高0.9个和1.2个百分点。在2012—2021年间，中部和西部地区GDP年均增长7.8%和8.1%，分别比东部地区高0.6个和0.9个百分点（见图2-1）[1]。

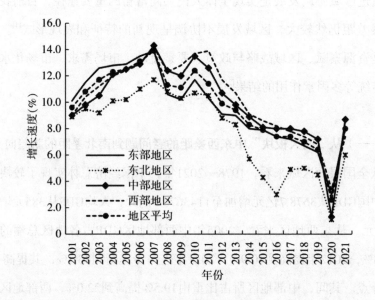

图2-1　2001—2021年中国区域GDP增长速度

资料来源：根据国家统计局国家统计数据库中数据计算。

2001—2021年期间，中国四大区域间人均产出和收入差距均在逐步缩小。按人均GDP计算的变异系数和东部与中西部间相对差距系数在

2001—2014年间呈现明显下降趋势，其中变异系数下降32.6%，东西部相对差距系数下降26.3%，东中部相对差距系数下降29.4%。2014—2021年，东部与中部、西部间人均GDP相对差距系数分别下降10.4%和7.6%，而东部与中部、西部间居民人均可支配收入相对差距系数分别下降2.6%和6.4%（见图2-2）[1]。

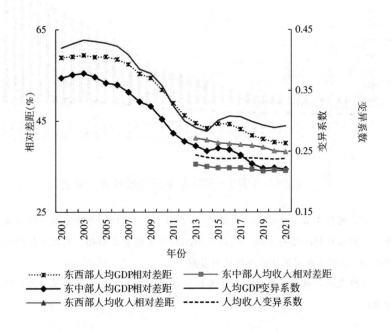

图2-2　中国四大区域人均产出和收入差距变化

资料来源：根据《中国统计年鉴》（2015年、2022年）和国家统计数据库中数据计算。

（二）中国区域绝对差距在扩大，但相对差距具有阶段性

从绝对差距看，1978—2021年中国人均GDP的极差、标准差分别由2310.4元、447.4元增加至43056.5元、9427.1元，说明中国区域绝对差距在持续增大。1978—2021年东西部人均GDP差距从203.0元增加到10946.4元，扩大了52.9倍。同期，南北方人均GDP差距则经历从缩小到扩大的过程，

1978年，南北方差距为-61.8元，南方落后于北方；1993年，南方开始超过北方，之后南北方发展差距开始拉大，到2021年扩大到931.9元。2021年，东西部人均GDP差距是南北方差距的11.7倍（见图2-3）[2]。

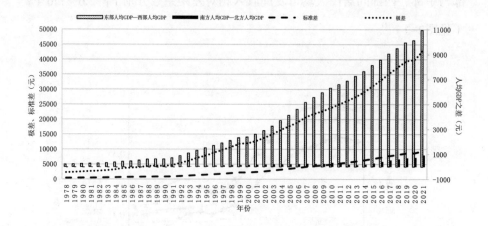

图2-3　1978—2021年中国区域经济绝对差距

注：选取各省（自治区、直辖市）人均GDP（以1978年为基期）的极差和标准差衡量中国区域经济绝对差距，使用人均GDP之差衡量东西部、南北方的绝对差距，得到1978—2021年中国区域经济的绝对差距。

资料来源：根据《新中国六十年统计资料汇编》、相关年份《中国统计年鉴》整理得到。

从相对差距看，1978—2021年，中国人均GDP的最大值与最小值之比、变异系数、泰尔指数和基尼系数均不同程度降低，分别由14.31∶1、1.23∶1、0.156∶1和0.345∶1降低至7.28∶1、0.58∶1、0.093∶1和0.273∶1。2013年以来，最大值与最小值之比、变异系数、泰尔指数和基尼系数下降幅度逐步变缓。分阶段来看，1978—1991年中国人均GDP的最大值与最小值之比在波动中不断下降，1992—1999年不断增加，并达到最大值16.37∶1，2000年以后持续下降；1978—1995年变异系数不断下降，1996—1999年略有增加，2000年以后不断下降；1978—1990年，泰尔指数和基尼系数均呈下降趋势，1991—1999年略有增加并分别达到最大值0.163、0.357，2000年以后呈现出先小幅上升、后持续下降的趋势。在2003年之前东西部相对差距处于持续扩大阶段，2003年之后迅速缩小。1978—1993年南北方相对差距逐步缩小，1994—2013年基本稳定，2014年之后迅速扩大。以2003年为界，东西部差距已经进入了区域差距变化的第二阶段；1993年之前，南方人均GDP落后于北方，二者差距不断缩小；1993年之后，南北方差距以南方人均GDP超过北方为标志，进入了绝对差距和相对差距同时扩大的阶段（见图2-4）[2]。

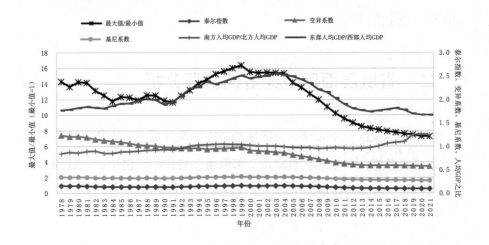

图2-4　1978—2021年中国区域经济相对差距

注：各省（自治区、直辖市）人均GDP最大值与最小值之比、变异系数、泰尔指数和基尼系数衡量中国区域相对差距，人均GDP之比衡量东西部、南北方相对差距，得到1978—2021年中国的区域经济相对差距。

资料来源：根据《新中国六十年统计资料汇编》、相关年份《中国统计年鉴》整理得到。

总体而言，1978—2021年，中国区域绝对差距一直是扩大的，而相对差距是有阶段性的。1978—1990年，中国南北方人均GDP差距从0.84∶1缩小为0.93：1，东西部差距从1.77：1扩大到1.90：1，东西差距有所扩大、南北差距缩小、区域总体差距缩小阶段。1991—1999年，中国东南—西北人均GDP差距由1.17：1迅速扩大到1.45：1，从而使得东南—西北[①]差距迅速扩大、区域总体差距扩大阶段。2000—2013年，东西地区人均GDP差距由2.45：1迅速缩小到1.77：1，南北差距由1.03：1变动到0.96：1，东西差距迅速缩小、南北差距基本稳定、区域总体差距缩小阶段。2014—2021年，东北地区GDP占全国的比重由8.39%迅速下降至4.90%，年均下降0.50个百分点；南北方人均GDP差距由0.97：1扩大到1.25：1，而东西部之间差距由1.75：1缩小到1.67：1，东西差距缩小、南北差距明显扩大、区域总体差距较为稳定阶段[2]。

二、省域层面区域经济的差异分析

如果从省级区域单元来看，区域经济增长差异更大。中华人民共和国成立以来，各省（自治区、直辖市）都取得了较快的经济增长，特别是改革开放以来，经济增长更快，但区域之间存在显著差异。

（一）省域单元的区域经济增长差异更大

基于各省份1953—2021年GDP的平均增长率，并对比了改革开放前后各地区的GDP增长率状况。可见，改革开放之前，大部分省份GDP的平均增长率在6%左右；改革开放之后，所有地区经济增长率都大幅加快，基本上超过了8%。从各省份之间比较来看，1953—1978年，增长较快的主要是

---

①我国东南与西北划分基本以胡焕庸线为分界线，东南地区包括黑龙江、吉林、辽宁、河北、北京、天津、山西、山东、河南、湖北、湖南、江苏、上海、浙江、安徽、江西、福建、广东、广西、陕西、四川、云南、重庆、贵州、海南，共25个省份；西北地区包括新疆、内蒙古、甘肃、青海、西藏、宁夏，共6个省份。

直辖市和中西部的部分地区；1979—2021年，东部地区增长最为突出，但省际差异已明显缩小（见图2-5）。分析了各省份1953—2021年人均GDP的平均增长率，并对比了改革开放前后各省份的人均GDP增长率状况。从总体情况来看，人均GDP增长与GDP增长基本一致。具体到各个省份，改革开放之前大部分省份人均GDP的平均增长率在3.5%左右，而且相对差异很大，最高（北京）达到6.01%，最低（安徽）仅为1.67%；改革开放之后所有地区人均GDP增速都有较大幅度提升，各省平均增长率超过8%，而且相对差异变小，最高（江苏）为9.94%，最低（青海）也达到6.97%。改革开放以来这种大规模的、普遍的和持续性的经济增长，是人类历史上绝无仅有的现象，堪称"中国奇迹"（见图2-6）。

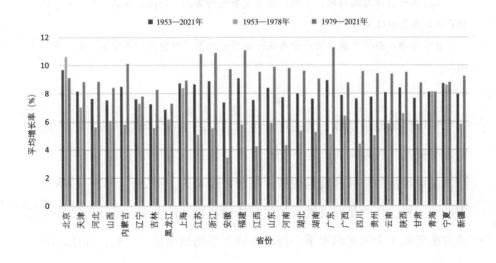

图2-5 1953—2021年中国各省份GDP增长差异

注：由于统计数据原因，本图计算中没有包括海南、西藏、香港、澳门和台湾，重庆被计算在四川省内。

资料来源：根据《新中国六十年统计资料汇编》《中国统计年鉴》（相关年份）测算。

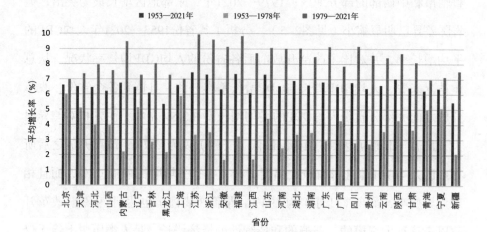

图2-6 1953—2021年中国各省份人均GDP增长差异

注：由于统计数据原因，本图计算中没有包括海南、西藏、香港、澳门和台湾，重庆被计算在四川省内。

资料来源：根据《新中国六十年统计资料汇编》《中国统计年鉴》（相关年份）测算。

中国区域经济持续、快速增长极大地促进了各区域经济发展和人民生活水平提高。长期来看，经济增长速度要比初期发展水平更具有决定性作用，区域经济的增长速度越快就逐渐越来越发达。例如，1952—1978年，青海、宁夏、广西是经济增长速度较快的区域，但由于改革开放之后平均增速多年低于全国平均水平，经济发展水平仍然偏低。广东、福建、浙江等东南沿海地区，虽然计划经济时代经济增长相对缓慢，但改革开放后速度提升显著高于其他地区，而且40多年基本保持了高速增长，目前已经发展成为中国比较发达和富裕的区域（见图2-5、图2-6、表2-1）[1]。

---

[1] 本章第二部分的分析和资料来源于作者参著、魏后凯和安树伟主编的《中国区域经济学》（送审稿）中由吴利学负责撰写的第二章区域经济增长，且已获作者同意。

表2-1　1952—2021年中国各省份人均GDP变化

省份	人均GDP（元）			省份	人均GDP（元）		
	1952年	1978年	2021年		1952年	1978年	2021年
北京	301	1249	183963	山东	90	315	81707
天津	291	1141	114312	河南	83	231	59585
河北	124	362	54231	湖北	89	330	85785
山西	115	363	64914	湖南	85	285	69561
内蒙古	170	318	85476	广东	101	367	98052
辽宁	214	675	65226	广西	66	226	49118
吉林	155	381	55728	四川	77	260	70567
黑龙江	234	559	47613	贵州	57	174	50847
上海	640	2484	173624	云南	69	223	57882
江苏	129	427	136819	陕西	84	292	75369
浙江	111	330	112409	甘肃	125	346	40976
安徽	77	242	70275	青海	101	426	56340
福建	101	271	116576	宁夏	121	366	62377
江西	114	273	65574	新疆	170	317	61737

注：由于统计数据原因，本表计算中没有包括海南、西藏、香港、澳门和台湾，重庆被计算在四川省内。

资料来源：根据《新中国六十年统计资料汇编》《中国统计年鉴》（相关年份）整理。

（二）全国省域层面下甘肃省的经济增长

大体上，中国经济增长可以改革开放为界可划分为计划经济与向市场经济过渡两个大的阶段，而改革开放以来又可划分为1978—1984年、1985—1991年、1992—2000年、2001—2011年、2012至今（2023年）五个阶段。

从甘肃省GDP年均增长率纵向比较来看，从1953—1977年，甘肃省经济增长较为缓慢，此时GDP年均增长率①约为5.80%。改革开放后，甘肃省经济进入快速增长阶段。改革开放初期，1978—1991年，甘肃省GDP年均增长率约为8.09%，这一时期中国从计划经济向市场经济过渡，经济体制的改革为甘肃省经济发展提供了新的动力。其中，1984年，以党的十二届三中全会为标志，中国经济体制改革的重点由农村转向城市，中国经济向市场化方向不断迈进。1985年，双轨制价格改革的全面启动，进一步促进了乡镇企业的蓬勃发展和市场的活跃。在1984年之前，即1978—1984年，甘肃省落实企业利润留成政策，调整政府与企业的利益分配关系，赋予企业更多的经营自主权②，这一时期甘肃省GDP年均增长率约为8.22%。1984年之后，随着国家城市经济体制改革的推进，1985—1991年，甘肃省GDP年均增长率约为10.28%。1992年，国家确立了建立社会主义市场经济的改革目标。1992—2000年，甘肃省GDP年均增长率约为7.21%，甘肃省经济在市场经济体制下加速增长。其中，1999年，西部大开发战略的出台，为甘肃省经济发展提供新的政策机遇。2001年，中国加入世界贸易组织，甘肃省和全国一样在与世界经济接轨的过程中，经济发展取得了显著成效，2001—2011年，甘肃省GDP年均增长率约为11.35%。自2012年以来，中国经济发展由高速增长转向高质量发展阶段，甘肃省经济增速有所放缓，2012—2023年，甘肃省GDP年均增长率约为6.65%。总体而言，甘肃省的经济增长经历了从缓慢到快速增长再到增速放缓的过程，而深化市场化导向的改革和对接国际市场的扩大开放是甘肃省经济发展的主要驱动力。

①GDP年均增长率是在GDP价格指数（上年=100）的基础上得出实际GDP年均增长率，其中，1953—1977年的数据来源于《新中国六十年统计资料汇编》，1978—2023年数据来源于国家统计局。

②甘肃省地方史志编纂委员会，《甘肃省志·概述》编纂委员.甘肃省志·概述：1986-2007［M］.兰州：甘肃文化出版社，2018：3.

从甘肃省GDP总量在全国排名来看，1978年，甘肃省排名位于第23名（此时全国共29个省份，不包含香港、澳门和台湾）；1997年，甘肃省排名位于第27名（由于1988年设立海南省、1997年重庆成为直辖市，此时全国共31个省份，不包含香港、澳门和台湾）；到2023年，甘肃省排名仍位于第27名（全国共31个省份，不包含香港、澳门和台湾），与1997年相比，甘肃省GDP排名保持不变。

从甘肃省人均GDP总量在全国排名来看，1978年，甘肃省人均GDP排名位于全国第15名（此时全国共29个省份，不包含香港、澳门和台湾），1997年，甘肃省人均GDP排名位于第29名（全国共31个省份，不包含香港、澳门和台湾）；2023年，甘肃省人均GDP排名位于第31名（全国31个省份，不包含香港、澳门和台湾），2023年与1997年相比，甘肃省人均GDP排名下降了2名。总体来看，甘肃省作为后发省域，尽管在改革开放以来GDP和人均GDP均实现显著增长，但整体经济发展水平仍低于全国平均水平，且人均GDP在全国排名有所下滑（见图2-7）。

三、甘肃省是全国发展不充分、不平衡的典型省域代表

纵向比较而言，1978年，甘肃省人均GDP为348元；2007年，甘肃省人均GDP为10501元，突破万元；2012年，甘肃省人均GDP为21141元，突破两万元；2018年，甘肃省人均GDP为32178元，突破三万元；2021年，甘肃省人均GDP突破四万元，2023年，甘肃省人均GDP达到47867元。但从横向比较而言，1978—2014年，贵州省人均GDP均位居全国各省份倒数第一位。然而，2015年，贵州省人均GDP达到28547元，超越了甘肃省（25946元），从2015年开始，甘肃省人均GDP位居全国各省份末位，且与其他发

达省份的差距不断扩大。

以省际差距而论，2015年，甘肃省人均GDP、城镇居民人均可支配收入、农村居民人均可支配收入分别是25946元、23767元和6936元，相当于全国平均水平（49922元、31195元、11422元）的51.97%、76.19%、60.72%。此时，甘肃省与人均GDP最高水平省级行政区的北京市相比，绝对差距为87746元，相对差距为4.38，而城镇居民人均可支配收入、农村居民人均可支配收入与全国最高水平省级行政区的上海市相比，绝对差距分别为29195元和16269元，相对差距为2.23和3.35。2023年，甘肃省人均GDP、城镇居民人均可支配收入、农村居民人均可支配收入分别是47867元、39833元和13131元，相当于全国平均水平（89358元、51821元、21691元）的53.57%、76.87%、60.54%。此时，甘肃省与人均GDP最高水平省级行政区的北京市相比，绝对差距为152411元，相对差距为4.18，而城镇居民人均可支配收入、农村居民人均可支配收入与全国最高水平省级行政区的上海市相比，绝对差距分别为49644元和29857元，相对差距为2.25和3.27。从中可以看出，在全国而言，甘肃省与发展水平最高省域的绝对差距在扩大，相对差距有所缩小。

从甘肃省内部分析，2015—2023年，甘肃省的14个市州中，区域绝对差距在扩大，从67809元上升到110244元，上升幅度为62.58%，其中，在2022年以前人均地区生产总值最高的均为嘉峪关市，最低的为临夏回族自治州。在2022年以后，金昌市人均地区生产总值为全省最高，临夏回族自治州依旧为最低。从相对差距来看，2015—2022年甘肃省相对差距持续降低，由7.44下降至6.24，2023年小幅度上升为6.30，但并不影响相对差距在逐渐缩小的趋势。2015—2023年，甘肃省城乡居民人均可支配收入的相对差距在不断缩小，从4.16缩小为3.03。但是，在此期间，甘肃省城乡居民收入的相对差距均是全国最大的，即使是在相对差距最小的2023年仍高于同期全国水平0.64。由此表明，甘肃省区域经济的绝对差距在扩大，相对差距在缩小，但区域发展和城乡发展不平衡的矛盾依然比较突出。

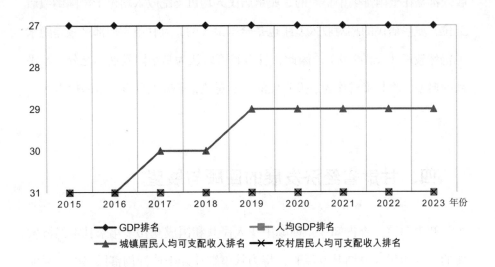

图2-7　2015—2023年甘肃省GDP、人均GDP、城乡居民收入
在全国31省份中的排名

　　但也要看到，甘肃省经济发展的滞后和不平衡性，既有发展阶段的原因，也有发展转型滞后的因素[①]。大体原因有：自然条件严酷，尤其是干旱缺水，制约主要产业发展和人民生活改善；地理位置相对偏远，远离沿海及世界和中国的经济发展中心，运输成本高昂；长期贫困程度深且广，人力资本提升难度较大；综合投资条件较差，吸引投资能力较低，传统的投资拉动增长受到制约，新型的创新驱动要素组合效率偏低致使转型发展困难重重；企业家精神欠缺，创新创业活力受限等。因此，甘肃省经济发展的不充分和不平衡特征是市场化导向的改革缓慢、国际化导向的开放不足以及后期资源环境约束趋紧、转型步伐缓慢等多种复杂因素综合作用的结果。

---

　　①本节的相关分析得到了浙江大学赵伟教授、中国社会科学院吴利学研究员、甘肃省社会科学院安江林研究员的指点，在此深表谢意！但文责由作者自负。

综上所述，2015年到2023年，甘肃省的人均GDP、农村居民人均可支配收入都是在全国排名中垫底的，城镇居民人均可支配收入均位于全国倒数后三位，城乡居民的相对收入差距也是全国最大的，且甘肃省内部区域差距水平仍然较高（见图2-7）。因此，甘肃省可以认为是全国发展不充分、不平衡的典型，将甘肃省作为后发省域的分析对象，研究上具有一定的代表性。

四、甘肃省经济发展的回顾与展望

知史明鉴，查古知今。回顾中华人民共和国成立70多年来甘肃经济发展的演变历程并总结基本经验，将为甘肃继往开来地开创富民兴陇新局面提供镜鉴。

（一）70多年经济发展取得了辉煌的成就

1.中华人民共和国成立后，甘肃经济发展迎来了新生

工业是经济发展的基石和引擎，甘肃工业化经历了一个复杂而漫长的历史过程。20世纪50年代以前，甘肃基本处于工业化以前的准备阶段，甘肃经济以农业和畜牧业为主，自然经济居于主导地位，生产力水平偏低，经济基础薄弱。中华人民共和国成立以来，得益于我国以内陆地区为重点的工业化发展道路，甘肃现代工业从无到有，并不断发展壮大，在跌宕起伏、绵延曲折的工业变迁中，甘肃的工业经济取得了巨大的成就，并形成了现代工业体系[3]。

1949年甘肃省工业总产值在社会总产值中的比重为19.1%，1978年上升为53.55%[3]。在1949年的农轻重构成中，农业占80.9%，轻工业占14.9%，重工业占4.2%，轻工业比重大于重工业，农业居主体地位。1949年至1978年间，重工业年平均增长速度为20.8%，轻工业为10%，农业只有

3.8%，这一时期甘肃经济呈现非常明显的重工业型特点[4]。

"一五"期间国家的156个重大项目中在甘布局16个，随着石油、矿产等资源的开发，依托资源禀赋等优势，促进了甘肃省交通、农业、科技等方面的发展。后来的"三线建设"中沿海等地区企业、技术和人员的迁入，进一步夯实了甘肃省经济的基础。建设民族团结和共同繁荣示范区，承担了国家安全稳定和战略纵深的使命。1978年甘肃省实现地区生产总值64.73亿元，约是1952年13.32亿元的4.86倍。这一时期，依靠国家支持和甘肃省积累，以重工业发展带动了甘肃省的其他产业部门，也奠定了全省工业化和社会经济发展的必要基础。

2.改革开放后，甘肃省经济迎来了腾飞的新机遇

各项经济指标快速跃迁，各类产业部门日渐齐全，社会、教育、民生、生态等领域齐头并进。农业基础地位不断夯实，工业经济快速发展，服务业逐渐壮大。基础设施和公共服务不断完善，人民生活水平得到极大提高。加大生态环保力度，生态屏障作用日益凸显。区域和城乡不断协调，市场微观主体的活力不断激发。2018年甘肃省地区生产总值分别约是1952年、1978年的619倍、127倍。2018年甘肃省进出口总额394.7亿元，约是1978年的664倍。改革开放为甘肃省经济发展注入了新的动力和活力，体制机制改革全面推进，开放型经济体系逐渐形成，人力资本的作用不断凸显，科技创新步伐加快，全要素生产率得到全面提升。

3.党的十八大以来，甘肃省经济发展呈现出新的特点

脱贫攻坚稳步推进，2020年全面实现了现行标准下脱贫攻坚的任务。新旧动能不断转换，十大生态产业①快速发展，2023年十大生态产业增加

---

①甘肃省十大生态产业：2018年1月，甘肃省委召开的十三届四次全会作出了《关于构建生态产业体系推动绿色发展崛起的决定》，提出要培育发展清洁生产、节能环保、清洁能源、先进制造、文化旅游、通道物流、循环农业、中医中药、数据信息、军民融合十大生态产业。

值约占全省地区生产总值的32.7%。积极融入"一带一路"建设，抢占文化、枢纽、技术、信息、生态等"五个制高点"，沿线贸易的比重不断增大，2023年甘肃省对共建"一带一路"国家进出口总值为278.3亿元，约占全省进出口总额的74.6%。风清气正的政治生态逐步优化，政府市场关系不断理顺。

4.1949年以来，甘肃省经济发展的成就突出

70多年来，甘肃省的社会经济生态各领域全面深入发展，发展质量和水平不断跃升。产业结构更趋高度化和合理化，从"一三二"演变为"三二一"格局。稳定解决温饱问题，粮食年产量由1949年206万吨增长到2011年的1009.06万吨，突破了1000万吨，2020年突破了1200万吨，到2023年粮食年产量已达到1272.9万吨。农业劳动就业比不断下降，1983年第一产业就业人员约占甘肃省就业人员的80.2%，到2022年，降低到46.98%。社会结构上，1949年至2018年城镇化率由9.5%上升为47.7%，2020年城镇化率超过50%，达到52.23%，2023年城镇化率达到55.49%。教育、医疗、住房等民生领域改革深入推进，不断满足人民对美好生活的新期待，发展的共享性和人民的获得感不断增强。从1949年人均收入90元左右，发展到2023年城乡居民人均可支配收入分别达到39833元和13131元。

70多年来，甘肃省经济得到快速发展，GDP及其占全国的比重都有明显变化。1952—2022年期间，甘肃省GDP从1952年的13.32亿元增加到2022年的11121.4亿元，2022年是1952年的834.94倍，从甘肃省地区生产总值在全国的排位来看，2022年甘肃省GDP位居全国31个省份中的第27位。分阶段来看，1952年甘肃省GDP仅为13.32亿元，到1978年甘肃省的GDP达到64.73亿元，此阶段增长速度缓慢；1978—2000年期间，甘肃省GDP增长速度加快，2000年甘肃省GDP达到1052.88亿元，突破千亿元。经历3个5年，甘肃省经济取得明显变化，2005年GDP达到1864.63亿元；2010年GDP达到3943.73亿元；2015年GDP达到6656.55亿元。从2016年开始，甘肃省GDP

保持不断增长，2020年甘肃省GDP接近9000亿元，2021年甘肃省GDP突破10000亿元，2023年达到了11863.8亿元（见图2-8）。

从1952—2023年甘肃省GDP占全国比重情况来看，总体呈现下降的特征，从1952年的1.96%下降至1978年的1.76%，再大幅度降至2000年的1.05%，最后降至2023年的0.94%。甘肃省GDP总量在不断增长，甘肃省GDP占全国比重却不断下降（见图2-8）。

从2022年31个省份的GDP来看，广东、江苏、山东位于前3名，浙江、河南、四川、湖北、福建、湖南、安徽紧随其后，位于前10名，在后5名中，甘肃经济规模总量位于第1位，其余省（区）为海南、宁夏、青海、西藏。虽然甘肃的同比增速为4.5%，超过全国水平（3%），但与其他发达地区相比，甘肃经济发展还存在很大的差距。

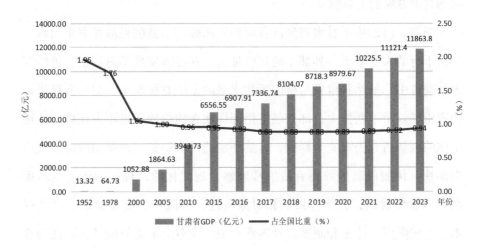

图2-8 甘肃省地区生产总值及占全国比重的变化

资料来源：根据甘肃发展年鉴、国家统计局数据整理得出。

总体而言，70多年来甘肃省经济发展成就斐然，尤其是2021年GDP突破万亿元大关，成为截至2020年五个尚未进入万亿元行列的省区（甘肃、海南、宁夏、青海、西藏）中第一个取得突破性进展的省份，是继2017年新疆突破万亿元之后，西部大开发取得的又一个历史性进步。但是，如果横向对比，甘肃目前仍属后发地区，与先发地区的差距仍然较大。

（二）积极总结经验，应对挑战继往开来

70多年来尤其是改革开放的40多年来，甘肃省经济在总量、人均量、结构和质量等方面都发生了巨大变化。这些成就的取得主要得益于：全面加强和改善党的领导为甘肃省的发展提供了组织保障，积极融入和对接全国发展战略赢得了机遇，在不同阶段适时提出的开拓创新的发展思路，体现了甘肃省的省情和特点，顺应了全国市场化、法治化和民主化的趋势并不断探索，后发优势的学习赶超将比较优势转变为竞争优势。当然，其间也曾出现过曲折和波动、贻误和失误。全面汲取70多年的经验教训，是新时期甘肃发展的宝贵财富。

当前，新形势下甘肃省经济发展仍然面临许多新的挑战和突出困难。经济下行的大背景下，外部不确定性加大。在经济发展不进则退、进慢则退的潮流中，虽然甘肃省与全国平均水平的差距有所缩小、但与发展最好的省份的差距不断拉大，部分经济指标即使在西部地区也不占优势。市场主体的创新活力仍未完全释放，自然环境的约束趋紧，改革创新的步伐还需加快，体制机制的障碍有待继续破解，现代化的治理能力还需不断提高。当然要看到，经济发展的相对滞后性，与区位、资源禀赋、要素成本、空间距离、技术和制度多种因素有关，应对之策也只能是全面性的攻坚克难和系统性的多向发力。

（三）继续创新努力不断开创富民兴陇的新局面

甘肃省还是具有较大的发展潜力和空间的。现代化甘肃发展路径应在供给侧改革下的"守正出奇"，同时还要创造性地寻求并实施高水平的"超常规"解决方案，寻求"出奇制胜"[5]。并进一步激活生产力系统，

持续解放和发展生产力，进而实现高质量发展[6]。面向未来，要深入总结70多年经济发展的基本经验，顺应世界新技术革命的潮流，融入国家整体的发展战略，寻求持续发展之策。

1.保持战略定力和历史耐心，树立高质量发展的总方向和总基调

甘肃的发展不能超越必经的阶段，因此，需要保持定力和耐心，不争一时之短长，也不随短期经济波动而起舞。重在激发创新驱动的第一动力、体现区域协调的内生特点、营造绿色崛起的普遍形态、形成扩大开放的新格局、回归民生共享的根本目的上来，并努力构建高质量发展的长效机制和制度体系，这就要求建立并实施高质量发展的政策、指标、目标、绩效和政绩考核、统计等完整体系和协同机制。

2.顺应新质生产力发展的趋势，加大改革创新的力度

将消费、投资、出口需求与供给结合起来，建立需求侧引发的供给侧的响应和适应机制。理顺高质量发展的体制机制，增强制度供给的针对性。把握新质生产力发展的新要求，推进科技创新和产业创新的深度融合。推动化工、冶金有色等传统优势产业的高端化、智能化、绿色化转型，发展壮大新能源、生物医药等新兴产业，积极布局健康医学等未来产业。建立健全与新质生产力适配的新型生产关系，形成公平竞争和充分竞争的制度环境。

3.直面发展空间受限的约束，在融合型经济上寻求新增长点

在国土空间"三区三线"①的约束下，生态功能区比重很大的甘肃省，传统发展路径已经无以为继，因此转型升级是必然选择。在老龄化、高龄化社会已经来临，劳动力外流和科技创新能力一般以及引资引智的吸引力不突出的现实下，大力推进制度创新才是可行路径。大力发展具有甘

---

① "三区"是指城镇空间、农业空间、生态空间三种类型的国土空间，"三线"分别对应在城镇空间、农业空间、生态空间划定的城镇开发边界、永久基本农田、生态保护红线三条控制线。

肃特色的生态经济，并在新产业、新业态和新模式有所作为。充分借助大数据、云计算、人工智能、区块链等现代信息科技构建基础平台，在三产融合、城乡融合、产城融合、科技金融融合等方面着力，稳定和吸引投资者、居住者和旅行者，形成宜业、宜居和宜游的地方品质，进而提升甘肃省经济发展的人气、活力和竞争力。

4. 守正出奇，寻求高质量发展的有力抓手

搭建甘肃省科技创新的平台，增强自主创新能力，并吸收转化其他地区与甘肃省产业升级改造相关以及战略引导性的科技成果，形成创新行为的合作网络和创新的产业社区，不断促进形成创新的集群。在提高省会兰州的集聚度、扩大兰（州）白（银）都市圈的辐射力和支持兰州新区建设上着力，以城乡融合发展为导向，把乡村振兴和新型城镇化有机集合起来，构建区域增长极体系。继续加快生态产业的发展，加快推进传统产业的高端化、智能化、绿色化改造，积极防治环境污染，并筑牢生态安全的屏障。以特色化的生态经济为导向，在生态旅游、文化旅游的结合上找出路，寻求生态价值转化为经济价值的可行途径。积极融入"一带一路"建设和西部陆海新通道，加大制度性开放的力度。加大交通、水利等基础设施建设和医院、学校、养老机构等公共服务方面的供给，逐步缩小城乡差距并促进农民工的市民化。以管资本为导向推进国企的混合改革，并大力激发民营经济尤其是小微企业的活力。重视包括小摊小贩等非正规经济的作用，给予其发展的空间。通过金融、保险、财税等政策手段方面的组合创新，解决养老、医疗、教育等民生难题。

5. 提升治理能力，形成现代化的治理体系

推进思想观念转变，克服小农意识、官本位意识和人情至上意识，大力弘扬企业家精神。推进"放管服"改革，严格执行负面清单制度，营造亲清政商关系，更多运用法治手段和经济手段配置资源，慎用行政手段。把营商环境的改善视为长期的任务，在机构改革上，借鉴其他省份的做

法，论证设立营商环境专门管理服务机构的可行性①。依托第三方机构，按期发布各地区营商环境指数，对重大的积极和消极事件进行公布，形成各地区、各部门共同致力于营商环境建设的格局。将各级政府的公权力用权力清单、责任清单加以规范，发挥社会组织的积极作用，形成政府主导下的多元协作运行的治理体系。

总之，甘肃省要在总结70多年经济发展经验的基础上，立足省情，面向现代化，推动甘肃省的高质量发展，开创富民兴陇的新局面。

五、推动甘肃省高质量发展的路径

我国经济已经从高增长阶段进入高质量发展阶段。推动高质量发展是当前和今后一个时期确定发展思路、制定经济政策、实施宏观调控的根本要求。在高质量发展阶段，甘肃省面临着增长乏力和质量提升的双重挑战，如何结合省情，顺应国家发展的大趋势，找准高质量发展的精准发力点和牵一发而动全身的突破口，是当前和今后一个时期甘肃省经济工作的重要命题[7]。

（一）长期创新成为第一动力，但短期不能忽视要素驱动的作用

甘肃省的传统产业占比大，长期依靠要素驱动的机制难以短期内改变，旧动能比重大，新动能的成长慢，国企比重大，民营经济发展壮大面临诸多难题。2022年，甘肃省研发经费投入144.1亿元，研发经费投入强度

---

①该建议初步形成于2019年8月，并向《甘肃日报》投稿，但未能刊登。后以"在优化营商环境上下更大功夫"为题发表于2021年2月5日的《甘肃日报》上。令人欣喜的是，甘肃省营商环境建设局已于2024年1月揭牌成立。

达到1.29%，比全国平均水平低1.25个百分点，甘肃省在西部12个地区中排名第5位①，甘肃省科技对经济的贡献率低于全国平均水平。适应高质量发展的体制机制还在不断探索过程中，市场化、法治化的思想观念转变仍是长期任务。

作为后发地区，短期内既不能忽视投资等传统要素驱动对经济增长的拉动作用，长期而言又要将创新组织和创新能力培育、创新制度构建和创新环境保障等齐抓共管。预期甘肃省经济增长的动力还是要素驱动和创新驱动双轮并驰的局面，至少在"十五五"乃至更长时期还是难以打破。

2015年以来，甘肃省经济增速下降主要是投资增速下降尤其是第二产业投资下降引起的。近期要深入实施工业强省战略，特别是要推动制造业的高质量发展，在核产业等领域推进军民融合协同创新，出台特殊的人才激励政策，大力引进、培育和稳定高水平科技人才和创业团队。高质量发展的基础是稳增长，稳增长的关键是阻止投资特别是第二产业投资的下滑。这就需要重点投资投向易地扶贫搬迁、保障性安居工程、"三农"建设、重大基础设施建设、创新驱动和结构调整等领域。

中长期需要通过科研体制的改革，激发高校、科研院所和企业的研发动力，通过政府资金的撬动，引导社会资金的投入。重视除技术创新外的制度创新、组织创新、产品创新等的组合作用，不断扩散兰州白银国家自主创新示范区、科技创新改革试验区的经验启示。实现从要素驱动向效率驱动再到创新驱动三步走的具体路径。

（二）着力区域和城乡问题的解决，使协调成为内生特点

近年来，甘肃省的区域经济不断演化和分化，省会兰州、兰州新区、

---

① 国家统计局科学技术部、财政部. 2022年全国科技经费投入统计公报［EB/OL］.（2023-09-18）［2023-09-26］. http://www.stats.gov.cn/sj/zxfb/202309/t20230918_1942920.html.

各类国家级和省级开发区成为甘肃省经济增长的引擎。2023年兰州新区实现地区生产总值374.3亿元，占兰州市的比例超过10%，已成为驱动甘肃省经济发展的主要增长极和承接产业转移、对外开放、制度创新等为一体的主要综合性、功能性平台。然而，省域整体发展不充分，县域经济仍是甘肃省经济增长的短板，省内区域差距和城乡差距很大，城市拉动作用偏弱，兰州都市圈的产业、人口集聚度不高，难以充分发挥核心城市的辐射带动作用，统筹有力、竞争有序、绿色协调、共享共赢的区域协调发展新机制尚待持续建立。

城乡融合发展水平滞后。2019—2023年，甘肃省城镇化率均高于50%，但同全国城镇化率平均水平比较，仍旧有大约10个百分点的差距。从城乡收入差距来看，近年来，甘肃省的城乡收入差距虽然在缩小，但城乡居民收入比仍然很大。这就需要实施新型城镇化与乡村振兴的双轮联动战略，通过大城市带动中小城市、大市场引导小农户。全面放开全省各类城市的落户条件，由常住地登记户口并提供基本公共服务[8]。完善配套政策，打破阻碍劳动力在城乡、区域间流动的不合理壁垒，促进人力资源优化配置。破除城市要素进入乡村的体制机制障碍，继而激发乡村振兴的内在动力。全力把兰州新区、各级各类开发区打造成甘肃省经济增长的火车头和强大引擎，通过增长极带动、轴带引领的区域战略的实施，以城乡融合促进区域经济的协调发展，助推甘肃省的经济高质量发展。

（三）围绕绿色产业体系建设，使绿色成为普遍形态

大力发展生态产业，是实现高质量发展的核心。以开发区、工业园区为空间载体，形成产业集群优势带，从而带动其他传统产业的智能化、绿色化转型提升，进而构建高质量发展的现代产业体系。目前已经出台的"1+1+10+X"的系列政策，也在持续发力阶段。虽然政策叠加有正面效应，但也有当初难以预测以及在执行中遇到的新问题，这就需要适时委托专业的第三方，做好各类政策的中期和后期评估工作，以便及时地纠偏、导正。

深刻吸取祁连山生态问题的教训，辩证地看待生态环境对高质量发展的约束和倒逼的双重作用。推进国家公园建设，在生态红线的约束下，寻求后发地区的绿色转型之路。推进产业的生态化和生态的产业化，加强城市污水处理、垃圾处理处置等环境基础设施，加强农村面源污染防治和人居环境整治，确保食品安全和生态安全。

（四）抢抓共建"一带一路"倡议的重大机遇，使开放成为必由之路

推进市场化的改革和经济全球化的开放，加大从要素开放向制度开放转换的步伐，确保国有、民营和外资等各类经济主体的平等参与市场竞争的权利。把对内的区域经济合作与对外的国际经济开放有机结合起来，借助沿海已有的渠道，促进甘肃省特色化、品牌化、优势化的产品和服务走出去。

近年来，在甘肃省的外贸市场结构中，虽然发达国家和地区占据的比重大，但哈萨克斯坦等中亚与共建"一带一路"相关的国家，外贸的成长性表现强劲。由于甘肃省外贸开放度很低，整体经济受外贸等外部环境影响的冲击相对有限，但与美国的外贸份额的占比较大，中美贸易摩擦对外贸本身的影响也不可小觑。

在开放市场面向上，要充分考虑市场需求规模和甘肃省的比较优势，既要向西开放以拓展新的贸易渠道，也要继续向欧盟等发达经济体市场挺进，以改善进出口的产品结构。

通过法治化、国际化、便利化的营商环境的建设，打破已趋固化的利益格局，大力吸引珠三角、长三角、京津冀以及国外的资金、技术、人才等要素进入，降低学习成本，复制成功的经验，着力提高全要素生产率，不断逼近生产可能性边界。切实落实各项已经出台的促进中小微企业发展

的各项措施，激发其创业创新活力。

（五）着眼具体民生问题的解决，使共享成为根本目的

从地本的政策取向转向人本的政策趋向，在具体区域产业的选择和引进上，不可贪大求洋。贵州大数据产业取得积极成效后，一些地区不顾产业配套、人才支撑、基础设施等因素的不同，而盲目地跟风发展，这一现象值得警惕。依据甘肃省的资源优势，适度发展一些劳动密集型产业，以带动就业并适应脱贫攻坚任务完成后转向多维贫困、相对贫困治理的新趋势。

以大规模解决数百万人的进城农民工的住房、教育、医疗等问题为切入点，推进以人为本的城市化进程，释放新型城镇化的巨大动力，也为乡村振兴、留在乡村的农民的规模化经营以及农民共同富裕创造条件。在城市和乡村接合部的集体土地上，大力推进租赁经济，可以起到同步推进城镇化和乡村振兴的一石二鸟的涟漪效应。政府通过PPP等模式，扩大廉租房、保障房的供应，优化布局中小学校和大中型医院等公共服务，着力解决困难群体的各类民生难题，增强弱势群体高质量发展的获得感[7]。

当然，高质量发展还需要配套的政策体系、统计体系、考核体系和绩效评价体系的有力支撑。高质量发展在省内不同地区、不同产业上，也应有不同的目标体系。这就需要，全省层面统筹规划，着力形成综合推进高质量发展的体制机制及行动体系。

参考文献

［1］魏后凯.促进区域协调发展的战略抉择与政策重构［J］.技术经济，2023，42（1）：14-24.

［2］安树伟，李瑞鹏.东西差距还是南北差距？——1978年以来中国区域差距的演变与机理分析［J］.中国软科学，2023（4）：109-120.

［3］王美蓉.甘肃近现代工业经济史论［M］.成都：西南交通大学出版社，2015.

［4］郑宝喜.甘肃省经济地理［M］.北京：新华出版社，1987.

［5］贾康，黄剑辉，王广宇，等.守正出奇：迈向2049年的甘肃——超常规发展的战略思维［M］.兰州：甘肃人民出版社，2019.

［6］范鹏，李莉莉.从五个方面全力激活生产力系统［N］.甘肃日报，2022-1-25（009）.

［7］陈润羊.把握五大发力点推动甘肃高质量发展［N］.甘肃日报，2019-01-22（008）.

［8］陈润羊.不断完善城乡融合发展的体制机制［N］.甘肃日报，2024-08-02（007）.

第三章

构建新发展格局下后发省域的选择

内容提要：构建新发展格局为后发省域带来的机遇和挑战并存，且机遇远大于挑战。新发展格局下，后发省域的区域优势正在不断凸显，但也面临着开放水平不足、区域空间格局不经济、体制机制改革相对滞后等亟须破解的难题。这就需要后发省域立足自身区域优势，规避区域劣势，寻求构建新发展格局下的可行路径：一是找准供给侧改革的发力点，用好关键之招；二是通过"三重开放"发力，实现更高水平开放；三是推进系统性创新，持续提升自主创新能力建设；四是新老基建和微基建共同发力，通过数字化转型加速发展；五是主动承接东部过剩、本省有基础但能力薄弱的产业，在补链、延链和强链上做足文章；六是深挖在资源、文化、区位、农业、生态等方面的优势，探索将潜在比较优势转化为竞争优势的途径，打响绿色经济、优质文化、枢纽节点等地域特色的区域品牌。

我国发展格局经历了三次的变迁，从"国内循环"到"国际大循环"再到"以国内大循环为主体、国内国际双循环相互促进的新发展格局"。新发展格局的提出是根据我国目前的经济状况和未来做出的正确选择，从国内环境来看，中国拥有庞大的人口、巨大的市场、完善的产业体系，已具备以国内经济循环为主体的基础条件。从国外环境看，近年来逆全球化趋势加剧，单边主义、贸易保护主义上升，国际经济循环明显弱化，以国内大循环为主体、国内国际双循环相互促进的新发展格局成为中国经济应对逆全球化趋势的必然选择。把握构建新发展格局的提出背景、科学内涵和研究现状，分析其对后发省域的机遇和挑战，从而寻求可行的实施路径，对于推动后发地区的现代化建设具有重要的意义。

一、构建新发展格局的提出背景与科学内涵

构建"以国内大循环为主体、国内国际双循环相互促进的新发展格局"是国家战略，新发展格局是质量、效率、公平、持续和安全等要素的集合，是"实现更高质量、更有效率、更加公平、更可持续、更为安全的发展"。因此，构建新发展格局的内在要求有：以更高质量发展为指引，以建立现代经济体系和统一大市场为基础，更加注重发展的安全和韧性，用好改革关键一招的作用并激发创新驱动的动力，实现更高水平的开放，上述要素互为一体并构成有机体系[1]。

（一）构建新发展格局的提出背景

新发展格局是在中华民族伟大复兴战略全局和世界百年未有之大变局的时代大背景下，综合考虑我国经济发展趋势与全球政治经济形势重大变化等因素而提出的。

从国内发展条件看，我国已进入高质量发展阶段，社会主要矛盾、经济发展要素禀赋条件均发生了变化，生产体系内部循环不畅、供给与需求存在结构性失衡，"卡脖子"问题凸显[2]。资源和市场两头在外的发展格局弱化，我国经济发展传统的低要素成本优势正转化为巨大的市场规模优势，这些新优势恰好能够为畅通国内大循环提供良好基础[3]。从需求端看，中国已经取代美国成为世界商品消费第一大国，具有规模广阔、需求多样的国内超大规模消费市场，这成为拉动中国经济发展的决定性力量[4]。在供给端，我国拥有全球最完整、规模最大的产业体系和不断增强的科技创新能力，产业数字化、智能化转型加快，在满足消费结构升级中增强市场竞争力[5]，中国人口占世界五分之一，更拥有超过4亿人的中等收入群体，内循环潜力巨大[6]。中国经济增长对世界经济增长的贡献率达30%，中国经济持续增长的背后正是庞大的市场依托[7]。

从外部环境看，2008年世界金融危机以来，中国经济发展面临着世界百年未有之大变局，中国的开放型经济遇到巨大冲击。在推动形成国际大循环的过程中，两头在外、出口与投资双驱动所带来的弊端也逐渐显现，人口红利减退，依靠劳动密集型产业吸引外资、获取国际竞争优势的时代已经过去[6]。近年来逆全球化趋势加剧，单边主义、保护主义上升，国际经济循环明显弱化[5]。在经济全球化的深入发展进程中，以中国为代表的新兴经济体崛起不可避免地冲击了发达资本主义国家主导的经济贸易格局，这使西方资本主义国家实施贸易保护政策[8]，我国创新链、供应链、产业链和价值链频遭这些国家打压，我国不得不做出新的经济发展战略安排[3]。2020年以来，新冠疫情席卷全球，国际形势不确定性、不稳定性增加，美国继续遏制打压中国高技术产业[9]，2020年除中国经济实现2.3%的增长外，其他重要经济体均为负增长，我国调整发展格局势在必行[7]。

在上述背景下，2020年5月14日，中共中央政治局常务委员会提出构建国内国际双循环相互促进的新发展格局，着重强调要从供给与需求两端进行构建，一方面要深化供给侧结构性改革，另一方面要充分发挥我国超大规模市场优势和内需潜力。2020年10月召开的党的十九届五中全会再次提出，加快构建以国内大循环为主体、国内国际双循环相互促进的新发展格局，要畅通国内大循环，促进国内国际双循环。

（二）构建新发展格局的科学内涵

新发展格局是以国内大循环为主体、国内国际双循环相互促进的发展模式[10]。新发展格局是在实现国内经济繁荣安全的基础上实现国内国际双循环协调发展；其本质特征是高水平的自强自立；关键条件是实现制度开放[11]；核心要义在于统筹发展和安全[12]。

以国内大循环为主体表现为中国经济增长动力以内需为主，中国参与国际循环主要是为国内大循环服务[13]，构建双循环新发展格局以国内大循环为主体的同时，国内国际双循环需协调发展，双循环新发展格局的构建不是中国应对全球经济变化的被动之举，而是新发展阶段的主动选择，是具有前瞻性的战略决策[14]。

新发展格局的实质就是在供给侧结构性改革基础上，通过科技创新提高社会生产力水平，为国内经济大循环奠定物质基础，充分发挥国内大市场的需求引导作用[15]，就是要畅通经济"循环"，打通生产、分配、流通、消费各环节的堵点[5]，让经济内循环依靠国内的一切社会组织和个人，不断扩大经济规模、提升发展质量，以驱动我国社会经济保持稳步前行[16]。

二、构建新发展格局研究现状

为了解该领域的研究现状，以新发展格局为关键词对中国知网上的CSSCI期刊进行检索（文献检索截止时间为2023年8月18日），剔除不相关的并将时间限定在新发展格局提出的2020年后，共有817篇高水平文献，并从文献发表数量、研究热点、文献引用、主要研究内容等角度进行分析。

（一）发表文章数量分析

2020年新发展格局的文献发表总量为48篇，其后，该领域的文献快速增加，2021年达到顶峰，数量为371篇，之后又有所下降，2022年发表的数量为251篇，到2023年8月18日为止研究的文献已经达到147篇（见图3-1）。自2020年新发展格局提出后，2021年至2023年的文献数量都在100篇以上，说明构建新发展格局的研究不断受到重视，预计未来数年文章数量将会有所增加。

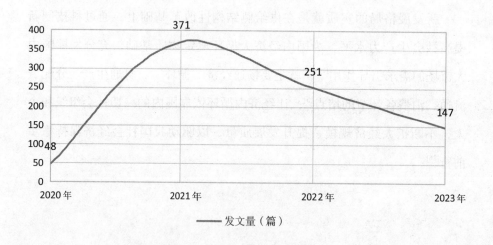

图3-1 2020—2023年新发展格局研究的论文数量

（二）研究热点分析

从反映学术研究热点的关键词的词频分析可知，该领域研究的主题围绕新发展格局主要集中在以下方面：双循环、高质量发展、统一大市场、格局构建、新发展阶段、理论逻辑、实现路径、产业链、数字经济、实现路径、全国统一大市场、新发展理念等（见图3-2）。其中，新发展格局、双循环、高质量发展等关键词在文献中出现的频率最高，前20位其他的关键词，如共同富裕、经济高质量发展、中国式现代化等出现的频次也在10次以上，说明这些主题也是该领域学者较为关注的命题。

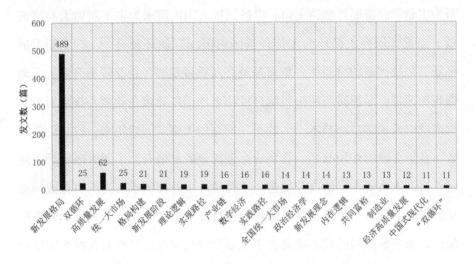

图3-2 2020—2023年新发展格局研究的高频关键词

（三）文献引用分析

从文献引用分析的角度看，引用率最高的经典文献主要关注：一是研究国内外经济形势的转变与新发展格局构建的必要性，当今世界正在经历百年未有之大变局，新一轮科技革命和产业变革成为影响大变局的重要变量，经济全球化退潮和全球产业链供应链调整是推动大变局的深层因素[5]。外循环曾经是中国增长表现优异的重要解释因素，现在由于各方面条件都发生显著变化，转向内循环为主既是现实表现，也是必然选择[17]。经济失速、政策失灵、民主失范和治理失效等国际社会面临的问题，亦使中国推动新发展格局必要性凸显[18]。二是构建新发展格局的理论逻辑、现实逻辑、科学内涵、实施路径、本质特征、发展难点、政策导向[4][19]-[21]，以国内经济循环为主体，并不意味着不重视国际经济循环，而是通过供给侧结构性改革，提高国内经济供给质量，挖掘消费潜力，进一步畅通国内经济循环，使得国外产业更加依赖中国供应链和产业链，更加依赖中国的巨大消费市场，从而在提高国内自我经济循环量的同时，促进更高水平的对外开放，实现国内国际双循环[22]。国内大循环主要体现为以国内高水平自主创新为主驱动经济循环畅通无阻、以持续扩大国内需求为主不断做大经济流量、以发挥国内大循环为主体促进国内国际双循环畅通[23]。三是新发展格局下科技创新的重要性，创新是经济高质量发展与企业转型升级的驱动器与加速器，是扭转与解决传统过度注重外循环导致企业核心技术对外开放度高以及关键核心技术"卡脖子"问题的关键[24]。近年来，科技创新中数字普惠金融的作用凸显，数字普惠金融业务发展有助于缓解融资约束问题，提高人力资本供给以及促进产业升级产生外部需求，进而直接或间接地促进区域创新水平提高[25]。四是构建新发展格局要在统筹发展和安全中前行，新发展格局的核心要义在于统筹发展和安全，只有站在统筹发展和安全的高度，才能找准构建新发展格局的着力点和着重点、出发点和落脚点[12]，维护产业链供应链安全稳定，增强产业链供应链自主可控能力，是统筹发展和安全的应有之义，加快构建自主可控、安全高效的产业链供应链，显著提升我国产业链供应链稳定性、国际竞争力和现代化水平[26]。五是新发展格局下城市群和都市圈的功能，中国城市群和都市圈建设在构建新发展格局中发挥着非常重要的战略作用，城市群作为国家新型城镇化主体的战略引领地位进一步提升，都市圈作为城市群高质量发展的战略支撑地位进一步明确，生态功能作为城市群与都市圈发展的重要功能进一步凸显[27]。

（四）主要研究内容分析

1.新发展格局的科学内涵

对于新发展格局的内涵，目前学术界基本是从经济循环角度加以阐释的，基本的观点是以国内大循环为主体、国内国际双循环相互促进，问题的关键是需要进一步理解什么叫循环[10]。循环为市场经济的本质、畅通为循环的内在要求、开放为内外循环畅通的关键、互促为新发展格局的核心[11]。国内大循环为主体，要做到"以我为主"，以内循环为主[14]，内循环的核心要义是依靠国内的一切社会组织和个人，不断扩大经济规模、提升发展质量，实现国内生产、分配、流通、消费持续增长的过程[16]。构建新发展格局，要保证国内循环与国际循环间的相互联系、相互影响、相互促进，要通过高水平对外开放助力构建新发展格局，这有利于增强国内大循环的内生动力和可靠性，提升国际循环质量和水平，增强国内国际两个市场两种资源联动效应，促进国内国际双循环[28]。

2.新发展格局的基本逻辑

从构建新发展格局的基本逻辑看，构建新发展格局是基于应对逆全球化趋势、新冠疫情、经济发展转型的现实逻辑[4]，构建新发展格局的生成逻辑可以从马克思主义政治经济学、中华优秀传统文化以及西方经济学的有益成果构成其理论逻辑三方面着手[8]。新发展格局的构建涵盖了四个层面的理论逻辑，市场需求战略从以出口市场导向为主转向国内市场需求为主，市场竞争优势从要素低成本优势转向超大规模市场优势，市场价值增值从以技术引进为主转向科技创新自立为主，市场开放策略从以对外开放为主转向对内和对外开放协同[11]。

3.新发展格局的理论基础

近年来，众多学者基于马克思政治经济学，开展了对于新发展格局的理论基础的研究。例如，王一鸣[5]认为，新发展格局核心是循环，关键在改革，促进生产要素自由流动和资源优化配置。蒋永穆等[8]基于马克思社会再生产和分工理论，提出从需求侧、供给侧、外循环转向新发展格局的三大路径。生产、分配、交换和消费四个环节是对立统一关系，加强技术创新、扩大国内消费、推动收入分配改革、加快城市群建设和继续扩大开放，能够推动内外循环主次结构的顺利转换，推动新发展格局的构建[15]。除此之外，构建新发展格局的理论基础还包括经济增长理论、国际贸易理论、区域经济理论、大国发展理论和"阶段—模式—动力"三维框架等[14]。

4.新发展格局的影响因素

构建新发展格局的核心问题是畅通国民经济循环，打通生产、分配、交换、消费各个环节的堵点[3]；当前中国关键核心技术受制于人、市场机制不健全不完善、国内有效需求不足[29]，设施建设滞后，全球产业链、价值链和创新链的地位不高，对内开放与对外开放不够协同，市场消费需求释放不够[11]。从我国目前的实际情况看，实现经济内循环存在诸多制约因素，例如中等收入人群比重不高，消费理念和文化使消费的爆发力不强，民营投资在内的社会投资增速慢，经济供给侧的结构不合理导致的有效供给不足，供应链和产业链衔接不畅等[16]。市场整合与营商环境、科研合作与观念开放、经济活力与信息融通、公共服务与要素流动等是新发展格局的主要影响因素[30]。

5.新发展格局的实现路径

从构建新发展格局的实现路径来看，应坚持扩大内需这个战略基点，深化供给侧结构性改革，坚持和完善分配制度，健全促进消费体制机制，建设更高水平的开放型经济，要以加快创新链与产业链的结合，推动新发展格局下我国经济的高质量可持续发展[31]。以扩大内需为战略基点，发挥中国超大规模市场优势，这是成为构建新发展格局的基础支撑和内在要求[11]。深化供给侧结构性改革是一项多维的复杂工程，需要通过以点带面的方式有效推进，重点是深化农业领域、工业领域、金融领域、科技领域等关键领域的改革[8]。坚持和完善分配制度主要是增加中低收入群体的收入，中低收入群体增加的收入可以很快转化为现实购买力，提高全社会的边际消费倾向和平均消费水平[29]，健全促进消费体制机制，有利于打通制约消费需求增长的堵点[32]。同时要稳住外贸外资基本盘，提高贸易投资合作质量和水平，发挥好开放在拓展合作空间方面的作用[28]，借助"一带一路"倡议开辟国际循环新空间、拓展国际循环新领域、创新国际循环新模式来提高国际循环的质量和水平[2]。产业链与供应链承担经济内循环正常运行的经脉功能，服务好链条上的大中小微企业，保持经济内循环的持续做大和运转[16]。区域协调发展是加快构建新发展格局的必由之路，立足新发展格局，以区域发展总体战略、区域重大战略、主体功能区战略、城市群与都市圈、新型功能性平台为骨架，我国区域经济将朝着提升发展的协调性与平衡性、产业有序转移、新型城镇化与乡村振兴并举、陆海统筹扎实推进、绿色发展步伐加快、开放型经济体制走向健全的方向迈进[33]。新发展格局下，原有对外开放模式在促进区域协调发展方面存在一些局限性，亟需开展新一轮的高水平对外开放。从"更大范围—市场开放—全国统一大市场、更宽领域—贸易开放—产业协同发展、更深层次—制度开放—区域治理模式"三个维度构建新发展格局下高水平对外开放促进区域协调发展的逻辑框架，并在此基础上提出高水平对外开放促进区域协调发展的实现路径[34]。

　　总之，目前学界围绕构建新发展格局的科学内涵、基本逻辑、理论基础、影响因素和实现路径等方面进行了较为深入的研究，构建了基本的研究框架和研究体系，但现有研究也存在不足之处。例如，缺乏从微观个体视角的研究，对甘肃等后发省域的关注较少。本章针对上述不足，在分析构建新发展格局下甘肃的机遇和挑战基础上，提出构建新发展格局下甘肃等后发省域的选择，以期推动后发省域社会经济的高质量发展。

三、构建新发展格局下甘肃的机遇和挑战

（一）外循环的恶化会间接影响到甘肃社会经济发展确定性

甘肃的外贸规模相对较小，外贸依存度也很低。2013年至2022年10年间，甘肃外贸有4年是负增长。2013年进出口总额为636.27亿元，其间经历了起伏升降，而用进出口总额占地区生产总值衡量的外贸依存度不断下滑，2017年降至4.45%，此后外贸依存度有所上升，2022年升至5.11%。（见图3-3和图3-4）。从近5年的情况分析，2018年的外贸依存度仅为4.88%，2019年外贸依存度也只有4.36%，位列全国28位，其中，进口依存度2.86%、出口依存度仅有1.51%。2020年外贸依存度降低为4.26%，其中，进口依存度升高到3.31%、出口依存度降低到0.95%。2021年外贸依存度上升为4.81%，其中，进口依存度提高到3.86%、出口依存度升高到0.95%，2022年外贸依存度提高到5.11%，其中，出口依存度降低到1.07%、进口依存度提高到4.00%。因此，面临的外循环不利变化直接影响相对较小。然而，国家大的国际外贸形势的严峻化会通过订单减少、人员和技术对外交流受限、学习渠道受限、创新网络受限等复杂传导机制间接影响到甘肃，而这些因素进而会对全省的产业升级、科技创新和外贸渠道产生不确定性的影响。

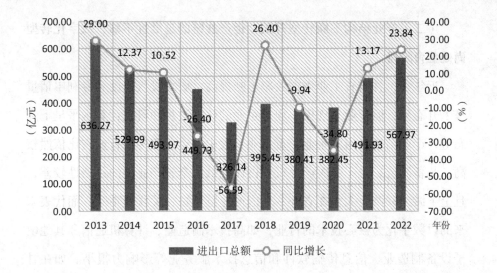

图3-3 2013—2022年甘肃省进出口总额及增长率

资料来源：2013—2022年甘肃省国民经济和社会发展统计公报。

图3-4 2013—2022年甘肃省外贸依存度的变化

资料来源：2013—2022年甘肃省国民经济和社会发展统计公报。

（二）产业结构不断转型升级，但产业链的延展性不够、数字化转型尚处蕴育阶段

近年来，甘肃省工业生产效率不断提高、研发投入强度和专利申请量呈上升态势，但产业总规模、规上企业的技术进步和科技创新水平呈下降态势，产业结构中内资企业、重工业、大中型企业和传统行业占比依然较高，装备制造、化工和医药等行业占比偏低。全省产业链的延展性较差，且上下游关联产业大多在省外，省内产业链条短、关联度不高，而代表未来的以数字化为核心技术的行业，如高技术制造业、计算机通信和其他电子设备制造业、信息传输软件和信息技术服务业等影响力很小。如在甘肃的产业结构中，从2015—2018年的增加值占比排序前十的行业看，依次为：有色金属冶炼及压延加工业27.13%、石油加工与炼焦及核燃料加工业14.72%、电力热力生产和供应业13.58%、黑色金属冶炼及压延加工业7.21%、非金属矿物制品业5.82%、石油和天然气开采业4.4%、煤炭开采和洗选业3.34%、农副食品加工业2.9%、化工原料及化学制品制造业2.48%、烟草制品业2.44%。

（三）科技创新虽取得积极进展，但创新能力和水平依然偏低、瓶颈性因素突出

近年来，甘肃省科技成果登记数量逐年增加，专利申请量、授权量、技术交易量均保持增长态势，其中，技术交易呈现"量质"并举的趋势。2022年甘肃省综合科技进步水平居全国第23位，已居全国第二梯队[①]。全省产出指标明显高于投入指标，甘肃科技创新呈现低投入高产出的特征。

[①]中国科技发展战略研究院.中国区域科技创新评价报告2022［M］.北京：科学技术文献出版社，2023.

然而，甘肃科技创新工作的水平依然偏低、创新能力仍很不足，难以支撑新时代高质量发展的需求。近几年，研究与试验发展经费投入强度和财政科技支出呈下降趋势，2021年，甘肃省研发经费投入129.5亿元，研发经费投入强度达到1.26%，比全国平均水平低1.18个百分点，甘肃在西部12个地区中排名第5位。甘肃科技创新能力不足和科技创新水平不高，既有全省经济总量有限难以高强度投入的客观困难，也有创新机制不活、创新环境不优、创新要素集聚不够、创新网络尚未形成等亟须努力改变的瓶颈因素。

（四）资源、区位等优势不断凸显，但开放水平不足、体制机制改革相对滞后

近年来，甘肃省的"十大生态产业"蓬勃发展，占全省地区生产总值的比重由2019年的23.7%增长到2022年的29.3%；文化、枢纽、技术、信息和生态等"五大制高点"也在不断发力，2019年甘肃与共建"一带一路"沿线国家进出口总额200.9亿元，约占全省进出口总额的52.8%，2022年，甘肃对共建"一带一路"沿线国家进出口总额占比下降为49.0%。但是也要看到，甘肃常年来存在民营经济发展不足、市场化进程滞后、与国内其他区域之间的开放不足等挑战。甘肃民营经济增加值占区域GDP的36%，不仅远低于占比90%的浙江，而且距离60%以上的全国平均水平还有不少距离[35]。2019年，甘肃市场化指数为3.95分（满分10分），比2016年低0.39分，在全国31个省份中排名为第28位。与此同时，2019年全国的市场化指数为5.81，比2016年高0.12，甘肃省市场化指数与全国平均水平的差距由2016年的1.35扩大为2019年的1.86[①]。甘肃省区域差距巨大，2022年人

---

① 王小鲁，樊纲，胡李鹏.中国分省份市场化指数报告（2021）［M］.北京：社会科学文献出版社，2021.

均GDP最高的金昌约是最低的临夏的6.24倍。甘肃城乡居民收入的差距巨大，2022年城市居民可支配收入是农民的3.09倍，比全国城乡收入比高0.64个百分点，甘肃也是全国31个省份中城乡居民收入差距最大的省份。

四、构建新发展格局下甘肃的选择

（一）找准供给侧改革的发力点，用好关键之招

加大供给侧改革的力度，以农民工市民化为突破口，通过"人地钱挂钩"推进城镇化进程。全面放开包括兰州在内的全省所有城市的落户限制，发展壮大兰（州）白（银）都市圈，积极融入兰州—西宁和关中平原城市群。在建设用地、补充耕地指标跨区域交易机制上积极探索，并在农村"三权"分置和土地规模经营上着力，促进城乡融合发展。引导农户以经营权入股兴办、联办股份制农业企业，探索开展土地股份合作社、土地银行等方式。积极推进宅基地自愿有偿退出，退出增加的土地指标与东部省份进行跨省交易，通过农村集体经营性建设用地入市，壮大村集体经济的实力[1]。

（二）通过"三重开放"，实现全省更高水平开放

在区域内市场主体相对不发达和市场体系相对不健全条件下，甘肃要在区域内开放、区际开放与国际开放的"三重开放"上同时发力[36]。用更大的改革力度，通过加快国企混改、培育和壮大本省品牌化的企业、持续的营商环境优化、与发达地区合作共建园区、积极申报自贸试验区并争取在服务贸易等领域试验试点等具体举措，推进全面开放。

（三）推进系统性创新，持续提升自主创新能力

通过技术和科研、产品、市场、模式、组织和制度以及要素组合等

的系统创新，努力形成全省的创新体系和创新网络。通过整合省内各类创新资源，提高与省外科研机构的科技合作水平，搭建产、学、研一体，政府、高校科研院所和企业共同参与的研发和创新平台，打通科技需求和供给信息不对称的障碍，联合进行事关全省高质量发展的共性技术攻关，努力做好技术的转化和消化工作。探索选取个别县市或开发区、园区作为"制度飞地"，邀请发达地区的省市直接托管，全面复制其管理模式，使其形成全省制度创新的扩散地。

（四）新老基建和微基建共同发力，通过数字化转型实现弯道超车

继续加强交通、水利、电信等老基建，同时推进老旧小区改造和城市更新。以30分钟生活圈为中心实施社区更新微基建，补齐疫情中提出挑战的社区留观、体育健身以及隔离期的物流设施等短板。在5G、大数据、人工智能等领域，有重点地着力布局一批新基建项目，在产业数字化和数字产业化上着眼，并向新一代信息技术、生物制药、高端装备制造、绿色低碳等重点领域聚焦，建设一批数字化转型先导产业集群，抢占新一轮经济增长的制高点。整合各部门、各地区的数据资源到统一的全省智慧管理平台上，提升治理能力。

（五）主动承接产业转移，在补链、延链和强链上做足文章

依托已有的产业优势和基础，与江苏、山东等发达地区主动对接，在兰州新区等开发区，做好基础建设和管理服务，主动承接精细化工、能源矿产开发与加工等产业，并因地制宜发展农产品加工、现代服务、高新技术和加工贸易等产业，并借此着力在生物医药、新材料和装备制造的产业链上做好补链、延链和强链的工作。共建"产业飞地"，全面引入新型的管理服务模式，并共享税收分成。

（六）深挖长期优势，打响地域特色品牌

继续深挖甘肃在资源、文化、区位、农业、生态等方面的长期优势，找到将这些潜在比较优势转化为竞争优势的途径。用三产融合的理念，推进生态农业、特色农牧业、特色中草药业的发展，加强生态和文化资源的开发和营销。利用新媒体，进行新型的甘肃区域品牌的塑造和营销，改变外界的刻板形象，营造优质的自然和人文环境，留住和吸引投资者、旅游者、居住者和学习者，提升地方品质，塑造"开放、多元和开拓"的新形象。利用区位上的枢纽性，把兰州等城市建设成为"一带一路"人员往来、商贸流通、信息互通、科研交流的中心[1]。

参考文献

［1］陈润羊.积极服务和融入新发展格局［N］.甘肃日报，2021-08-20（006）.

［2］张辉，吴唱唱."一带一路"高质量发展对加快构建新发展格局的影响与实践路径［J］.社会科学辑刊，2023（5）：136-147.

［3］王思琛，任保平.我国新发展格局构建的理论与实践研究：一个文献综述［J］.河北经贸大学学报，2023，44（1）：19-29.

［4］蒲清平，杨聪林.构建"双循环"新发展格局的现实逻辑、实施路径与时代价值［J］.重庆大学学报（社会科学版），2020，26（6）：24-34.

［5］王一鸣.百年大变局、高质量发展与构建新发展格局［J］.管理世界，2020，36（12）：1-13.

［6］薛安伟.中国构建"双循环"新发展格局的重大意义——学习习近平总书记关于新发展格局的重要论述［J］.毛泽东邓小平理论研究，2020（9）：20-27，108.

［7］洪银兴，杨玉珍.构建新发展格局的路径研究［J］.经济学家，2021（3）：5-14.

［8］蒋永穆，祝林林.构建新发展格局：生成逻辑与主要路径［J］.兰州大学学报（社会科学版），2021，49（1）：29-38.

［9］郭克莎，田潇潇.加快构建新发展格局与制造业转型升级路径［J］.中国工业经济，2021（11）：44-58.

［10］逄锦聚.深化理解加快构建新发展格局［J］.经济学动态，2020（10）：3-11.

［11］张磊，黄世玉.构建基于全国统一大市场的新发展格局：逻辑方向、堵点及路径［J］.深圳大学学报（人文社会科学版），2022，39（3）：74-84.

［12］高培勇.构建新发展格局：在统筹发展和安全中前行［J］.经济研究，2021，56（3）：4-13.

［13］裴长洪，刘洪愧.构建新发展格局科学内涵研究［J］.中国工业经济，2021（6）：5-22.

［14］高伟，李岳洋.双循环新发展格局研究综述［J］.新疆师范大学学报（哲学社会科学版），2024，45（5）：91-101.

［15］葛扬，尹紫翔.我国构建"双循环"新发展格局的理论分析［J］.经济问题，2021（4）：1-6.

［16］陆岷峰.构建新发展格局：经济内循环的概念、特征、发展难点及实现路径［J］.新疆师范大学学报（哲学社会科学版），2021，42（4）：19-31.

［17］江小涓，孟丽君.内循环为主、外循环赋能与更高水平双循环——国际经验与中国实践［J］.管理世界，2021，37（1）：1-19.

［18］陈文玲.当前国内外经济形势与双循环新格局的构建［J］.河海大学学报（哲学社会科学版），2020，22（4）：1-8，105.

［19］董志勇，李成明.国内国际双循环新发展格局：历史溯源、逻辑阐释与政策导向［J］.中共中央党校（国家行政学院）学报，2020，24（5）：47-55.

［20］姚树洁，房景."双循环"发展战略的内在逻辑和理论机制研究［J］.重庆大学学报（社会科学版），2020，26（6）：10-23.

［21］程恩富，张峰."双循环"新发展格局的政治经济学分析［J］.求索，2021（1）：108-115.

［22］黄群慧.新发展格局的理论逻辑、战略内涵与政策体系——基于经济现代化的视角［J］.经济研究，2021，56（4）：4-23.

［23］黄群慧，倪红福.中国经济国内国际双循环的测度分析——兼论新发展格局的本质特征［J］.管理世界，2021，37（12）：40-58.

［24］陈劲，阳镇，尹西明.双循环新发展格局下的中国科技创新战略［J］.当代经济科学，2021，43（1）：1-9.

［25］任碧云，刘佳鑫.数字普惠金融发展与区域创新水平提升——基于内部供给与外部需求视角的分析［J］.西南民族大学学报（人文社会科学版），2021，42（2）：99-111.

［26］盛朝迅.新发展格局下推动产业链供应链安全稳定发展的思路与策略［J］.改革，2021（2）：1-13.

［27］方创琳.新发展格局下的中国城市群与都市圈建设［J］.经济地理，2021，41（4）：1-7.

［28］王德蓉，窦道琴.以高水平对外开放助力构建新发展格局、实现高质量发展［J］.党的文献，2023（3）：18-26.

［29］高策，祁峰.构建新发展格局：历史演变、现实逻辑、卡点瓶颈及实践路径［J］.经济社会体制比较，2023（3）：17-26.

［30］邹薇.加快构建新发展格局的理论内涵、动态测度与实践路径［J］.北京工商大学学报（社会科学版），2023，38（1）：47-61.

［31］任保平，豆渊博.“十四五”时期构建新发展格局推动经济高质量发展的路径与政策［J］.人文杂志，2021（1）：1-8.

［32］许永兵.扩大消费：构建“双循环”新发展格局的基础［J］.河北经贸大学学报，2021，42（2）：26-32.

［33］孙久文，蒋治.新发展格局下区域协调发展的战略骨架与路径构想［J］.中共中央党校（国家行政学院）学报，2022，26（4）：78-87.

［34］刘秉镰，张伟静.新发展格局下中国高水平对外开放与区域协调发展：历史演进、理论逻辑与实现路径［J］.经济与管理研究，2023，44（3）：3-15.

［35］赵伟.国家级区域战略与西部欠发达地区选择——以甘肃为例［J］.探索与争鸣，2023（4）：125-136.

［36］王必达.论甘肃向西开放的模式选择与政策取向［N］.甘肃日报，2021-12-13（004）.

第四章
创新驱动后发省域高质量发展

　　内容提要：由于没有纳入"企业家精神"这一重要因素，传统上用新古典增长理论和凯恩斯主义增长理论测度经济增长时，使人们对经济如何实现增长有所误解，其实，创新才是经济增长的真正来源。基于此，在我国已进入高质量发展阶段的背景下，后发省域社会经济发展面临着加快提质增效和动能转换的巨大挑战，寻求长期发展的动力源泉，事关后发省域持续发展的根本。本章首先分析了后发省域创新发展的现状特征和存在的不足，进而提出了后发省域创新发展的基本路径为：明确市场和政府各自作用的边界，发挥两者的协同作用；建立省级层面的创新平台，着力形成强大的创新网络；打造创新高地，推进系统性创新；持续开展创新环境建设，不断降低制度性交易成本；营造宽松、宽容的创新氛围，大力弘扬企业家精神；推动科技创新与产业创新深度融合，加快培育和发展新质生产力。

经济增长的真正源泉来自分工和专业化、报酬递增、市场规模的扩大，特别是创新和技术进步[1]。因此，创新才是社会经济持续发展的根本动力。

一、经济增长的三种理论解释框架

传统上理解经济增长大体有新古典增长理论和凯恩斯主义增长理论。经济学家在分析过去为什么增长的时候经常用的是前者，在预测未来增长的时候经常用的是后者。虽然这两种理论最基本的问题是它们都是从数量到数量，但是忽略了经济增长中最重要的主体是企业家。比如，讲到投资或者资本形成的时候，只关注多少投资或资本存量多大，不考虑谁在投资，谁在控制着资本。其实，谁投资比投资多少更重要，谁控制资本比资本量多大更重要。进一步讲，投资和储蓄很大程度上都是内生的，而不是外生的。

（一）新古典增长理论

新古典增长理论是由麻省理工学院的教授罗伯特·索洛在20世纪50年代提出的，因此也常被称为"索洛模型"。其强调了资本深化和生产率进步的作用，并且从供给侧的角度解释经济增长，涉及资本、劳动力、土地等要素。

（二）凯恩斯主义增长理论

凯恩斯主义增长理论从总需求角度解释经济增长，如果用C表示消费，I表示投资，X表示一国进口，M表示一国出口，则凯恩斯主义增长理论代表的"三驾马车"可以表示为 $Y=C+I+(X-M)$，这也代表了一国的经济增长程度。尽管这些增长模型对经济增长现象提出了一定解释，但是都忽略了决定经济增长的重要因素——企业家精神。

（三）斯密–熊彼特增长模型的新框架

亚当·斯密的经济增长理论强调市场规模、分工和专业化的重要性。市场规模决定分工和专业化，分工和专业化使得技术进步和创新不断出现；有了技术进步和创新，劳动生产率就会提高，经济就发展了。经济增长带来的增加的收入又会变成新的市场，再进一步导致分工的深化，如此不断持续[2]。

斯密模型有两个方面的重要含义：一是开放非常重要，一个大的市场比一个小的市场更有利于增长；二是经济增长一定是新产业、新产品不断出现以及产业结构不断变化的过程。熊彼特强调企业家重要性，将企业家放在中心位置，强调市场是由企业家创造出来的，而企业家的出现有两个基本条件：制度和文化。上述两者结合在一起，形成了斯密–熊彼特增长模型（图4–1），其理论框架可以解释所有国家的经济增长，同样也可以解释中国过去40多年的经济增长。

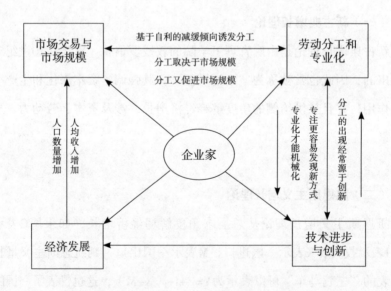

图4–1 斯密–熊彼特经济增长模型

资料来源：根据文献[2][3]绘制。

再进一步讲，企业家精神是什么？企业家精神就是人类的创造力。经济增长的根本源泉是什么？就是人类的想象力，就是人类的创造力，也就是企业家精神。想象力和创造力就是"无中生有"，看到原来不存在的东西，创造出原来不存在的东西。人类过去两百多年的增长，就是创造出很多原来不存在的东西，包括原来没有的技术，原来没有的产品，原来没有的产业。企业家做什么事呢？就是无中生有。所以说，资源本身不是给定的。经济学家喜欢谈"禀赋"，其实没有什么禀赋，一切都依赖人类的创造力，人类的创造力好好发挥出来了，资源也就越来越多了。因此，有经济学家不相信资源有限的理论，认为现在的废物也可能变成资源，现在的垃圾以后都有可能变成资源。

对企业家精神的理解使人们对市场经济本身有了一个全新的认识。经济学家一讲到市场经济的优点，就是它使得给定的资源达到最优配置。这个理解是有问题的，甚至是错误的。市场的最大好处与其说是使得给定资源达到最优配置，不如说是不断创造出新的资源。经济学家张维迎这样来理解市场：市场经济是让人类的创造力得到最大程度的发挥，让最有想象力和创造力、最敢冒险、最雄心勃勃，甚至野心勃勃的人，只能干好事而不能干坏事，因为市场是一个不断纠错的机制，企业家要干坏事很快就被淘汰。企业家无法掩盖错误。但人类的创造力在另外一种体制下，非市场经济体制下，特别容易变成一种破坏力。中外历史上有大量这样的经验，好多雄心勃勃"高大上"的战略后来给人类带来巨大的灾难。市场经济下我们不要担心这一点。像马斯克这样的人非常具有想象力和创造力，只要他作为企业家，你不要担心他对人类有多大的破坏力，因为一旦消费者不买他的特斯拉了，他就会破产。所以，市场最重要的功能不是使得给定的资源得到最优配置，而是使得人的创造力发挥出来，无中生有。人类过去200多年的经济增长史就是无中生有的历史，是人类的创造力得到最大程度发挥的历史[3]。

二、创新发展领域研究综述

创新发展是高质量发展的第一动力。高质量发展是当前和今后一个时期全国的主要发展战略，而高质量发展既是体现包括创新发展在内的"五大新发展"理念的发展，也是创新成为第一动力的发展。从这个角度讲，高质量发展高于创新发展，而创新发展是实现高质量发展的根本动力和有效途径。我们理解的创新发展是技术创新、模式创新、要素组合创新、制度创新等构成的创新体系和创新网络。许多理论和经验研究表明，高强度的研发投入、匹配的人力资本、明晰的产权保护、较低的制度成本、宽松的社会氛围等一系列因素，是决定创新发展过程和水平的主要影响因素。基于此，学界开展了相关的研究。

基于高质量发展视角，在日益激烈的国际竞争下，推动中国由贸易大国走向贸易强国过程中，必须充分发挥创新驱动作用，而创新驱动贸易强国建设的作用主要通过科技创新、产业创新和制度创新共同实现[4]；围绕高水平自立自强和科技体制改革，通过构建产业链、创新链以及资金链联动创新的理论模型，并将其纳入开放性创新生态系统研究框架中，可以发现，创新驱动高质量发展是做好新时代经济工作的根本要求[5]。

从创新网络驱动高质量发展来看，作为改革开放新高地的自贸试验区，其制度创新可以通过提高区域生产效率以及提高区域市场发展程度，在总体和细分维度上促进经济高质量发展[6]。通过实证分析技术创新、组织韧性与企业高质量发展的关系，可以发现，技术创新对制造企业高质量发展具有显著促进作用，同时能够显著提高企业组织韧性。组织韧性在技术创新与企业高质量发展间发挥部分中介作用。资源配置改善正向调节技术创新与企业高质量发展的关系，企业数字化转型正向调节技术创新与企业组织韧性的关系[7]。通过研究首都现代化的必要条件，可以发现，高质量发展是推进首都现代化的本质要求，而科技创新是支撑高质量发展的重要手段[8]。

目前中国式现代化已经取得举世瞩目的伟大成就，也必将引领中国改革发展的新征程。因此，必须顺应新时代发展趋势，积极融入国家治理体系和治理能力现代化，在赋能政府数字化转型的过程中，激发金融创新发展动能，增强价值创造驱动[9]。通过建立评价指标体系并测度地区数字经济与经济高质量发展水平，可以发现，数字经济对经济高质量发展具有积极影响，绿色技术创新是数字经济促进经济高质量发展的重要路径[10]。随着数字经济与实体经济的深度融合，数字技术冲击将深刻影响实体企业的技术创新模式，通过实证考察企业数字化转型对企业技术创新模式影响的研究发现，虽然数字化转型促进了企业合作创新，但是并没有显著地激励企业进行自主创新[11]。

中国创新驱动正由数量增长转向质量提升，提升创新质量是驱动经济高质量发展的关键一环。通过系统考察数字基础设施建设对长江经济带城市创新质量的影响效应发现，数字基础设施建设对长江经济带城市创新质量具有显著提升作用，这为进一步推动创新驱动发展战略和数字中国建设提供了参考和借鉴[12]。有研究根据创新数量、创新质量水平建立分析框架，从动态视角对创新升级开展的研究发现，我国目前总体上仍然处于创新升级的积累阶段，数量优先型升级研发人员作用更大，质量优先型升级研发经费作用更大[13]。

影响创新的因素有很多。通过探讨影响重大科研基础设施创新绩效的多重并发因素和复杂因果机制发现，人力资本和经费保障涵盖的具体条件要素对重大科研基础设施创新绩效的解释力度较弱，且较少的行政服务人员对重大科研基础设施非高创新绩效有着较为普遍的影响[14]。基于数字化转型视角，以我国制造业上市公司为研究样本，对企业创新效率影响因素的分析表明，数字经济、政府支持、行业竞争、教育环境和开放环境等是影响企业创新效率的重要外部环境因素[15]。

尽管学界目前就创新发展、创新驱动高质量发展等主题进行了积极的探索，然而，后发地区的创新发展有何进展、呈现什么特点、具有哪些不足、寻求怎样的创新路径都是有待进一步回答的命题，因此，本章试图回答上述问题。

三、甘肃省创新发展的现状与不足

2021年12月，甘肃省委十三届十五次全会暨省委经济工作会议首次提出要大力实施强工业、强科技、强省会、强县域的"四强行动"，其中，强科技是动力支撑。2022年4月，甘肃省制定了《甘肃省强科技行动实施方案（2022—2025年）》，体现了科技创新引领支撑全省经济社会高质量发展的重大战略意义，并明确了强科技的指导思想、主要目标、重点任务和保障措施，提出了三个发展目标：到2025年，力争科技进步贡献率由2021年的56.42%提升到65%以上，综合科技创新水平指数由2021年的53.71%提升到65%以上，企业研发经费支出占全社会研发经费支出的比重由2021年的53.56%提升到65%以上①。

（一）科技创新取得积极进展

近年来，甘肃省科技成果登记数量逐年增加，应用技术成果转化量、成交技术合同量、每万人口发明专利量均保持增长的态势，其中，技术交

---

① 每日甘肃网.《甘肃省强科技行动实施方案（2022—2025年）》解读新闻发布会实录[EB/OL].（2022-04-27）[2023-08-01].https://www.gansu.gov.cn/gsszf/c100194/202204/2028390.shtml.

易呈现"数量质量"并举的趋势。2018～2022年，技术交易额上升157.7亿元，年增长率约为13.4%，重大技术合同占比稳步提高；五年期间，甘肃省登记省级科技成果增加675项，应用技术成果转化量增加943项，成交技术合同增加8169项，每万人口发明专利拥有量从最初2.62件升至4.82件（表4-1），与此同时，据中国科技发展战略研究院发布的《中国区域科技创新评价报告2022》显示[16]：甘肃省当年综合科技创新指数在全国第23位，达到54.92%，较上年提高了1.21个百分点，居全国第二梯队，由此可知，甘肃省在科技创新方面取得了显著成效。

表4-1 2018—2022年甘肃省科技创新情况

	2018年	2019年	2020年	2021年	2022年
技术交易额（亿元）	180.9	196.4	233.2	280.4	338.6
省级科技成果（项）	1176	1479	2140	1618	1851
应用技术成果转化量（项）	245	922	1463	1140	1188
成交技术合同（项）	5072	5921	7403	10177	13241
每万人口发明专利（件）	2.62	2.82	3.14	4.06	4.82

资料来源：甘肃省科技厅。

（二）科技创新能力和水平依然偏低

纵向来看，甘肃省科技创新工作取得了较大的成效。横向而言，甘肃省科技创新工作的水平依然偏低、创新能力仍很不足，难以支撑新时代高质量发展的需求。2012年，甘肃省综合科技进步水平评价当年指数得分41.74分，比全国平均水平低18.54分，全国省份中排名第21名；2022年，甘肃省综合科技进步水平评价当年指数得分54.92分，全国省份中排名第23名，比全国平均水平低20.5分；近十年来，甘肃省综合科技创新水平指数提高13.18分，而全国提高15.14分，甘肃省与全国平均水平的差距由18.54分变为20.5分，说明甘肃省与全国的创新能力差距明显；在全国31个省份的排名由21名变为23名，降低2位（表4-2）。2021年，甘肃省研发经费投入129.5亿元，研发经费投入强度达到1.26%，比全国平均水平低1.18个百分点，甘肃省在西部12个地区中排名第5位[1]。

2022年，中国全社会R&D经费投入达到3.09万亿元，约是2012年的3倍，稳居世界第二大研发投入国，R&D经费投入强度从2012年的1.91%提升至2022年的2.55%，超过欧盟国家平均水平[2]。

由此可知，近年来，甘肃省的科技创新能力虽然在不断进步，但进步速度较为迟缓，而且科技创新水平依然偏低，与全国平均水平的差距有所拉大，在全国的排名有所降低。

表4-2　2012年、2018—2022年全国、甘肃省综合科技创新水平指数

	2012年	2018年	2019年	2020年	2021年	2022年	2022年与2012年相比
甘肃省综合科技创新水平指数（分）	41.74	51.38	50.73	51.63	53.71	54.92	13.18
全国综合科技创新水平指数（分）	60.28	69.63	70.71	72.19	72.44	75.42	15.14
甘肃省与全国平均水平的差距（分）	18.54	18.25	19.98	20.56	18.73	20.5	1.96
甘肃省在全国31个省份中的排名	21	18	25	23	23	23	-2

资料来源：历年《中国区域科技创新评价报告》。

---

[1]甘肃省科技厅.2021年甘肃省研究与试验发展（R&D）投入情况［EB/OL］.（2023-03-01）［2023-08-01］.http://kjt.gansu.gov.cn/kjt/c111616/202303/125202851.shtml.

[2]科学技术部.国家创新调查制度监测评价［EB/OL］.（2023-02-22）［2023-08-01］.https://ms.mbd.baidu.com/r/147CHN6XUJi?f=cp&u=41b236d3844b88be

（三）省内科技水平参差不齐

2021年，在省内14个市（州）内，作为省会的兰州市，其R&D活动单位、R&D人员和R&D经费支出最高，分别为246个、31347人和70.8亿元，遥遥领先于省内其他区域；其中，R&D经费投入强度仅有2个地区超过2%，大部分低于1%（表4-3）。

从综合科技进步水平指数来看，2018—2022年期间，14个市（州）高于全省平均水平的不多。2018年，全省综合科技进步水平指数为58.05%，仅有兰州和张掖优于全省平均水平。此后，全省综合科技进步水平指数稳步提升。2020年，高过全省平均水平的是兰州和酒泉。2021年，仅兰州高于这一水平。2022年兰州和金昌超过全省综合科技进步水平指数（表4-4）。由此可知，在甘肃省内，各地区之间的科技水平存在参差不齐的现象，且仅兰州科技水平遥遥领先，其余区域均存在一定的波动性。

表4-3 2021年甘肃省14个市（州）的研究与试验发展投入

地区	有R&D活动单位（个）	R&D人员（人）	R&D活动经费（万元）	政府资金（万元）	R&D投入强度（%）
兰州市	246	31347	708299	363708	2.19
嘉峪关市	29	1670	88462	1306	2.71
金昌市	35	2807	41692	2998	0.97
白银市	40	2052	44799	1326	0.78
天水市	33	3729	96430	8301	1.29
武威市	113	1860	34978	10334	0.58
张掖市	93	2122	44739	8396	0.85
平凉市	17	932	8827	5452	0.16
酒泉市	63	4190	150713	52495	1.98

续表

地区	有R&D活动单位	R&D人员（人）	R&D活动经费（万元）	政府资金（万元）	R&D投入强度（%）
庆阳市	35	2047	35490	7530	0.40
定西市	66	1254	28087	4160	0.56
陇南市	12	552	6939	2568	0.14
临夏州	19	292	4580	901	0.12
甘南州	4	213	660	542	0.03

资料来源：甘肃省科技厅。

表4-4　2018—2022年甘肃省及14个市（州）的综合科技进步指数

单位：%

	2018年	2020年	2021年	2022年
甘肃	58.05	58.56	62.56	65.84
兰州	77.32	76.14	79.53	78.83
金昌	56.77	53.81	58.05	66.53
嘉峪关	55.70	42.72	52.48	65.61
天水	56.17	55.07	54.04	61.97
张掖	64.19	57.56	54.82	59.66
酒泉	50.65	59.61	48.89	55.18
武威	47.45	46.09	42.92	49.61
白银	45.03	47.21	47.81	48.17
定西	39.77	41.87	37.91	41.20
庆阳	33.57	29.78	35.30	37.87
陇南	37.22	29.87	29.29	36.16
平凉	27.72	27.47	28.51	35.36
临夏	27.97	35.79	31.97	33.21
甘南	19.04	27.45	26.48	30.17

注：2019年因数据不完整，故未做统计。

资料来源：甘肃省科技厅。

2021年，在甘肃省14个市（州）中，兰州市发明专利授权量和有效发明专利量最多，均为1756件。2022年，兰州市仍是发明专利授权量和有效发明专利量最多的地区。其中，发明专利授权量和有效发明专利量分别增加148件和6766件，发明专利授权量位居第二和第三的是白银和庆阳，有效发明专利量位居第二和第三的是白银和金昌。但是，其他地区与兰州市之间在这两项指标上的差距较大，2022年甘南藏族自治州全年内仅有5件发明专利（表4-5），表明省会城市兰州在科技水平上优势明显，而甘南等地的创新能力和创新水平较低。

表4-5 2021年、2022年甘肃省14个市（州）的科技水平分布情况

地区	发明专利授权量（件）		有效发明专利量（件）		地区	发明专利授权量（件）		有效发明专利量（件）	
	2021年	2022年	2021年	2022年		2021年	2022年	2021年	2022年
兰州	1756	1904	1756	8522	白银	92	91	490	558
金昌	42	53	436	484	庆阳	44	69	125	178
定西	20	26	211	—	平凉	27	30	110	125
嘉峪关	54	44	—	—	张掖	64	66	370	406
天水	57	64	—	—	甘南	3	5		
酒泉	—	45	241	270	临夏				
武威	38	39	276	307	陇南				

资料来源：各地国民经济与社会发展公报，—为未获得相关数据。

（四）制约创新发展的瓶颈性因素突出

研究表明，市场化程度越大、营商环境越优，越有利于激发创新主体的创新活动。据国民经济研究所发布的《中国分省份市场化指数报告（2021）》显示[17]：2019年，甘肃市场化指数为3.95分（满分10分），比

2016年低出0.39分，在全国31个省份中排名为第28位。与此同时，2019年全国的市场化指数为5.81，比2016年高出0.12，甘肃省市场化指数与全国平均水平的差距由2016年的1.35扩大为2019年的1.86（表4-6、图4-2）。由此可见，甘肃省市场化发展水平偏低，进步速度较慢，与全国平均水平的差距有所扩大，市场化导向的改革攻坚依然是长期任务。

表4-6 2016—2019年甘肃省市场化指数情况

	2016年	2017年	2018年	2019年
甘肃省市场化指数	4.34	4.74	4.87	3.95
全国市场化指数	5.69	5.92	5.99	5.81
两者差距	1.35	1.18	1.12	1.86
甘肃省在全国的排名	27	26	26	28

注：表中甘肃省、全国市场化指数计算以2016年为基期。

资料来源：《中国分省份市场化指数报告（2021）》。

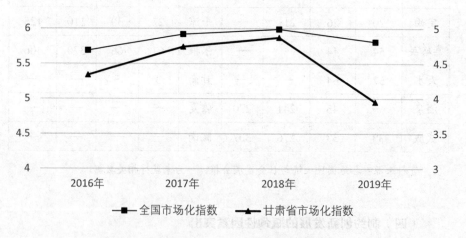

图4-2 2016—2019年甘肃省的市场化指数

注：图中甘肃省、全国市场化指数计算以2016年为基期。

资料来源：《中国分省份市场化指数报告（2021）》。

研究表明：2019年，兰州市营商环境指数为18.5，位居甘肃省第一，全国排名第49名。2020年，兰州市虽在全省排名未变，但兰州市营商环境指数不增反降，为15.8，全国排名下降11位。由此可见，甘肃省在推进创新发展的任务依然非常艰巨[18]。

当然，我们也要看到，甘肃省科技创新能力的不足和科技创新水平的不高，既有全省经济总量有限难以高强度投入的客观困难，也有创新机制不活、创新环境不优、创新要素集聚不够、创新网络尚未形成等需要去努力改变制约创新发展的因素。

四、甘肃省创新发展的基本路径

（一）明确市场和政府各自作用的边界，发挥两者的协同作用

政府的作用主要在提供基础性的科研投入上，以搭建共性技术的研发平台；通过大力发展各类各级教育，培育结构优化的人才；强化知识产权的立法，坚决打击侵权、盗版等不法行为。市场才是根本的创新资源要素配置的根本机制，创新是一种高风险、高回报的活动，要靠创新型企业家的冒险和逐利行为去实现。政府以补贴、税收等手段支持的产业政策、科技政策，要立足于基础性的、共性的技术支持，而对盈利性的、竞争性的要交给市场。政府和市场发挥作用边界的不清，将导致长期的创新驱动目标难以实现[19]。

（二）建立全省层面的创新平台，着力形成强大的创新网络

通过整合省内各类创新资源、提高与省外科研机构的科技合作水平，搭建"产、学、研"一体、政府、高校科研院所和企业"三方共同参与"的全省研发和创新平台，打通科技需求和供给信息不对称的障碍，联合进

行事关全省社会经济高质量发展涉及的"十大绿色产业"、生态环保、公共治理等方面的共性技术攻关，努力做好现有技术的转化和消化工作，切实提高技术的市场化转化率。这样的平台设计，要考虑建立创新主体的利益分享机制，充分调动研发人员的积极性，同时，集成性、综合性和基础性的创新平台的资源在一定的激励约束条件下，要对全社会开放，以实现对全省科技创新能力提高的全方位促进作用。

（三）打造创新高地，推进系统性创新

高质量发展是创新成为第一动力的发展。这就要求，甘肃省的高质量发展除继续重视劳动力、资金、资源等传统要素的作用外，更加重视分工、技术、制度等创新要素的根本作用，并寻找结合点、突破点，推动全省发展从要素驱动向效率驱动、再到创新驱动的转变。创新驱动是一个综合体系，创新包括科技创新、组织创新、要素组合创新、产品创新、市场创新、制度创新等一系列的创新体系。把省级高新技术产业开发区、兰州白银国家自主创新示范区、兰（州）白（银）科技创新改革试验区作为全省创新发展的先行示范区，并努力首先建成全省的创新高地，加快建立有利于科技资源整合流动、科技供给需求无缝对接、科技成果加速就地转化的机制体制和政策体系。这些创新高地，在技术创新和制度创新上要先行先试、大胆探索，并形成可在全省推广的经验举措。

（四）持续开展创新环境建设，不断降低制度性交易成本

针对全省创新发展中遇到的体制性、机制性障碍和短板，努力加大政府投入，在产业政策、科技政策、税收政策上建立支持企业尤其是民营企业创新发展的政策体系，鼓励企业、科研院所、高校的深度合作。既重视原始性的创新，也注重从发达国家和地区吸引和吸收已经成熟且能与甘肃省产业结构、能源体系相配套的技术在甘肃省进行中试、转化和落地应

用。稳住、培养和吸引高端人才，帮助创新主体解决现实困难。持续推进市场化、法治化、国际化的营商环境建设，为培育企业家精神创造宽松和谐、保障有力的制度环境。

（五）营造宽松、宽容的创新氛围，大力弘扬企业家精神

在经济发展中，企业家处于中心位置。企业家是一种稀缺资源，既可以发现市场，也能够不断创造市场[20]。后发省域面对创新瓶颈问题，应大力弘扬企业家精神。努力营造宽松、宽容的创新氛围，激发企业家创新创业的活力，既积极引进外地企业家，又大力培育本地企业家，搭建合作交流沟通的平台。不断健全产权保护制度，构建公平竞争的法律法规体系。政府要甘当"店小二"，尊商、重商、不扰商，为所有不同所有制、规模的市场主体创造充分竞争、公平竞争的营商环境。

总之，要推动科技创新与产业创新深度融合，努力完善制度创新的体制和机制，加快培育和发展新质生产力[21]，方能助推后发省域经济现代化的进程。

参考文献

［1］张维迎.关于市场的两种不同范式［J］.中国中小企业，2018（5）：62-65.

［2］张维迎.经济学原理［M］.西安：西北大学出版社，2015：407.

［3］张维迎.从企业家精神看中国经济增长［EB/OL］.（2023-05-15）［2023-08-01］.https：//mp.weixin.qq.com/s/r9VCN2_z_6FijoBCV8uDAA.

［4］王媛.高质量发展视角下创新驱动贸易强国建设的机理与路径［J］.哈尔滨工业大学学报（社会科学版），2023（4）：155-160.

［5］郭百涛，何云梦，汪亚楠.高质量发展要求下的多链联动创新生

态系统：机制、框架与实践模式［J］.南京社会科学，2023（6）：40-51.

［6］戴翔，张铨稳.自贸试验区制度创新促进经济高质量发展了吗［J］.山西财经大学学报，2023，45（7）：30-42.

［7］张少峰，徐梦苏，朱悦，等.技术创新、组织韧性与制造企业高质量发展［J］.科技进步与对策，2023，40（13）：81-92.

［8］李国平.以国际科技创新中心建设支撑首都高质量发展［J］.城市问题，2022（12）：13-18.

［9］张金良.以金融创新高质量发展助力中国式现代化［J］.中国行政管理，2022（12）：10-11.

［10］程广斌，吴家庆，李莹.数字经济、绿色技术创新与经济高质量发展［J］.统计与决策，2022，38（23）：11-16.

［11］郑志强，何佳俐.企业数字化转型对技术创新模式的影响研究［J］.外国经济与管理，2023，45（9）：54-68.

［12］于志慧，何昌磊.数字基础设施建设与城市创新质量——基于长江经济带110个地级市的实证分析［J］.华东经济管理，2023，37（9）：57-67.

［13］俞立平，张宏如.区域创新升级：如何从创新数量走向创新质量——基于统计学视角的模式识别及跃迁机制研究［J］.中国软科学，2023（2）：35-45.

［14］敦帅，陈强.人力资本、经费保障与重大科研基础设施创新绩效——一项定性比较分析［J］.科学学与科学技术管理，2023，44（12）：37-50.

［15］贺正楚，潘为华，潘红玉.制造企业创新效率测度与影响因素研究——基于数字化转型的视角［J］.科学决策，2023（2）：18-29.

［16］中国科技发展战略研究院.中国区域科技创新评价报告2022［M］.北京：科学技术文献出版社，2023.

［17］王小鲁，樊纲，胡李鹏.中国分省份市场化指数报告（2021）［M］.北京：社会科学文献出版社，2021.

［18］李志军.2020中国城市营商环境评价［M］.北京：中国发展出版社，2021：152-155.

［19］梁亚民，陈润羊.以全面创新驱动甘肃省高质量发展［N］.甘肃日报，2019-11-20（005）.

［20］张维迎.重新理解企业家精神［M］.海口：海南出版社，2022.

［21］陈润羊，李文婧.甘肃省科技创新驱动新质生产力发展的路径［J］.发展，2024（6）：60-65.

第五章

黄河流域生态保护和高质量发展的省域方略

内容提要：甘肃省是黄河流域重要的水源涵养区和补给区，也是黄河文化传承创新的主要承载区。在实施黄河流域生态保护和高质量发展这一区域重大战略中面临的主要挑战有：生态系统脆弱，但生态地位重要；用水结构尚待优化、用水效率较低，水资源的制约作用明显；环境问题较为突出，绿色发展的任务比较艰巨；区域、城乡等结构性问题突出，创新发展和开放发展的力度还需加大。这就需要把握甘肃省在黄河流域生态保护和高质量发展战略中的工作重点：做好生态环境保护是基础，发展节水产业是关键，传承弘扬黄河文化是精神动力，高质量发展是根本。因此，甘肃省实施黄河流域生态保护和高质量发展关键策略是：一是引导产业和人口向城市群、都市圈、县城集中，以集聚发展促高质量发展；二是做好"黄河"文化产业、生态产业的文章，以生态、文化产业促动能转换；三是"节水、调水、优水、治水"四策并举，以综合性的水战略促生态保护；四是谋划和实施一批重大工程，以生态环境治理争取国家支持并确保长远发展。

2019年8月，习近平总书记视察甘肃期间，要求甘肃省要担负起黄河上游生态修复、水土保持和污染防治的重任。2019年9月，黄河流域生态保护和高质量发展上升为继京津冀协同发展、长江经济带、长江三角洲区域一体化、粤港澳大湾区之后又一新的国家区域重大战略[1]。在此背景下，后发省域需要把握时机、主动作为，谋划并实施黄河流域生态保护和高质量发展战略（以下有时简称黄河战略）的具体方略[2]。

一、研究现状综述

为推进黄河流域高质量发展，应该要考虑经济、社会、生态等多方面因素，把黄河流域打造成为贯通东西的生态经济带，使其成为我国经济发展的重要支撑[3]。其中城市群和都市圈的构建，可以辐射周边地区来带动经济的高质量发展。然而，黄河流域城市群发展差异主要源于高水平城市群的缺失，并且是由于产业分工和空间分层双重制约所导致的[4]。因此，需要因地制宜地推进各地产业体系的健全。然而，当前黄河流域高质量发展存在着农业发展的多样性和脆弱性、流域经济联系的松散性等问题，为此，实现"弯道超车"，推动黄河流域高质量发展就变得非常重要[5]。运用偏离–份额分析法及其空间拓展模型对黄河流域经济发展兴衰研究发现，黄河流域中游第二产业竞争力不足、下游第一产业偏重，对区域的经济增长产生不利影响；下游第二产业、第三产业是驱动流域经济增长的重要力量[6]。推进黄河流域社会经济生态转型可以通过缓解生态系统负荷"过满状态"[7]，因此，需要转变发展理念，持续推进能源清洁高效利用，因地制宜重点推进产业发展[8]。

黄河流域的开放格局呈现下游高于中游且高于上游的特征，而黄河流域高质量发展对生态环境保护有驱动作用，国际开放影响大于区域内开放大于区际开放[9]。除了经济发展问题外，一些学者研究了黄河流域生态保护的问题，评价了河道生态需水阈值等级和满足程度[10]，发现黄河流域中多种气象因子变化共同造成干湿状况改变，进而导致黄河流域甘肃段地表湿度指数由干变湿微弱增大[11]。要处理好黄河流域高质量发展同生态保护之间的关系，就要落实五大发展新理念，处理好"四大关系"，构建"三区七群"协调发展格局，来推进黄河流域的高质量发展[12]。有研究发现，在黄河流域生态保护和高质量发展关系中，虽然两者具有正向的促进作用，但在时间和空间上也存在着明显的差异，并且下游的耦合关系明显高于上游间的耦合关系[13]。有研究建立了"基底—生态优先、承载—发展约束、驱动—内外关联"3个逻辑递进环节的总体框架，并提出了生态—移民—城镇化建设工程、农业种植结构调整、旱作基本农田建设、分类分批解决能矿资源采空区历史遗留问题等生态恢复保护的策略[14]。

二、明确功能定位

黄河发源于青海，成河于甘南，成黄于临夏。甘肃省是黄河流域重要的水源涵养区和补给区，有力地支撑了黄河这一我国重要生态屏障的建设。甘肃沿黄流域总面积14.59万平方千米，占全省面积的34.3%，多年平均自产地表水资源量125.2亿立方米，超过黄河流域总水量的1/5。黄河干流流经甘南、临夏、兰州和白银4个市（州），长达913千米，占黄河全长的16.7%；黄河支流流经定西、天水、平凉、庆阳、武威5个市，渭河、泾河、洮河、大夏河等河流是黄河重要的补给水源，有效保障了黄河上中游径流稳定。甘肃沿黄流域人口和生产总值占全省比重都在80%左右，黄河赋予了甘肃厚重的历史文化、富集的自然资源和重要的经济基础，是陇原儿女的生命之源、生产之要、生态之基，做好甘肃省黄河流域生态保护和高质量发展战略，事关全省生态保护大局和高质量发展全局，事关幸福美好新甘肃建设①。

甘肃省是黄河文化传承创新的主要承载区，并有力支撑了华夏文明的传承和创新。黄河文化是陇原文化的重要构成部分，以黄河文化为内核的兰州都市圈文化产业区也在加快发展。结合未来的国家需求和甘肃省情，甘肃省的功能定位和实施目标有四点：一是国家西部重要生态安全屏障区，通过安全屏障区的建设，在为国家总体安全的贡献中争取国家更大力度的政策支持；二是黄河流域重要的水源涵养区和水土保持区，体现生态保护的重要作用，并与黄河战略紧密结合起来；三是内陆高质量发展改革试验区，通过体制机制改革，探索内陆地区高质量发展的路径；四是黄河文化传承与开放交流先行区，利用丰厚的历史文化资源，做足文化文章，在黄河文化的传承和创新中寻求新的发展模式。

上述四大功能定位，与甘肃省已有的战略平台具有一致性和重合性，这为对接这一区域重大战略提供了可行性，也为甘肃省全面实施该战略提供了历史渊源和现实基础。同时，这四大功能定位是争取国家支持并契合黄河流域生态保护和高质量发展战略的基础，也是实施甘肃黄河流域生态保护和高质量发展方略的关键。

三、识别主要挑战

（一）生态系统脆弱，但生态地位重要

甘肃省不仅国土总面积较大，而且限制开发区和禁止开发区的比例大。2012年编制的《甘肃省主体功能区规划》显示，限制开发区和禁止开

---

①甘肃省委、省政府2020年12月印发的《甘肃省黄河流域生态保护和高质量发展规划》。

发区分别约占甘肃省国土总面积的88.70%、17.81%。这种生态约束下，经济增长的空间受限。黄河流域甘肃段绝大部分地区处于400毫米等降水量线以西，自然条件差，生态历史欠账多、问题积累多、现实矛盾多。水资源总量短缺、时空分布不均衡、供给结构性矛盾突出，人均和亩均水资源量分别约为全国平均水平的1/3和1/5[①]。甘肃降水量少、水资源总量和人均量偏低，省内区域分布不平衡，甘南、陇南各约占全省水资源总量的30%（表5-1）。甘南高原是黄河上游重要的水源补给区，每年约向黄河补水65.9亿立方米，约占黄河源区年径流量的35.8%、黄河总径流量的11.4%，是黄河重要水源补给区，直接影响到黄河径流的稳定。

表5-1　2021年甘肃省行政分区水资源总量

行政分区	计算面积（平方千米）	降水量（亿立方米）	地表水资源量（亿立方米）	地下水资源量（亿立方米）	重复计算量（亿立方米）	水资源总量（亿立方米）	水资源量占全省比重（%）	产水系数	产水模数（万立方米每平方千米）
酒泉	168032	105.0	11.2512	14.1615	12.6980	12.7147	4.56	0.12	0.76
嘉峪关	1224	1.4	0.0554	0.5038	0.4740	0.0852	0.03	0.06	0.70
张掖	38593	85.1	26.2122	15.6682	13.9515	27.9289	10.01	0.33	7.24
金昌	7551	15.7	0.6555	1.3871	0.8177	1.2249	0.44	0.08	1.62
武威	32346	71.3	10.4723	8.4097	6.6361	12.2459	4.39	0.17	3.79
兰州	13193	39.0	3.0350	2.6238	1.9854	3.6734	1.32	0.09	2.78
白银	20099	48.8	0.7087	1.2433	0.6272	1.3248	0.47	0.03	0.66
临夏	8199	37.1	7.3252	3.3593	3.2356	7.4489	2.67	0.20	9.09
定西	19612	93.6	12.6843	4.7857	4.3231	13.1469	4.71	0.14	6.70

---

①甘肃省委、省政府2020年12月印发的《甘肃省黄河流域生态保护和高质量发展规划》。

行政分区	计算面积（平方千米）	降水量（亿立方米）	地表水资源量（亿立方米）	地下水资源量（亿立方米）	重复计算量（亿立方米）	水资源总量（亿立方米）	水资源量占全省比重（%）	产水系数	产水模数（万立方米每平方千米）
天水	14278	89.9	16.5128	4.3904	3.2610	17.6422	6.32	0.20	12.36
平凉	11118	76.6	9.6089	2.5459	1.8157	10.3391	3.71	0.13	9.30
庆阳	27118	176.7	6.6985	2.9872	2.1249	7.5608	2.71	0.04	2.79
甘南	36592	195.2	81.7827	29.1053	29.0584	81.8296	29.33	0.42	22.36
陇南	27840	192.0	81.1584	28.8446	28.1348	81.8682	29.34	0.43	29.41
全省	425795	1227.3	268.1611	120.0158	109.1434	279.0335	100.00	0.23	6.55

资料来源：《2021年甘肃省水资源公报》，其中，产水系数=某地区水资源总量/年降雨总量；产水模数=某地区水资源总量/地区总面积。

（二）用水结构尚待优化、用水效率较低，水资源的制约作用明显

2019—2021年，甘肃省的缺水量分别为10.58亿立方米、10.88亿立方米、10.16亿立方米，缺水程度分别为8.8%、9.0%、8.4%，属于资源指标型和工程性缺水并存的地区。2021年，甘肃省黄河流域缺水量为2.60亿立方米，缺水程度为6.6%，属资源指标型和工程型缺水并存的类型（表5-2）。甘肃省用水总量从110.0亿立方米增加到112.9亿立方米，上涨幅度为2.9%。2019年，农业用水、城镇公共用水、生活用水、工业用水、生态用水的比值从77.82：2.82：7.91：5.64：5.73，变化为2021年的75.02：2.82：7.91：5.64：5.73。由此可见，全省用水结构中，农业用水量占比最高，城镇公共用水量占比最低，生活用水、工业用水以及生态用水居中且在全省的占比波动的幅度并不大（表5-3）。水资源利用较为粗放，农业用水效率不高，单位用水产出低，2021年甘肃省水资源产出率为每立方米101元，万元国内生产总值用水量为99立方米（表5-4），后者比全国平均水平高出47.2立方米/万元。

表5-2 2021年甘肃省流域分区水资源供需平衡表

流域分区	供水量（亿立方米）				需水量（亿立方米）					缺水	
	地表水	地下水	其他水源	合计	工业	农业	生活	生态	合计	缺水量（亿立方米）	缺水程度（%）
内陆河	50.19	19.9	1.09	71.20	2.66	64.65	2.23	9.16	78.70	7.50	9.5
黄河	31.80	3.2	1.59	36.60	4.53	23.78	7.09	3.80	39.20	2.60	6.6
长江	1.95	0.3	0.03	2.32	0.13	1.17	1.03	0.05	2.38	0.06	2.7
全省	83.94	23.5	2.71	110.12	7.23	89.60	10.35	13.01	120.38	10.16	8.4

资料来源：《2021年甘肃省水资源公报》。

表5-3 2019—2022年甘肃省用水情况表

	2019年	2020年	2021年	2022年	2022年/2019年变化量
用水总量（亿立方米）	110.0	109.9	110.1	112.9	2.9
农业用水（亿立方米）	85.6	83.7	82.6	82.3	-3.3
城镇公共用水（亿立方米）	3.1	1.9	2.1	2.7	-0.4
工业用水（亿立方米）	8.7	6.2	6.5	6.3	-2.4
生活用水（亿立方米）	6.2	7.3	7.7	10.3	4.1
生态用水（亿立方米）	6.3	10.7	11.3	11.3	5
人均用水量（立方米）	415.0	439.3	442	452.9	37.9
农业用水占总用水量比重（%）	77.82	76.16	75.02	72.90	-0.05
城镇公共用水占总用水量比重（%）	2.82	1.73	1.91	2.39	0.00
工业用水占总用水量比重（%）	7.91	5.64	5.90	5.58	-0.02
生活用水占总用水量比重（%）	5.64	6.64	6.99	9.12	0.03
生态用水占总用水量比重（%）	5.73	9.74	10.26	10.01	0.04

资料来源：《2022年甘肃省发展年鉴》《2022年甘肃省国民经济和社会发展统计公报》《2021年甘肃省水资源公报》，2022年数据由《2022年甘肃省国民经济和社会发展统计公报》得到，其中城镇公共用水量由其他数据测算得知。

表5-4 2021年甘肃省流域与行政分区用水指标统计

空间单元	人均自产水资源（立方米/人）	亩均自产水资源量（立方米/亩）	人均用水量（立方米/人）	单位国内生产总值用水量（立方米/万元）	水资源产出率（元/立方米）
酒泉	1207	281	2434	272.2	36.7
嘉峪关	27	72	727	68.3	146.4
张掖	2488	463	1777	377.7	26.5
金昌	281	67	1587	159.9	62.5
武威	849	192	1159	260.6	38.4
兰州	84	94	244	28.2	355.1
白银	88	17	622	162.3	61.6
临夏	352	193	157	88.5	113
定西	524	106	155	62.2	160.8
天水	597	273	111	43.9	228
平凉	567	196	142	46.2	216.3
庆阳	350	77	132	32	312.2
甘南	11844	3909	117	34.1	293.4
陇南	3429	1097	76	36.3	275.7
内陆河	1176	270	1663	252.2	39.6
黄河	644	223	206	48.2	207.6
长江	3985	1374	81	39.3	254.4
全省	1121	357	442	99	101

资料来源：《2021年甘肃省水资源公报》，因河湖补水不计入经济社会用水总量，计算单位地区生产总值用水量时扣除了河湖生态补水。

（三）环境问题较为突出，绿色发展的任务比较艰巨

2021年，甘肃省废污水排放量7.06亿吨，14个市（州）排放所占全省的比例中，最高的兰州占比达35.42%，最小的甘南仅占1.43%（表5-5）。近年来，虽然甘肃黄河流域水质得到不断改善，2022年，全省黄河流域

41个国控断面水质优良比例达到92.68%，高出黄河流域9省（区）平均水平5个百分点，但是，经济增长与生态环境保护的矛盾依然比较突出（表5-6）。同时，十大生态产业的发展取得积极进展，2019—2022年，虽然全省十大生态产业增加值从2061.9亿元上升到3278.8亿元，占全省地区生产总值的比重从23.7%上涨到29.3%，上涨了5.6个百分点（表5-7），但是全省整体产业结构中重化工、矿产资源等所占比例较高，产业结构绿色化调整的任务比较艰巨。

表5-5　2021年甘肃省行政分区废污水排放量

地级行政区	废污水排放量				废污水年排放总量（亿吨）	占全省比例（%）
	生活污水		工业污水			
	日排放量（万吨/天）	年排放量（亿吨）	平均日排放量（万吨/天）	年排放量（亿吨）		
酒泉	10.86	0.3965	0.38	0.0138	0.4103	5.81
嘉峪关	3.62	0.1323	9.95	0.3630	0.4953	7.02
张掖	10.63	0.3880	0.38	0.0139	0.4019	5.70
金昌	5.13	0.1871	4.50	0.1643	0.3514	4.98
武威	7.73	0.2821	0.48	0.0174	0.2995	4.24
兰州	60.98	2.2256	7.50	0.2737	2.4993	35.42
白银	9.77	0.3567	2.47	0.0900	0.4467	6.33
临夏	7.37	0.2689	0.25	0.0090	0.2779	3.94
定西	4.98	0.1817	0.43	0.0156	0.1973	2.80
天水	14.64	0.5343	0.96	0.0349	0.5692	8.07
平凉	11.12	0.4057	2.12	0.0775	0.4832	6.85
庆阳	9.51	0.3471	0.56	0.0204	0.3675	5.21
甘南	2.70	0.0986	0.07	0.0025	0.1011	1.43
陇南	3.92	0.1431	0.36	0.0133	0.1564	2.22
全省	162.95	5.9477	30.39	1.1094	7.0571	100.00

资料来源：《2021年甘肃省水资源公报》，全省工业污水数据包括兰州新区和甘肃矿区数据来源于甘肃省生态环境厅；生活污水排放量数据来源于《2020年甘肃发展年鉴》。

表5-6　2019—2022年甘肃省流域水质评价

流域	2019年			2020年			2021年、2022年		
	河流（条）	断面（个）	水质状况	河流（条）	断面（个）	水质状况	河流（条）	断面（个）	水质状况
黄河	14	34	良好	14	34	优	24	41	优
西北诸河	11	25	优	11	25	优	12	19	优
长江	6	9	优	6	9	优	8	14	优

资料来源：2019—2022年《甘肃省生态环境状况公报》。

表5-7　2019—2022年甘肃十大生态产业增加值及占全省GDP的比重

	十大生态产业增加值（亿元）	占全省GDP（%）
2019年	2061.9	23.70
2020年	2179.4	24.20
2021年	2852.9	27.90
2022年	3278.77	29.30

资料来源：2019—2022年《甘肃省国民经济和社会发展统计公报》。

（四）区域、城乡等结构性问题突出，创新水平和开放程度不高

2015年以来，甘肃人均GDP在全国31个省份中排名垫底。14个市（州）之间、城乡之间的差距巨大。

有研究显示，甘肃民营经济增加值勉强占到区域GDP的36%，不仅

远低于浙江（90%），而且距全国平均水平（60%以上）差许多[15]；另一个是民企规模普遍偏小，上奇研究院发布的《2023中国民营企业500强画像》中（图5-1），甘肃没有一家民企上榜。全国没有上榜企业的省份也只有4个，另3个为青海、西藏和海南。民营经济发展不足和民企规模偏小的主要原因是营商环境不优。

2017—2019年，甘肃省市场化指数分别为6.96、7.27和6.58，比全国同期8.05、8.25和8.19的水平都要低，较低的市场化程度不仅意味着资源配置效率的低下，而且意味着大众就业与居民收入增长空间有限。2019—2022年，甘肃省研发投入强度分别为1.26%、1.22%、1.26%和1.29%，都低于全国研发投入强度1个百分点左右（表5-8），从中可以看出，当前甘肃省还没形成创新驱动的发展路径。甘肃省市场化总体进展相对缓慢，对外开放水平还需继续提高。

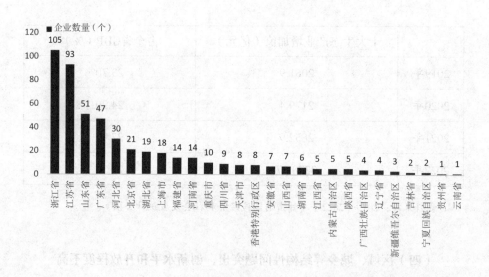

图5-1 民营企业500强企业分布图

资料来源：上奇研究院，https://accesspath.com/report/5834612/。

表5-8　2019—2021年全国与甘肃研发投入强度比较

	研发经费（亿元）		研发投入强度（%）	
	全国	甘肃	全国	甘肃
2019年	22143.6	110.2	2.23	1.26
2020年	24393.1	109.6	2.40	1.22
2021年	27956.3	129.5	2.43	1.26
2022年	30782.9	144.1	2.54	1.29

资料来源：2019—2022年全国科技经费投入统计公报。

注：研发投入强度是研究与试验发展经费占国内（地区）生产总值的比重。

四、把握工作重点

（一）做好生态环境保护是基础

围绕西部生态安全屏障区功能，大力开展防沙治沙、水土保持和植树造林工作，做好黄河流域的生态环境治理，保障黄河长久安澜。建设好祁连山国家公园，用河长制等制度化的形式，融入并以此带动全省的流域治理。开展玛曲沙化草原治理工程，进行甘南黄河上游水源涵养区和陇东陇中黄土高原区水土流失区保护治理。着力解决水污染的问题，推进黑臭水体的深入治理。把生态保护与污染防治结合起来，把循环经济和清洁生产的理念融入经济建设的全过程，改善城乡居民的人居环境，建设生态宜居的美丽家园。把为国家生态安全做贡献和改善本地居民的人居环境有机结合起来。

（二）发展节水产业是关键

从干旱缺水的省情出发，以水资源作为产业发展的约束和导向，调整和优化经济结构。注重农业发展和生态用水的平衡，协调好生态空间与生产空间、生活空间。加大节水技术的应用和推广力度，遵循可持续准则和效率原则，通过价格手段，提高水资源的利用效率，使有限和稀缺的水资源发挥出最大效用。加强和改进节水教育和宣传工作，树牢全社会的节水意识。

（三）传承弘扬黄河文化是精神动力

发展陇原地域文化，深入挖掘黄河文化在陇原文化中的积极因素，并做好黄河文化在新时代的价值阐释工作，讲好甘肃版本的"黄河故事"，弘扬黄河精神。把甘肃在黄河水患治理、水利兴修中沉淀下来的文明成果，如人水相融、百折不挠、民族融合、多元共生等积极因素凝结而成的伟大创造、奋斗、包容、忧患和团结精神充分挖掘和展示出来。将黄河文化的保护、传承和弘扬与黄河文化资源的开发利用结合起来，打造黄河文化带和黄河经济带，推进文旅产业的深度融合[2]。

（四）高质量发展是根本

从现在的要素驱动为主，迈向并转化为创新驱动是第一动力的经济高质量动力体系；积极应对全省城乡和区域差距巨大的挑战，形成区域协调成为内生特点的区域经济格局；推进生态文明建设，营造绿色崛起的普遍形态；主动融入"一带一路"建设，形成扩大开放的新格局；着力解决教育、医疗、住房和养老等民生难题，回归民生共享的根本目的。构建创新、协调、绿色、开放和共享发展的长效机制和制度体系[16]。

五、找准具体着力点

（一）加强协同研究，厘清重大问题的实质

组建跨部门并有水文学与水资源、生态学、经济学、管理学等不同学科专家参与的研究平台，就黄河战略涉及的流域治理、流域经济、黄河文化等重大现实和理论问题，开展协同研究。加强研究谋划，为省委、省政府出台相关政策出谋划策，编制黄河流域生态保护和高质量发展的规划和具体实施方案。省委宣传部、省科技厅分别设立以该区域重大战略为主题的招标课题，引导社科、技术人员协同攻关，夯实基本的理论和技术基础。

（二）立足功能定位，确立科学的战略实施路径

从生态屏障、经济地带、脱贫攻坚与乡村振兴衔接主战场、黄河文化传承创新承载区的四大功能定位出发，确定甘肃省的实施策略。这就要求以点状开发和面上保护为原则，根据区域的环境资源承载力，合理布局城镇与产业，严格控制经济开发范围和强度。发展生态友好型、资源节约型的产业体系，积极争取和推进跨省和省内的生态补偿，保护生态系统的完整性，积极寻求生态价值转化为经济价值的可行途径。不断完善公共服务体系，做足"黄河"相关的文旅、休养康老产业等文章，提高民生共享水平。

（三）分类实施，提高政策实施的精确性

祁连山、甘南黄河上游水源涵养区等生态功能重要的地区，以保护生态、涵养水源、创造更多生态产品为主要任务，这类地区要以生态产业化和产业生态化为主要对接策略，通过财政转移支付等支持该地区改善民

生、保护生态。沿黄农业产业带要发展现代农业，重在农业的绿色化、品牌化和规模化。创造条件提高省会兰州的人口和产业集聚度，扩大兰（州）白（银）都市圈的辐射力。市（州）所在的城市在集群发展的过程中，吸引人口和产业的集聚，并加快新旧动能的转换步伐。以城乡融合发展为导向，把巩固脱贫攻坚和乡村振兴有机衔接起来，全力保障和改善民生。发挥兰州等陆港和空港的作用，积极参与"一带一路"建设。加强与其他沿黄8个省区的沟通协调，通过协同、合作的方式，找准甘肃省融入该区域重大战略的具体途径。

（四）构建流域治理体系，提升治理能力

从流域经济的角度出发，努力克服碎片化治理、人治、分散治理和末端治理的思维惯性，并打破由此形成的路径依赖。加强有关流域保护与流域经济的系统治理、依法治理、综合治理和源头治理，省级层面做好组织动员和推进实施，市县层面履行落实职责。完善流域管理体系，建立跨行政区域管理协调机制，进一步完善河长制、国家公园等组织体系，推进流域水生态环境保护修复的联防联治。构建系统完备、科学规范、运行有效的流域治理制度体系，建立健全流域治理的政绩考核、目标、指标、统计的政策体系和协同机制。成立省级层面的领导小组，统筹相关部门的工作，并指导全省沿黄地区按照规划和实施方案进行协同行动[17]。

六、确定关键策略

（一）引导产业和人口向城市群、都市圈、县城集中，以集聚发展促高质量发展

通过市场化机制，辅之政府调控，创造条件提高城市、县城的人口和

产业集聚度。通过定向的招商引资、本地企业迁移、承接东部产业转移、东西部区域合作等途径，引导产业在甘肃省城市、园区落地，并结合已有的产业链，形成小范围的、区段式的、具有甘肃特色的产业链条，进而增强经济增长的韧性和产业的安全性。以打造公平竞争的人文环境为切入点，吸引并留住各类人才。放开全省所有城市落户限制，加大户籍制度改革力度，以农民工市民化为突破口，吸引和引导人口的集聚。

（二）做好"黄河"文化产业、生态产业的文章，以生态、文化产业促动能转换

通过挖掘黄河文化与边疆文化、丝路文化的历史文化资源，并努力讲好甘肃故事，进而依托这些优势的文化资源，通过黄河文化旅游产业的深度融合，做好旅游线路和区域形象的设计，打造甘南黄河首曲民族风情区、临夏商贸文化区、兰州黄河大景区、白银黄河石林等为核心的甘肃黄河旅游经济带，线路主要涵盖：甘南玛曲草原、永靖炳灵石林、黄河三峡、黄河兰州段大峡和小峡、白银黄河石林等，围绕"吃、住、行、游、购、娱"6个要素做足文章，做好服务，将全省的如敦煌石窟文化、始祖文化、革命文化等串联起来，增强甘肃整体的区域营销能力。同时，以绿色生态农业、新兴生态工业、以旅游文化体育融合发展的第三产业和重大基础设施建设为重点，着力构建更加完善的生态产业体系。

（三）"节水、调水、优水、治水"四策并举，以综合性的水战略促生态保护

为克服水资源短缺对全省高质量发展面临的重大约束，通过以下途径应对：在加大节约用水力度和跨区调水的基础上，努力向国家争取将甘肃省在"八七"分水方案中30亿立方米扩大到55亿立方米，解决用水缺口；在保证粮食安全的前提下，通过技术进步和贸易等手段，深挖粮食单产地

区潜力，在此基础上，适当压缩农业用水量和比例，并适当扩大绿色工业的用水，这样用水结构的优化，有利于单位用水收益和整体经济效益的提高，加大中水回用的力度；实施好河、湖长制，推进水污染治理，提高水环境质量；建立黄河流域横向生态补偿机制，创新水环境治理的方式。

（四）谋划和实施一批重大工程，以生态环境治理争取国家支持并确保长远发展

谋划并实施一批重大的生态保护修复和建设工程、黄河文化振兴工程，并争取国家的生态投资和生态补偿试点、文化公园建设。围绕甘南黄河重要水源补给区建设提升水源涵养能力，并做好渭河、泾河等黄河支流区域的小流域为单元综合治理和水土保持工作，建设梯田和淤地坝为主的拦沙减沙工程。生态环保等工程的投融资和建设向社会开放，通过PPP模式，吸引社会资本的广泛参与，以提高效率、保证质量，并以此为基础探索建立激活微观经济主体活力的长效机制。培育民营企业的竞争力，进一步增强发展的包容性。

当前，我国经济已经从高增长阶段进入高质量发展阶段。在高质量发展阶段，后发省域面临着增长乏力和质量提升的双重挑战，如何结合省情，顺应国家发展的大趋势，找准高质量发展的精准发力点和牵一发而动全身的突破口，是当前和今后一个时期后发省域经济工作的重要命题[16]。而把握好黄河流域生态保护和高质量发展战略实施的机遇，顺势而为，将助推沿黄后发省域实现现代化。

参考文献

[1]习近平.在黄河流域生态保护和高质量发展座谈会上的讲话[J].中国水利，2019，878（20）：1-3.

［2］陈润羊.黄河流域上游生态保护和高质量发展的对策［J］.党的建设，2020（7）：61.

［3］安树伟，李瑞鹏.黄河流域高质量发展的内涵与推进方略［J］.改革，2020（1）：76-86.

［4］高煜，赵培雅，吉展慧.突破双重制约：黄河流域城市群高质量发展的路径选择——基于"产业—空间"结构的区域比较研究［J］.城市问题，2023（4）：32-42，54.

［5］杨永春，穆焱杰，张薇.黄河流域高质量发展的基本条件与核心策略［J］.资源科学，2020，42（3）：409-423.

［6］杨开忠，苏悦，顾芸.新世纪以来黄河流域经济兴衰的原因初探——基于偏离-份额分析法［J］.经济地理，2021，41（1）：10-20.

［7］杨开忠，董亚宁.黄河流域生态保护和高质量发展制约因素与对策——基于"要素-空间-时间"三维分析框架［J］.水利学报，2020，51（9）：1038-1047.

［8］陆大道，孙东琪.黄河流域的综合治理与可持续发展［J］.地理学报，2019，74（12）：2431-2436.

［9］任保平，张陈璇.黄河流域高质量发展与生态环境保护耦合协调的开放发展驱动研究［J］.宁夏社会科学，2023（3）：133-139.

［10］王梓宇，乔晓英，安宇廷，等.黄河流域甘肃段河道生态需水阈值的探讨［J］.水资源与水工程学报，2023，34（2）：81-90.

［11］马亚丽，张芮，孙栋元，等.黄河流域甘肃段地表干湿时空变化及驱动因子分析［J］.水土保持研究，2023，30（2）：135-141.

［12］金凤君.黄河流域生态保护与高质量发展的协调推进策略［J］.改革，2019（11）：33-39.

［13］刘琳轲，梁流涛，高攀，等.黄河流域生态保护与高质量发展的耦合关系及交互响应［J］.自然资源学报，2021，36（1）：176-195.

［14］徐勇，王传胜.黄河流域生态保护和高质量发展：框架、路径与对策［J］.中国科学院院刊，2020，35（7）：875-883.

［15］赵伟.国家级区域战略与西部欠发达地区选择：聚焦甘肃［J］.探索与争鸣，2023（4）：125-136.

［16］陈润羊.把握五大发力点 推动甘肃高质量发展［N］.甘肃日报，2019-01-22（008）.

［17］陈润羊.谋划推进黄河流域生态保护和高质量发展［N］.甘肃日报，2020-07-14（009）.

第六章

积极构建区域增长极体系

　　内容提要：不平衡、不充分发展是区域协调发展面临的巨大挑战，培育和发展增长极进而带动周边地区的发展，对于促进全国的区域协调发展和全体人民的共同富裕都具有重要的意义。在概述了区域增长极基本理论的基础上，概括分析了典型后发省域甘肃省区域经济发展的基本特征：经济规模不断扩大但占全国的份额趋于减少，省域内部区域经济呈现分化态势，城市规模结构不尽合理，区域绝对差距扩大、相对差距缩小，城乡差距较大等。因此，应加快区域增长极体系的构建。遵循区域经济发展的基本规律的关键在于激发市场化的根本动力、明确政府作用的边界、顺应城镇化的发展趋势和实施地方品质驱动战略，并把握好区域政策和管治的着力点：创新人才政策、增强区域治理能力、有序推进行政区划调整。

区域经济具有非均衡发展的特点。经济增长并非在所有行业和空间均匀分布，而是首先出现和集中在具有创新能力的行业，并常常集聚于经济空间的某些"点"上，于是就形成了增长极，然后通过极化与扩散效应对区域经济活动产生影响，从而带动整个区域经济的发展。而构建区域增长极体系是后发地区实现追赶的有效举措。

一、区域增长极的理论概述和培育的重要意义

中国历史悠久，幅员辽阔，空间分异显著，空间形态呈现出多样性。经济和社会活动的空间组织和区域发展始终是我国经济和社会发展面临的重大理论和实践问题。1949年以来，中国区域经济发展经历了从生产力均衡布局理论到不平衡发展再到协调发展的战略转变[1][2]。

在经济学理论中，区域并非杂乱无章的众多事物和现象的聚集，而是由一种网络结构所组成的有机整体，区域的本质是一种结构[3][4]。区域差距区分为绝对差距和相对差距，其中，中国各区域之间，绝对差距处于扩大的态势，相对差距经历了先缩小、后扩大、再缩小、基本稳定4个阶段[5]。因此，缩小区域之间的差距，对于促进全体人民共同富裕有着至关重要的作用。

空间是人类活动的根基，同时也是以土地形式存在的消费品和产出品。区域经济学关注的是商品和生产要素在一个大的一体化空间范围内的转移问题[6]。针对这类空间问题，许多的经济学家进行了研究，如克鲁格曼建立的垂直自由资本模型[7]，以及美国艾萨德的著作《区位和空间经济学》探讨了平衡状态下空间经济的一般形态以及空间经济的相互依存关系[8][9]。空间经济学主要以人口和财富在区域间不平衡分布为主要研究对象，解释经济活动空间聚集和空间分散的基本机理，主要回答为什么经济

活动空间分布为不平衡分布等的一系列问题[10][11]。

城市是空间经济学中一个重要的命题，空间是"事物存在的一种形式和一种重要的资源"，城市空间是自然、经济、社会、政治、文化形成的综合体，自然资源以及环境质量的变化是城市发展的前提和基础[12][13]。城市主要的特征是在相当紧凑的空间范围内集中了高密度人口，同时也承载了大量的建筑物和各种各样的基础设施。由于大城市的劳动生产率高于小城市，且大城市高密度的经济活动常常造就大城市的各种优势，所以大城市的劳动生产率更高，这就造就了"集聚经济"，并带来了总体经济水平的上升[14]。在新经济地理学中，把城市化视为是集聚的结果。换言之，我们可以将"集聚经济"称之为城市化[15]。

经济发展和经济布局是一枚硬币的两个面，一方面经济发展必然落脚到地理空间，从而重塑经济布局；另一方面经济布局的特征必然影响经济主体区位选择行为，从而改变经济发展的去向[16]。决定经济活动空间区位和空间经济主要研究内容的三大基石，即资源优势、聚集经济和运输成本，也即生产要素的不完全流动性、经济活动的不完全可分性、商品和服务的不完全流动性[17]。

经济活动空间聚集和多元要素空间相互邻近形成以聚集经济为主要特征的地区竞争优势，这种竞争优势可以推动区域发展，形成区域增长极[18]。在更大空间，有产业集群式、中心城市式、城市群式、经济带式等增长极类型，由这些不同类型的增长极耦合而成的增长极体系，是带动区域现代化发展的发动机。为了更加有效地促进各类区域的高质量发展，必须重视区域增长极体系建设，发挥多种增长极各展其长、相互促进、相互补缺、交叉发挥辐射带动功能的优越性，应该将非均衡发展规律的积极作用与最大限度促进相对均衡发展的政策充分结合起来，来实现各类区域的协调、融合发展[19]。

培育和发展区域增长极对于促进区域经济协调发展，具有重要的作用。在理论上，形成空间格局的过程可以分成空间集聚和空间扩散两种趋势[20]。增长极的概念最初是由法国经济学家佩鲁在1950年的《经济学季刊》上提出，佩鲁认为空间是一种"受力场"，只要在某种客体之间存在抽象的联系结构，就存在空间；在经济活动中，各活动单元都创造它们自己的决策和操作的抽象空间并产生一种推进效应，这种推进效应是某种确定的多种效应的集合。增长极理论在1980年代传入我国，被我国许多的研究学者所接受[21]。我国长期以来区域经济发展存在不平衡性的问题，因此，增长极理论可以作为制定和实施非均衡型区域经济发展战略的依据[22]。

区域增长极形成的明显特征，就是在一个区域内的经济总量以及增长速度处于领先的优势[23]，而作为区域经济增长极，至少应具备集聚创新资源能力和辐射带动周边能力的条件[24]。改革开放以来，我国实行效率优先的非均衡发展战略，试图通过发挥中心城市作为经济增长极的溢出效应，带动其周边城市发展，最终实现区域协调发展[25]。从发展的现实情况来看，增长极理论在我国影响较大，很多省份明确提出要将省会城市打造成增长极的战略[26]。"十四五"及其后期，实现高质量发展的重要战略就是要建设由骨干企业、支柱行业、产业集群、多级中心城市、发达的城市群、贯通东西南北的经济带和发达的经济网络区构成的现代化区域增长极体系[27]。在新发展格局下，中国区域经济发展呈现出新特征，构建以内需为主导的分工体系和更为合理的区域分工模式具有重要战略意义[28]。城市群一体化发展，建设现代化都市圈，分类引导大中小城市发展方向和建设重点，形成疏密有致、分工协作、功能完善的城镇化空间格局，可以进一步增强城市群和都市圈综合承载能力，率先打造成为高质量发展的增长极和动力源，对于持续稳定推进新型城镇化进程、建设强大国内市场和扩大内需、支撑国民经济和社会高质量发展、构建新发展格局具有关键作用[29]。在各地发展的政策上，许多省域的发展不光聚焦于中心城市的发展，对省域副中心城市建设关注度也在不断地提升[30]。

后发地区本身的发展不充分，其内部也存在发展不平衡的挑战[31]，因此，培育和发展增长极进而带动周边地区的发展，对于促进全国的区域协调发展和全体人民的共同富裕都具有重要的意义。

二、甘肃省区域经济的基本特征

受自然条件和社会经济条件的制约，"空间格局不经济"是包括甘肃在内的后发地区区域经济的基本特征，甘肃省14个市（州）的区域发展不平衡问题突出，城乡差距较大。

（一）经济规模不断壮大，但占全国的份额趋于减少

2000—2023年，虽然甘肃省地区生产总值不断增加，但占全国GDP的比例由超过1%减少为不到1%。甘肃省人均GDP从4163元上涨到了47867元，2023年人均GDP是2000年的11.50倍，但是相较于全国来看，甘肃省人均地区生产总值占全国人均GDP的50%左右，同全国平均水平的差距仍然较大（表6-1）[①]。

表6-1　2000年、2005年、2010—2023年甘肃省的经济总量和人均量

年份	甘肃省地区生产总值（亿元）	甘肃省人均地区生产总值（元）	全国GDP（亿元）	全国人均GDP（元）	甘肃地区生产总值/全国GDP（%）	甘肃人均地区生产总值/全国人均GDP（%）
2000	1052.88	4163	100280.1	7942	1.05	52.42
2005	1864.63	7332	187318.9	14368	1.00	51.03

①国家统计局和相关省份年鉴的个别数据不一致，此处绝对差距和相对差距的计算以国家统计局查询的数据为依据。

年份	甘肃省地区生产总值（亿元）	甘肃省人均地区生产总值（元）	全国GDP（亿元）	全国人均GDP（元）	甘肃地区生产总值/全国GDP（%）	甘肃人均地区生产总值/全国人均GDP（%）
2010	3943.73	15421	412119.3	30808	0.96	50.06
2011	4816.94	18846	487940.2	36277	0.99	51.95
2012	5393.12	21141	538580.0	39771	1.00	53.16
2013	6014.53	23647	592963.2	43497	1.01	54.36
2014	6518.39	25724	643563.1	46912	1.01	54.83
2015	6556.55	25946	688858.2	49922	0.95	51.97
2016	6907.91	27396	746395.1	53783	0.93	50.94
2017	7336.74	29103	832035.9	59592	0.88	48.84
2018	8104.07	32178	919281.1	65534	0.88	49.10
2019	8718.30	34707	986515.2	70078	0.88	49.53
2020	8979.67	35848	1013567.0	71828	0.89	49.91
2021	10225.50	40976	1149237.0	81370	0.89	50.36
2022	11121.40	44646	1204724.0	85310	0.92	52.33
2023	11863.80	47867	1260582.1	89358	0.94	53.57

注：国内生产总值按照当年价格计算、人均国内总产值按常住人口计算。

资料来源：相关历年《中国统计年鉴》《甘肃发展年鉴》。

（二）省域内部区域经济呈现分化态势

观察甘肃省14个市（州）的地区生产总值，可以发现，2005—2022年，地区生产总值最高的为兰州市，最低的为甘南州，两者的差距从540.94亿元扩大到3098.38亿元（表6-2）。2005年、2010年、2020年以及2022年兰州市地区生产总值都占甘肃省的30%左右，省会兰州市在全省的比重最高，且不同年份起伏不定，而甘南州地区生产总值占甘肃省的比重最低，2005年、2010年、2020年、2022年，分别约为1.35%、1.67%、

2.43%和2.25%，占甘肃省的比重有所增大（图6-1、表6-3）。从中可以发现，甘肃省区域经济呈现分化态势，空间不均衡问题较为突出。

表6-2　2000年、2005年、2010—2022甘肃14个市（州）的
地区生产总值

单位：亿元

	兰州	嘉峪关	金昌	白银	天水	武威	张掖	平凉	酒泉	庆阳	定西	陇南	临夏	甘南
2000年	309.43	17.93	35.07	77.03	80.31								26.81	13.73
2005年	567.04	81.31	115.87	146.54	146.17	141.81	110.79	110.17	146.03	143.82	71.30	74.15	56.23	26.10
2010年	1100.39	184.32	210.51	311.18	300.23	228.77	212.70	231.89	405.03	357.61	156.02	169.43	106.38	67.69
2011年	1360.03	235.54	232.36	375.83	357.55	272.85	256.84	276.19	481.54	454.35	186.94	197.68	128.78	81.34
2012年	1563.82	269.15	243.40	433.77	412.87	340.50	291.93	324.51	573.66	529.36	223.27	225.98	151.89	96.74
2013年	1776.28	226.22	252.04	463.31	454.34	379.69	335.97	341.08	641.94	605.37	252.22	249.50	167.32	108.89
2014年	2000.94	230.69	256.10	447.64	522.82	408.53	361.78	350.55	610.55	668.86	290.16	289.45	202.97	124.69
2015年	2095.99	190.04	224.52	434.27	553.78	416.19	373.53	347.70	544.80	609.43	304.92	315.14	211.41	126.54
2016年	2264.23	153.41	207.82	442.21	590.51	461.73	399.94	367.30	577.93	597.83	331.08	339.89	230.11	135.95
2017年	2500.80	209.87	221.50	450.52	598.95	430.44	376.96	354.66	551.77	585.50	327.31	342.72	232.23	141.42
2018年	2732.94	299.62	264.24	511.60	652.05	469.27	407.71	395.17	596.89	708.15	356.26	379.23	255.35	155.73
2019年	2837.36	283.41	340.31	486.33	632.67	488.46	448.73	456.58	618.22	742.94	416.38	445.09	303.52	218.33
2020年	2886.74	281.60	358.62	497.27	666.90	526.41	467.05	476.16	657.75	754.73	441.36	451.79	331.28	219.06
2021年	3231.29	326.51	428.61	571.02	750.33	600.23	526.23	553.97	762.74	885.27	500.76	502.53	373.79	230.04
2022年	3343.50	362.60	522.52	635.53	813.88	663.40	581.51	641.58	840.90	1022.26	557.93	562.40	408.60	245.12

注：2000年武威、张掖、平凉、酒泉、庆阳、定西和陇南的数据缺失。

资料来源：2011—2022年《甘肃发展年鉴》，14个市（州）《2022年国民经济和社会发展统计公报》。

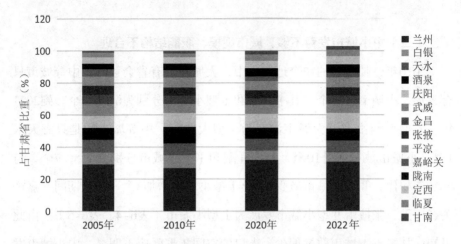

图6-1 甘肃省14个市（州）地区生产总值占甘肃省地区生产总值的比重

资料来源：由表6-2计算得出。

表6-3　甘肃14个市（州）地区生产总值占甘肃省地区生产总值的比重

单位：%

	2005年	2010年	2020年	2022年
兰州	29.27	27.22	32.02	30.66
白银	7.56	7.70	5.51	5.83
天水	7.54	7.43	7.40	7.46
酒泉	7.54	10.02	7.29	7.71
庆阳	7.42	8.85	8.37	9.37
武威	7.32	5.66	5.84	6.08
金昌	5.98	5.21	3.98	4.79
张掖	5.72	5.26	5.18	5.33
平凉	5.69	5.74	5.28	5.88
嘉峪关	4.20	4.56	3.12	3.32
陇南	3.83	4.19	5.01	5.16
定西	3.68	3.86	4.89	5.12
临夏	2.90	2.63	3.67	3.65
甘南	1.35	1.67	2.43	2.25

注：这里的比重由某一市（州）GDP与14个市（州）GDP的总和相除所得，14个市（州）的GDP总和与公布的甘肃省GDP数据并不完全一致。

资料来源：由表6-2计算得出。

（三）中小城市发育不够，城市规模、职能结构不合理

2010年，甘肃省的12个地级市中，大城市只有省会兰州，中等城市只有天水，小城市有10个，其中Ⅱ型和Ⅰ型小城市分别为6个、4个。到2021年，省会兰州由Ⅱ型大城市演变为Ⅰ型大城市，中等城市还是只有天水1个，小城市数量还是10个，其中Ⅱ型和Ⅰ型小城市分别为3个、7个，与2010年相比，Ⅱ型小城市减少3个，Ⅰ型小城市增加3个。在此期间，嘉峪关、庆阳、张掖由Ⅱ型小城市发展为Ⅰ型小城市（表6-4、表6-5）。由此可知，甘肃省大城市数量偏少，人口的空间集聚效应不明显，中小城市发育不够，城镇体系尚待完善，城市规模、职能等结构还不尽合理，以城带乡能力偏弱、区域协调发展矛盾突出。

表6-4　甘肃省地级市城区常住人口的变化

单位：万人

	2010年	2015年	2020年	2021年
兰州	198.54	250.43	256.32	303.13
金昌	18.05	19.36	20.00	16.63
定西	17.97	20.05	20.99	19.70
嘉峪关	19.87	21.91	23.78	24.27
天水	68.34	69.09	69.84	61.87
酒泉	30.80	38.26	38.98	32.75
武威	25.50	32.90	34.32	34.32
白银	40.40	42.23	34.37	34.58
庆阳	17.94	19.23	20.79	21.30
平凉	27.78	33.44	30.70	30.90
张掖	19.22	24.43	29.07	28.87
陇南	15.20	16.41	17.10	18.25

资料来源：《中国城市建设统计年鉴2021》。

表6-5 甘肃省的城市层级变化

城市层级		划分标准（城区常住人口）（人）	2010年	2015年	2020年	2021年
超大城市		1000万以上	—	—	—	—
特大城市		500万—1000万	—	—	—	—
大城市	Ⅰ型大城市	300万—500万	—	—	—	兰州
	Ⅱ型大城市	100万—300万	兰州	兰州	兰州	—
中等城市		50万—100万	天水	天水	天水	天水
小城市	Ⅰ型小城市	20万—50万	酒泉、武威、白银、平凉	定西、嘉峪关、酒泉、武威、白银、平凉、张掖	金昌、定西、嘉峪关、酒泉、武威、白银、庆阳、平凉、张掖	嘉峪关、酒泉、武威、白银、庆阳、平凉、张掖
	Ⅱ型小城市	20万以下	金昌、定西、嘉峪关、庆阳、张掖、陇南	金昌、庆阳、陇南	陇南	金昌、定西、陇南

资料来源：根据2014年国务院印发的《关于调整城市规模划分标准的通知》进行整理。

（四）虽城乡居民生活水平不断改善，但差距明显

2010—2022年，甘肃省14个市（州）的城镇居民恩格尔系数仅张掖市略微有所上升，其余市（州）均在下降，其中下降的幅度最大的为临夏州。2022年，14个市（州）的城镇居民恩格尔系数都在30%左右（表6-6）。2010—2022年，甘肃省14个市（州）的农村居民恩格尔系数均在下降，其中下降幅度最大的还是临夏州（表6-7）。由此说明，甘肃省各市（州）的城乡居民生活质量得到不断改善。对照甘肃省城、乡居民恩格尔系数发现，14个市（州）中，绝大部分地区、绝大部分年份中，恩格尔

系数城市居民高于农村居民（表6-6、表6-7）。由此说明，整体上城镇居民的生活水平要优于农村居民。

2022年，甘肃省居民恩格尔系数为30.7%，其中城镇居民恩格尔系数为29.9%，农村居民恩格尔系数为32%，分别比全国平均水平高0.2、高0.4、低1.0个百分点。2022年，甘肃省城乡居民恩格尔系数差距为2.10%，低于3.50%的全国平均差距。表明整体而言甘肃省城乡居民生活水平相较于全国还有一定的差距。

2022年，14个市（州）中，天水、酒泉、临夏、庆阳、金昌、武威和张掖的城镇居民恩格尔系数低于甘肃省平均水平，其中天水、酒泉、临夏、庆阳和金昌也低于全国平均水平。甘南、定西、兰州和白银的农村居民恩格尔系数高于甘肃省平均水平，且甘南和定西同时高于全国平均水平。从城乡差距方面来看，嘉峪关和平凉的农村居民恩格尔系数低于城镇居民，分别低3.0个百分点和2.5个百分点。值得注意的是，甘南和临夏城镇居民恩格尔系数分别低于农村居民5.8个百分点和3.6个百分点，这种差距大于全国平均水平，而差距低于甘肃省平均水平的仅有兰州、金昌、酒泉和张掖等4个市（图6-2）。从中可以看出，甘肃省城乡居民生活质量参差不齐，城乡差距较为明显。

表6-6　2010—2022年甘肃省14个市（州）的城镇居民恩格尔系数

单位：%

	2010年	2011年	2012年	2013年	2014年	2015年	2016年	2017年	2018年	2019年	2020年	2021年	2022年
兰州	38.83	38.17	37.28	36.21	35.20	31.15	30.65	30.60	28.40	30.00	30.20	30.90	31.18
嘉峪关	34.96	34.75	37.58	36.55	36.39	33.44	33.40	33.40	32.20	31.00	31.90	31.90	32.00
金昌	34.12	36.21	33.53	32.22	30.93	29.20	26.72	28.60	26.60	29.60	31.00	29.10	29.30
白银	33.52	34.64	35.95	35.78	35.40	34.45	32.98	32.40	30.90	31.20	30.60	30.40	30.10
天水	36.12	37.75	37.00	34.86	35.30	31.80	28.97	29.20	28.20	27.50	26.80	27.30	26.90

	2010年	2011年	2012年	2013年	2014年	2015年	2016年	2017年	2018年	2019年	2020年	2021年	2022年
武威	39.35	40.88	40.34	33.78	32.76	32.74	32.93	33.10	32.10	32.10	31.70	31.10	29.85
张掖	28.98	31.99	32.37	31.94	31.85	30.83	30.66	30.30	29.20	28.90	28.20	28.80	29.80
平凉	38.70	40.17	32.55	33.17	32.00	32.90	29.12	27.20	27.80	28.50	29.60	30.20	30.10
酒泉	34.17	33.30	32.53	32.33	32.00	30.90	30.21	29.80	30.90	29.10	28.50	28.20	28.00
庆阳	35.49	34.94	33.42	32.76	32.40	31.99	31.68	31.40	29.30	29.00	29.00	28.60	28.50
定西	36.84	35.12	32.97	36.93	33.59	32.70	30.89	32.70	30.80	30.40	29.80	29.60	30.00
陇南	39.22	45.17	41.78	33.42	33.30	31.24	31.40	31.60	31.50	29.60	32.40	33.60	—
临夏	47.46	46.83	46.03	40.79	33.36	32.45	30.95	31.80	31.70	30.80	30.00	28.60	28.20
甘南	36.46	37.08	36.95	38.74	36.19	38.88	38.19	37.70	36.90	36.30	35.90	36.00	35.60

注：2022年陇南市的数据缺失。

资料来源：2011—2022年《甘肃发展年鉴》，2022年甘肃省14个市（州）《国民经济和社会发展统计公报》。

表6-7 2010—2022年甘肃省14个市（州）的农村居民恩格尔系数

单位：%

	2010年	2011年	2012年	2013年	2014年	2015年	2016年	2017年	2018年	2019年	2020年	2021年	2022年
兰州	44.05	42.28	40.41	36.68	37.3	34.27	32.90	31.56	32.28	31.70	30.82	32.84	32.86
嘉峪关	43.43	37.84	34.08	27.81	35.04	31.76	31.06	30.48	30.46	30.44	30.24	29.66	29.00
金昌	39.74	28.43	29.75	31.06	31.40	26.69	26.43	25.81	28.85	30.42	29.60	30.64	30.70
白银	45.29	46.87	44.13	42.58	42.42	40.61	38.27	37.53	32.54	30.86	32.46	31.90	32.60
天水	46.77	45.42	42.63	38.03	34.51	31.01	33.20	31.40	28.46	27.65	29.18	30.33	30.50
武威	33.79	48.32	40.18	41.38	37.7	34.81	35.64	35.21	35.16	34.32	33.05	32.60	31.96
张掖	40.09	39.06	37.13	37.65	37.55	35.33	34.82	32.03	31.71	29.60	28.57	29.28	30.20
平凉	41.47	37.94	41.70	34.06	33.00	29.77	27.51	27.83	26.47	26.50	27.29	27.99	27.60
酒泉	34.25	36.86	37.88	36.1	34.72	30.61	32.71	31.55	29.51	29.00	29.01	28.83	28.80

续表

	2010年	2011年	2012年	2013年	2014年	2015年	2016年	2017年	2018年	2019年	2020年	2021年	2022年
庆阳	41.68	39.58	35.38	39.14	38.75	36.59	35.44	35.07	33.67	33.35	32.18	32.00	31.90
定西	47.05	43.04	42.23	42.92	40.26	39.37	37.10	36.72	32.25	31.95	33.31	33.64	33.50
陇南	53.86	49.19	46.39	41.06	41.85	37.10	36.66	35.28	32.33	32.69	33.34	34.70	—
临夏	51.95	45.86	42.15	39.39	34.66	34.41	34.91	33.44	32.08	31.77	31.63	31.25	31.80
甘南	57.22	57.58	56.62	52.80	44.15	46.28	45.13	41.48	43.69	43.10	42.31	41.58	41.40

注：2022年陇南市的数据缺失。

资料来源：2011—2022年《甘肃发展年鉴》，2022年甘肃省14个市（州）《国民经济和社会发展统计公报》。

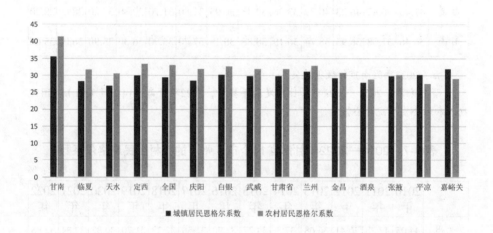

图6-2　2022年全国及甘肃14个市（州）城乡居民恩格尔系数对比图

注：2022年陇南市城乡居民恩格尔系数数据缺失。

资料来源：国家统计局，2022年甘肃省及14个市（州）《国民经济和社会发展统计公报》，《2022年甘肃发展年鉴》。

（五）区域绝对差距扩大、相对差距缩小，总体区域差距缩小

甘肃省14个市（州）中，2010—2021年，人均地区生产总值最高的为嘉峪关市，最低的为临夏州。2022—2023年，人均地区生产总值最高的市

（州）变为金昌市，最低的依旧是临夏州（表6-8）。2010—2023年，人均地区生产总值绝对差距从77773元扩大到110244元，人均地区生产总值相对差距从15.29下降到6.30。2010—2022年，人均地区生产总值变异系数从0.95下降到0.61。表明甘肃省区域经济的绝对差距在扩大，相对差距在缩小，人均地区生产总值变异系数总体降低（表6-9、图6-3和图6-4）。总体而言，甘肃省总体区域差距在缩小。

表6-8　2010—2022年甘肃省14个市（州）人均地区生产总值

单位：元

年份	兰州	嘉峪关	金昌	白银	天水	武威	张掖	平凉	酒泉	庆阳	定西	陇南	临夏	甘南
2010	30672	83214	45374	17956	9202	12250	17093	11202	38305	15095	5530	6020	5441	9876
2011	37570	101306	49974	21956	10931	14994	21357	13320	43825	20506	6916	7603	6584	11801
2012	43175	115123	52157	25274	12593	18701	24204	15607	52028	23882	8157	8809	7712	14004
2013	48852	96335	53854	27004	13820	20975	27788	16364	58041	27261	9106	9699	8440	15658
2014	54711	96711	54565	26174	15852	22526	29852	16777	55000	30087	10470	11214	10166	17818
2015	56972	78336	47739	25410	16743	22931	30704	16595	48918	27366	10987	12172	10527	17990
2016	61207	62641	44202	25813	17800	25396	32729	17486	51721	26734	11892	13085	11395	19213
2017	67269	84677	47176	26150	17979	23617	30729	16825	49200	26031	11693	13113	11411	19828
2018	73042	119418	56353	29542	19479	25691	33105	18676	53043	31312	12656	14426	12447	21683
2019	75217	112219	73437	27990	18819	26744	36314	21514	54729	32690	14746	16868	14697	30252
2020	66680	91000	81643	32700	22251	35571	41177	25623	62187	34593	17430	18710	15747	31661
2021	73807	103773	98205	37919	25279	41361	46726	30192	72356	40810	19915	20974	17677	33272
2022	75992	114910	120161	42297	27538	45932	51861	25182	79840	47351	22257	23548	19271	35662

资料来源：2011—2022年《甘肃发展年鉴》，14个市（州）《2022年国民经济和社会发展统计公报》。

表6-9 2010—2023年甘肃省14个市（州）的绝对和相对差距

	2010年	2011年	2012年	2013年	2014年	2015年	2016年
绝对差距（元）	77773	94722	107411	87895	86545	67809	51246
相对差距	15.29	15.39	14.93	11.41	9.51	7.44	5.50
	2017年	2018年	2019年	2020年	2021年	2022年	2023年
绝对差距（元）	73266	106971	97522	75253	86096	100890	110244
相对差距	7.42	9.59	7.64	5.78	5.87	6.24	6.30

资料来源：由表6-6整理所得。

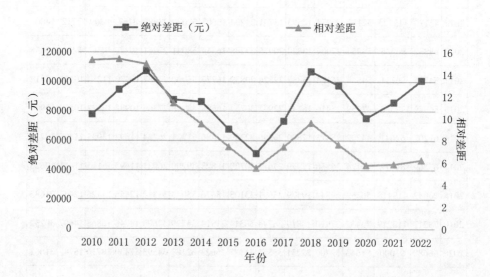

图6-3 2010—2022年甘肃省14个市（州）的绝对和相对差距

注：绝对差距为最高市（州）的人均地区生产总值与最低市（州）的人均地区生产总值之差，相对差距为二者之商。

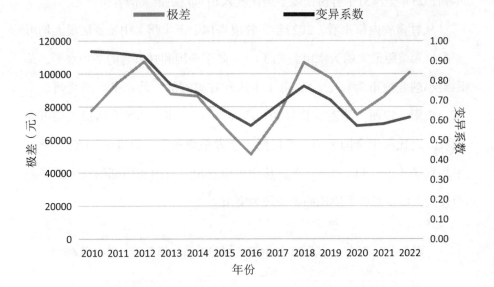

图6-4 2010—2022年甘肃14市（州）人均地区生产总值极差和变异系数

注：人均地区生产总值极差=｜最高市（州）的人均地区生产总值-最低市（州）的人均地区生产总值｜；人均地区生产总值变异系数=$\sqrt{\frac{\sum_{i=1}^{n}(x_i-\bar{x})^2}{n\bar{x}^2}}$［i=1，2，…，14；x为各市（州）的人均地区生产总值；$\bar{x}$为14个市（州）人均地区生产总值均值］。

资料来源：由表6-8整理所得。

（六）城乡居民收入差距较大，城乡发展不协调问题突出

2019—2023年，甘肃省城镇化率从50.70%上涨到55.49%，上涨幅度为4.79%，同期全国城镇化率从60.60%上涨到66.16%，上涨幅度为5.56%，甘肃省城镇化率上涨幅度低于全国，说明作为后发地区的甘肃省城镇化进程仍在加快阶段。但是，2023年甘肃省城镇化率依旧低于全国城镇化率10.67个百分点（表6-10），表明甘肃省的城镇化进程仍然较为滞后。2019—2023年，甘肃省城乡居民人均可支配收入之比为3.36∶1下降到3.03∶1，全国城乡居民人均可支配收入之比从2.64∶1下降到2.39∶1，虽然甘肃省城乡差距缩小得更加迅速，但是城乡差距水平仍然较大（表6-10），且是2015

年到2023年全国31个省份中城乡居民收入相对差距最大的省份。

从甘肃省内部来看，2022年，甘肃省14个市（州）中城乡居民人均可支配收入差距最大的天水市为3.13：1，高于全国和甘肃省的平均水平，差距最小的张掖市为1.72：1，低于全国和甘肃省的平均水平。而兰州、平凉、庆阳、定西、陇南、临夏和甘南等7个市（州）的城乡居民人均可支配收入之比高于全国平均水平但低于全省平均水平，只有6个市低于全省平均水平（表6-11，图6-5）。从中可以看出，甘肃省内部的城乡发展差距较大，城乡发展不协调的矛盾较为突出。

表6-10　2019—2023年甘肃与全国的城镇化率与城乡收入差距

	全国城镇化率（％）	甘肃城镇化率（％）	甘肃城乡居民收入差距比	全国城乡居民收入差距比
2019年	60.60	50.70	3.36：1	2.64：1
2020年	63.89	52.23	3.27：1	2.56：1
2021年	64.72	53.33	3.17：1	2.50：1
2022年	65.22	54.19	3.09：1	2.45：1
2023年	66.16	55.49	3.03：1	2.39：1

资料来源：国家统计局，《甘肃发展年鉴》。

表6-11　2022年甘肃省14个市（州）的城乡差距

	城镇居民人均可支配收入（元）	乡村居民人均可支配收入（元）	城乡差距（城镇：乡村）
全国	49283	20133	2.45：1
甘肃省	37572	12165	3.09：1
兰州	45277	17178	2.64：1
嘉峪关	49634	26284	1.89：1

	城镇居民人均可支配收入（元）	乡村居民人均可支配收入（元）	城乡差距（城镇：乡村）
金昌	47292	19647	2.41：1
白银	45270	20130	2.25：1
天水	33541	10716	3.13：1
武威	35244	15899	2.22：1
张掖	32366	18854	1.72：1
平凉	34867	11566	3.01：1
酒泉	44420	23414	1.90：1
庆阳	37585	12276	3.06：1
定西	31077	10425	2.98：1
陇南	29899	10013	2.99：1
临夏	25773	9672	2.66：1
甘南	30660	10883	2.82：1

资料来源：甘肃省及14个市（州）《2022年国民经济和社会发展统计公报》。

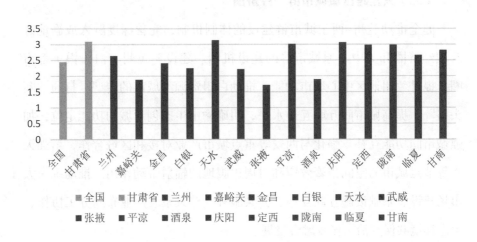

图6-5 2022年甘肃省14个市（州）的城乡差距

注：城乡差距=城镇居民人均可支配收入：乡村居民人均可支配收入

资料来源：甘肃省及14个市（州）《2022年国民经济和社会发展统计公报》。

三、加快构建区域增长极体系的路向

（一）明确区域增长极体系的构成

为规避和克服"空间格局不经济"和低水平陷阱的制约，经济发展的空间依托需要构建点、线、面结合的增长极体系，形成多中心网络状的空间增长格局。以兰（州）白（银）都市圈为依托，围绕兰州地区中心城市建设，推进形成集聚发展的城市组团，以重点县城、乡镇为节点，推进经济带建设，加快构建以兰州和兰州新区为中心、以兰白一体化为重点、辐射带动定西临夏的一小时核心经济圈，以及河西走廊经济带、陇东南经济带和黄河上游生态功能带的"一核三带"区域发展新格局。推动区域性中心城市建设，深化甘青川、陕甘宁省际交界区域合作。

（二）共建跨区域城市群"经济圈"

健全推动兰州-西宁城市群建设的体制机制，完善深度融入成渝地区双城经济圈和关中平原城市群的建设机制。建设兰（州）白（银）都市圈，提升兰州地区中心城市功能，推动白银资源型城市的转型。打通"断头路"，提高城市间互联互通水平，明确榆中生态创新城的功能定位，加强城市间功能互补。强化与西安等重点城市产业对接和区域合作，增强天水等节点城市的空间集聚效应和对周边腹地的辐射带动作用。推动统一大市场建设、基础设施互联互通、公共服务共建共享、产业布局分工协作、生态环境共保共治、城乡融合发展。

（三）建设功能配套、产业完整、绿色集约的城镇体系

通过交通要道的网络式连接，形成集聚发展的城市带。以县城为主，

加快敦煌、临夏等特色中小城市的发展。以乡镇为主，建设一批特色小镇。形成集聚提升、城乡融合、特色保护和易地搬迁等四类美丽乡村，通过城乡融合，实现城镇化与乡村振兴的双轮驱动。

（四）进一步充分发挥新区、开发区的驱动作用

按照集中发展、集群发展、集约发展和创新发展的原则，高质量地建设好兰州新区，发挥好兰州新区国家进口贸易促进创新示范区功能。努力把各类各级开发区建设成创新要素集聚、体制机制创新的新型区域形态。主动与天津、上海等发达地区加强区域合作，积极发展"飞地经济"。以企业为技术创新主体，确立市场化的创新方向。创新开发区管理体制，探索去行政化的"管委会+公司"的运营模式，将"亩均收益"引入绩效评价体系。

四、遵循区域经济发展的规律

（一）激发市场化的根本动力

深入改善营商环境，充分发挥市场配置资源的决定性作用，激发各类市场主体尤其是民营企业的活力，降低制度成本，通过PPP等模式，使民企公平参与城市的改造和建设。优化各区域、各城市间的功能定位和产业配套，强化区域和城市内部整合，最大限度获取比较利益和规模经济，有效克服和规避"空间格局不经济"。全面建立健全包括共同市场、共同政府管理和共同公共服务等区域共同制度，努力解决区域碎片化问题。

（二）明确政府作用的边界

全面深化社保、城建管理和投融资体制等领域的改革，统筹城镇化发

展制度安排，全面实现基础设施互联互通，强化空间成长管理，对开发性质、区位、强度和时序进行差别化管制，更好地发挥政府的作用。围绕甘肃省城乡、14个市（州）之间基本公共服务均等化、基础设施通达程度比较均衡、人民基本生活保障水平大体相当的目标，以农民工市民化为切入点，深化各项阻碍城乡融合发展目标的体制和机制的改革，坚决破除各个地区之间利益藩篱和政策壁垒。

（三）顺应城镇化的发展趋势

2023年甘肃省常住人口城镇化率55.49%，比全国平均水平低10.67个百分点，产业、人口等尚需进一步集聚。这就需要协同推进本地化就业和向外劳务输出，推进以县城为载体的就近就地城镇化，积极搭建劳动市场的供需平台，为农民工的外出就业提供就业培训、信息服务。实施"微改造"和全面改造相结合的城市更新模式，克服城镇发展空间有限、利用效率低下的难题，建设一批宜业、宜居、宜学和宜游的城市。

（四）实施地方品质驱动战略

丰富和完善城乡居民日常生活空间上可及地理范围内不可贸易品的数量、质量和多样性。加强生态环境治理，形成包容的人文环境和良好的营商环境，留住、吸引更多的人员在甘工作、生活和旅游，激发创新驱动的长期动力和内在活力。

五、把握区域政策和管治的着力点

（一）创新人才政策

在"人口红利"已趋消失的背景下，人口规模和结构越来越成了影响经济的关键因素。全面放宽省内各类城市落户条件，并完善配套政策，打破阻碍劳动力在城乡、区域间流动的不合理壁垒，促进人力资源的优化配置。通过户籍制度改革和公共服务体系完善，增强城市尤其是兰州都市圈人口和产业的集聚能力。在持续推进农业人口向外省转移的同时，依托省内中小城市，探索就近就地城镇化模式，促进人口集聚。以高质量的地方品质，留住、吸引陇原籍、在甘上学和工作的各类人才。

（二）增强区域治理能力

科学谋划新时期甘肃省的区域发展战略，并予以制度化，使之一张蓝图绘到底。政府管治理念上从划桨、掌舵转变为服务，形成政府、企业、社会组织和公众等主体共同参与的网络化、多元化管治机制。克服重建设轻管理的弊端，构建完善的垂直管治体系和水平管治体系，由后果导向式向原因导向式的管治转变。通过人本化、柔性化和智能化的区域规划、建设和管理，管治手段上从以行政手段为主转向以法律手段和经济手段为主，以"多规合一"为指引，增强各类各级规划的协调性。

（三）有序推进行政区划调整

利用国家撤县设市适度向中西部地区倾斜的机遇，将具备条件的县和特大镇有序设置为市，加强产业和公共资源布局引导，加快培育新生中小城市，通过赋权强市、扩权强县（城），增强城市的极化效应，并带动周边地区的发展[31]。适时推进敦煌升格为地级市以及酒泉、嘉峪关两市的合并。积极推动有条件的县有序改市，加快按城市标准规划建设管理，吸引周边人口转移就业。推动有条件的单市区、省辖市向多区市转变，对现有的规模大、带动能力强、发展潜力大的镇探索设县。以此带动人口和产业的集聚，并通过市场机制进而实现集群发展。

参考文献

［1］魏后凯.促进区域协调发展的战略抉择与政策重构［J］.新型城镇化，2023（6）：25-30.

［2］安虎森.空间经济学的一些理论问题［J］.河北经贸大学学报，2021，42（1）：71-78，89.

［3］罗伯塔·卡佩罗.区域经济学［M］.2版.安虎森，等译.北京：经济管理出版社，2022.

［4］Capello R. Regional economics（Second edition）［M］. London：Routledge，2006.

［5］安树伟，李瑞鹏.东西差距还是南北差距？——1978年以来中国区域差距的演变与机理分析［J］.中国软科学，2023（4）：109-120.

［6］斯特弗·普罗斯特，雅克-弗朗索瓦·蒂斯，安虎森，等.从空间经济学学会什么？（上）［J］.开发研究，2020（2）：1-23.

［7］Kugman P. Increasing Returns and Economic Geography［J］. Quarterly Journal of Economics，1995（60）：857-880.

［8］沃尔特·艾萨德.区位与空间经济——关于产业区位、市场区、土地利用、贸易和城市结构的一般理论［M］.杨开忠，沈体雁，方森，译.北京：北京大学出版社，2011.

［9］Isard W. Location and Space-economy. A General Theory Relating to Industrial Location，Market Areas，Land Use，Trade and Urban Structure［M］.Cambridge，MA: MIT Press，1956.

［10］安虎森.空间经济学的一些理论问题［J］.河北经贸大学学报，2021，42（1）：71-78，89.

［11］安虎森.空间经济学原理［M］.北京：经济科学出版社，2005.

［12］艾德加·M.胡佛，弗兰克·杰莱塔尼.区域经济学导论［M］.

郭万清，汪明，孙冠群，等译.上海：上海远东出版社，1992.

　　[13] Edgar M. Hoover, Frank Giarratani. An Introduction to Regional Economics（Third Edition）[M].New York： Alfred A. Knopf ZNC, 1985.

　　[14]斯特弗·普罗斯特，雅克-弗朗索瓦·蒂斯，安虎森，等.从空间经济学学会什么?（下）[J].开发研究，2020（3）：1-24.

　　[15]赵伟.空间视野看中国经济大势[M].杭州：浙江大学出版社，2013.

　　[16]杨开忠.构建高质量发展的区域经济布局[J].中国国情国力，2023（5）：1.

　　[17]安虎森.振兴"问题区域"经济的理论工具——评胡佛《区域经济学导论（第三版）》一书[J].区域经济评论，2023（3）：156-160.

　　[18]安虎森.以地区竞争力为核心的区域经济发展理论——论卡佩罗《区域经济学（第二版）》一书的主要特点[J].开发研究，2022（5）：156-160.

　　[19]安江林.增长极体系与跨国经济带建设[M].北京：中国财政经济出版社，2020.

　　[20]陆大道.关于"点-轴"空间结构系统的形成机理分析[J].地理科学，2002（1）：1-6.

　　[21]安虎森.增长极理论评述[J].南开经济研究，1997（1）：31-37.

　　[22]颜鹏飞，邵秋芬.经济增长极理论研究[J].财经理论与实践，2001（2）：2-6.

　　[23]刘朝明，靳景玉，杨玉明.西部区域增长极培育与形成条件的判断[J].经济学动态，2004（9）：64-66.

　　[24]张治河，金云鹤，郭晓红，等.中国西部创新增长极选择与培育

研究 [J].科研管理，2021，42（7）：1-10.

[25] 柳卸林，王宁，吉晓慧，等.中心城市的虹吸效应与区域协调发展 [J].中国软科学，2022（4）：76-86.

[26] 孙承平，叶振宇，周麟.城市规模、"强省会"战略与区域协调发展 [J].新型城镇化，2023（4）：40-44.

[27] 安江林.现代化区域增长极体系建设：高质量发展的重要战略途径 [J].甘肃社会科学，2021（4）：131-139.

[28] 吴楚豪，周颖.区域分工、经济周期联动性与经济增长极建设——国内价值链分工的视角 [J].南方经济，2023（5）：64-83.

[29] 高国力.增强城市群都市圈综合承载能力 培育高质量发展增长极和动力源 [J].宏观经济管理，2021（11）：15-17，20.

[30] 周勇.省域副中心城市和核心增长极：调整逻辑及整合框架——以湖南省等为例 [J].学术论坛，2021，44（5）：49-59.

[31] 陈润羊.积极构建全省区域增长极体系 [N].甘肃日报，2020-06-30（009）.

第七章
布局数字基础设施与加速发展数字经济

　　内容提要：发展数字经济是后发地区实现现代化的重要推动力和现实途径，其中的数字新型基础设施布局具有基础性和先导性。后发地区数字经济的迅猛发展，成为中国区域协调发展的助推器。甘肃省是后发省域的代表，数字经济的发展同样至关重要，但同时存在数字基础设施布局分散、同质竞争以及与未来需求契合度不够等问题。为此，需前瞻性布局并统筹推进数字基础设施建设：明晰面临的形势，确立发展思路和目标；支持引导行业积极创新，破解资金短缺问题；加强省级层面的统筹协调，提高资源的利用效率；出台奖补政策，建立激励机制；针对突出问题，解决项目落地、人才引进等难题。

数字经济是高质量发展的内在需要，对助推后发省域的转型升级，具有技术赋能、产业变革等现实意义，其中的数字化新型基础设施布局具有基础性和先导性。目前，后发省域在数字经济发展方面虽有进展，但仍存在不少短板，亟须加以破解和应对[1]。

一、数字基础设施建设对后发省域具有弯道超车的意义

后发区域在数字基建方面具有后发优势，可以通过学习发达国家和地区，包括数字基础设施建设在内的，关于数字经济的技术、管理等方面的成熟经验，节省创新投资成本、缩短学习时限，实现奋起追赶。同时，虽然在世界和全国范围内"数字基建"目前都尚未完全推开，仍在演化发展过程中，但是作为技术变革性和引发的制度引领性的新范式、新模式和新形态，以"数字基建"为基础的数字经济，可以对接远距离供求、克服信息不对称，同时拓展产品和服务的来源和销售空间，从而降低空间距离约束的影响，实现成本节约。数字技术及其衍生的数字治理，将赋能传统产业的转型升级，塑造区域新的竞争优势，发挥动态的比较优势，这些将为地处内陆、远离世界经济中心、改革和开放相对滞后的后发省域，带来新的巨大机遇，为实现弯道超车创造难得的机会。

二、数字经济领域研究现状

当前，数字化浪潮席卷全球，数字经济成为推动中国经济社会变革和实现高质量发展的关键力量。数字经济由"数字产业化"和"产业数字

化"两部分构成[2]。伴随着信息技术的快速发展及其与经济运行方式的不断融合，数字经济已被视为经济增长的"新引擎"，在世界上多数国家的发展战略中占据重要位置[3]。"十三五"时期，我国数字经济持续增长，占国民经济比重上升，国际贸易在疫情之后先行复苏带动了全球经济增长，其中数字贸易的表现尤为突出。"十四五"时期，数字经济成为国民经济存量的半壁江山和增量的主要贡献来源，超大规模的数字消费市场、良好的互联网基础设施、领先的数字创新企业为我国发展数字经济提供了有利条件[4]。党的十八大以来，中国的数字经济发展取得了重大的成就[5]，主要体现在数字技术创新、数字基础设施建设、数字产业化发展、产业数字化转型、数字经济规模等方面[6]。

数字经济的发展，无论是在国家政策上还是在现实中，都是中国式现代化实现的重要途径[7]。数字经济的发展，主要通过提升整个供给体系的质量与提高全要素生产率两方面为高质量发展赋能[8]，高质量发展由质量变革、效率变革、动力变革三大机制来实现，数字经济引领高质量发展的路径在于促进企业数字化转型，引领微观经济领域实现高质量发展[9]。

当前，数字经济的快速发展对传统经济学理论带来的新挑战，需要构建立足"中国数字经济奇迹"的经济学自主知识体系[10]。工业革命以来，工业的发展和信息的使用都发生了变化，在此过程中，企业内分工不确定性消减与社会分工不确定性增加之间的矛盾，构成企业不断扩展信息生产体系边界的动力，对信息的使用也逐步从对单个机器设备、机器体系的指令封装，发展为涵盖生产过程和交易过程的多主体"数据+连接"的体系[11]。数字经济的出现迫切需要理论研究和创新来解释这一新的经济现象[12]，需要基于域观范式，从多维视角探究数字经济的发展特征，构建核心层、产业层、平台层、应用层和生态层五个层面的数字经济分析范式，来梳理中国的制度形态优势和价值文化优势，重构中国数字经济发展的战略框架与实现路径[13]。因此，为解决这些问题，准确地测量数字经济增加值规模并构建方法框架就显得尤为重要[14]。

数字经济发展的规模在逐渐地扩大，数字经济对于经济发展的优势与劣势也在不断凸显，而不合理经济结构约束经济发展的可能性也越大[15]。所以，在实际中，要充分发挥政府与市场这"两只手"的作用，来解决数字经济发展过程中存在的失灵现象[16]。充分发挥有效市场和有为政府的作用，有助于缩小区域差距[17]-[20]。与此同时，数字经济的发展，对我国全面进入数字经济时代和升级产业结构数字化具有重要的意义[21]，它对于城际产业关联水平的提升，以及带来交易成本的下降有着重要的作用；还有利于产业的扩散，重塑产业空间布局；但是数字经济中的劳动节约型技术进步对于大城市产业扩散有着抑制性的作用[22]。在推动制造业的发展方面主要通过五方面的转变来实现：投入从要素驱动向数据驱动转变；产出从产品向用户体验转变；企业联系从产业关联向企业群落转变；产业生态从竞争合作向互利共生转变；管理组织从科层组织向网格组织转变[23]。数字经济的发展有利于改善民生福祉，激发创业活跃度[24]，能够推动我国就业环境的改善和就业能力的不断增强，所以应大力发展数字经济，持续推动就业结构优化升级，引导劳动者向数字经济领域有序转岗就业，实现更高质量和更充分就业[25]。同时，数字经济的发展对于提高农村低收入群体收入以及促进创业机会均等化也具有重要的作用[26]。

当前，虽然数字经济在国内外发展迅猛，理论研究方面也在不断深入，但目前研究对象主要针对全国或是发达地区，对于后发地区的关注相对较少。基于此，本章概括了中国数字经济的发展现状以及后发地区当前的发展特点，指出了当前后发地区基础设施建设方面的不足之处并且提出前瞻性布局数字基础设施的对策建议。

三、中国及甘肃数字经济发展的现状特点

（一）中国数字经济发展现状

1.数字经济发展规模持续扩大

数字经济对我国经济发展的贡献越来越突出。2017—2022年，中国数字经济规模持续扩大，由27.2万亿元上涨到50.2万亿元，占GDP比重也由32.7%上升到41.5%，上涨了8.8个百分点（表7-1和图7-1）[①]。从中可以看出，中国数字经济的发展规模在持续扩大，占GDP的比重也在不断上升。

表7-1　2017—2022年中国数字经济的规模

指标	2017年	2018年	2019年	2020年	2021年	2022年
中国数字经济规模（万亿元）	27.2	31.3	35.8	39.2	45.5	50.2
中国GDP（万亿元）	83.2	91.9	98.7	101.4	114.9	121.0
数字经济占GDP比重（%）	32.7	34.1	36.3	38.7	39.6	41.5

资料来源：《2023年中国数字经济发展研究报告》《中国统计年鉴》。

[①]中国信息通信研究院.2023年中国数字经济发展研究报告［EB/OL］.（2022-07-11）［2023-08-01］. http://dsj.guizhou.gov.cn/xwzx/gnyw/202207/t20220711_75506676.html?eqid=c41201dd000c5924000000066427bab9.

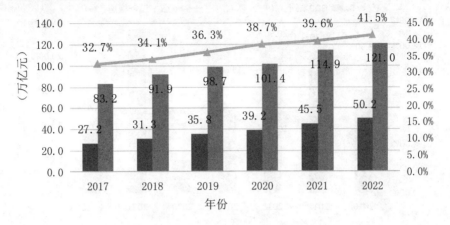

图7-1　2017—2022年中国数字经济规模图

资料来源：《2023年中国数字经济发展研究报告》《中国统计年鉴》。

2.数字经济增速保持较高水平

2016—2018年，我国数字经济发展速度较快，增速在18%以上，数字经济发展速度远远高于名义GDP发展速度。从2019年开始，GDP增速变缓，数字经济发展增速虽然有所降低，但是依旧高于名义GDP的增速。2021年后，我国数字经济发展增速依旧强劲，发展增速均高于10%（图7-2）①。从中可以发现，我国数字经济的发展非常迅速，发展势头也非常迅猛。

---

①中国信息通信研究院.2023年中国数字经济发展研究报告［EB/OL］.（2022-07-11）［2023-08-01］. http://dsj.guizhou.gov.cn/xwzx/gnyw/202207/t20220711_75506676.html?eqid=c41201dd000c5924000000066427bab9.

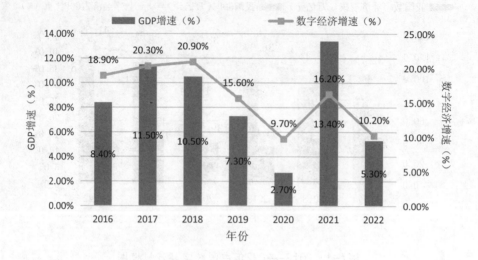

图7-2 中国数字经济与名义GDP对比图

资料来源：《2023年中国数字经济发展研究报告》。

3.数字经济在三大产业结构中渗透率提高

数字经济近几年发展较为迅猛，在三大产业结构中也有所体现。2016—2022年数据显示，数字经济在三大产业结构中的渗透率，在第一产业较低，第二产业次之，在第三产业的渗透率是最高的。同时可以发现，数字经济在三大产业的渗透率在不断上升，第一产业由6.2%上升到10.5%，上升4.3个百分点，第二产业的渗透率由16.8%上升到24%，上升了7.2个百分点，第三产业从29.6%上涨到44.7%，上升了15.1个百分点（图7-3）。从中可以看出，数字经济在第三产业渗透率上升幅度最高，在第一产业中的渗透率虽在持续上升，但是上升幅度不大，在第二产业中的渗透率上升幅度居中。

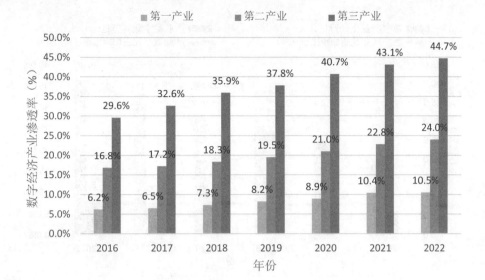

图7-3 2016—2022年数字经济在三大产业中的渗透率

资料来源：《中国数字经济发展白皮书（2023）》。

4.数字产业化占比平稳，产业数字化占比上升

数字产业化和产业数字化迅猛发展意味着经济社会数字化、网络化、智能化水平不断提高，经济形态也从工业经济逐步过渡到数字经济。2017—2022年，数字产业化和产业数字化的规模都在不断地上升。数字产业化从2017年的6.2万亿元上涨到2022年的9.2万亿元，上涨了3万亿元，上涨幅度为48.39%。产业数字化从2017年的21万亿元上涨到2022年的41万亿元，上涨了20万亿元，上升幅度为95.24%。相比较而言，产业数字化的规模比数字产业化的规模要大，上升幅度也更大。数字产业化与产业数字化在GDP的占比也不断增加，同时数字产业化在GDP的占比较为稳定，均保持在10%以内；产业数字化在GDP的比重增加较多，由2017年的25.3%上涨到2022年的35.9%，上涨了10.6个百分点（图7-4）。数字技术创新活跃以及普及应用驱使数字产业化和产业数字化规模不断发展壮大，我国数字经济发展持续向好。

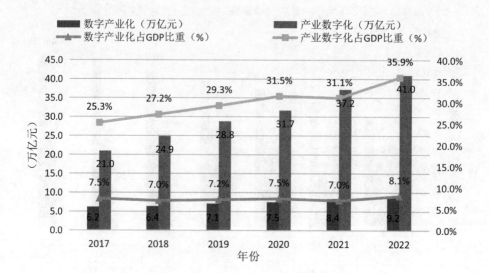

图7-4 中国数字产业化和产业数字化规模变化

资料来源：中国信息通信研究院发布的历年《中国数字经济发展报告》。

（二）甘肃省数字经济发展现状

1.虽甘肃省数字经济发展落后，但发展的增速较快

我国数字经济发展存在着不平衡的现象，主要表现为东部地区发展水平较高，中西部地区发展水平较低。然而，从发展增速来看，中西部地区要快于东部地区。2022年，虽然甘肃省的数字经济指数在全国20名以外，但是其数字经济发展增速在全国排名为第7名（表7-2）[①]。从中可以发现，当前甘肃省数字经济发展虽较为落后，但也在积极发展，且发展速度较快。

---

①国家工业信息安全发展研究中心.全国数字经济发展指数DEAI（2022）［EB/OL］.（2023-07-25）［2023-08-01］. https://cics-cert.org.cn/web_root/webpage/articlecontent_101001_1685959071393386497.html.

表7-2 2022年全国数字经济发展指数和增速前20名的省份

排名	全国数字经济发展指数前20名		全国数字经济发展增速前20名（%）	
1	北京	215.4	青海	22.6
2	广东	213.6	新疆	19.0
3	浙江	207.5	云南	16.0
4	上海	202	江西	15.9
5	江苏	195.4	宁夏	15.7
6	山东	173.5	黑龙江	15.6
7	天津	147.4	甘肃	14.3
8	福建	145.1	广西	13.3
9	四川	141.5	海南	12.9
10	重庆	141.2	山西	12.0
11	河南	134.8	吉林	11.8
12	河北	131.4	重庆	11.6
13	湖北	131.1	西藏	11.5
14	安徽	129.2	天津	11.5
15	山西	124.9	湖南	10.9
16	陕西	122.2	河南	9.4
17	江西	121.1	陕西	9.2
18	湖南	120.4	安徽	9.1
19	辽宁	118.5	山东	8.9
20	黑龙江	114.2	内蒙古	8.9

资料来源：国家工业信息安全发展研究中心发布的《全国数字经济发展指数DEAI（2022）》。

2.数字经济发展活跃度、集聚程度较高

2022年上半年，甘肃省14个市（州）中，数字经济发展指数最高的为兰州市，达到了88.77；其次为天水市，达到27.94；最低的为甘南州，为8.31（表7-3）。观察数字经济活跃度和数字产业集聚度，甘肃省14个市（州）中，最高的都为兰州市，且远高于其他的市（州）（图7-5）[①]。从中可以发现，甘肃省数字经济发展最好的为兰州市，且发展程度远高于其他地区。

表7-3 2022年上半年甘肃省14个市（州）数字经济的发展情况

	数字经济发展指数	数字经济创新活跃度	数字经济产业集聚度
兰州	88.77	23.21	22.94
天水	27.94	3.38	2.68
白银	24.16	1.76	7.55
定西	21.89	1.94	0.63
张掖	20.46	2.48	3.22
酒泉	20.14	3.51	2.65
临夏州	18.01	0.88	0.82
陇南	17.92	1.52	0.60
庆阳	17.44	1.73	0.39
武威	17.25	2.06	0.51
平凉	16.61	1.36	0.82
金昌	10.58	1.14	2.51
嘉峪关	8.98	1.05	2.48
甘南州	8.31	0.57	0.27

资料来源：《2022年甘肃数字经济发展活跃度榜单》。

①易观分析,天下城市.2022年甘肃数字经济发展活跃度榜单［EB/OL］.（2022-12-07）［2023-08-01］.https://www.sohu.com/a/614723771_120610664.

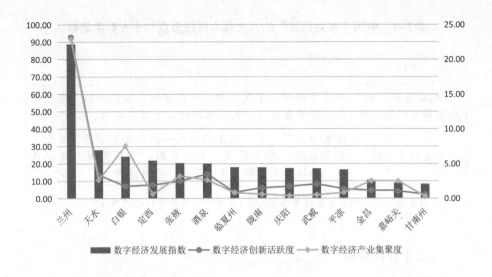

图7-5　2022年上半年甘肃省14个市（州）数字经济发展情况

资料来源：《2022年甘肃数字经济发展活跃度榜单》。

四、甘肃数字基础设施建设的进展与不足

（一）主要进展

近年来，甘肃省围绕高质量发展的要求，克服困难、积极创新，不断加大数字基础设施补短板的力度，通信等基础建设领域取得了较为显著的成绩，努力抢抓"新基建"的新机遇，为全面建成小康社会提供了有力支撑。电信宽带网络全面实现全光网络架构，实施宽带乡村工程，大幅提高行政村光纤宽带和4G网络覆盖率。5G基站建设加快，主城区和核心城区基本实现了5G网络的连续覆盖，金昌紫金云、酒泉浪潮云、庆阳华为云等大数据中心投入运营。值得注意的是，甘肃被列入国家"东数西算"的八大算力枢纽节点之一，庆阳数据中心集群被列入国家的十大集群之一（表7-4），这些都将为甘肃省经济的高质量发展注入新活力和新动能。

表7-4　中国"东数西算"的八大算力枢纽节点和十大数字集群

项目	内容
"东数西算"的八大算力枢纽节点	内蒙古枢纽、宁夏枢纽、甘肃枢纽、成渝枢纽、贵州枢纽、京津冀枢纽、长三角枢纽和粤港澳枢纽。
十大数字集群	张家口集群、长三角生态绿色一体化发展示范区集群、芜湖集群、韶关集群、天府集群、重庆集群、贵安集群、和林格尔集群、庆阳集群、中卫集群。

资料来源：根据国家发展改革委2022年1月发布的报告进行整理所得。

（二）存在不足

尽管甘肃省各地都在抢抓"新基建"的新机遇，但也存在布局分散、同质竞争以及与未来需求契合度不够等问题。通信基础设施的互联互通不畅，仍然存在"信息孤岛"等现象；与本地区经济社会发展结合不紧密，特色不明显；通信等"新基建"在技术、人才方面的制约明显，信息通信项目建设方面普遍存在选址难、进场难、审批难和电费高、场租高等"三难两高"问题；产业集群效应未显现、信息共享程度不够。与此同时，区域发展水平不均衡、各个领域不协调、各个地区不协同，这些问题有赖于全省层面予以统筹安排和协调推进。

五、前瞻布局并统筹推进甘肃数字基础设施的对策

（一）明晰面临的形势，确立发展思路和目标

新的发展阶段，站在新的历史起点。甘肃新型基础设施需紧紧围绕"三新一高"发展要求，立足自身资源禀赋的优势，积极破解发展难题。以数字基础设施为核心的新型基础设施建设成为新一轮内生性增长的新动能，信息技术正处在系统创新和智能引领的重大变革期，体系化重塑了数

字经济发展的新范式，网络安全新需求也催生出信息通信行业的新挑战。发挥数字基础设施的引领带动作用，全面支撑服务全省的现代化建设。

依据新型数字基础设施建设"高速、移动、安全、泛在"的思路，激发技术要素和数据要素价值，实施"上云用数赋智"行动，加强系统布局，全面推进5G、千兆光纤等通信网络建设，优化建设绿色智能算力基础设施，以新型数字基础设施建设夯实"数字政府"的新底座。未来三年到五年，建成全面覆盖城市和有条件乡镇的"双千兆"网络基础设施，5G网络全面覆盖城乡，新型数字基础设施迈上新台阶，工业互联网体系和移动物联网综合体系基本建成，智慧化生活、智能化生产、数字化治理应用全面推广，数字鸿沟有效弥合。对各类安全领域敏感事件智能化识别、实时预警、动态研判和应急处置能力巩固强化，网络信息安全和保障能力显著增强。

（二）支持引导行业积极创新，破解资金短缺问题

数字基础设施发展资金需求规模及投融资压力极大，这就需要引导行业创新思路，多点发力加快构建"政府主导、分级负责、多元筹资、风险可控"的资金保障机制，谋划设立甘肃"数字基础设施建设投资基金"，补齐重点项目资本金缺口，依托数字经济充分挖掘外溢效应，提高通信项目的经济效益和实施的可行性。推动数字基础设施融资平台市场化转型升级，支持将具有稳定现金流的政府性资产依法合规转化为企业经营性资产。

（三）加强省级层面的统筹协调，提高资源的利用效率

要加大全省层面的统筹规划，将有限的资源充分利用起来，握紧拳头，避免资源的重复、低效利用。前瞻性地布局数字基础设施"新基建"，适度超前，但也要考虑人口向发达地区流出的背景以及顺应省内人口向城市、县城等地区集聚的趋势，新基建的布局重在助力政务服务的便

利化、教育和医疗等民生的智慧化，以及产业发展的数字化。数字信息基础设施布局上要立足实际（与地方资源禀赋、配套要求等相符）、突出特色（新能源、碳减排和碳交易等）、扬长避短、避免雷同。全省层面统筹做好丝绸之路信息港以及金昌、庆阳、兰州新区等节点的建设。

（四）出台奖补政策，建立激励机制

针对5G网络建设进度缓慢等问题，全省需加强统筹，出台相应的奖补办法，加快推动5G技术应用落地，提高运营商建设5G网络的积极性。同时，针对农村偏远地区信息基础设施建设，出台相应政策，适当安排补助资金，降低运营商建设成本，解决农村偏远地区数字信息基础设施建设难题。

（五）针对突出问题，解决项目落地、人才引进等难题

加强大数据管理部门的协调，并进行职能整合，明确管理部门和权限，推进数字化的立法工作。针对各地在5G组网建设中的"三难两高"问题，可由省数据局组织梳理形成待解决问题清单，并由省政府办公厅向有关市（州）和省直部门发出抄告单督办解决，推动公共机构、场所、服务等重点领域加大公共资源的开放力度，发挥政府和运营商的合力作用。继续深入推动政府数据资源的共建共享力度，消除"数字壁垒"，在重点行业、关键领域通过基金引导、政策激励，加大场景应用的力度。将5G创新融合应用等外部性强的项目纳入省工业、医疗、交通等相关行业资金支持范围。针对5G、大数据、云计算、工业互联网等新型人才引进中面临的困难，省人社部门要将新型人才单列为人才引进目录的种类，同时加大省内高校培养与国内互联网等头部企业的合作办学，并探索部分业务第三方委托、引进大学生和培训在职人员等多途径的解决办法[1]。

参考文献

［1］陈润羊.统筹推进全省数字基础设施建设［N］.甘肃日报，2023-06-02（006）.

［2］蔡跃洲，牛新星.中国数字经济增加值规模测算及结构分析［J］.中国社会科学，2021（11）：4-30，204.

［3］许宪春，张美慧.中国数字经济规模测算研究——基于国际比较的视角［J］.中国工业经济，2020（5）：23-41.

［4］江小涓，靳景.中国数字经济发展的回顾与展望［J］.中共中央党校（国家行政学院）学报，2022（1）：69-77.

［5］戚聿东，沈天洋.党的十八大以来我国数字技术创新的成就、经验与展望［J］.学习与探索，2023（4）：76-87.

［6］戚聿东，张天硕.党的十八大以来我国数字经济发展的成就、经验与展望［J］.北京师范大学学报（社会科学版），2023（2）：14-24.

［7］李三希，武玙璠，李嘉琦.数字经济与中国式现代化：时代意义、机遇挑战与路径探索［J］.经济评论，2023（2）：3-14.

［8］任保平，何厚聪.数字经济赋能高质量发展：理论逻辑、路径选择与政策取向［J］.财经科学，2022（4）：61-75.

［9］任保平.数字经济引领高质量发展的逻辑、机制与路径［J］.西安财经大学学报，2020（2）：5-9.

［10］任保平，王子月.立足"中国数字经济奇迹"构建数字范式的经济学自主知识体系［J］.西安财经大学学报，2023（4）：3-11.

［11］杨虎涛，胡乐明.不确定性、信息生产与数字经济发展［J］.中国工业经济，2023（4）：24-41.

［12］裴长洪，倪江飞，李越.数字经济的政治经济学分析［J］.财贸经济，2018（9）：5-22.

［13］戚聿东，郝越.域观范式下中国数字经济发展战略与路径探索［J］.北京社会科学，2023（5）：95-105.

［14］蔡跃洲.数字经济的增加值及贡献度测算：历史沿革、理论基础与方法框架［J］.求是学刊，2018（5）：65-71.

［15］葛和平，吴福象.数字经济赋能经济高质量发展：理论机制与经验证据［J］.南京社会科学，2021（1）：24-33.

［16］王定祥，胡建，李伶俐，等.数字经济发展：逻辑解构与机制构建［J］.中国软科学，2023（4）：43-53.

［17］李三希，曹志刚，崔志伟，等.数字经济的博弈论基础性科学问题［J］.中国科学基金，2021（5）：782-800.

［18］王军，朱杰，罗茜.中国数字经济发展水平及演变测度［J］.数量经济技术经济研究，2021（7）：26-42.

［19］刘耀彬，胡伟辉，骆康，等.省会城市数字经济发展的影响——溢出还是虹吸［J］.科技进步与对策，2023，40（15）：53-63.

［20］梁琦，肖素萍，李梦欣.数字经济发展、空间外溢与区域创新质量提升——兼论市场化的门槛效应［J］.上海经济研究，2021（9）：44-56.

［21］陈晓东，杨晓霞.数字经济发展对产业结构升级的影响——基于灰关联熵与耗散结构理论的研究［J］.改革，2021（3）：26-39.

［22］姚常成，宋冬林.数字经济与产业空间布局重塑：均衡还是极化［J］.财贸经济，2023（6）：69-87.

［23］王小明，邵睿，朱莉芬.数字经济赋能制造业高质量发展探究［J］.改革，2023（3）：148-155.

［24］赵涛，张智，梁上坤.数字经济、创业活跃度与高质量发展——来自中国城市的经验证据［J］.管理世界，2020（10）：65-76.

［25］戚聿东，刘翠花，丁述磊.数字经济发展、就业结构优化与就业质量提升［J］.经济学动态，2020（11）：17-35.

［26］张勋，万广华，张佳佳，等.数字经济、普惠金融与包容性增长［J］.经济研究，2019（8）：71-86.

第八章 文化产业高质量发展的路径

　　内容提要：文化产业既是新时期挖掘新动能的着力领域，也是高质量发展的重要产业门类。国家提出了把文化产业发展为国民经济支柱性产业的目标，而大多后发地区都具有丰富的历史文化资源，因此，发展文化产业对其推进现代化具有重要的意义。在对我国文化产业发展概况和研究情况进行梳理的基础上，总结提炼了甘肃省文化产业发展呈现的特点和特色，应用SWOT工具，系统分析了甘肃文化产业高质量发展的优势、劣势、机会和威胁等因素，进而提出了甘肃高质量发展文化产业的基本路径：以"文化兴省、文化强省、产业富省"为导向，立足于丰富多样的文化资源，努力将文化资源优势转化为产业优势，形成对省外具有"甘肃特色化"和省内各地"差异化"的文化产业新格局，助推新旧动能转换，进而推动全省社会经济的高质量发展。

我国已经从高速增长迈入高质量发展的新阶段，这就要求，在发展的动力源泉上，更多地依靠创新性要素的投入、新型产业的培育和体制机制的变革，而高质量发展文化产业是实现上述动能转换的重要着力点。高质量发展文化产业具有多方面的重要意义，通过深挖文化资源优势并将其转化为经济优势，可以助推文化产业高质量发展；文化产业作为新兴产业，是新动能培育的着力点，通过产业的关联和带动效应，获得税收收入并创造新的就业岗位；发展文化产业，可以发挥教化功能，激发人民的创新创业精神；文化产业还可以塑造新时期的中国新形象，有利于讲好中国故事[1]。

一、问题的提出与研究深入

　　自2000年我国提出发展文化产业的战略以来，关于文化产业的政策体系不断完善。2009年7月，国务院制定《文化产业振兴规划》，标志着文化产业上升为国家战略性产业。《国民经济和社会发展第十二个五年规划》提出，要推动文化产业成为国民经济支柱性产业。然而到2015年，文化产业增加值占国内生产总值的比重也只有3.97%。《文化部"十三五"时期文化产业发展规划》进一步明确，到2020年，实现文化产业成为国民经济支柱性产业的战略目标，但实际上，文化及相关产业增加值占GDP的比重只达到了4.43%，未能达到当初的规划目标。党的二十大报告提出了建设社会主义文化强国的目标，并指出要繁荣发展文化事业和文化产业，深化文化体制改革。文化和旅游部2021年3月发布的《"十四五"文化产业发展规划》明确了"十四五"时期文化产业的总体要求、重点任务、保障措施，以推动文化产业高质量发展为主题，不断健全现代文化产业体系和市场体系。

在国家的重视和政策体系的不断推动下，我国的文化产业不断得到发展，对国民经济的贡献日益增大。如，我国文化及相关产业增加值占GDP的比重不断增加，从2004年只有2.13%，到2012年超过3%，再到2017年达到4.26%，2021年全国文化及相关产业增加值为52385亿元，比上年增长16.6%，占GDP的比重为4.56%。文化产业受到疫情的巨大冲击，2022年，我国规模以上文化及相关产业营业收入达到121805亿元，比上年增长0.9%，增速降到5年最低值[1]。但文化产业仍然有着乐观的前景，2023年规模以上文化企业实现营业收入129515亿元，比上年增长8.2%，其中，文化新业态特征较明显的16个行业小类实现营业收入52395亿元，比上年增长15.3%，文化产业发展态势呈现W形增长折线[2]（见图8-1）。这显现出文化产业巨大的弹性和潜力，后疫情时期，文化产业有望成为我国的支柱性产业。

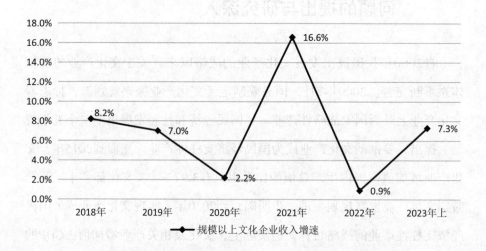

图8-1　2018—2023年我国规模以上文化企业收入增速变化趋势

①李尽沙.2022统计公报公布，数据内外如何展望文化产业发展［EB/OL］.（2023-03-02）［2023-08-06］.https://mp.weixin.qq.com/s/2AbxvAPcE9E1s77EdRxWLA.

②国家统计局.2023年全国规模以上文化及相关产业企业营业收入增长8.2%［EB/OL］.（2024-01-30）［2024-06-10］.http://www.stats.gov.cn/sj/zxfb/202401/t20240129_1946971.html.

按照规划，到2035年，我国将建成社会主义文化强国。在此背景下，许多省级地方政府，也都把文化产业作为支柱产业加以大力发展。2021年11月，甘肃省文化和旅游厅发布了《甘肃省"十四五"文化和旅游发展规划》，提出到2025年文化和旅游强省建设取得重大进展，文化旅游成为全省经济社会发展和综合竞争力的强大动力和重要支撑。

随着文化产业实践的需要，学术研究也在不断地跟进。文化产业可从三个层次进行构造：最高的层次是文化产业要致力于全球文明的宏观沟通与对话，来解决文化的沟通问题；中间层次的文化产业包括国家文化安全、文化输出与舆论管理；第三层次的文化产业是微观意义上的文化产业[2]，本文主要是从微观意义上来理解的（文化产业的代表性定义见表8-1）[3]。以文化产业为关键词，对中国知网上自建库到2023年7月12日所有CSSCI期刊进行检索发现，共有3028篇高水平的学术文章。自1998年首次出现文献后到2006年达到81篇，该领域的文献数量缓慢增加，在2007年出现小幅下降后，然后一直在快速增长，2012年达到顶峰的318篇，之后又一路下降，到2022年为83篇，2023年为37篇。1998—2023年，其中的2008年到2019年的12年间，每年的文献都超过了100篇（图8-2），说明文化产业方面的研究在这一时段受到更多的重视，但是近年来发表的文献数量有所减少。

表 8-1 关于文化产业的几种代表性的定义

来源	内涵
联合国教科文组织	按照工业标准生产、再生产、储存以及分配文化产品和服务的一系列活动
英国学者贾斯廷·奥康纳	以经营符号性商品为主的活动，其产生的商品具有文化价值和商业价值，是文化和经济之间的一种新型关系
美国国际知识产权联盟	强调文化的知识产权价值，所谓的版权产业，是以创造享有版权的作品为主要产品的产业

续表

来源	内涵
日本通产省报告	能够给人带来精神享受的"信息"和可以经营的"财产"
法国政府	可大量拷贝的传统文化事业中的产业
英国政府	通过获取和应用知识产权创造财富和就业的活动
中国国家统计局	为社会公众提供文化、娱乐产品和服务的活动，以及与这些活动有关联的活动的集合

资料来源：张艳.中国文化产业集群治理：基于典型案例的实证分析[M].北京：经济管理出版社，2017。

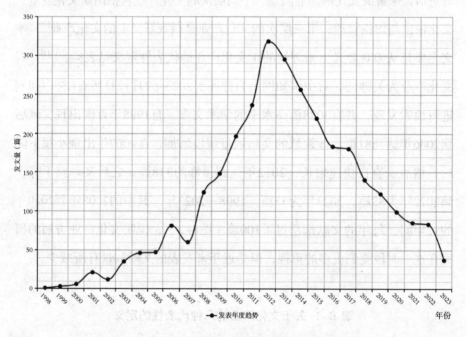

图8-2 1998—2023年文化产业研究文章发表情况

从反映学术研究热点的关键词的词频分析可知，该领域研究的主题主要集中在以下方面：文化资源、创意产业、文化建设、文化事业、竞争力、文化软实力、文化消费、旅游产业、创新、对策与发展、产业融合发展、非物质文化遗产等。

从内容分析的角度看，早期文献主要侧重以下几点：第一，关于文化产业竞争力和文化产业效率涉及的模型构建和实证分析，实证结果表示我国文化产业竞争力和投入产出效率受环境因素影响较大，呈两极分化态势，西部地区文化产业发展不如中东部地区[4]-[6]；第二，有的学者总结了文化产业的基本理论和运行规律以及国外尤其是西方的文化产业方面的理论研究和支持政策[7]-[9]，我国学界对文化产业的研究主要从其概念界定、产业结构、产业政策、产业演变、产业现状及其运行规律等方面入手剖析内在原理，为文化产业发展提供了理论依据；第三，中国非物质文化遗产的保护与开发研究，有学者认为应当充分发挥数字化技术在非物质文化遗产保护与传承中的重要作用[10]；第四，有的学者注意到了文化产业与旅游业产业的融合发展，文化产业和旅游业具有天然的耦合性[11]-[13]，两者融合是必然趋势，如翁刚民等通过实证检验得出中国旅游与文化产业发展不均衡，耦合程度偏低，西部地区应当把重心放在引进先进技术和人才，寻找创新点，打破"低—低"集聚僵局[11]。

较近的高水平期刊文献显示，文化产业领域研究的关键问题有以下几个方面：一是文化产业与金融等产业的融合，文化产业离不开金融支持，我国文化产业发展起步晚、基础薄弱，造成文化产业与金融资本融合不足，必须加快金融供给侧改革，补齐金融短板[14]；二是文化产业的产业集聚和空间集聚以及空间格局，发达国家的经验表明，文化产业集聚发展是将文化产业做强的有效途径。从我国文化产业的规模和效率来看，东部地区具有全面优势，中西部地区需要整体提升，而且文化产业集聚水平也呈东高西低的空间分布，呈现区域不平衡格局[15]-[18]；三是改革开放40年来我国文化产业发展的总结和回顾，改革开放为文化创新提供了良好的环境[19]，40年来，我国文化产业表现出总体规模扩大、增速较快、阶段性发展特征明显、市场主体大幅增加等特点[20]；四是文化产业的新模式和新业态以及数字经济对文化产业的影响研究，文化新业态以互联网为基础生产力，以"文化+科技"为主要呈现形式，数字技术的出现能显著提高文化产业的效率，尤其是5G技术与人工智能AI技术形成的技术群成为主导文化产业新业态创新的内在机理，疫情也促使文化产业向数字化转型升级，催生了"云端"新业态，数字经济在推动文化产业从低位态向高位态演进起了关键作用[21]-[28]；五是构建现代文化市场体系背景下的文化产业高质量发展，我国文化产业兼具经济与社会双重属性，在中国式现代化背景下，必须重点解决供需矛盾和价值失衡的问题，实现文化产业的供需平衡，创造高质量文化产品，推动文化产业实现高质量发展[29]-[31]。

尽管我国文化产业方面的研究已有一定的进展，研究的深度和广度不断拓展，但是不可讳言的是，目前的研究仍然存在视角有限、偏重发达地区等不足，如何高质量发展文化产业以及各个地区尤其是后发省域的地域路径等问题[32]-[40]，尚未见更多研究报道。针对上述不足，以甘肃省作为后发省域的典型代表，在总结提炼甘肃省文化产业特点和特色的基础上，全面深入分析甘肃省高质量发展文化产业的优势劣势和机会威胁等内部和外部的因素，进而提出甘肃省文化产业高质量发展的基本路径，以期推动后发省域社会经济的高质量发展。

二、甘肃省文化产业发展的特点和特色

作为文化资源大省和华夏文明传承创新区的甘肃，文化产业既是新时期甘肃挖掘新动能的着力领域之一，也是高质量发展的重要产业门类，还是甘肃省推动绿色发展的生态产业。因此，发展文化产业对甘肃省具有重要的意义。

（1）从"文化兴省、文化强省、产业富省"角度总体判断，甘肃文化资源丰富、文化类型多样，但文化资源优势尚未完全转化为经济优势，甘肃虽是文化资源大省，但距离文化产业强省的目标尚有较大距离。

"文化兴省、文化强省、产业富省"是甘肃省确立的文化产业总战略。甘肃具有丰富多样的文化资源：甘肃历史上处于农耕文化与游牧文化、中原文化与西部文化、华夏文化与外来文化的交汇地，历史悠久，文化底蕴深厚。地域特色最为鲜明的文化资源有：以敦煌莫高窟、天水麦积山石窟为代表的石窟文化；以"天下第一雄关"嘉峪关为代表的甘肃古长城；大地湾、辛店等各类古遗址历史悠久；大地湾等彩陶文化地域特色明显；出土青铜器文物类型众多，武威出土的铜奔马被确认为中国的旅游标志；民族民间民俗文化丰富多彩；红军长征会师等革命历史文化遍布全省。甘肃对文化资源的开发和利用日益重视，发展态势较好，但由于交通条件、管理和经营体制、高端专业人才等方面的限制，甘肃对文化资源和文化遗产的开发利用不够充分，文化资源优势没有完全转化为产业优势。

　　（2）就文化产业的经济贡献而言，文化产业对经济增长的贡献日益凸显，但产业链条短、产值占比低，文化产业的巨大能量尚未完全释放。

　　近十年来，甘肃省的文化产业发展迅猛，总体上来看，2020年与2011年相比，文化产业增加值增幅达到201.31%，呈现出高速增长态势，占全省GDP的比重从2011年的1.24%增加到2020年的2.1%，文化产业在GDP中的占比也呈现增长态势（见表8-2）。受疫情的冲击，文娱场所出入人数骤减，严重影响了文化产业的发展，2020年的文化产业增加值为186.9亿元，低于2019年的189.03亿元，降幅为1.13%，占GDP的比重也远远低于2018年的2.2%。《甘肃省"十四五"文化与旅游发展规划》提出的规划目标是：到2025年，文化和旅游强省建设取得重大进展，在2020年国内旅游2.13亿人次，总收入1455亿元的基础上，到2025年，实现人数突破5亿人次，总收入达到4000亿元的目标。2023年4月发布的《关于推动文化和旅游深度融合实现高质量发展的实施意见》中明确：力争到2028年甘肃省文化和旅游产业增加值占全省地区生产总值的6%、人均文旅消费达到1000元以上。

从发展基础和发展态势来看，甘肃省要在将来几年实现文化产业强省的目标，必须还要卜大力气，深度挖掘其潜力。

表8-2　2011—2020年甘肃省文化产业的基本概况

指标	2011年	2012年	2013年	2014年	2015年	2016年	2017年	2018年	2019年	2020年	2020年/2011年增幅(%)
文化产业增加值（亿元）	62.03	78.19	105.18	132.91	124.24	146.05	163.6	178.19	189.03	186.90	201.31
其中：法人单位增加值（亿元）	52.2	65.8	93.75	118.47	99.36	117.19	131.15	145.74	148.43	145.90	179.50
文化产业增加值占GDP的比重（%）	1.24	1.38	1.66	1.94	1.83	2.03	2.19	2.20	2.17	2.10	0.86（相差）
文化产业法人单位机构数（家）	3887	4730	8860	10088	11025	12135	12815	19414	15507	—	—
从业人员（万人）	9.65	11.43	17.93	18.99	20.25	22.77	24.69	13.39	13.23	13.10	35.75

资料来源：根据历年的《甘肃统计年鉴》汇总和计算所得，—为未获得相关数据。

（3）从文化产业的空间布局看，全省层面文化产业已经全面开花，产业多点布局，但文化产业集聚度不高、空间格局不均衡。

甘肃不同的区域，由于文化资源禀赋各不相同、经济发展水平和文化产业基础各有差异、对文化产业的谋划和认识也有所不同，目前文化产业的空间格局特点有：兰州、天水、敦煌等城市发展态势好，小城市尤其是乡村文化旅游潜力尚待开发；偏远少数民族地区的文化资源还需结合实际予以适度开发；甘肃省文化产业依托的文化多样性特征明显，但作为产业的经济集聚度不高、空间布局分散，难以充分地发挥规模效应和溢出效应。

（4）从文化产业的结构看，传统产业有一定竞争优势，发挥作用明显，但文化新产业、新业态、新模式以及文化产业与其他产业的融合尚处于培育和发展壮大阶段。

甘肃出版发行、印刷包装、民间民俗工艺美术、演艺、娱乐等传统文化产业具有一定优势，是目前文化产业增长的主要支撑，然而，以数字技术为依托的文化新业态、新产业、新模式，以及创意设计、数字内容等新兴文化产业发展尚在培育阶段；文化产业与旅游、科技、农业、体育等产业的融合度还不够深入，文化产业的"溢出"效应比较小，真正意义上的"大文化"产业格局还没有形成。

（5）从产业链和价值链的角度看，文化产业中端的产品和服务所占比例大，但更具创造价值的设计和营销的两端贡献低，在产业链和价值链中没有占据高端位置。

一直以来，甘肃文化产业主要以中端的文化资源开发、文化服务提供为主，前端的创意设计以及后端的高品质营销还远远不够，而这两端才是未来文化产业的主要增长点和价值创造点。因此，文化产业的全产业链的设计、构建和开发，就是新时期甘肃文化产业高质量发展的主要任务。

三、甘肃省文化产业高质量发展的影响因素分析

（一）外部机遇

1.服务业已经占据国民经济的半壁江山，有利于文化产业的发展

继2015年我国服务业占GDP的比重达到50.2%后，近年来，第三产业比重每年都持续处于50%以上，2022年我国第三产业占GDP的比重为52.8%。

2022年，甘肃省三次产业结构比为13.5：35.2：51.3。这是转变经济发展方式、调整优化产业结构的依据，向服务经济转型是中国经济长期平稳较快发展的战略方向。文化产业植根于服务经济的多领域，是服务经济重要的支撑平台。

2.我国和甘肃人均收入水平提高引致的消费升级，将对文化产业形成巨大的消费需求

2021—2023年，我国人均GDP连续3年超过1.2万美元，已迈入中等偏上收入国家行列。尽管甘肃人均收入在全国处于低位，但从年度的演变看，还是在不断增长的。文化产业的消费与收入密切相关，从国内市场的角度看，我国和甘肃现有与未来人均收入水平的提高，将对高品质文化产品和精神性的文化产业产生更大的需求。

3."一带一路"建设带来文化产业"走出去"和"引进来"的机遇

共建"一带一路"倡议已经提出10年，位于丝绸之路经济带黄金段上的甘肃，具有文化、通道、技术、信息、生态等优势，甘肃对接"一带一路"倡议已经初见成效，随着国际货运班列实现常态化运行、敦煌文博会的持续推进、经济和文化的对外交流和合作的深入开展，这将为文化产业的深度合作、文化产品和服务的海外推销、国际领先文化企业和人才的引进等提供巨大的机遇。

（二）外部挑战

1.周边省区的激烈竞争

四川、陕西等省份，也都纷纷提出了文化产业作为支柱产业以及建设文化强省的战略目标。如四川省，2020年，四川省实现文化产业增加值2037亿元，占GDP的比重为4.2%，2项指标都居于甘肃及周边7个省份的首位。四川省的规划目标是，到2025年，文化及相关产业增加值占GDP的比

重超过5%，成为支柱性产业，基本建成文化强省①。陕西省规划，到2025年，文化产业增加值占地区生产总值的比重从2020年的2.67%达到3.5%以上，到2025年，全省旅游总收入突破1万亿元，旅游总人次达到9亿人次，形成文化旅游万亿级产业板块②。2020年，甘肃省文化产业增加值与周边6个省份比较发现，甘肃位列四川、陕西、内蒙古、新疆之后，文化产业增加值占GDP的比重在7个省份中位列第5名（见表8-3）。由此可见，在周边省份激烈竞争的态势下，甘肃省如何积极参与文化市场的竞争，进而充分发挥优势、规避劣势，寻求突破口，成为甘肃文化产业的重要命题。

表8-3　甘肃及周边省份文化产业基地、增加值及占GDP比重

	2015年		2020年	
	国家文化产业基地（家）	文化创意产业园区（家）	增加值（亿元）	占GDP比重（%）
甘肃	8	19	187	2.08
内蒙古	7	39	375	2.18
宁夏	6	12	103	2.61
四川	15	64	2037	4.20
青海	9	11	51	1.71
陕西	11	44	694	2.67
新疆	6	13	239	1.73

资料来源：2015年来自高乐华《中国文化产业经济前沿问题研究》（经济管理出版社，2017：122-123）；2020年数据来自《中国文化及相关产业统计年鉴（2022）》。

---

①四川省人民政府.四川省"十四五"文化发展和改革规划［EB/OL］.（2022-07-29）［2023-08-06］.https://www.sc.gov.cn/10462/zfwjts/2023/1/14/c3cbe323f2d14a94a5f314e5ba829632.shtml.

②陕西日报.《陕西省"十四五"文化和旅游发展规划》印发［EB/OL］.（2021-08-28）［2023-08-06］.http://www.shaanxi.gov.cn/xw/sxyw/202108/t20210828_2188645_wap.html.

2.相关产业的融合不够

当经济发展阶段和水平迈向一定阶段后，文化产业才有发展的基础和空间。虽然文化产业的市场范围不限于本地、本区域市场和消费者，但是目前甘肃省的经济发展水平相对滞后，支撑文化产业的基础设施、公共服务等还不够完善，加之与文化产业密切相关的旅游业、健康养老业等发展规模有限，吸引外地高消费客源的能力不足，这些因素，都限制了甘肃省文化产业的进一步发展。

（三）内部优势

1.文化资源丰富

甘肃已经拥有"三区"的文化资源：一是以始祖文化为核心的陇东南文化历史区；二是以黄河文化为核心的兰州都市圈文化产业区；三是以敦煌文化为核心的河西走廊文化生态区（见表8-4所示）。这些文化资源各有特点，在依据"三区"文化资源优势特点、文化内核的基础上，进而寻求文化产业差异化的发展方向。

2.政策支持体系不断完善

甘肃已经出台了《甘肃省"十四五"文化和旅游发展规划》《甘肃"十四五"智慧文旅发展规划》《甘肃省级文化生态保护区管理办法》《关于推动文化和旅游深度融合实现高质量发展的实施意见》《关于推进文化甘肃建设的实施意见》等相关政策性文件，也对全省文化产业的发展目标、具体举措、组织实施、支持政策等都做出了全面部署。这一系列有关文化产业的政策体系，将为文化产业的高质量发展提供保障。

表8-4 甘肃省"三区"文化资源的归类总结

类别	地理分布	优势特点	文化内核	发展方向
陇东南文化历史区	天水、平凉、庆阳、陇南	自然生态良好、文化形态多样、历史文化沉积深厚	始祖文化、大地湾文化、先秦文化、道教文化、农耕和民俗文化、红色文化等	突出绿色发展,注重保护文化风貌、文化特色和自然生态,通过创意转化、科技提升和市场运作,探索发展特色民间民俗工艺美术、民族特色演艺、特色文化旅游、特色节庆、中医药养生保健等文化业态
兰州都市圈文化产业区	兰州、白银、定西、临夏、甘南	拥有科技、人才、交通、制造、市场、资金和民族文化等众多资源优势	黄河文化、彩陶文化、民族文化、宗教文化等	突出现代都市优势和特色,着力推动文化与科技、金融、制造、创意设计服务的深度融合,在改造提升传统文化业态的同时,加快发展知识密集型文化业态,打造高层次文化产业圈
河西走廊文化生态区	嘉峪关、酒泉、张掖、武威、金昌	历史文化遗存丰富、世界遗产密集、民族文化形态多样、自然风貌独特	敦煌文化、长城文化、丝绸之路文化、石窟文化、简牍文化、五凉文化、西夏文化、边塞军旅文化以及现代工业和科技文化等	突出开放发展,围绕"丝路经济带"建设,依托敦煌国际文博会等重大文化节会,大力开展国际性文化会展活动。突出融合发展,打造集戈壁、沙漠、绿洲、丹霞、民族风情、历史文化于一体的西部特色文化旅游区,加大旅游文化产品开发,培育文化旅游产业

资料来源:根据相关资料归纳整理。

3.文化集市建设日益发展壮大,文化产业发展势头良好

目前,全省14个市(州)都已经成立了文化集市分公司,并形成了"总公司+分公司+文化集市+基地"的文化集市运营体系和"农户+协会+基地+公司+专业村"的生产加工体系[41]。2017年,全省已建成文化集市固定经营点150家，文化集市生产基地160家，固定经营点实现销售收入8.1亿元、利润2.6亿元，生产基地实现销售收入8.3亿元、利润2.3亿元①。

甘肃省14个市（州）的文化事业发展喜人，2021年，14个市（州）中有8个市的文化事业机构数相较2017年有所减少，有6个市（州）处于增加状态，增加幅度较大的为兰州市、嘉峪关市，文化部门事业单位数中有5个市（州）增加、8个减少、1个与上年持平（见表8-5）。由于各市（州）存在经济差异以及2018—2020年3年的机构改革，导致文化事业也存在差异，部分市（州）的文化事业机构单位有所减少。文化事业人员数除庆阳市呈大幅度减少状态外，增长幅度较大的为张掖市、兰州市、天水市，这一情况表明甘肃省各市（州）不断加强对文化产业的投入力度，为其发展提供有力的人才支持和组织保障。甘肃读者出版集团的影响全国知名，兰州文化产业园发展势头迅速，拥有《丝路花雨》和《大梦敦煌》等文化精品，丝绸之路（敦煌）国际博览会已形成初步的品牌效应，这些都为文化产业的高质量发展奠定了基础。

表8-5 2017年、2021年甘肃省14个市（州）文化事业的基本情况

	文化事业机构数（个）		文化事业人员数（人）		文化部门事业单位数（个）	
	2017年	2021年	2017年	2021年	2017年	2021年
兰州市	687	1331	5904	12130	174	192
嘉峪关市	95	135	820	905	17	20
金昌市	161	128	784	1587	41	40

①张文静，张小林.甘肃13万余农户搭上文化集市"快车"增收致富［EB/OL］.（2018-01-17）［2023-08-06］.https://baijiahao.baidu.com/s?id=1589803387430796423&wfr=spider&for=pc.

	文化事业机构数（个）		文化事业人员数（人）		文化部门事业单位数（个）	
	2017年	2021年	2017年	2021年	2017年	2021年
白银市	538	441	4029	4073	119	121
天水市	446	468	3628	7401	203	194
武威市	379	305	2903	2945	143	141
张掖市	418	515	2771	6256	129	137
平凉市	413	421	2756	5174	183	176
酒泉市	558	683	3198	5547	175	161
庆阳市	571	420	6344	4350	198	193
定西市	548	505	4329	5276	181	185
陇南市	640	562	3925	4152	274	274
临夏州	472	468	2782	3416	199	193
甘南州	329	298	2241	2799	157	155

资料来源：根据《2022甘肃发展年鉴》整理所得。

（四）内部劣势

1.现代文化产业体系和市场体系不够健全

甘肃目前的文化产业份额和类型中，资源型、劳动密集型等产业的比重大，而复合型、民营和外资型、外向型、高科技型等产业份额偏小，文化创意、数字内容、动漫游戏等新兴文化产业的发展还没形成气候，以智能化、信息化等为标志，嵌入"互联网+"的文化新业态、新模式等的发展还不尽如人意。中国优势文化公司、跨国文化公司对甘肃文化产业的介入、运营和推广等工作，还比较滞后，无法全面、深入对接国际和国内高端的文化旅游等市场。甘肃目前的文化经纪代理、投资、拍卖等中介服务机构以及面向文化产业的保险、担保业务等开展情况还不够理想。支撑文化产业发展的大市场体系还不够健全。

2.生产经营机制不够灵活

文化产业的生产经营不同于其他产业，因此，对文化产业的生产经营体制要求更加灵活、更加富有弹性。目前，甘肃的文化事业单位改革涉及人事、收入分配和社会保障等问题；改制的国有文化企业公司股份制改造步伐缓慢，以市场化为导向的资产组织形式和经营管理形式还需继续变革；民营企业和外资企业参股文化产业方面，还需加大步伐。

3.居民文化娱乐消费支出增长快，但水平低、城乡差距大

甘肃省居民人均文化娱乐消费支出由2013年的305元增长到2017年的520元，增幅达70.49%。受疫情的影响，大部分省份的文娱消费支出都大幅降低，甘肃省也不例外，2021年下降到了404元。和全国相比，甘肃省2021年居民人均消费支出相当于全国平均水平的72.43%，文娱消费支出更低，只有62.54%（见表8-6）。计算得出，2017年、2021年甘肃省城乡居民人均消费比分别为2.6∶1和2.3∶1，这两年的城乡居民文娱消费支出比分别为7.3∶1和4.4∶1；同时，2021年全国城乡人均消费支出比为1.9∶1，城乡文娱消费支出比为3.3∶1。由此可见，甘肃省文化娱乐消费支出水平低，城乡差距虽然有所减小，但与全国平均水平相比，城乡居民文化娱乐支出差距更大，城乡居民文娱消费水平更低。

表8-6 2017年、2021年甘肃与周边省份、全国人均
文化娱乐消费支出的比较

	全体居民（元）				城镇居民（元）				农村居民（元）			
	人均消费支出		#文化娱乐		人均消费支出		#文化娱乐		人均消费支出		#文化娱乐	
	2017年	2021年	2017年	2021年	2017年	2021年	2017年	2021年	2017年	2021年	2017年	2021年
甘肃	13120	17456	520	404	20659	25757	1071	722	8030	11206	147	164
内蒙古	18946	22658	925	609	23638	27194	1365	819	12184	15691	291	286
宁夏	15350	20024	644	465	20219	25386	1019	726	9982	13536	230	149
四川	16180	21518	716	500	21991	26971	1297	745	11397	16444	238	272
青海	15503	19020	675	426	21473	24513	1235	638	9903	13300	150	205
陕西	14900	19347	670	451	20388	24784	1134	672	9306	13158	197	200
新疆	15087	18961	487	392	22797	25724	921	657	8713	12821	127	151
全国	18322	24100	850	646	24445	30307	1339	923	10955	15916	261	281
甘肃/全国（%）	71.61	72.43	61.18	62.54	84.51	84.99	79.99	78.22	73.30	70.41	56.32	58.36

资料来源：根据《中国文化及相关产业统计年鉴（2018）》《中国文化及相关产业统计年鉴（2022）》整理计算。

4.文化产业已有一定的企业和从业人员规模，但文化产业的效率不高

2021年，甘肃省文化及相关产业企业单位数、产业年末从业人员数和产业资产总量相比2017年均有减少，降幅分别为41.6%、28.2%、32.3%，从全国来看，除从业人员数减少外，其他2个指标均在增加。2021年，这3个指标占全国的比重分别为0.28%、0.25%、0.19%，与2017年相比，比重都在下降（见表8-7）。2021年，甘肃省文化产业营业收入占全国的0.10%，在7个省份中和内蒙古并列第4位，与2017年相比，占全国的比例降低了0.03个百分点。然而，人均营业收入呈增长趋势。2021年，甘肃省从业人员人均营业收入为62.57万元/人，比2017年增加17.69万元/人，增幅

为39.42%，全国2017—2021年间该指标增幅为36.29%，甘肃高于全国3.13个百分点。这个指标相当于全国平均水平的41.21%，比2017年增加0.93个百分点（见表8-8）。由此反映出，甘肃省文化产业已有一定的企业和从业人员规模，但效率相较全国平均水平不高，文化产业尚有较大的发展潜力。

表8-7 2017年、2021年甘肃与周边省份、全国规模以上文化及相关产业企业基本情况的比较

| 地区 | 企业单位数 | | | | 年末从业人员 | | | | 资产总计 | | | |
| | 总数（个） | | 占全国（%） | | 总数（人） | | 占全国（%） | | 总数（万元） | | 占全国（%） | |
	2017年	2021年	2017年	2021年	2017年	2021年	2017年	2021年	2017年	2021年	2017年	2021年
甘肃	322	188	0.53	0.28	28062	20137	0.32	0.25	4843863	3278020	0.41	0.19
内蒙古	256	166	0.42	0.24	17759	16945	0.20	0.21	4512845	3827820	0.38	0.22
宁夏	108	74	0.18	0.11	12491	10278	0.14	0.13	1594101	1509235	0.13	0.09
四川	1782	2431	2.96	3.56	263033	312797	2.98	3.87	40438100	67761614	3.40	3.95
青海	48	50	0.08	0.07	10791	5303	0.12	0.07	1317696	1228003	0.11	0.07
陕西	1199	1665	1.99	2.44	108460	121987	1.23	1.51	14628397	29623113	1.23	1.73
新疆	218	259	0.36	0.38	15548	17024	0.18	0.21	2954701	6018835	0.25	0.35
全国	60251	68358	100.00	100.00	8814391	8077173	100.00	100.00	1188881823	1714142702	100.00	100.00

资料来源：根据《中国文化及相关产业统计年鉴（2018）》《中国文化及相关产业统计年鉴（2022）》整理计算。

表8-8　2017年、2021年甘肃与周边省份、全国规模以上文化及相关产业企业营收和效率的比较

地区	营业收入				营业收入/从业人员（万元/人）		人均营业收入相当于全国（%）	
	总数（万元）		占全国（%）		2017年	2021年	2017年	2021年
	2017年	2021年	2017年	2021年				
甘肃	1259420	1259946	0.13	0.10	44.88	62.57	40.28	41.21
内蒙古	988309	1263851	0.10	0.10	55.65	74.59	49.95	49.12
宁夏	558047	614843	0.06	0.05	44.68	59.82	40.10	39.40
四川	29262637	47871971	2.98	3.90	111.25	153.04	99.86	100.80
青海	1187302	190620	0.12	0.02	110.03	35.95	98.76	23.68
陕西	8046196	12098014	0.82	0.99	74.19	99.17	66.59	65.31
新疆	1990174	2324121	0.20	0.19	128.00	136.52	114.90	89.91
全国	981988169	1226420843	100.00	100.00	111.41	151.84	100.00	100.00

资料来源：根据《中国文化及相关产业统计年鉴（2018）》《中国文化及相关产业统计年鉴（2022）》整理计算。

四、甘肃省文化产业高质量发展的路径选择

（一）依据文化资源优势，确立文化产业高质量发展的功能定位

一是聚焦三大目标，突出特色化和差异化。甘肃省文化产业发展，要以"文化兴省、文化强省、产业富省"为导向，立足于深挖丰富多样的文化资源潜力，努力将文化资源优势转化为产业优势，实现"文化产业成为甘肃国民经济支柱性产业，使甘肃成为全国独具特色的文化产业基地、西部现代文化创新的新高地"的目标；提高"交响丝路·如意甘肃"的品

牌知名度和影响力；以文化产业的集群发展为主线，通过文化与旅游、科技、体育、农业、中医药养生保健等的融合，形成具有甘肃特色化、品牌化的融合型文化产业体系；通过全省文化资源的优化组合，发挥文化产业集团的龙头作用，从而形成对省外具有"甘肃特色化"和省内各地"差异化"的文化产业新格局；更加注重文化产业的设计、研发和高品质营销的功能价值，推动文化产业向更高价值链和产业链攀升；通过借助"一带一路"倡议的东风，面向海外并开拓国内文化产品和服务市场。

二是界定好政府和市场发挥作用的边界，政府要为文化产业企业做好全方位服务。各级政府在建设公共文化产业发展的平台和完善基础设施、改善营商环境上不缺位，在市场发挥决定性作用和企业自主决策上不越位。政府通过项目建设、资金投入、规划实施等方式，促进基本公共文化服务标准化、均等化，进而实现全省城乡和区域公共文化设施标准化，公共文化服务项目均等化。保护创意产业的产权，严厉打击侵权、盗版等不法行为，激发企业家精神。通过丝绸之路（敦煌）国际文化博览会、丝绸之路国际旅游节等平台，搭建文化企业与其他企业合作的舞台。着力公平竞争的营商环境的建设，为文化产业的高质量发展营造良好的法治环境。

三是正确处理好文化的意识形态属性与产业属性的关系。针对文化产业的双重属性，在文化的意识形态上要牢牢把握主动权，突出文化的社会价值和社会效益；在文化产业的产业属性上要注重挖掘市场价值，注重经济效率。

（二）激发市场微观主体的活力，推动文化产业的集聚发展

一是发挥文化产业集团的龙头作用，做大做强"大文化"产业。以文化产业集团为龙头，广泛招商、细致筛选合作伙伴，缜密实施资产资本化、资本证券化、证券货币化、货币再资产化的良性循环发展路子。各级别所有产业主体以文化产业延伸脉络为方向，凝练切入服务经济的各类项

目，以项目合作为抓手，寻求快速发展壮大的路径、方式方法。招商引资项目的前期凝练要有国际化的视角，要有绑定知名大集团的定力和说服力，要加速培养并形成与各类文化产业集团CEO交往谈判的经验、技巧和实力。

二是通过文化产业的园区化、基地化和融合化，形成文化产业集群。更好发挥读者出版集团等龙头文化企业的带动作用，以兰州创意文化产业园等国家级和省级文化产业示范园区为载体，大力建设文化产业示范园区和基地，促进文化产业区域布局的相对平衡，提高文化产业集聚度。政府前期做好基础设施和公共服务的配套建设，园区改善服务和管理方式，引导各类文化型企业入驻。通过地块更新等方式，鼓励利用废旧厂房、老街等地开办文化产业园区，提高土地的集约利用率。

（三）深入挖掘文化市场的潜力，推动文化产业的融合发展

一是开放和吸引外资和民资，创新文化产业经营机制，激活文化产业市场。基于市场化导向，在不涉及意识形态的领域，吸引跨国公司、发达地区的文化公司，深度介入甘肃文化产业体系的开发中来，通过PPP（政府和社会资本合作模式）等方式，吸引社会资本进行文化产业的投资和运营，甘肃本地的国有企业、民营企业也通过市场化的原则进行公平竞争，进一步激活甘肃的文化产业市场活力，借用先进的外部理念、思想和运作模式，推销、营销好具有甘肃特色的文化资源。

二是注重数字技术的应用，培育数字创意等新产业、新业态和新模式。注重文化产业与旅游业、健康养老、金融、科技、体育等产业的深度融合，寻求乡村产业振兴和文化振兴的连接点，继续深入挖掘乡村旅游的潜力，助力乡村振兴和农民致富。积极应用"互联网+"的思维，把"文化产业+"涉及的产业延伸、补链、强链等工作做好做实，在积极发展已有的出版发行、印刷和民间民俗工艺品加工等优势产业的基础上，通过文

化创意、动漫游戏等新兴产业的培育，不断壮大新动能。

（四）加大文化产业的金融支持，探索文化产业链金融

一是不断完善金融支持体系。主要包括：信贷机制（间接融资）、上市融资、发展基金、互联网金融融资手段、文化产权交易所、私募股权融资等支持体系。通过建立担保机制，加大信贷，鼓励更多的创业资金投向文化产业，鼓励更多甘肃本地化的文化企业在创业板上市，进行市场融资，改善股权结构和公司治理形态。通过金融产品创新，银行等金融机构应针对文化产业的资产特征设计合宜的信贷产品，鼓励发展文化产权交易所模式、文化众筹等互联网金融模式。积极推进无形资产评估体系、文化企业信用体系建设，从而为文化企业的间接融资提供良好的信息中介服务[①]。依靠大数据、云计算等现代信息技术，做好文化企业尤其是小微民营企业的风险定价和风险控制，进而为文化企业互联网金融的发展奠定基础。

二是重点探索文化金融综合服务。作为综合性金融服务，典型的就是筹投贷模式，即先设计项目众筹，接着引入VC（风险投资）和PE（私募股权投资），最后是银行贷款的介入。同时，在互联网金融时代，传统产业链金融的边界进一步得到拓展，不仅可着眼于核心文化企业与上下游企业之间的信用关系，还可着眼于产业链上各类企业之间的金融资源互换和共享[42]。

（五）重视发挥智库作用，做好文化产业的科学评估

一是依托智库，研究重大的问题，为相关决策提供科学依据。以文化产业发展存在的问题为导向，根据任务轻重缓急，统筹协调邀请国家文

---

① 王曙光，张慧琳.加大文化产业的金融支持力度［EB/OL］.（2018-06-09）［2023-08-06］.http://www.sohu.com/a/234744266_488777.

化产业领域各类专家；世界500强、中国100强文化企业各类专家；联合省内外相关机构、有关大学，尽快形成文化产业战略合作联盟。以服务文化产业为主要奋斗目标和任务；以牵线搭桥、专网、专人、专号长期跟踪对接为主要服务形式，以获取"教练式指导""贴心式帮助"，为快速做大做强文化产业创造一切条件。省级文化产业智库与各集团智库之间的关系是大局统一、项目分责；各集团之间的关系是相互支持"以利商约"。统筹推进省级文化产业智库与各企业智库协调发展，形成定位明晰、特色鲜明、规模适度、布局合理的文化产业智库体系，重点建设一批具有行业特点的专业智库，形成科学有效、充满活力的智库管理体制和运行机制。

二是做好各类支持政策、规划和行动计划的第三方评估，监测、诊断政策实施效果。各项已经出台的文化产业政策，除了有政策制定初衷的正面效应外，也有当初难以预测以及在执行中遇到的新问题。这就需要适时委托专业的第三方机构，进行科学、专业和客观的政策实施绩效评估工作，以便诊断政策执行的进程和效果，及时反馈给相关部门，以便不断纠偏导正，并把评估结果作为市县政府工作考核的重要内容。通过政策评估，继续完善后续的各类规划和行动计划，以此导入文化产业支持政策的科学咨询和论证制度。推动各项已经出台的文化产业政策真正落地生根、发挥作用、产生效应[1]。

总之，新时期甘肃省文化产业高质量发展既面临着难得的战略机遇，也存在着巨大的挑战，如何化危为机，取决于文化产业的战略谋划和具体的落地执行。这就需要，立足省情特点和文化资源的禀赋，积极对接外部需求，在差异化、品牌化、个性化的原则下，激发市场主体的活力，在不断满足人民对文化产品和服务需求的过程中，积极壮大文化产业的规模，提高文化产业的效率，进而助推全省经济社会的高质量发展。

参考文献

[1] 陈润羊.甘肃省文化产业高质量发展的路径研究[J].开发研究，2019（3）：153–160.

[2] 黄桂田，王曙光.文化与产业：中国文化与产业变迁的因应之道[M].北京：北京大学出版社，2017：15–16.

[3] 张艳.中国文化产业集群治理：基于典型案例的实证分析[M].北京：经济管理出版社，2017：8.

[4] 赵彦云，余毅，马文涛.中国文化产业竞争力评价和分析[J].中国人民大学学报，2006（4）：72–82.

[5] 王家庭，张容.基于三阶段DEA模型的中国31省市文化产业效率研究[J].中国软科学，2009（9）：75–82.

[6] 蒋萍，王勇.全口径中国文化产业投入产出效率研究——基于三阶段DEA模型和超效率DEA模型的分析[J].数量经济技术经济研究，2011，28（12）：69–81.

[7] 张曾芳，张龙平.论文化产业及其运作规律[J].中国社会科学，2002（2）：98–106，207.

[8] 苑捷.当代西方文化产业理论研究概述[J].马克思主义与现实，2004（1）：98–105.

[9] 安宇，田广增，沈山.国外文化产业：概念界定与产业政策[J].世界经济与政治论坛，2004（6）：6–9.

[10] 黄永林，谈国新.中国非物质文化遗产数字化保护与开发研究[J].华中师范大学学报（人文社会科学版），2012，51（2）：49–55.

[11] 翁钢民，李凌雁.中国旅游与文化产业融合发展的耦合协调度及空间相关分析[J].经济地理，2016，36（1）：178–185.

[12] 程晓丽，祝亚雯.安徽省旅游产业与文化产业融合发展研究

［J］.经济地理，2012，32（9）：161-165.

［13］张海燕，王忠云.旅游产业与文化产业融合发展研究［J］.资源开发与市场，2010，26（4）：322-326.

［14］徐鹏程.文化产业与金融供给侧改革［J］.管理世界，2016（8）：16-22.

［15］魏和清，李颖.中国省域文化产业集聚的空间特征及影响因素分析［J］.统计与决策，2021，37（16）：66-70.

［16］陈红霞，吴姝雅.文化创意产业的空间集聚特征及其区际差异比较——基于地级市的实证研究［J］.城市发展研究，2018，25（7）：25-33.

［17］渠爱雪，孟召宜，杜霖，等.中国城市动画产业时空格局及其成因研究［J］.地理科学，2018，38（12）：1961-1969.

［18］戴俊骋，孙东琪，张欣亮.中国区域文化产业发展空间格局［J］.经济地理，2018，38（9）：122-129.

［19］李文军，李巧明.改革开放40年我国文化产业发展历程及其取向［J］.改革，2018（12）：54-64.

［20］范周，杨矞.改革开放四十年中国文化产业发展历程与成就［J］.山东大学学报（哲学社会科学版），2018（4）：30-43.

［21］邓向阳，荆亚萍.中国文化产业新业态创新模式及其发展策略［J］.中国出版，2015（16）：78-81.

［22］解学芳，陈思函.5G+AI技术群驱动的文化产业新业态创新及其机理研究［J］.东南学术，2021（4）：146-157，248.

［23］王林生."十四五"时期文化新业态发展的战略语境、历史机遇与行动路线［J］.行政管理改革，2021（8）：48-56.

［24］朱静雯，姚俊羽.后疫情时代数字文化产业新业态探析［J］.出版广角，2021（3）：16-20.

［25］周佰成，阴庆书.数字技术对我国文化产业效率的影响研究

［J］.山西大学学报（哲学社会科学版），2023，46（2）：120-130.

［26］李雨辰，李妍.文化产业数字化的关键问题［J］.人民论坛，2022（24）：88-90.

［27］秦开凤，张陈一轩.新发展格局下数字文化消费的内涵、潜力与发展路径［J］.东岳论丛，2022，43（12）：17-26.

［28］陈知然，庞亚君，周雪，等.数字赋能文化产业的发展趋势与策略选择［J］.宏观经济管理，2022（10）：70-76，90.

［29］向晓梅，胡晓珍，吴伟萍.我国文化产业高质量发展的理论逻辑与政策取向［J］.广东社会科学，2023（3）：15-23.

［30］黄永林，傅明.中国式现代化背景下文化产业供需双向升级和高质量发展［J］.福建论坛（人文社会科学版），2023（6）：31-43.

［31］刘建华.现代文化市场体系的六大核心问题［J］.学术探索，2023（6）：99-108.

［32］马英娟.文化创意产业支持西部欠发达地区经济转型的路径研究——以兰州为例［J］.兰州学刊，2019（3）：102-111.

［33］石蓉蓉.西北民族地区的新型文化业态与培育——以甘肃少数民族地区为例［J］.甘肃社会科学，2017（4）：203-208.

［34］夏红民.以改革创新精神推进现代服务业发展——甘肃推进文化、旅游、体育、健康产业融合发展初探［J］.甘肃行政学院学报，2017（2）：92-98.

［35］周静茹.甘肃特色文化与文化强省建设的关联性研究［J］.甘肃行政学院学报，2017（1）：97-106，128.

［36］王凤云，牛盼强.甘肃数字内容产业发展政策研究［J］.甘肃社会科学，2013（5）：104-108.

［37］黄晓梅，许华，黄新明.甘肃省特色文化产业驱动新型城镇化发展模式刍议［J］.甘肃理论学刊，2015（6）：152-156.

［38］张永霞.增强历史主动 建设文化强省 为铸就社会主义文化新辉煌贡献甘肃力量［J］.党建，2023（1）：12-15.

［39］孙毅，李守民.文化旅游隐喻的话语功能——以文化旅游宣传片《如意甘肃》为例［J］.外语研究，2022，39（3）：15-21.

［40］王兴泉.甘肃文化产业高质量发展的战略使命与产业内涵［J］.兰州学刊，2020（12）：149-161.

［41］王俊莲，周小华.甘肃文化发展分析与预测（2017）［M］.北京：社会科学文献出版社，2017：4.

［42］杨涛，金巍.中国文化金融发展报告［M］.北京：社会科学文献出版社，2017：39-40.

第九章
培育核产业链为新增长点

内容提要：围绕核技术的动力和非动力应用而形成的核产业链，对于保障能源安全、实现"碳达峰碳中和"目标和经济结构转型升级都具有重要作用。作为技术和资金密集型产业的现代核产业，是部分具有基础的后发地区实现赶超和高质量发展的切入点和突破口。甘肃省在培育核产业链方面有着一定潜在比较优势，但仍存在许多制约因素，这就需要：一是以全"核产业链"构建为目标，以建设全国"三基地一中心"为定位，确立错位竞争和差异化比较优势发挥的发展路径；二是着力解决突出问题，实施支持核产业发展的倾斜化产业政策和人才政策；三是推进两大项目建设，深化地企合作，推广实施核能低温供热堆项目，围绕重离子治癌项目延伸产业链，推动全省民用非动力核技术产业发展。

面向区域现代化，后疫情时期后发省域经济发展需要寻求新的增长点，这就需要立足本身的资源禀赋，积极培育和发展一些本地具有优势的特色产业。发展核产业是我国战略性新兴产业中新能源产业的重要构成部分，现代核产业具有投资规模大、产业链条长、辐射带动作用强、经济和社会效益显著等特点，是培育新的经济增长点、促进经济结构优化升级的重要领域，同时也是实现可持续发展的科学选择。一些具有核产业基础的后发省域，可将核产业培育为省域经济的支柱产业，进而夯实后发省域高质量发展的产业基础，并推动国家的区域协调发展。

一、核产业研究现状与未来展望

核产业是我国战略性新兴产业中新能源产业的重要构成部分，随着核技术在能源和非动力领域的广泛深入应用，核产业的研究引起了各界的广泛关注和探讨。通过综述和梳理国内外核产业的研究现状、分析目前核产业研究的不足、提出未来研究的发展趋势，推进核产业的深入系统研究，从而为日益蓬勃发展的核产业实践提供指导。

（一）国内外核产业研究概述

目前国外对于核产业的研究主要集中在核电产业的竞争力、核电产业的发展战略、核产业可持续性的评估及其影响因素、发展中国家核产业尤其核技术的本地化和核技术在非动力领域的应用五个方面，主要体现在核电产业相关问题和影响核电发展的一些关键因素的研究和探索上。

近20多年以来，核产业研究同样引起了我国学术界的广泛关注，研究成果主要体现在以下五大方面：核电的安全性和经济性、核电产业的能源结构和环境影响、核电产业链及集群供应链研究、核电产业发展的关键问题研究、核产业的经济拉动作用和产业关联效应研究。

核能是低碳、高效、清洁的能源，铀资源是发展核电的关键因素。目前，从世界范围来看，天然铀资源虽然可以满足核电发展的需要，但许多国家仍面临铀资源供需不匹配的问题，我国铀资源虽然总量丰富，但国内供应量与需求量也存在巨大的缺口[1]。因此，我国需构建"五位一体"的铀资源保障体系，对核电产业持续发展和能源安全都具有重要意义[2]。美国作为核能发展较早的国家，核能政策的演变对我国具有一定的启示意义[3]。与此同时，作为核电发展的最终受益者和潜在危害最终承受者的公众也是影响核电持续发展的基本因素，因此，公众是否接受、是否有效参与以及怎样参与就成为核电公众参与机制需要回应的基本问题，其中，核能高放废物的安全处置带来的邻避效应引发广泛关注[4]，从科普教育、法律制度、信息公开、公众宣传、参与机制五方面构建"五位一体"的公众参与体系并应对邻避效应、做好公众沟通等都是我国核电持续发展的基础性工作[5]-[7]。

（二）国内外核产业研究述评与展望

随着核能实践的发展及其对理论指导的需求增加，核产业研究已引起了国内外学术界的广泛关注，自然科学尤其是社会科学领域中有关核产业的研究成果也不断丰富。总体而言，核产业的现状研究呈现如下特点：①国外的研究比较重视微观和具体的技术问题，量化和政策干预方面的研究比较深入具体，基于产业视角以及核产业系统的宏观研究相对较少；②国内核产业研究视角逐渐从低碳经济、铀资源保障、产业链、产业集群供应链、产业链组织结构等方面向多样化、全方位的领域延伸；③国内学术界研究重点主要集中在核电产业发展上，研究内容比较宽泛，涉及核电的发展战略、安全性和经济优势、核产业链、区域核电、融资思路、与经济发展的协同效应、可持续发展对策、国外经验借鉴启示等；④国内的宏观和定性研究较多，在定量和微观研究方面颇显不足；⑤无论是国外和国内关于核产业方面的研究主要集中在涉及核电产业领域中的关键问题上，对核技术应用的非动力领域的产业鲜有涉猎，同时，缺乏对"核产业"核心概念内涵和外延的严格界定；⑥由于核产业自身的特殊性以及其他多种原因，与快速发展的核产业实践相比，目前核产业的理论研究显得相对薄弱，从核产业的特殊性出发进行系统性的分析和论证显得不足，这种困境显然与核电在能源结构中不断上升以及核技术的非动力应用领域不断扩大的趋势不相适应，也难以对核产业实践提供有效指导。

未来，针对目前核产业的研究还有不足，未来该领域的有关研究将从以下几个方面重点突破和深入：①界定核产业的核心概念。②在现有核电产业研究的基础上，非动力的核技术应用产业将是一个有待深入研究的新型研究领域；③核科学技术、环境科学、经济学等不同学科的深入交流和交融，将是核产业研究取得突破，并反映核产业多学科性质的新趋势；④核产业的研究要反映其是以核电生产为核心、以产业链为主要纽带的众多行业的集合体的特征，需要在两个角度深入探索，核产业内部的分支行业如何深层发展的问题以及核产业与外部其他产业相互交叉、融合形成新的行业和大量关联性产业的问题，使产业体系发育成为众多行业彼此关联的复杂系统；⑤如何推进核产业链的深入研究问题同样需要引起重视，如开展核产业各分支行业和关联行业之间分工协作的机理研究；⑥核产业的物质、技术、服务的需求—供给关系链的规律研究等[8]。

二、我国核产业发展的态势和对策

核产业是国家战略性新兴产业中新能源产业的重要构成部分。应用系统分析和比较分析的方法，论证了核能是实现绿色、低碳和循环发展的现实选择，分析了福岛核事故后世界主要国家核能政策的走向和我国核产业的实践现状和发展态势，指出了目前我国核产业发展中存在的一些误区和不足，并提出了五个方面的对策建议，以期为当前核产业的发展提供参考[9]。

通过分析国内各地区发展核产业的实践经验，强调在国内外经济形势发生重大变化的新条件下，加快发展核产业的战略意义，提出我国核产业发展的一些对策建议，以期使核产业在推动经济平稳、持续增长和能源结构、工业结构优化升级中发挥更大作用。

（一）核能是实现绿色、低碳和循环发展的现实选择

能源问题是当今世界面临的重要挑战之一。在全球能源危机和环境恶化的严峻形势下，核能作为一种清洁、高效、优质的现代能源，在世界能源结构中占据着极为重要的位置。《世界能源统计年鉴2023》提到，截至2022年12月，核能发电占世界电力总量的9.19%，比上年下降0.64%，其中，法国的核电比重高达63%。与火电相比，核电站生产过程对环境的负面影响要小得多。一项数据表明，每生产100万千瓦电力所排放的二氧化碳，燃煤电厂是974吨，天然气电厂是424吨，风能排放35吨，而裂变只排放15吨，聚变只排放9吨，核电厂仅为15吨[10]。用从采矿到生产燃料、使用燃料的整个燃料链来进行比较，同样规模的核电与煤电相比，核电向环境释放的温室气体只是煤电的百分之一、水电的约八分之一。就放射性物质排放来看，100万千瓦燃煤电厂所释放到环境中的放射性物质，是同等规模核电机组的100倍。煤电燃料链向环境中释放放射性物质所造成的辐射程度远高于核电燃料链，前者对公众产生的辐射照射程度为后者的50倍，对电站工作人员产生的辐射照射程度为后者的10倍[11]。由于核能利用具有清洁、经济、稳定等多方面的优势，过去100多年间，人类的能源利用总量在不断增长的同时，能源结构也在不断变化，其中核能具有上

升的趋势[①]。

积极发展核电，是中国在面临日益严重的能源问题和环境危机的情况下做出的决策。2023年上半年我国发电量中，火电比例最大，占70.67%，水电占10.81%，风电占10.19%，太阳能发电占3.25%，核电只占5.08%[②]。2021年11月，《中共中央 国务院关于深入打好污染防治攻坚战的意见》提出，到2025年单位GDP二氧化碳排放比2020年下降18%。"十四五"规划纲要中就可再生能源、减排等做出了约束性的规定：到2025年，非化石能源占能源消费总量的比重提高到20%左右，氮氧化物和挥发性有机物排放总量分别下降10%以上，化学需氧量和氨氮排放总量分别下降8%。无论是从满足巨大的能源需求，确保经济持续、稳定增长和不断提高居民生活水平方面看，还是从遏制环境恶化趋势、提高能源利用效率、应对日益增大的国际减排压力和建设生态文明方面来说，核能在我国能源结构中的重要地位都是难以替代的。未来，随着人民生活水平的不断提高，必须有安全、稳定、可靠的能源供应来保证。而现在的能源体系中，比例过大的化石能源生产和消费，无论是从对环境造成的压力还是资源的可采储量来看，都是难以持久的。水电因资源蕴藏量有限和电力生产的间歇性等缺陷，发展的规模、速度受到制约。人们垂青许久的风能、太阳能等清洁能源，由于其电力生产和供应的不稳定性，在相当长的时间内难以担当主力能源的角色。中国已是世界最大能源消费国和二氧化碳排放国。靠什么来保证未来安全、清洁、稳定的能源供应呢？无疑，发展以核能为主的清洁能源乃是我国调整能源结构、保证能源安全的可行选择。

---

①国家能源局. 国家能源科技"十二五"规划［EB/OL］.（2011-12-05）［2023-08-06］.http://zfxxgk.nea.gov.cn/auto83/201202/t20120208_1357.htm.

②中国核能行业协会.全国核电运行情况（2023年1—6月）［EB/OL］.（2023-07-28）［2023-08-06］.https://www.china-nea.cn/site/content/43657.html.

（二）福岛核事故后世界主要国家核能政策的走向

2011年3月日本福岛核事故发生后，全球能源发展特别是核能发展的政策走向受到较大影响。德国、瑞士、意大利等国在反核舆论压力或公投后宣布放弃核电，英国表示将不再建新核电站，美国督促核能监管机构升级安全措施[3]，我国暂缓了对核电建设的审批工作，并开展安全大检查①。在此背景下，一些学者开始反思核能政策，认为我国核电大发展面临核安全或核防卫保障不足、资金投入太大、发电成本太高、铀资源严重短缺等困难，应该调整核能发展政策，重新审定"2030年核电占10%"等规划目标[12]。但更多的学者和政府有关部门则认为，福岛核事故虽然使全球核电强劲复苏的势头突遭阻遏，但从核电发展的历史看，技术终将超越事故，全球核能发展不会因事故而停止[13]。福岛核事故造成的经济损失和社会影响无疑是巨大的，但如果因为担心事故的发生，宁可忍受能源短缺却不接受核能，则是因噎废食。日本仅仅维持了2个月的"零核电"决策，在难以承受的严重缺电的压力下，不得不重启核电站。2012年以来，美国在33年未曾批准建设新的核电站的情况下，首次批准建设新的核反应堆。俄罗斯积极在国外寻找和抢占核电市场，继续推行其以往的核电政策。韩国发展核电的政策和规划没有中断，继续建设技术先进的第三代核电站。印度也制定了雄心勃勃的核电发展计划，计划到2030年使核电占电力总量的比重达到13%。多数核电国家的反应表明，发展核电依旧是这些国家有效化解能源危机、减少温室气体排放的可行选择。

我国发展核电的一系列政策，始终体现了核产业在国民经济和人民生活中的重要作用，这些政策既具有一贯性，同时也具有随发展阶段的变化及时进行调整、补充的特点。《国民经济和社会发展第十个五年计划纲

---

①陈娴，曹亚丽，杨海峰. 新形势下核安全公众宣传工作的初步思考［EB/OL］.（2012-3-12）［2023-08-06］. http://www.chinansc.cn/web/static/articles/catalog_274300/article_ff80808136048d08013604d35a510002/ff80808136048d08013604d35a510002.html.

要》提出要"适度发展";《国民经济和社会发展第十一个五年规划纲要》调整为"积极发展";"十二五"规划根据新的情况强调"在确保安全的前提下,高效发展核能";福岛核事故后,我国制定了核电安全规划和核安全规划,表明"安全高效"将是核能发展的主旋律。"十四五"规划进一步提出:推进能源革命,建设清洁低碳、安全高效的能源体系,提高能源供给保障能力。安全稳妥推动沿海核电建设,建设一批多能互补的清洁能源基地,非化石能源占能源消费总量的比重提高到20%左右。中国能源必须走科技含量高、资源消耗少、环境污染小、经济效益好、安全有保障的道路,大力发展核电等新能源,将有利于构建安全、稳定、经济、清洁的现代能源产业体系,并以能源的可持续发展支撑经济社会的可持续发展[1]。

(三)核产业的产业关联效应及其发展态势

1.现代核产业

产业是具有某种同类属性和相互作用的经济活动的集合或系统[14]。由于受内外部分工的推动,任何产业总是不断地在内部形成越来越多的分支行业,在外部与其他产业相互交叉、融合形成新的行业和大量的关联性产业,从而使产业体系发育成为众多行业彼此关联的复杂系统。核产业也是这样,它是以核电生产为核心、以产业链为主要纽带的众多行业的集合体。

核燃料循环是发展核产业的基础。核燃料循环,特别是铀燃料循环是指从铀矿开采到核废物最终处置的一系列工业生产过程[15],即核燃料的开采、纯化转化、使用、处理、回收利用全过程。整个核燃料循环体系包括前段区和后端区两大部分,核燃料循环体系见图9-1[9]。

---

①中华人民共和国国务院新闻办公室.中国的能源政策(2012)[EB/OL].(2012-10-24)[2023-08-06].http://www.gov.cn/jrzg/2012-10/24/content_2250377.htm.

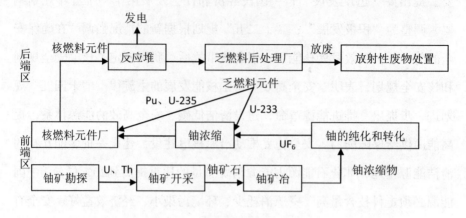

图9-1 核燃料循环体系图

资料来源：根据陈润羊（2013）的文献绘制。

现代核产业一般被看成围绕核技术的利用，涵盖核矿藏的勘探、开发和核原料的生产、加工，核能发电和供热，核废料处置和处理，以及科研开发、工程设计、设备制造、测试认证、运行服务及人才培养等诸多领域的产业体系，其结构框架如图9-2所示。从中可看出，核电产业是核产业的核心组成部分，但非动力的核技术应用也是不可忽视的一个新兴产业领域[9]。

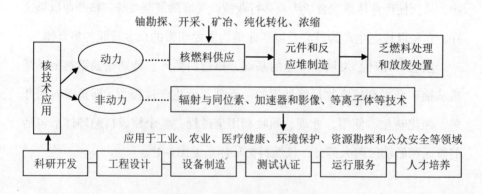

图9-2 核产业概念体系图

资料来源：根据陈润羊（2013）的文献绘制。

核电作为现代核产业的核心构成部分，是动力核技术应用最广泛的领域。核电产业包括核燃料循环，与核电站有关的科研设计、装备制造、工程建设、设备采购、调试运营、维修退役以及与核电企业相连的电网等产业集群[16]。核电的关联产业是指与核电的设备制造、技术研发、工程设计、运行维护、教育培训、建设安装及核技术应用等领域相关的产业①。将众多的分支行业、关联行业维系成一定的产业体系的主要纽带就是产业链，其实质乃是不同产业或行业之间既相互依赖又相互制约的供给—需求关系。核产业链同样也是一种供需关系，是核产业各分支行业和关联行业之间因分工协作而形成的相对稳定的物质、技术、服务的需求—供给关系链。

2.核产业的经济拉动作用和产业关联效应

作为核产业的主导部分，核电产业具有投资规模巨大、建设周期长、技术含量高、产业关联性强、涉及产业多等重要特点，是实现能源结构合理化、清洁化转变的关键领域，对国民经济发展具有较强的拉动作用，发展前景十分广阔。核电项目能带动地方房地产业和建筑行业发展，改善当地交通条件，完善城市基础设施；提高城市知名度，增加旅游收入，提高城市消费水平。核电产业也可推动工业体系转型升级，其发展不但可扩大核燃料循环、核电装备、核技术应用等领域的产业规模，同时也可有效带动材料、电子、仪表、化工等相关产业的整体发展，并会促进工业结构的合理化和工业体系的转型升级[17]。除了核电产业，民用非动力核技术是核技术与其他产业交叉融合而发展起来的高新技术，应用前景也很广阔。据有关资料介绍，非动力核技术产业在美国已是6000亿美元的庞大产业，且每年以20%的速度增长，其应用产业链的发展规模与就业人数超过核

---

①浙江省人民政府.关于印发浙江省核电关联产业发展规划的通知［EB/OL］.（2010−12−21）［2023−08−06］.http://guoqing.china.com.cn/gbbg/2012−05/03/content_25292915.htm.

电，对国家经济增长发挥着积极的影响。目前我国这一产业的产值约1000亿人民币，且主要集中在江苏、浙江、广东一带[18]，其发展的潜力远未得到发挥。

3.国内核产业的发展态势

中国核工业起步于20世纪50年代中期，当时的主要目标是军用，同时民用核技术利用事业也在稳步发展。1984年，开始建设秦山核电站一期，标志着核电产业正式起步。此后20多年先后引进了加拿大、俄罗斯、法国等国的核电技术，建成了一批在技术类型上被称为"万国牌"的核电站。2007年，引进了美国西屋公司的AP1000核电技术，开始向第三代核电技术的自主化目标迈进。至2022年底，中国大陆运行的核电机组共55台，在建机组21台[1]，形成了以核能利用为主导的完整的核产业体系。

日本福岛核电站事故发生后，国务院决定对全国核设施进行安全检查。有关部门组织专家用了9个多月的时间对全国41台运行、在建的核电机组和其他所有的民用核设施进行了综合安全检查，得出的总体结论是：我国核设施风险受控、安全有保证[2]。2012年5月，国务院审议并原则通过了核设施综合安全检查报告和"核安全规划"，表明我国核产业进入有序、常态发展的新时期。2012年10月，国务院讨论通过《能源发展"十二五"规划》《核电安全规划（2011—2020年）》和《核电中长期发展规划（2011—2020年）》；2016年国家发展和改革委员会、国家能源局发布《电力发展"十三五"规划》；2020年国家能源局、生态环境部联合发布《关于加强核电工程建设质量管理的通知》；2022年1月印发

---

①中国核能行业协会.我国核电运行年度综合报告（2022年度）［EB/OL］.（2023-08-02）［2023-08-06］.https://www.cnnpn.cn/article/38064.html.

②环境保护部（国家核安全局），国家能源局，中国地震局.关于全国民用核设施综合安全检查情况的报告［EB/OL］.（2012-6-15）［2023-08-06］.http://www.ccchina.gov.cn/WebSite/CCChina/UpFile/2007/2007112145723883.pdf.

《"十四五"现代能源体系规划》，同年6月印发了《"十四五"可再生能源发展规划》，这些规划文件对当前和今后一个时期的核电建设作出部署：科学布局项目、提高准入门槛。

由于核产业特别是核电对促进能源结构调整和经济发展具有重要的作用，国家"十四五"规划在构建现代能源体系建设工程中提到：推进能源革命，建设清洁低碳、安全高效的能源体系，安全稳妥推动沿海核电建设，积极有序推进沿海三代核电建设，开展山东海阳等核能综合利用示范，到2025年核电运行装机容量将达到7000万千瓦左右。各地方发展核产业的积极性不断高涨，一些地区利用其拥有的天然铀资源、技术研发、设备制造、人才培养等优势，提出了大力发展核产业的战略，如广东省于2022年4月发布《广东省能源发展"十四五"规划》，提出"十四五"期间，广东省将推进先进核能产业布局，推动南沙、龙岗核电产业园区基地发展完善；浙江省2021年6月发布《浙江省电力发展"十四五"规划（征求意见稿）》，提出至2035年，要率先建成以新能源为主体的新型电力系统，核电和可再生能源等非化石能源成为浙江主力电源，占全社会用电量比重的60%以上。广东、福建、浙江、吉林等省份在"十四五"规划和相关能源规划中均有提到核产业发展的规划，其中，吉林省在尝试发展核能供暖供热；其余省份也在布局核电项目，山东、浙江均设定了核电装机目标；福建提出未来5—10年将推进7个核电机组建设；上海指出到2025年建设成国内领先的核电产业发展中心；湖南将重点发展核电技术设备等[1]。我国核电站主要分布在东部沿海的辽宁、山东、江苏、浙江、福建等省份，核产业重心仍在东部沿海地区。浙江省具备先发优势；广东、福建等也在加快核电建设；在核能多元化应用方面，山东率先开展核能集中供热、

---

①中国核电网.响应国家"高质量发展"要求 核电写入8地区"十四五"规划！［EB/OL］.（2021-08-27）［2023-08-06］. https://baijiahao.baidu.com/s?id=170920702021072379963&wfr=spider&for=pc.

积极谋划核能制氢、核能海水淡化，海南省谋划建设核电小堆海水淡化项目，浙江省积极推进核能多元化应用场景[①]（见表9-1）。

表9-1 我国部分地区核产业的规划目标

序号	地区	规划目标
1	广东	计划到2025年，核电装机规模达到1854万千瓦。积极争取国家支持茂名绿能项目。推进南沙、龙岗核电产业园区基地不断发展完善，推进三代、四代核电配套装备研发制造，开展核电焊接材料、核级翅片管国产化研制、鼓励核级管道、阀门及关键配件产业落地。在阳江等地集中规划新建核电产业园区，建设中广核先进燃料研制中心、天然铀储备库，推进核电环保配套工程、核燃料循环设施等一批重大项目和科研基础设施落地
2	浙江	"十四五"期间，在建核电装机规模1400万千瓦以上，到2025年，核电装机达1100万千瓦以上
3	上海	到2025年，把上海建设成国内领先的核电产业发展中心，到2035年成为具有国际影响力和竞争力的世界级核电产业发展中心。力争总产出达到300亿元左右，推进核能技术研发和应用，形成"商业推广、试验示范、研发攻关"梯次布局和技术储备，打造核电"4+3"创新引领和产业化基地
4	四川	突破先进燃料组件工业化应用技术、"华龙一号"自主三代核电技术，打造自主可控的核仪控系统核心设备
5	广西	建设防城港红沙核电二期、防城港红沙核电三期、白龙核电一期
6	湖南	重点发展核电技术装备，提升核电核心部件零部件的配套能力
7	山东	到2025年，在运在建核电装机规模达到1300万千瓦左右。按照"3+2"总体布局，稳步有序推进海阳、荣成、招远等沿海核电基地建设，适时启动第四核电厂址开发，探索核能小堆供热技术研究和示范，打造核能强省，到2025年核电在运在建装机1300万千瓦左右
8	江苏	安全利用核能，加快田湾核电7、8号机组项目建设
9	辽宁	确保红沿河二期工程投产，新增装机224万千瓦。谋划研究庄河二期、徐大堡三期等项目前期工作，做好沿海核电厂址规划和保护工作
10	福建	重点推进漳州核电、霞浦核电、神华罗源湾电厂等大型电源项目建设等，到2025年，力争电力总装机达8000万千瓦以上

[①]中国工程咨询.碳达峰碳中和背景下推进浙江核能综合利用的对策建议［EB/OL］.（2022-06-21）［2023-08-06］. https://www.zdpi.org.cn/txtread.php?id=16438.

序号	地区	规划目标
11	吉林	推进中核辽源"燕龙"多用途清洁供热示范工程，建设"燕龙"泳池式低温供热堆，满足区域性供暖需求，配套建设医用同位素研发制造中心、单晶硅辐照研发中心、核能供暖培训示范中心，实现暖、药、芯、材产业联动研发生产
12	甘肃	建立核燃料循环和核技术应用领域先进技术孵化基地和验证基地，重点开展硼中子俘获治癌装置研制、钍基熔盐堆核能系统研发与示范应用及配套装备开发，推广改进空间核动力同位素电池、反应堆探测器等技术
13	海南	确保昌江核电一期正常运营，加快发展核电配套产业，引进核电建设期和运行期所需的机械、电器、仪表、控制系统及材料生产企业。推动建设核电运维服务中心，加快发展核电运行所需的技术支持和检修运维服务，支持核技术在环保、放射医学等领域的非动力应用

资料来源：根据各省市"十四五"国民经济与社会发展规划、高新技术产业发展规划、能源发展规划等相关文件和资料整理。

（四）我国核产业发展的对策

目前核产业发展中还存在一些误区和不足，尤其是一些地方政府对本地区核产业的比较优势和特殊分工地位的把握不够准确，对发展核产业的市场特点和技术风险认识不足。目前已制定核产业发展规划的省份，把发展的重点集中在核设备制造业，这与核电设备制造业占总投资的45%—50%、设备制造业商机巨大的因素密切相关，但这也有可能产生产业雷同、协同创新不足，甚至有可能发生恶性竞争的隐患；各地制定的核产业发展规划，虽是立足我国的核能政策和本地区优势，但对国家核产业发展的全局特征和未来的发展趋势以及其他地区的优势等则认识不足，对世界核产业的技术进步状况及其影响核产业发展的作用等缺乏深入了解，存在着专业化分工程度低、产业配套目标不明确、协作前景模糊、产业布局分散等一系列问题，难以实现资源的优化配置和追求公平竞争与形成最大合力相统一的目标。为此，提出如下对策建议。

1.制定发挥央地两方积极性的战略模式和发展规划，形成有序竞争的区域格局

核产业与其他产业相比，有其在安全、技术、经济、社会、国防等方面的一系列特殊性，因而无论是中央还是地方制定的核产业发展战略规划，都必须遵循服从国家发展大局，符合核产业发展的基本规律，促进核产业与地方经济的协同发展，避免因无序竞争而导致重大损失以及优势不突出、产业雷同、产能过剩、资源浪费等问题。地方制定核产业发展规划必须以适应、服从、落实国家规划为前提，结合本地区的区情特点和具体条件，进行广泛、深入的研究和论证。国家发展和改革委员会等机构除制定统一的全国核产业发展规划外，必须对各地区的核产业规划进行严格的审查和再论证，将各地区的核产业规划及其实施过程进行衔接、协调和检查，使各地区核产业的发展方向、发展目标、发展重点、发展路径、政策支持等不仅符合国家总体规划的原则和要求，而且不同地区之间的核产业规划和发展措施需要进行协调和统筹。在这样的前提下，促进地区之间在充分发挥各自比较优势的基础上展开合理竞争，推动各地区发挥其优势，分别在全国核产业链的合理分工位置上实现差异发展和功能互补、优劣互补，保证核产业发展的有序性，增强核产业发展的活力。

2.构建产学研同盟，形成协同创新的合力

核产业作为高技术产业，需要发挥产学研各方的联合、协作优势。只有加快构建新型产学研同盟，完善三方合作机制，建立以龙头大企业为核心的开放式创新网络，形成协同创新的合力，在关键的核心技术领域取得突破，才能奠定产业发展的坚实技术基础，也才能开拓市场，产生对相关产业的带动作用，真正发挥战略性新兴产业对经济发展的积极推动作用。要注重建设地区性核科学技术研究开发的机构和队伍，增加核科学技术研发的专业门类，为核产业在未来时期的更大发展准备条件。

3.利用国内和国外两种资源，开拓国内和国外两个市场

目前国内一些省份制定的区域核产业发展战略，主要着眼点放在国内核电大发展的前景预测上，其实，从整个国际能源短缺的形势和低碳经济发展的趋势以及核电作为清洁能源的性质上可以做出判断，在国际上核产

业也将是一个很大的产业"蛋糕"。中国的核电产业不仅有巨大的国内市场，而且面临着不断扩大的国际市场。要在直接引进国际上最先进的核电技术的基础上，加快第三代核电技术的自主化研发步伐，提高核岛设备的国产化水平，形成如先进压水堆核电技术的自主化优势和出口优势，形成与世界核电强国展开竞争的能力。要在稳步占领国内市场、巩固与巴基斯坦等已有民用核合作成果的基础上，开拓新的国际市场。要加强在核能资源、核原料、核废料处理处置和核安全方面的国际合作，广泛开发利用国际核产业的各种资源，在利用国内和国际两个市场、两种资源中发展壮大核产业。

4.组建大型产业集团，形成专业化的产业组织格局

增强核产业的国际竞争优势，必须进一步增强企业集团的实力，扩大企业集团的规模。中国核工业集团、中国广东核电集团、中国电力投资公司、中国核电工程公司等大型核企业应当通过多种途径，联合、兼并其他企业，稳步扩大自身规模，发挥大型集团的技术研发和市场开拓作用，在集团内部形成合理的分工合作机制和核心层、紧密层、松散层等各类企业协调发展的组织结构，实现资本经营与实业经营的紧密结合，带动核产业的发展壮大。企业集团要注重核产业关联产业的发展，大力发展非动力核技术应用产业，通过发展核产业改造和提高与核产业相关的传统产业的技术水平和产品质量，实现核产业不同行业之间和核产业与相关传统产业的技术互动和价值链接。

5.加大政策支持力度，力争做大做强核产业

国家要在行业准入、民营企业进入核产业以及财税、金融、科教等方面加大政策支持力度，为核产业发展提供强大的政策和体制支持。要创新财政资金支持方式，形成多元化、多渠道的核产业科技投入体系，促进核科学技术更快发展。创新金融资本的支持政策，鼓励金融机构加大对核产业及相关产业的信贷支持。根据核产业发展的阶段更替和核科学技术进步的趋势，在技术创新、课题设置、项目支持、专业设置、人才培养等方面提供有效支持，促进核产业发展与核科学技术进步、核技术人才和管理人才培养的协同推进[9]。

总之，日本福岛核事故给核产业的发展提出了新的更高要求。核安全类似于核产业的"刹车"，而核电发展规划类似于核产业的"油门"。在核安全"刹车"的保驾护航下，有充足动力支持的核产业发展也将迎来一个新的阶段，以期最大程度上凸显核产业与经济发展的协同效应，进而真正发挥核产业作为战略性新兴产业对国民经济和产业优化升级的整体带动作用。

三、甘肃省培育核产业链的条件和对策

甘肃省虽然已有核工业科研和生产基地，但尚未形成核产业链的规模效应，目前核产业发展中也面临诸多难题需要破解。从趋势研判，核产业具有广阔的发展前景，立足核工业大省的优势，顺应国家"安全高效发展核电"和军民融合战略的趋势，在全国率先推广低温供热堆项目，进而做大做强核产业链，力争将其发展壮大为省域经济的支柱产业，这对于全省经济的高质量发展具有重要意义。

（一）核产业发展前景广阔

核产业是资金、技术和人才密集型产业，包括核动力的核电产业和非动力核技术应用产业两部分。现代核产业具有技术含量高、投资规模大、产业链条长、辐射带动作用强等特点[9]，国际上核技术应用产业正处于快速发展阶段，其中民用非动力核技术发展尤为突出。民用非动力核技术，是指除核武器与核电之外的核技术，即核技术与其他产业交叉融合而发展起来的新兴高技术产业，被称为应用广泛的轻工业（又称"同位素与辐射技术"），全世界非动力核技术产业化规模近万亿美元。民用非动力核技术已渗透到经济社会多个领域，各类加速器、核探测器、成像装置、放射线医疗设备、放射性同位素及制品（治疗和显像药物）、辐射改性的材料等，应用领域涉及工业、农业、医疗健康、环境保护、资源勘探和公众安全等。我国民用非动力核技术行业成长空间巨大，目前仅在辐射改性高分子材料和辐射消毒灭菌等领域较为成熟，年产值仅1000亿元左右，市场规模还非常小，对照国外的发展水平，我国尚有巨大的发展空间。随着"一带一路"倡议的推进，核产业"走出去"也面临着新的机遇和空间[19]。

（二）潜在比较优势明显

甘肃省是全国建设较早、发展较快、规模相对较大的核工业基地省，拥有较完整的核工业体系，占据核燃料循环体系中的5个链条——铀矿地质勘探与采冶、铀的同位素分离、核燃料元件的制造、核燃料后处理和放射性废物的处理处置等（见图9-3），在技术条件、科研力量、人才培养、地理条件等方面都具有发展核产业的优势条件[20]。如甘肃核地质的"三队一所"中的212、213、219大队和207所是国家重要的铀矿勘探开采单位和研究单位。中核兰州铀浓缩有限公司的低浓铀产品生产能力居于国内领先地位，铀浓缩系类产品连续多年获得国家质量银质奖，多次荣获国家和省部级科技进步奖，一批拥有自主知识产权和广阔市场前景的科研成果得到应用。在核燃料元件方面，甘肃省已具备一定的核工业设备制造能力，中国铝业西北铝厂为国产离心机提供机壳、方大碳素厂为国家十六项重大工程。中核四〇四有限公司是我国规模最大、体系最完整的乏燃料后处理基地，负责处理国家已运营核电厂的核废料，建成国内最为完善的放射性废物处理处置体系。随着中核甘肃核技术产业园、重离子治癌设备产业化项目的不断推进，预计未来核产业可形成3000亿元到4000

亿元的产值。

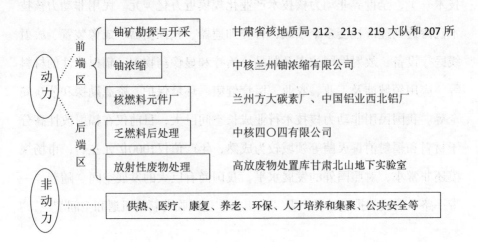

图9-3 甘肃的核产业体系

资料来源：根据陈润羊，等（2013）的文献绘制。

（三）制约因素突出

目前，核产业虽已纳入全省军民融合和清洁能源产业发展两个专项行动计划，并在全省"十大绿色生态产业体系"中予以统筹推进，但核产业发展还存在许多制约因素，主要有：一是核产业发展的定位目标和发展路径尚不清晰，潜在的比较优势还没有转化为竞争优势；二是针对核产业的政策支持体系不够健全，已有核企业的人才流失严重且对新人才引进的吸引力不高；三是产学研力量分散，协同创新能力亟待提高；四是缺乏可实施的项目抓手，难以牵动和激发产业关联效应。

其一、三的具体表现为：专业化分工程度低、产业配套目标不明确、协作前景模糊、产业布局分散、军民融合度不高、军民信息严重不对称等。

其二的具体表现为：由于核企业大多地处内陆和偏远戈壁，自然环境、社会环境和发展的资源保障条件相对较差，给技术人才队伍的引入、稳定和保持带来较大压力。据调研，某涉核企业现有职工仅为历史高峰时的53.37%，人才流失率比其他行业高出许多。另一涉核企业自2010年以来已有200多位技术骨干相继离职，且人才的吸引、引入和保障条件又相对缺乏。

（四）构建核产业链的对策

一是以全"核产业链"构建为目标，以建设全国"三基地一中心"为定位，确立错位竞争和差异化比较优势发挥的发展路径。

要以核技术应用的产业化为切入点，围绕构建全"核产业链"目标，在动力和非动力领域着力，并激发产业关联效应。在动力领域，着重于铀资源的勘探和开采、浓缩、核部件制造、核废料处置和处理等的动能挖掘和转换。在非动力领域，着重于医疗健康、供热、环境保护、工农生产、资源勘探和公众安全等核技术应用产业的发展壮大，提高产值规模和就业吸纳能力。以核"全产业链"的构建有效带动材料、电子、仪表、化工等相关产业整体发展，推动全省工业结构的合理化和工业体系的转型升级。

制定和实施"十五五"与中长期全省核产业发展的专项规划，就发展目标、重点、举措等作出战略谋划。找准全省核产业发展错位竞争和差异化比较优势发挥的路径，积极推进核技术的商业开发利用，加快建设全国"三基地一中心"，即核燃料生产基地、乏燃料后处理基地、核能低温供热堆技术研发应用和推广基地、重离子治疗系统研发制造及人才培训中心。

二是着力解决突出问题，实施支持核产业大发展、倾斜化的产业政策和人才政策。

甘肃省要在顺应国家民营企业放宽行业准入政策趋势的基础上，加大核产业在产业、财税、金融、科教等方面的政策支持力度。筹集并设立独立的核产业发展基金，在核产业重大项目建设、核科学科研平台建设、核技术重大科技攻关与成果转化、核产业军民融合发展、涉核学科建设与高端人才引进等方面给予重点支持。创新财政资金支持方式，形成多元化、多渠道的核产业科技投入体系。创新金融资本的支持政策，鼓励金融机构加大对核产业及相关产业的信贷支持。根据核产业发展的阶段更替和核科学技术进步的趋势，在课题设置、项目支持、专业设置、人才培养等方面提供有效支持。

为确保核产业科研队伍的稳定和高层次人才引得进、留得住，必须形成优秀人才吸引、优势资源汇聚的政策导向。研究出台向核产业适度倾斜的激励政策，从偏远地区补贴、安家费、住房土地供应、异地落户、家属就业、子女上学等方面采取更加有效的保障措施。如对偏远地区的人才引进给予一次性购房补贴、对引进的高端人才发放特殊薪酬、配套国家发放的一次性军工奖励、职工保健食品费等免除个人所得税或给予个人税收返还、发放艰苦边远地区津贴等，鼓励年轻技术人员在戈壁等艰苦地区工作。将符合条件的专业人员纳入"陇原人才服务卡"保障范围。参照内地大中城市收入水平，给予特殊的核技术公司员工薪酬待遇适度倾斜政策，以保持职工队伍和技术人才的稳定，进而激发广大科技人员创新创业的积极性。

三是以实施两大项目为抓手，深化地企合作，在全国率先推广核能低温供热堆项目，围绕重离子治癌项目延伸产业链，推动全省民用非动力核技术产业发展。

2017年11月，中核集团在原子能院发布自主研发、可用来实现区域供热的"燕龙"泳池式低温供热堆技术，利用核能进行供热，其热价远优于燃气，与燃煤、热电联产具有经济可比性。该核能反应堆退役彻底，厂址可实现绿色复用，一座400兆瓦的低温供热堆，供暖建筑面积可达2000万平方米，相当于20万户的三居室。目前河北、内蒙古和东北等地正在积极推进并探索实施核能低温供热堆示范项目。

该项目在技术和安全上都有保障，甘肃省与中核集团已有框架合作协议。建议在全国率先推广低温供热堆及多功能模块化小型反应堆项目，并作为核产业培育的着力点，纳入全省重大项目中予以实施。在甘肃省、中核集团和兰州市投资基础上，吸引社会资本参与，由中核兰州铀浓缩有限公司负责建设和技术运营，考虑利益格局阻力较小，建议在兰州新区建设首座样板工程，形成运营经验和技术品牌后，推向全省和全国①。未来可通过此项目带动供热设备制造、工程设计、运行维护、建设安装、测试认证等相关产业，在全省形成产业优势后，也可参与其他省份供热市场的竞争。

重离子治癌设备产业化项目已取得积极成效，在武威和兰州建造的2个具有自主知识产权的重离子治疗中心，实现了世界最大型医疗器械的国产化。应发挥甘肃省核技术的战略优势，依托中国科学院近物所，整合相关医院和科研单位的资源，依托甘肃省同位素实验室，将甘肃省建设成为全国重离子治疗系统研发、制造和人才培训中心；与省内外知名的三甲医院合作，提高运营水平，在全国打响重离子的医疗品牌，围绕供热、医疗、康复、养老、环保、人才培养和集聚、公共安全等环节，延伸产业链条；重离子医院是特需医院，实行市场化定价，医保无法报销且治疗费用较高，这就需要推进保险产品的创新，并借机壮大全省的医疗保险行业。

参考文献

［1］陈润羊，韩绍阳，花明.世界铀资源供需形势与中国核电的应对策略［J］.矿业研究与开发，2019（2）：139-146.

---

①本章第三部分的主体内容以咨政建议的形式写于2020年8月初，于同年10月刊登在供副省级以上领导参阅的内参《甘肃信息.决策参考》上，并作为甘肃省"十四五"规划的重要参考。1年后的11月9日，国家能源核能供热商用示范工程2期450万平方米项目在山东海阳投运，供暖面积覆盖海阳全城区，惠及20万居民，意味着海阳成为全国首个"零碳"供暖城市。同时，海阳居民住宅取暖费每建筑平方米较往年下调1元。详见：王轶辰.核能供暖小试"牛刀"［N］.经济日报，2021-11-25（006）.虽能理解一项决策是综合因素的结果，但还是令人唏嘘！即使不争首个，核能供暖长期发展还是需要的。

［2］陈润羊，花明.铀矿资源对我国核电发展战略的影响研究［J］.矿山机械，2015，43（11）：7-11.

［3］陈润羊.美国核能政策演变及其对我国的启示［J］.长春理工大学学报（哲学社会科学版），2013，29（7）：607-609.

［4］陈润羊，花明.我国核电应对邻避效应的路径选择［J］.南华大学学报（社会科学版），2018（3）：5-11.

［5］陈润羊.我国核电发展中公众参与的机制研究［J］.电力科技与环保，2015（6）：57-60.

［6］陈润羊.公众参与为核电事业发展保驾护航［J］.绿叶，2015（4）：19-29.

［7］陈润羊.核电公众接受性研究展望［J］.华北电力大学学报（社会科学版），2015（3）：27-32.

［8］陈润羊，花明.核电产业几个关键问题的研究展望［J］.南华大学学报（社会科学版），2012，13（6）：1-5.

［9］陈润羊.我国核产业发展的态势和对策［J］.工业技术经济，2013，33（2）：104-111.

［10］王乃彦.核电安全又干净是解决能源问题的出路［N］.科技日报，2010-04-12（7）.

［11］潘自强.核能是清洁、安全、绿色的能源［N］.2012-8-21（1）.

［12］何祚庥.我国应大幅度调整核能政策［J］.山东科技大学学报（社会科学版），2011，13（3）：1-7.

［13］白云生，王亚坤.日本福岛核事故将对我国核电产业产生六大影响［J］.中国核工业，2011（3）：12-15.

［14］郑玉歆.应用经济学［M］.北京：经济管理出版社，2004.

［15］顾忠茂.我国先进核燃料循环技术发展战略的一些思考［J］.核化学与放射化学，2006，28（1）：1-10.

［16］邹树梁.中国核电产业发展战略研究［D］.长沙：中南大学，2006，11.

［17］吴海明，汪永平.发展核电拉动社会经济发展［N］.中国能源报，2012-6-11（21）.

［18］瞿凌云.武汉拟建非动力核技术产业园［N］.长江日报，2011-6-13（001）.

［19］陈润羊."一带一路"背景下中国核电走出去的战略探讨——基于SWOT-PEST模型的系统分析［J］.南华大学学报（社会科学版），2016，17（5）：5-13.

［20］陈润羊，马雪.甘肃发展核产业的对策研究［J］.科学经济社会，2013，31（1）：64-67，73.

第十章

后发省域「强省会」的实施路径

内容提要：后发省域是推进中国式现代化的难点区域，"强省会"成为后发省域实现追赶的可行选择。通过分析后发省域"强省会"的现状特征、突出矛盾、经验借鉴和实施路径等方面的关键问题，辨析了"强省会"中涉及的城市与区域、集聚效应与扩散效应、"强省会"与"强省域"、政府作用与市场机制等四对基本关系。"强省会"要根据省域发展水平、省会城市与周边城市距离、人口和经济规模分类施策，既要发挥政府的作用，更要依靠市场机制，遵循城市集聚发展的原理，改善地方品质，吸引和集聚要素，完善城市综合功能，构建"核心城市（省会城市）—都市圈—经济圈"的区域发展网络。

共同富裕是中国式现代化的本质要求，后发省域是实现共同富裕的难点区域，在区域竞争日趋激烈的背景下，"强省会"成为后发省域实现追赶的可行选择。近年来，江西、贵州、河北、甘肃等省都提出了"强省会"的目标任务，旨在通过规划引领、要素集聚、产业布局、空间优化等途径提升省会城市的综合竞争力，从而带动后发省域经济的高质量发展。然而，"强省会"仍然面临着"怎样算强？为何不强？强什么？如何强？"等亟待解决的问题，而这就需要回答"强省会"的衡量指标和现状特征、突出矛盾、经验借鉴和实施路径等方面的关键问题，并辨析"强省会"中涉及的一些基本关系。

一、研究现状和研究意义

人民日益增长的美好生活需要和不平衡不充分的发展之间的矛盾已然成为我国社会的主要矛盾，后发地区的发展不充分以及其与先发地区的发展不平衡问题正是这一主要矛盾的具体体现，因此，实施"强省会"战略是后发省域应对这一主要矛盾的科学选择。促进区域协调发展是实现全体人民共同富裕的重要途径，目前我国区域发展差距仍然较大，区域发展不协调呈现新的特征和表现形式[1]。区域差距是资源禀赋、区域战略与政策、要素流动、市场需求、市场化水平和文化传统等多因素作用的结果[2]。全域共同富裕的难点在于后发地区如何实现充分发展进而促进全国的平衡发展。在此背景下，学界针对"强省会"的实践取向和理论问题展开了相关研究。

从理论源头看，马克·杰斐逊最早提出了影响深远的城市首位度的概念[3]，而ZIPF G K提出的位序规模法则对后世和目前的区域和城市经济学影响巨大[4]。奥莎利文提出的城市经济学五个公理，成为分析相关问题的基本理论依据：通过调整价格实现区位平衡，自我强化效应产生极端结果，外部性导致无效率，生产受规模经济的影响，竞争导致零经济利润[5]。

有研究探讨了省域发展的空间逻辑，认为在地方实践中，"强省会"战略已经成为我国多个省域发展的新空间逻辑，并且无论在东部、中部还是西部，都已取得一定成效[6]。"强省会"建设是各省围绕一定的经济社会发展目标和空间治理要求，运用一系列行政或经济手段扩大省会城市规模、促进经济增长、实现高质量发展的系统举措[7]。"强省会"行动对于提高地区经济水平有明显作用，并通过扩散效应、支配效应、乘数效应等带动周边地区快速发展，提升了资源配置能力与调控能力[8]。

通过数据挖掘发现，我国的经济重心和人口重心围绕省会城市呈现收缩和扩张的脉动现象。但是，"强省会"行动也有不足之处[9]。一味地用行政手段强行推进"强省会"战略，并不利于地方经济的持续发展，"强省会"战略弊端在于有可能拉大区域差距，容易造成公共产品供给不足，加剧城市间GDP竞争，忽略环境保护等[10]。

有研究分析了省会城市的分化发展态势和空间地理类型。我国东西部、南北方的省会城市的发展呈现分化态势[11]，而全国呈现出单强核、多强核和无强核三种空间地理类型[12]。也有研究运用熵值法和容量耦合系数模型分析了我国城市紧凑度与城镇化的关系，结果发现：我国省会城市紧凑度按东、中、西部地区依次递减，大多数省会城市紧凑度与城镇化的关系整体以濒临协调为主，总体由失调状态向协调状态演变[13]。

"强省会"战略的经济增长效应研究引起学界的普遍关注。有研究发现：省会城市首位度对全省经济发展水平存在"倒U"形影响，"弱省会"首位度提升对区域经济发展具有正向影响，而"强省会"则有负向影响。因此，实施"强省会"战略要考虑城市间距离和城市规模大小[14]。省会城市的工业发展会显著带动其他城市的发展，通过学习机制和分工机制实现溢出效应，且前者起主导作用[15]。省会城市人口集聚对省域经济增长表现为先促进后抑制。因此，在发展省会城市的同时，各省还应积极培育副中心城市[16]。

也有研究具体到"强省会"战略对区域创新发展的影响上。省会城市首位度对所在省份创新发展水平存在"倒U"形影响，且"强省会"战略对区域创新发展影响是资源虹吸、技术辐射、要素拥堵、要素缺乏等效应的综合结果[17]。随着城市规模的扩大，"强省会"战略对区域创新的作用不断增强[18]。

有研究集中于省会城市扩张的经济增长效应上。如运用合成控制法、双重差分法研究发现，城市边界扩张能够提升省会城市首位度，但总体对省会城市的长期经济增长具有显著的抑制作用[19]；省会城市行政边界扩张没有起到提高全省（区）人均GDP的作用，对于经济规模占全省（区）份额本就很高的省会城市而言，通过行政手段做大其规模反倒对全省（区）人均GDP产生显著抑制作用，且作用强度随时间变化呈不断扩大趋势[20]。另有研究却发现，省会城市扩张虽显著促进了省域经济增长，但省会城市扩张对省域经济增长不存在"倒U"形影响[21]。

作为城市规模分布研究的首位度分析，长期以来引起学界的广泛关注。我国省会城市首位度总体趋向上升，沿海和中西部省会城市首位度差异比较明显，沿海地区省会城市首位度较低，而中西部地区省会城市首位度普遍较高。对外开放和自然地理条件是其主要原因，但提升首位度并不必然产生经济集聚，因此，省会城市要从提升服务能级、推进市民化、优化城市空间结构等方面进行转型[22]。也有研究运用聚类分析和空间杜宾模型效应分解法，对首位度与经济增长的关系和作用机制的研究表明：省会城市的首位度差距非常大，而低首位度地区和高首位度地区分别提高和降低了省会城市的首位度，将更有利于省域经济增长[23]。一项利用反事实法分析了提升首位度政策对居民福利、GDP以及城市规模分布的影响，研究认为：GDP与福利的非同步变动，源于户籍制度影响下人口要素与土地要素的空间错配，而提高住房有效供给水平，是优化城市规模分布的关键[24]。

综合而言，学界虽然在省会城市发展的空间逻辑、经济增长效应、空间格局、优化方向等方面开展了相应的研究，但针对后发区域的研究相对较少。基于此，本章的后续安排为：分析后发省域"强省会"的现状特征、识别突出矛盾、总结一般经验、提出实施路径，并在此基础上，辨析"强省会"需要正确处理的基本关系。

二、后发省域"强省会"的现状特征

一般以省会城市的经济、人口占所在省份的比例所反映的经济集聚度、人口集聚度作为省会强弱的常见衡量指标。省会城市首位度是指省会城市城区人口与第二大城市城区人口的比值，可辨别省会城市地位。建设用地面积可反映城市拓展的空间容量，而人均GDP在可比意义上可直接衡量一个城市的经济实力。因此，采用省会城市首位度、经济集聚度、人口集聚度、建设用地面积和人均GDP等指标，从自身时间纵向变化维度、全国27个省会（首府）城市（除去不具对比性的北京、天津、上海和重庆4个直辖市）空间横向对比维度，分析后发省域甘肃省"强省会"的现状特征。

（一）省会城市首位度、城区人口集聚度的演变

兰州市首位度随时间发展不断变化，1978年达到峰值，为9.13，随后不断下降但前期下降幅度明显，后期相对平缓，2021降为4.90。2010—2021年期间，其城区人口集聚度、经济集聚度分别在37%和32%上下浮动，2021年兰州市城区人口集聚度、经济集聚度分别为37.56%、31.55%，

与2010年相比，城区人口集聚度下降了0.4个百分点，经济集聚度上升了3.65个百分点（表10-1）。由此表明，改革开放40多年来，甘肃省会城市首位度尽管下降了4.23，但在所分析的5个时间节点中，首位度的值都超过2，这意味着甘肃省长期属于高首位度省份[25]，空间结构呈现出省会城市"一核独大"而非双中心城市也更非多中心城市的格局。改革开放初期，兰州市的城区人口集聚度和经济集聚度更高，但随着全省其他区域的发展，兰州在全省的相对地位有所下降，但在目前和可预见的将来，兰州仍然是甘肃省的主要增长极。

表10-1 1978年以来兰州市的首位度、城区人口集聚度和经济集聚度

	1978年	2010年	2019年	2020年	2021年	1978—2021年变化	2010—2021年变化
兰州首位度	9.13	2.91	3.67	3.67	4.90	−4.23	1.99
城区人口集聚度（%）	—	37.96	36.61	36.52	37.56	—	−0.40
经济集聚度（%）	33.68	27.90	32.54	32.15	31.55	−2.13	3.65

注：①本表中1978、2010、2019年的计算结果来自参考文献［22］。
②省会城市首位度=省会城市城区人口/第二大城市城区人口。
③城区人口集聚度=省会城市城区人口/全省城区人口。
④经济集聚度=省会城市地区生产总值/全省地区生产总值。
资料来源：《中国城市建设统计年鉴2021》、历年各地国民经济和社会发展统计公报。

（二）经济集聚度的演变

整体上看，10多年来兰州市的经济集聚度在波动中不断攀升，总体维持在30%左右。在全国27个省会（首府）城市中的排名有所进位但比较稳定，具体由2010年的第12名进位并稳定在2020—2022近3年的第10名。

2010—2022年，兰州市地区生产总值在甘肃省中所占比重呈现波动起伏的特征，总体趋势是上升的。其中，2010—2017年经济集聚度不断攀

升，由27.90%上升到最高的34.40%，但2018年下降到33.72%，其后一直呈现下降的趋势，2019年达到32.54%，之后3年又连续下降，2022年降到了29.85%（见图10-1）。

2010年，兰州市经济集聚度在全国27个省会（首府）城市排名第12。2020年，兰州市经济集聚度为32.15%，排名为第10位，2010年至2020年的10年来，兰州市经济集聚度上升了4.25个百分点，在西部11个省会（首府）城市中（除去直辖市的重庆）增幅在西安、成都之后，居于第3位。2021年和2022年，兰州市经济集聚度分别为31.55%、29.85%，都有所下降，但在全国省会（首府）城市的位次都是第10位。在11个西部省会（首府）城市中，2010年、2020—2022年，兰州市经济集聚度排名一直较为稳定，都位居第6位（见表10-2），且从增加的幅度变化来看，最近3年变化较小，由此可见，兰州市经济集聚度波动的幅度较小。另外，从全国来看，高经济集聚度都是省域经济相对滞后的西部和东北地区。如经济集聚度排名前3名的省会城市，分别是东北的长春和西部的银川、西宁。2022年，长春、银川、西宁的经济集聚度分别为52.03%、50.02%、45.55%。在所分析的4个年份中，排名末位的济南，虽然2022年的经济集聚度只有13.76%，但山东省的省域经济相对发达。后发省域更多是省会城市单核驱动，而发达地区的山东济南、青岛，广东广州、深圳等，在空间动力上，都是省会城市和省内的另一大城市双核驱动。也有一些省份会出现多级化、网络化的空间动力体系。因此，不能简单地依靠经济集聚度、人口集聚度判断省会城市之强弱。

图10-1　2010—2022年兰州市的经济集聚度

资料来源：《甘肃发展年鉴2022》。

表10-2　2010年、2020—2022年全国27个省份经济集聚度及排名

城市	2010年		2020年		2021年		2022年		城市	2010年		2020年		2021年		2022年	
	经济集聚度（%）	排名	经济集聚度（%）	排名	经济集聚度（%）	排名	经济集聚度（%）	排名		经济集聚度（%）	排名	经济集聚度（%）	排名	经济集聚度（%）	排名	经济集聚度（%）	排名
银川	48.95	3	49.64	2	50.04	2	50.02	2	太原	19.97	23	23.28	18	22.67	19	21.73	21
长春	51.93	2	54.16	1	53.67	1	52.03	1	杭州	21.71	19	24.90	15	24.63	15	24.13	16
西宁	54.91	1	46.52	3	46.28	3	45.55	3	贵阳	24.82	15	24.14	17	24.05	16	24.40	15
成都	32.23	9	36.53	6	36.99	4	36.68	4	南昌	23.45	16	22.29	21	22.45	21	22.46	18
拉萨	34.89	6	35.63	8	35.66	7	34.79	7	福州	20.82	21	22.98	19	23.20	17	23.18	17
西安	32.92	8	38.52	4	35.87	6	35.05	6	广州	23.39	17	22.51	20	22.70	18	22.34	19
武汉	34.30	7	36.31	7	35.42	8	35.11	5	郑州	17.84	25	22.12	21	21.55	22	21.09	22
兰州	27.90	12	32.15	10	31.55	10	29.85	10	南宁	21.05	20	21.36	23	20.70	23	19.84	23
海口	29.45	10	32.19	9	31.77	9	31.31	9	长沙	29.2	11	29.23	11	28.81	11	28.70	11
昆明	27.41	13	27.42	12	26.61	12	26.05	14	南京	12.4	26	14.41	26	13.93	26	13.76	26
沈阳	36.11	5	26.28	14	26.28	14	26.56	13	济南	11.53	27	13.93	27	13.76	27	13.76	27
哈尔滨	44.11	4	38.02	5	38.02	5	34.53	8	石家庄	18.89	24	16.48	24	16.07	24	16. 76	24
乌鲁木齐	24.97	14	24.18	16	24.18	20	21.94	20	呼和浩特	22.75	18	16.23	25	15.22	25	14.38	25
合肥	20.39	22	26.39	13	26.57	13	26.67	12	—								

资料来源：根据统计数据自行计算并排序。

（三）市域人口集聚度的演变

10多年来，兰州市的市域人口集聚度不断提升，是甘肃的主要人口集聚地，但在全国27个省会城市（首府）的排名有所下降。市域人口集聚度基本在15%左右，在全国省会城市（首府）的排名由2010年的第15名上升为2021年的第14名（见图10-2和表10-3）。

2010—2022年，兰州市市域人口集聚度不断提升，从14.14%提高到17.71%，13年间增加了3.57个百分点。2010—2022年，甘肃省常住人口减少了67.56万人，但兰州市增加了79.62万人，增加幅度为22.00%，在甘肃人口呈现增长的4个市（州）中，兰州人口增长量最多，由此说明并预判，兰州市是过去10年和未来甘肃省人口的主要集聚地。

2010年、2020年，兰州市的市域人口集聚度分别为14.14%、17.48%，10年间增长了3.34个百分点，在全国省会城市（首府）排名分别为第15名和第14名，2021年兰州市的排名保持在第14名，人口集聚度达到了17.61%。在11个西部省会城市中，兰州市2010年和2020年的市域人口集聚度排名从第8名上升到第7名，2021年名次保持不变，西宁、银川、西安和成都的市域人口集聚度则更高。就全国而言，与经济集聚度相似，市域人口集聚度靠前的省会城市仍然是后发地区，如西宁、银川、长春、哈尔滨。2021年，它们的市域人口集聚度分别为41.68%、39.75%、38.26%、31.63%，分别位列全国第1、第2、第3和第5名。济南的市域人口集聚度较低且排名靠后，2010年、2020年和2021年的市域人口集聚度分别为7.11%、9.10%、9.18%，名次均为全国第27名；2010年、2020年和2021年广州市的市域人口集聚度分别为12.18%、14.82%、14.83%，2010年位列全国省会城市（首府）的第19名，2020年和2021年均位列全国第22名。这是因为青岛、深圳分别是山东、广东另一主要的人口集聚地，致使省会城市的人口集聚功能相对并不突出（见表10-3）。

图10-2　2010—2022年兰州常住人口占甘肃人口比重

资料来源：2010—2021年数据来自《兰州统计年鉴2022》《甘肃发展年鉴2022》；
2022年甘肃省数据来自国民经济与社会发展统计公报；兰州市数据来自兰州市统计局。

表10-3　2010年、2020年、2021年全国27个省份人口集聚度及排名

城市	2010年人口集聚度（%）	排名	2020年人口集聚度（%）	排名	2021年人口集聚度（%）	排名	城市	2010年人口集聚度（%）	排名	2020年人口集聚度（%）	排名	2021年人口集聚度（%）	排名
西宁	39.25	1	41.66	1	41.68	1	兰州	14.15	15	17.48	14	17.61	14
长春	27.96	3	37.79	3	38.26	3	南昌	11.32	22	13.84	24	14.25	24
哈尔滨	27.76	4	31.54	5	31.63	5	乌鲁木齐	14.27	14	15.65	16	15.72	17
银川	31.46	2	39.69	2	39.75	2	郑州	9.21	25	12.69	25	12.89	25
西安	22.68	6	32.77	4	32.55	4	太原	11.76	20	15.20	19	15.49	18
海口	23.60	5	28.38	6	28.50	6	长沙	10.72	23	15.12	20	15.46	20
福州	19.82	7	20.00	10	20.11	10	贵阳	12.43	18	15.52	17	15.84	16
沈阳	18.53	9	18.28	12	18.43	12	呼和浩特	11.60	21	14.33	23	14.57	23
南宁	14.47	13	17.44	15	17.54	15	合肥	7.90	26	15.35	18	15.48	19
武汉	17.10	11	21.55	9	23.41	9	南京	10.18	24	10.99	26	11.08	26

续表

	2010年		2020年		2021年			2010年		2020年		2021年	
城市	人口集聚度（%）	排名	人口集聚度（%）	排名	人口集聚度（%）	排名	城市	人口集聚度（%）	排名	人口集聚度（%）	排名	人口集聚度（%）	排名
成都	17.47	10	25.02	7	25.31	7	广州	12.18	19	14.82	22	14.83	22
石家庄	14.13	16	15.06	21	15.04	21	济南	7.11	27	9.10	27	9.18	27
昆明	13.99	17	17.73	13	—	—	拉萨	18.63	8	23.79	8	—	—
杭州	15.98	12	18.50	11	—	—				—			

注：人口集聚度是指市域人口集聚度，为省会城市市域人口/全省人口。

资料来源：根据统计数据自行计算并排序。

（四）城市建设用地的变化

过去10年来，兰州市的城市建设用地面积不断扩张，占甘肃省的比重也不断提升。2010—2021年，兰州市城市建设用地面积占甘肃建设用地面积的比重虽有波动，但整体呈上升态势，由2010年的184.64平方千米增加到2021年的349.57平方千米，增加了164.93平方千米，占全省的比重由31.07%增加至37.12%，增加了6.05个百分点（见图10-3），说明甘肃省建设用地投向还是更多地向省会兰州倾斜。

图10-3 2010—2021年兰州市城市建设用地及占甘肃省的比重

资料来源：2010—2021年《中国城市建设统计年鉴》。

（五）人均地区生产总值的演变

过去10年来，兰州市的人均地区生产总值不断上升，在全国省会城市中的上涨速度和幅度位于中上等水平。在全国27个省会（首府）城市中位列20到23名，处于全国后列。

2022年，兰州市的人均地区生产总值为75992元，是2010年的2.48倍，在全国的排名上升了3名。2020年和2021年，人均地区生产总值均位列全国第22名。2010年，兰州市人均地区生产总值为30672元，在全国省会城市（首府）的排名为第23名。2020年，上涨到了66680元，在全国省会城市（首府）的排名上升为第22名。2021年、2022年，兰州市的人均地区生产总值分别达到73807元、75992元，排名分别为第22名和第20名。与过去10年相比，近年来，兰州市的人均地区生产总值增长速度有所放缓。从2010年到2022年，兰州市人均地区生产总值增量达到了45320元，增长幅度为147.76%。在西部11个省会城市中，2022年兰州市的人均地区生产总值排名为第8名，2010年至2022年人均地区生产总值增长量排在第6位，人均地区生产总值增长幅度排在第3位（见表10-4）。从中发现，兰州市人均地区生产总值的水平偏低，近几年虽也在持续增长，但在全国的上涨速度和幅度都位于中上等的水平。

表10-4　2010年、2020—2022年兰州市的人均地区生产总值

	2010年	2020年	2021年	2022年
人均地区生产总值（元）	30672	66680	73807	75992
27个省会城市（首府）中的排名	23	22	22	20

注：2022年不含数据不完整的拉萨市。

资料来源：根据各市的国民经济和社会发展统计公报计算。

（六）省会城市发展阶段判断

无论从过去10年兰州市的发展还是全国的位次判断，兰州市在甘肃的市域人口集聚度远低于经济集聚度，人口集聚尚有较大空间。2022年，兰州地区生产总值、市辖区人口，分别占甘肃省的29.85%、17.72%，市域人口集聚度与经济集聚度相差12.13个百分点。2021年，兰州市城区常住人口刚刚迈过300万人的Ⅰ型大型城市的门槛，兰州白银都市圈初步形成，目前兰州市仍然处在集聚要素的阶段，扩散效应和引领带动效应尚待充分释放。

三、后发省域"强省会"的突出矛盾

（一）经济和人口集聚尚不充分，扩散效应不明显

一般而言，省会城市对周边和全省经济呈现虹吸和外溢两种效应，虹吸效应集聚到一定阶段，才会发生外溢的扩散效应。就目前而言，兰州作为省会城市，集聚效应大于扩散效应，未来尚有很大的集聚空间。兰州的产业集聚和人口集聚程度都不够强，且人口与产业集聚之间差距明显，这就需要协同推进产业集聚和人口集聚。

"强省会"无疑需要增强省会中心城市的集聚力、辐射力和带动力，但城市和区域空间的动力是一个体系，不能只重视中心城市的核心动力，还需要发挥都市圈的作用。"强省会"的根本在于完善产业、城市、人口、公共服务等综合功能，而非单一功能的呈现。长期以来，甘肃省的"强省会"着力点未将核心城市建设与都市圈的培育结合起来，致使城市和区域体系完整的发展动力受限。这就致使甘肃在空间层面缺乏可实施的抓手，综合性的城市功能不强，难以集聚要素和产生扩散效应，省会城市对全省高质量发展的带动和引领作用不强。

（二）营商环境不佳，市场主体活力不足

兰州市在全国289个城市中，营商环境指数排名由2019年的全国第49位降低到2020年的第60位，在27个省会（首府）城市中，由第21名降为第22名，位居倒数第6名[26]，表明兰州营商环境水平亟待提高，充分竞争和公平竞争的环境尚需努力构建，营商环境水平影响了产业和经济的集聚程度。政府办事效率相对较低，企业的制度性交易成本较高，引进外来投资和培育本地企业的政策环境尚不理想。截至2023年底，兰州市有市场主体44.56万户，占甘肃省的19.01%；2023年，新登记经营主体6.89万户，占甘肃省的21.05%，其中，新登记企业6391户，占甘肃省的7.04%。由此可见，兰州市市场主体的数量偏少、偏弱，结构也不尽合理，与省会城市的功能不相匹配。

（三）地方品质不优，引进和留住人才困难重重

受制于地方品质等因素，近年来兰州市人才吸引力指数虽有上升，但在全国100个最强人才吸引力城市中，排名却日趋衰落。2020年兰州市掉出100名，其余年份位次也都在下降，2019年、2021年、2022年分别为第50位、76位和96位[27]，兰州人才吸引力衰退严重，城市未来的发展动力受限。

2021年，兰州市城区常住人口达到300万人，刚刚迈过I型大城市的门槛，兰州也是目前我国已形成的30个都市圈中城区常住人口最低的城市。2022年，兰州市GDP达到3343.5亿元，市域总人口和城区常住人口分别为441.53万人、303.13万人（2021年）；与同处西北的西安和乌鲁木齐相比，GDP分别相差8143.01亿元、549.72亿元，人均GDP分别低12660.33元、19640.64元[28]。

（四）中心城市与周边区域的空间距离偏大，经济联系不紧密

从核心城市兰州主城区到达兰州新区、白银、定西、临夏主城区的距

离分别为70、78、105、150千米。与此同时，2021年，白银、定西和临夏的城区常住人口分别为34.58万人、19.7万人、24.62万人，兰州周边的这3个城市均为20万人以上50万人以下的I型小城市，兰州中心区过密与外围过疏的问题重叠。区域经济学的基本规律揭示出，核心城市人口规模偏小，周边缺乏中等城市，加之空间距离过大，经济联系不紧密，致使核心城市的辐射效应受限，周边城市也难以有效承接辐射和转移的功能，引致全省经济发展的空间动力不足。

（五）战略重点变化致使无法有效集中资源，缺乏政策反馈循环机制

"两山夹一川"的地形决定了兰州只能从东西两侧拓展，自2012年兰州新区设立以来，受地方主管官员更替等多种因素的影响，中心城市兰州的空间拓展经历了新区为主、榆中生态创新城为主等不同的发展重点。战略重点的变化，致使无法集中有限的资源放大政策效应。2021年7月，兰州市机动车限行政策的争议和反复，引发全国的舆论关注和争议，反映出政策制定环节存在的论证不够、考虑不周等不足，对政府公信力、区域形象、招商引资等都造成了不必要的消极影响，成为需引起警惕的"反面教材"①。

---

①2021年7月3日，兰州市公安局发布了《关于优化小型及微型客车限行措施的通告》，从7月7日开始，对限行措施进行了调整。如非兰州本地车牌进入兰州的规定区域，需遵守单双号限行政策。也就是说，一辆外地车牌的机动车，即使当天进入兰州核心区时不限行，第二天也必然无法出行，每次进城出城，至少得住两晚上，花3天时间。该规定一经推出就引发了热议和质疑，2021年7月12日，兰州市公安局又提出了调整方案，取消本地牌照车辆周末限行，外地车来兰州当日不受限，次日起与本地车辆同城同策。资料来源：马富春.甘肃兰州交通限行引争议 兰洽会后将调整优化［EB/OL］.（2021-07-07）［2023-08-10］.http://news.cyol.com/gb/articles/2021-07-07/content_gKBeJUl5v.html.
史静静.兰州公布车辆限行优化方案[EB/OL].（2021-07-12）［2023-08-10］.https://new.qq.com/rain/a/20210712A05QXB00.

四、"强省会"的一般经验启示

近年来，贵州、山东、江西、河北等多个省份都推出了"强省会"战略，主张集中资源优势先发展省会城市，提升省会集聚度、做大做强省会。虽然各省政策方式不一而足，但是，通过借鉴一些省份的有益做法，将避免省会城市建设上走弯路。

（一）通过行政区划调整来扩大城市面积

2019年，莱芜市并入济南市，虽然济南仍然是全国集聚度较低的省会城市之一，但是其GDP体量已经在2019年底首度跻身全国前20强。

（二）通过撤县设区来增强市区实力

据统计，在全国27个省份中，有20个省会城市通过不同程度的"撤县设区"来扩张其城市规模，其中，有7个省会城市先后撤销了4个及以上的县来设立市辖区。如2019年湟中县改为西宁市湟中区等。

（三）通过"抢人、抢人才大战"来促进高端人力资源聚集

如西安市通过大幅放宽户籍准入条件、发放人才补贴，吸引和留住大学生等人才。2015—2018年，4年累计新增130多万常住人口，2017年将西咸新区人口纳入人口总数后更是新增78万，总数由870万增长到1000万。2021年，西安市辖区常住人口（含西咸共管区）达到1316.30万人。

（四）通过争取国家级战略平台等方式来获得优惠政策

主要是设立"国家级新区""自贸试验区""国家中心城市"等，获

得政策支持和发展先机。如广州、成都、西安、武汉和郑州都争取设立了自贸试验区并获得了国家中心城市的定位[10]。

（五）辐射带动促进都市圈、城市群协同发展

"强省会"建设旨在培育以省会城市为中心的现代化都市圈和城市群，促进大中小城市以及不同地区间的均衡发展与分工协作。例如，福建省"十四五"规划中提出：福州市创建国家中心城市，以中心城市引领都市圈发展，增强辐射带动作用[7]。

五、后发省域"强省会"的应对策略

（一）顺应区域发展新形势，科学定位并错位竞争

在区域竞争日趋激烈、人才和资本流动壁垒不断消除和全国统一大市场建设背景下，西部的后发省域处于国家重大区域战略的外围，加之受自身发展条件的约束，有被进一步边缘化的风险。这就需要后发省域直面区域劣势，发掘区域比较优势，进而塑造区域竞争优势。顺应未来区域发展由政策竞争转向城市竞争与人力资本竞争、由聚力产业发展转向宜居、宜业、宜学、宜游城市构建的趋势，不同省域的省会城市，应立足自身资源禀赋、寻求科学定位，准确判断本地发展阶段，形成错位竞争的格局。建立公平竞争的环境，留住人才和产业，吸引要素进入，增强省会城市对优质要素的向心力[29][30]。

（二）完善综合城市功能，构建"核心城市—都市圈—经济圈"的区域发展网络

在综合思路上，以兰州市综合城市功能的提升为抓手，推进产业集

聚、生态宜居、就业便利、基础设施和公共服务可达。按照"产业发展—吸纳就业—公共服务—人口集聚"的时序安排（见图10-4）[31]，改善营商环境以集聚产业并创造就业岗位，提升公共服务的便利度，促进人口集聚，进而提高兰州的城市综合吸引力和核心竞争力。进一步突出兰州作为省会城市在全省强有力资源配置中心方面的功能，并在集聚过程中，不断增强扩散效应，从而带动全省的高质量发展。

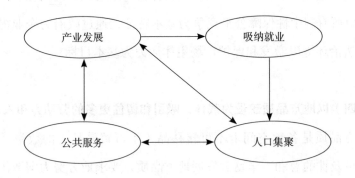

图10-4　城市功能的相互作用机理

资料来源：根据文献[31]绘制。

在空间动力上，"强省会"首先要重视核心省会城市作用的发挥。其次，都市圈是区域协调发展的新形态，统筹推进都市圈建设，可拓展"强省会"的区域新动力，并能在更大范围内高效配置资源。这就需要统筹推进涵盖兰州、白银等地的兰州都市圈的同城化建设。同时，通过项目引进、利税分成等方面的合作，建立兰州都市圈在产业分工、地域合作的联动发展机制[32]，将进一步发挥省会兰州的辐射带动效应，也体现了"强省会"的推进目标。最后，"强省会"的强中心城市还需将包含兰州、白银、定西、临夏在内的兰州经济圈统筹起来，才能在更大范围内优化资源配置，拓展城市空间，培育目前较为缺乏的中等城市，增强区域经济联系，构建"核心城市（省会城市）—都市圈—经济圈"的区域发展体系，从而为"强省会"注入持久的空间动力，并引领和带动后发省域的高质量发展。

（三）以营商环境优化为牵引，着力培育和壮大市场主体

正视营商环境水平和能力方面的差距，优化营商环境的短期任务要突出可预期、透明化、便利化，而长期目标要以市场化、法治化、国际化为导向，以所有制中性保障公平竞争为基本特征，通过政府为企业提供充分竞争的法治环境以激发和保护市场主体活力为基本目标。

（四）以地方品质建设为载体，吸引和留住更多的劳动力和人才

地方品质是各地空间上不可转移品（不可贸易品）的数量、种类、质量和可及性的总和。丰富和发展地方品质，要求地方努力塑造优良的自然、人文、制度环境，并以此吸引和留住人才尤其是企业家、科学家、艺术家等高端人才，通过企业家精神的弘扬和资本的迁移，可将后发省域较为丰富的劳动、土地等要素优化组合起来，推动创新、创业和创造，实现人才区位与创新区位的互相塑造[34]。

（五）做好政策周密论证，稳定预期并建立政策反馈机制

兰州城市空间的东西方向发展的重点，需要进一步深入研究。经广泛讨论并经过决策程序的发展战略，通过持之以恒的努力，借助政府的"有形之手"和市场的"无形之手"，引导预期，配置资源，形成增长极，在集聚效应发展到一定阶段后，扩散效应将呈现出来，从而将存量优化和增量培育的力量调动起来，也就实现了由"强省会"到"强省域"的良性循环。为此，在各项招商引资引智、文旅产业、交通规划、教育、医疗、住房等政策的制定和执行上，要深入论证、广泛参与，接受质疑，形成共

识，并建立政策落实、反馈、评价和改进的工作机制。形成政策的持续性，稳定预期，才能吸引和调动长期的投资和创新。

六、后发省域"强省会"需要辨析的基本问题

（一）城市与区域的关系

城市是建成区、以非农产业为主，城市是与乡村相对的概念，而区域是包含城市、乡村的空间，这两者不能混淆。区域协调发展战略是国家的基本战略，协调发展是显著缩小区域发展差距、实现基本公共服务均等化、基础设施通达程度比较均衡、人民基本生活保障水平大体相当，但并非全部同步实现共同富裕。这个意义上讲，"强省会"首先或更多是强省会城市，而非强省会城市所在的区域。

（二）集聚效应与扩散效应的关系

区域经济非均衡发展是基本的理论原理。经济增长并非在所有行业和空间均匀分布，而是首先出现和集中在具有创新能力的行业，并常常集聚于经济空间的某些"点"上，于是就形成了增长极，如城市、交通沿线、通航港口、沿江沿河等，然后通过极化与扩散效应对区域经济活动产生影响，从而带动整个区域经济的发展。只有集聚效应到达一定阶段，才会发生扩散效应。因此，"强省会"要经历一个以先集聚为主到集聚扩散并存再到扩散为主的阶段。

（三）"强省会"与"强省域"的关系

城市是省域经济的增长极和发动机，省会城市强也会带动省域经济的发展壮大，但省会城市经济、人口占比更大的未必是省域经济更强的省

份，因为城市的人口、经济规模还受经济发展阶段、模式、空间结构等诸多因素的影响。空间结构也有单中心和双中心乃至多中心之别，后发省域受地理条件、市场化水平等因素所限，更多呈现单中心。双中心的如大连、沈阳之于辽宁，青岛、济南之于山东，深圳、广州之于广东等。因此，省会的强弱判断不能简单只看经济和人口的集聚度，还要结合发展阶段、发展水平、地理条件等因素进行具体分析。

（四）政府作用与市场机制的关系

"强省会"的本质在于发挥政府在规划引领、政策倾斜、考核评比、预期引导等方面的作用，但有为政府的"有形之手"作用的发挥有其边界，要顺应市场规律、发挥市场在资源配置中的决定性作用，也就意味着"有形之手"只有尊重"无形之手"的有效市场规律，才能发挥其作用并取得长期效果。因此，要加大改革力度，推进市场化进程和国际、区际和对内的"三重开放"[35]，营造公平竞争的营商环境，注重地方品质建设，培育市场主体，否则，则有可能南辕北辙。政府与市场的关系延伸出的问题便是短期政策与长期机制的关系，这就要求，将两者结合起来并明确他们各自发挥作用的条件，从而建立激励约束机制，调动政府、企业、社会组织和公众各方的积极性，提升协同治理能力。

总之，"强省会"要根据省域发展水平、省会城市与周边城市距离、人口和经济规模分类施策，既要发挥政府在规划导向、预期引导、考核奖励等方面的作用，更要重视市场机制本身功能的发挥，依据市场竞争和价格信号，更多应用市场化的调节手段。与此同时，遵循城市集聚发展的原理，改善地方品质，吸引和集聚人才、资本与技术等要素。在"强省会"的过程中，推进空间结构优化，努力改善民生，不断满足民众在就业、休闲、文化娱乐、个人实现等多方面的需要，而非简单提升省会城市集聚度和陷入GDP竞争，进而化解省会城市与周边区域发展差距矛盾。不能只考虑发挥省会城市的单核增长极的作用，长期还要努力构建"核心城市（省会城市）—都市圈—经济圈"的区域发展网络。

参考文献

［1］魏后凯.促进区域协调发展的战略抉择与政策重构［J］.技术经济，2023，42（1）：14-24.

［2］安树伟，李瑞鹏.东西差距还是南北差距？——1978年以来中国区域差距的演变与机理分析［J］.中国软科学，2023（4）：109-120.

［3］JEFFERSON，M.The Law of the Primate City［J］.Geographical Review，1939，29（2）：226-232.

［4］ZIPF G K. National Unity and Disunity：The Nation as a Bio-Social Organism［M］.Oxford：Principal Press，1941.

［5］阿瑟·奥莎利文.城市经济学（第8版）［M］.周京奎，译.北京：北京大学出版社，2015：7-10.

［6］徐琴.省域发展的空间逻辑——兼论"强省会"战略的地方实践［J］.现代经济探讨，2020（6）：107-110.

［7］马雪松，柏然.优化行政区划设置视域下的"强省会"建设：功能预期、实践形态与效能转化［J］.云南社会科学，2023（3）：53-61.

［8］孙承平，叶振宇，周麟.城市规模、"强省会"战略与区域协调发展［J］.治理现代化研究，2023，39（2）：31-36.

［9］倪鹏飞，杨华磊，周晓波.经济重心与人口重心的时空演变——来自省会城市的证据［J］.中国人口科学，2014（1）：44-54，127.

［10］张航，丁任重.实施"强省会"战略的现实基础及其可能取向［J］.改革，2020（8）：147-158.

［11］宋迎昌.我国省会城市分化发展态势与区域影响［J］.人民论

坛，2021（28）：72-75.

［12］李铭，易晓峰，刘宏波，等.作为增长极的省会城市经济、人口和用地的集聚机制分析及对策建议［J］.城市发展研究，2021，28（8）：70-76.

［13］刘润佳，把多勋.中国省会城市紧凑度与城镇化水平关系［J］.自然资源学报，2020，35（3）：586-600.

［14］吴传清，孟晓倩.虹吸还是溢出？——"强省会"战略的经济增长极效应分析［J］.安徽大学学报（哲学社会科学版），2022，46（1）：124-136.

［15］赵奎，后青松，李巍.省会城市经济发展的溢出效应——基于工业企业数据的分析［J］.经济研究，2021，56（3）：150-166.

［16］任柯柯.省会城市人口集聚对省域经济增长的影响——基于中国省级数据的实证检验［J］.现代城市研究，2018（3）：15-23.

［17］庄羽，杨水利."强省会"战略对区域创新发展的影响——辐射还是虹吸？［J］.中国软科学，2021（8）：86-94.

［18］杨博旭，柳卸林，常馨之."强省会"战略的创新效应研究［J］.数量经济技术经济研究，2023，40（3）：168-188.

［19］付婷婷，张同斌.城市边界扩张能否形成经济增长新动力——以部分省会城市的扩张为例［J］.经济科学，2022（4）：50-63.

［20］孙斌栋，郑涛.省会城市行政边界扩张对省域经济增长的影响［J］.地理科学，2023，43（7）：1133-1143.

［21］王猛，王琴梅.省会城市扩张及其增长效应研究［J］.当代财经，2020（4）：101-112.

［22］宁越敏，张凡.中国省会城市首位度变化分析——兼论省会城市的高质量发展［J］.同济大学学报（社会科学版），2021，32（3）：92-100.

［23］丁任重，张航.城市首位度与区域经济增长的互动——基于空间多重形式分析［J］.当代经济科学，2020，42（5）：16-27.

［24］段巍，吴福象，王明.政策偏向、省会首位度与城市规模分布

［J］.中国工业经济，2020（4）：42-60.

［25］许学强，周一星，宁越敏.城市地理学［M］.北京：高等教育出版社，2009：166-181.

［26］李志军.2020中国城市营商环境评价［M］.北京：中国发展出版社，2021：152-155.

［27］任泽平.中国城市人才吸引力排名：2023［EB/OL］.（2023-05-31）［2023-08-06］.https://mp.weixin.qq.com/s/zDHTOrc5DpLQxv1mBryIEw.

［28］陈润羊，李文婧，张旭雯.构建"内联外通、开放包容"的兰州都市圈［J］.中国投资，2023（Z9）：72-77.

［29］赵伟.国家战略、"一带一路"倡议与西部选择［J］.现代经济探讨，2022（7）：1-9.

［30］赵伟.国家级区域战略与西部欠发达地区选择——以甘肃为例［J］.探索与争鸣，2023（4）：125-136.

［31］安树伟，孙文迁.都市圈内中小城市功能及其提升策略［J］.改革，2019（5）：48-59.

［32］陈润羊.把握好建设兰州都市圈的路向和路径［N］.甘肃日报，2023-07-14（06）.

［33］陈润羊.持续优化营商环境 激发市场主体活力［N］.甘肃日报，2022-06-24（005）.

［34］陈润羊.强县域要发展壮大甘肃县域经济［N］.甘肃日报，2022-01-07（007）.

［35］王必达，赵城.黄河上游区域向西开放：模式创新与动力机制［M］.北京：经济科学出版社，2021：1-10.

第十一章

构建「内联外通、开放包容」的现代化都市圈

　　内容提要： 兰州都市圈是西北地区区域协调发展的空间依托和引领高质量发展的动力源之一，培育和发展兰州都市圈对于加速兰州—西宁城市群和黄河流域生态保护和高质量发展，以及落实"一带一路"倡议都具有重大意义。兰州都市圈立足自身区位和资源禀赋，经过多年的探索，已经呈现颇具特色且趋势向好的发展特点。然而，仍然存在核心城市带动能力不强、都市圈发育程度较低、营商环境不优、城乡差距较大、人才吸引力不足、公共服务覆盖面不宽等问题。因此，未来需要在完善城市综合功能、形成产业集群创新网络、改善地方品质、降低制度性交易成本、推动城乡融合发展等方面着力推进。

都市圈是由一个或多个核心城市和与其有紧密社会、经济联系的邻接城镇依托交通网络组成的一个相互制约、相互依存，具有一体化倾向的协调发展区。以都市为核心，其辐射影响的范围谓之都市圈[1]。都市圈核心城市城区常住人口规模要达到300万人以上，且承载省会城市的重要功能[2]。2021年，兰州城区常住人口刚达到300万人，辐射半径为50—100千米。依据地域完整、数据可得的原则，本文界定的兰州都市圈空间范围包括兰州和白银。培育和发展兰州现代化都市圈，对于引领甘肃高质量发展，对接和融入兰州—西宁城市群、促进黄河流域生态保护和高质量发展、落实"一带一路"倡议等都具有重大意义。

一、兰州都市圈的发展现状与特征

（一）区位优势明显，战略地位重要

　　兰州地处中国陆域版图的几何中心，是丝绸之路经济带的重要节点城市。兰州都市圈既是连接我国西北地区与西南地区，沟通中亚、西亚、中东欧与东盟国家的桥梁纽带，也是黄河上游生态安全重要屏障区、国家向西开放的战略基点。兰州都市圈面积34300平方千米，2022年常住人口591.74万人、地区生产总值3979.03亿元，分别占甘肃的8.05%、23.74%、35.52%（表11-1）。2022年，兰州都市圈进出口总额达到264.89亿元，占都市圈地区生产总值的6.66%，占甘肃进出口总额的45.34%。兰州都市圈在西北乃至全国开放发展和内外连接沟通中承担着重要功能。

表11-1 2022年兰州都市圈主要指标

区域	面积 （平方千米）	常住人口 （万人）	GDP （亿元）	人均GDP （元）	产业结构
兰州	13100	441.53	3343.5	75725.32	1.94：34.42：63.64
白银	21200	150.21	635.53	42309.43	18.32：39.54：42.14
兰州都市圈	34300	591.74	3979.03	67242.88	4.56：35.24：60.20

数据来源：相关地区2022年国民经济和社会发展统计公报。

（二）历史底蕴深厚，文旅产业蓬勃发展

兰州都市圈具有深厚的历史底蕴，黄河文化、丝路文化、中原文化、西域文化交相辉映，自然遗迹和人文遗迹兼有，红色文化资源富集。2016—2020年，兰州都市圈文化产业规模持续扩大，文化产业增加值从63.84亿元增加至87.83亿元，年均增长率为8.30%，占都市圈GDP的比重由2.41%上升为2.60%。2016—2022年，除去遭受疫情冲击的年份，旅游产业呈现蓬勃发展的态势，2019年旅游总收入达到873.60亿元，接待游客9873.80万人次（表11-2）。近年来，兰州都市圈文旅产业融合步伐加快，对外来游客的吸引力不断提升。

表11-2 2016—2022年兰州都市圈文旅产业基本情况

指标	2016年	2017年	2018年	2019年	2020年	2021年	2022年
文化产业增加值 （亿元）	63.84	72.19	79.26	84.71	87.83	—	—
文化产业增加值占GDP比重 （%）	2.41	2.49	2.50	2.54	2.60	—	—

指标	2016年	2017年	2018年	2019年	2020年	2021年	2022年
旅游总收入（亿元）	498.32	625.12	677.28	873.60	486.13	654.74	171.20
游客接待量（万人次）	6221.47	7671.59	8058.91	9873.80	5846.04	7915.10	3731.00
游客接待量占甘肃比重（%）	32.58	32.09	26.68	26.67	27.44	28.68	27.64

资料来源：2016—2020年数据来自各地文化与旅游局；2021年、2022年数据来自各地国民经济与社会发展统计公报，—为未获得相关数据。

（三）经济总量不断增加，是甘肃发展的重要增长极

2010—2022年，兰州都市圈经济总量不断提升，从1440.77亿元增加至3979亿元，兰州都市圈GDP占甘肃省GDP的比重虽有轻微波动但稳定保持在35%以上，2017年达到最高，为39.47%（图11-1）。兰州都市圈是甘肃的重要增长极，也是推动区域协调发展的重点地区。

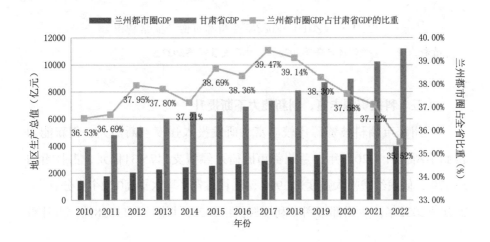

图11-1　2010—2022年兰州都市圈地区生产总值及占甘肃省的比重

资料来源：《兰州统计年鉴2022》《甘肃发展年鉴2022》。

（四）产业结构不断优化，第三产业比重明显上升

2010—2022年，兰州都市圈产业结构由4.50∶49.21∶46.29演化为4.56∶35.24∶60.20，第一产业增加值比重保持平稳状态，均维持在5%以下，第二产业增加值比重下降了13.97个百分点，而第三产业增加值比重骤升13.91个百分点，产业结构由"二三一"型演变为"三二一"型（图11-2）。与此同时，随着技术创新和制度变革，产业结构也不断趋向合理化，但以制造业为代表的工业实力仍然不强、现代服务业发展相对滞后。

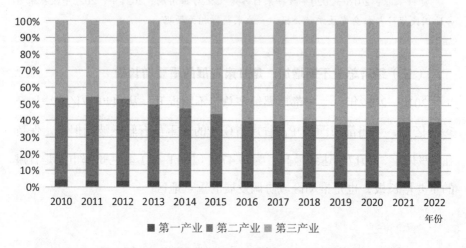

图11-2　2010—2022年兰州都市圈产业结构图

资料来源：《兰州统计年鉴2022》《甘肃发展年鉴2022》。

（五）科技资源丰富，创新能力不断提升

兰州都市圈科技资源比较丰富，研发投入强度不断加大，创新能力得到不断提升。2021年，兰州都市圈研发经费支出75.31亿元，占甘肃的58.17%，研发经费投入强度达1.98%，比甘肃省平均水平高0.72个百分点[①]。2020—2022年，兰州都市圈专利授权量由10233件增长到11328件，占甘肃

---

①甘肃省科技厅.2021年甘肃省研究与试验发展（R&D）投入情况［EB/OL］.（2023-03-01）［2023-08-06］.http://kjt.gansu.gov.cn/kjt/c111616/202303/125202851.shtml.2023/03/01.

的比重由48.75%提高到50.37%；其中，发明专利授权量由1212项增长到1995项，但占全省比重却下降了3.12个百分点（表11-3）。随着兰白国家自主创新示范区和科技创新改革试验区建设的不断深入，也将为都市圈和甘肃的动能转化提供新的动力。

表11-3 2020—2022年兰州都市圈科技创新情况

区域	专利授权量（件）			发明专利授权量（项）		
	2020年	2021年	2022年	2020年	2021年	2022年
兰州	9289	11426	10120	1165	1756	1904
白银	944	1283	1208	47	92	91
兰州都市圈	10233	12709	11328	1212	1848	1995
甘肃省	20991	26056	22490	1446	2253	2472
都市圈占全省比重（%）	48.75	48.78	50.37	83.82	82.05	80.70

数据来源：各地相关年份国民经济与社会发展统计公报。

二、兰州都市圈发展中存在的问题

（一）都市圈雏形日趋明显，核心城市带动能力不强

2021年，兰州市城区常住人口达到300万人，刚刚迈过I型大城市的门槛，兰州也是目前我国已形成的30个都市圈中城区常住人口最少的城市。2010—2022年，兰州市的GDP占甘肃的比重由28.64%波动上升为29.85%，常住人口占甘肃的比重由14.15%增加到17.71%（图11-3）。2022年，兰州市GDP达到3343.5亿元，市域总人口和城区常住人口分别为441.53万人、303.13万人（2021年）；与西安和乌鲁木齐相比，GDP分别相差8143.01亿元、549.72亿元，人均GDP分别低12660.33元、19640.64元（表11-4）。

兰州是甘肃省经济和人口的主要集聚地，与西安、乌鲁木齐等城市尚有差距，且其对周边区域的带动辐射能力不强。

图11-3　2010—2022年兰州市GDP、常住人口及占甘肃比重

资料来源：2010—2021年数据来自《兰州统计年鉴2022》《甘肃发展年鉴2022》；2022年甘肃数据来自国民经济与社会发展统计公报，兰州市数据来自兰州市统计局。

表11-4　2022年兰州主要指标与西安、乌鲁木齐的比较

项目	兰州	西安	乌鲁木齐
GDP（亿元）	3343.5	11486.51	3893.22
省会GDP/全省（%）	29.85	35.05	21.94
市域总人口（万人）	441.53	1299.59	408.24
城区常住人口（万人）①	303.13	740.4	390.91
市域总人口/全省（%）	17.71	32.85	15.78
人均GDP（元）	75725.32	88385.64	95365.96

注：①2021年数据。

资料来源：各地2022年国民经济和社会发展统计公报、《中国城市建设统计年鉴2021》，城区常住人口为城区人口和城区暂住人口之和。

（二）发育程度较低，发展水平不高

目前，兰州都市圈仍处在都市圈的萌芽期[2]，与同在西北的发育期的西安都市圈、萌芽期的乌鲁木齐都市圈相比，尚有一定差距。兰州都市圈面积分别是西安、乌鲁木齐都市圈的90.60%、39.29%，2022年，常住人口分别是这2个都市圈的26.31%、103.77%，地区生产总值分别是2个都市圈的23.39%、65.62%，人均GDP分别是2个都市圈的88.89%、63.24%（表11-5）。综上可知，西北地区的这三大都市圈中，兰州都市圈的面积最小，常住人口远少于西安都市圈但多于乌鲁木齐都市圈，地区生产总值和人均GDP都低于其他2个都市圈。因此，兰州都市圈应加快发展速度，提升发展质量。

表11-5　2022年兰州都市圈主要指标的对比

区域	面积（平方千米）	辖区常住人口（万人）	GDP（亿元）	人均GDP（元）
兰州都市圈	34300	591.74	3978.58	67235.27
西安都市圈	37860	2248.89	17010.74	75640.60
乌鲁木齐都市圈	87300	570.24	6062.74	106319.09
兰州都市圈/西安都市圈（%）	90.60	26.31	23.39	88.89
兰州都市圈/乌鲁木齐都市圈（%）	39.29	103.77	65.62	63.24

注：①兰州都市圈空间范围涵盖西安、咸阳、铜川、渭南。
　　②乌鲁木齐都市圈空间范围涵盖乌鲁木齐、昌吉。
资料来源：各地2022年国民经济和社会发展统计公报，其中昌吉州经济数据来源于《2022年昌吉州统计月报（1—12月）》，因未获得2022年人口数据，故采用2021年底的常住人口数据，人均GDP为2022年GDP除以2021年常住人口计算而得，昌吉州辖区常住人口（不含五家渠市），包含农六师其他团场、农八师147、148、149、150团以及农十二师222团常住人口。

（三）营商环境不优，市场主体活力不强

营商环境是区域的核心竞争力。2019年，兰州和白银的营商环境指数分别位居甘肃的第1位和第7位。2020年，兰州虽在全省排名未出现变动，但营商环境指数不增反降，白银则出现了轻微幅度的上升，全省排名提升至第4位。在西北的5个省会（首府）城市中，兰州的排名高于银川和西宁，但低于乌鲁木齐，且与西安的差距巨大。在全国298个城市中，2020年与2019年相比，兰州市排名下降了11名，白银市上升了51名，但在全国城市中仍属后列（表11-6）[3]。

表11-6　2019—2020年兰州都市圈营商环境指数
与西北省会（首府）城市的比较

城市	营商环境指数		省内排名		全国排名	
	2019年	2020年	2019年	2020年	2019年	2020年
兰州	18.4521	15.7873	1	1	49	60
白银	8.8671	9.2015	7	4	257	206
西安	32.8591	32.8508	1	1	12	12
乌鲁木齐	16.0145	16.5686	—	—	67	51
银川	14.1076	13.5622	1	1	93	84
西宁	13.2438	11.1774	—	—	108	130

资料来源：李志军.2020中国城市营商环境评价[M].北京：中国发展出版社，2021：46，150，153，156.

（四）居民收入水平较低，城乡差距较大

2022年，兰州都市圈常住人口城镇化率为77.53%，分别高出甘肃和全国平均水平的23.34个、12.33个百分点；城镇居民、农村居民人均可支配收入分别为43732元、15085元，两者均明显低于全国平均水平，且城乡

收入比为2.90：1（农村居民=1），高于全国但低于甘肃的平均水平（表11-7）。结果表明，都市圈居民收入水平较低，城乡差距较大，城乡平衡发展面临巨大挑战。

表11-7　2022年兰州都市圈城镇化率、城乡居民收入与甘肃、全国的比较

区域	常住人口城镇化率（%）	城镇居民人均可支配收入（元）	农村居民人均可支配收入（元）	城乡收入比（农村=1）
兰州	84.07	45277	17178	2.64：1
白银	58.32	37187	12733	2.92：1
兰州都市圈	77.53	43732	15085	2.90：1
甘肃	54.19	37572	12165	3.09：1
全国	65.20	49283	20133	2.45：1

资料来源：《甘肃发展年鉴2022》、各地相关年份国民经济与社会发展公报。

（五）人才吸引力不足，发展动力受限

人才是区域发展的基础。如果将"人才"界定为智联招聘统计的有简历投递行为且学历为专科及以上的用户，近年来兰州市人才吸引力指数虽有上升，但在全国100个最强人才吸引力城市中，排名却日趋衰落。2019—2022年，2020年兰州市掉出前100名，其余年份位次也都在下降，分别为第50位、76位和96位，西北其他4个省会（首府）城市的位次也有下降的趋势（表11-8）。由此说明，在北京、上海、深圳居前三，长三角、珠三角人才集聚的背景下，西北城市人才吸引力呈相对衰减态势，且兰州人才吸引力衰退得更为严重，城市未来的发展动力受限。

表11-8 2019—2022年西北5个省会（首府）城市的人才吸引力

城市	人才吸引力指数			全国城市排序名次			
	2019年	2020年	2021年	2019年	2020年	2021年	2022年
兰州	6.9	—	22.4	50	—	76	96
西安	29.9	50.9	47.0	14	18	11	20
乌鲁木齐	6.4	31.8	26.4	54	46	52	61
银川	3.6	26.6	22.8	90	74	76	97
西宁	3.8	—	—	86	—	—	—

注：本表仅列出全国排名前100名的城市。

资料来源：任泽平.中国城市人才吸引力排名2023.https://mp.weixin.qq.com/s/zDHTOrc5DpLQxv1mBryIEw.

（六）环境问题突出，公共服务覆盖面不宽

2022年，兰州市和白银市的空气质量达标天数分别为301天、329天，年优良天数比例分别为82.5%、90.1%，比甘肃低7.7个和0.1个百分点；环境空气质量综合指数分别为4.46、3.67，分别比甘肃高1.04、0.25，由此说明，兰州都市圈空气质量低于甘肃全省平均水平。

2022年，兰州有17所本科院校、11所专科院校，合计占甘肃高校数量的57.14%；白银仅有2所专科院校，仅占甘肃高校数量的4.08%。2022年，兰州市有2059个医疗卫生机构，拥有床位数3.49万张，分别占甘肃的8.15%、18.47%；白银有1399个医疗卫生机构，仅占全省的5.54%。2022年，兰州有17家三甲医院，占甘肃的42.5%，而白银仅有4家，占甘肃的10%[①]。由此可见，兰州都市圈的高水平教育和医疗资源等公共服务覆盖面不宽，且分布不均，优质资源高度集中在兰州。

---

①2022年甘肃三甲医院排行榜.https://www.guokang.com.cn.

三、优化兰州都市圈空间结构

兰州都市圈的空间结构为"四核、三轴、多节点"的空间开发格局，强化核心区引领，推动形成三条发展轴，推进大中小城市的协同发展。

"四核"是指以兰州中心城区、白银区、兰州新区和榆中生态创新城构成的都市圈核心区，既是都市圈的人口和经济的主要聚集区，也是主要创新平台和科教资源密集区，是引领都市圈高质量发展的动力源。核心区建设的主要任务，是推动兰州中心城区在优化提升城市核心功能的基础上，合理确定白银区、兰州新区和榆中生态创新城的功能定位，全面提升兰州的辐射带动能力，加快兰州—白银同城化进程，进而带动都市圈的一体化发展。

"三轴"是依托交通、通信等基础设施形成的都市圈三条经济发展轴，包括：由兰州中心城区、兰州新区和榆中生态创新城串联而成的发展轴，由兰州中心城区到白银区连接拓展而成的发展轴，以及由兰州新区到白银区衔接延伸而成的发展轴。"三轴"承担生态修复、文化复兴和产业转型的功能，是黄河流域生态保护和高质量发展带，构成了都市圈人口经济分布的主要形态，要深入实施绿色生态产业培育、黄河文化传承、水源涵养、水土流失治理和污染治理等重大工程，着力构建黄河流域上游生态保护和高质量发展的动力源。

"多节点"是指以皋兰、永登、平川、靖远等各个区（县）构成的功能单元，着眼都市圈整体性功能布局，积极推动重点毗邻区域一体化协同发展，形成一批产（业）城（市）人（口）融合、功能完备、生态宜居、交通便捷的都市圈特色功能节点，形成都市圈生产、生活、生态、安全等不同功能单元，区（县）政府所在地是就地城镇化和城乡融合发展的关键区域，各个县城通过产业承载、特色功能塑造进而多点支撑都市圈的高质量发展。

四、兰州都市圈未来发展的重点

（一）积极落实"一带一路"倡议，构筑向西开放战略平台

兰州都市圈需立足自身区位优势，借助兰州国际陆港空港、兰州新区综合保税区等开放平台和已开通的中欧、中亚等国际货运班列，持续提高通关便利化水平，拓展对外经贸合作的新空间，抢抓《区域全面经济伙伴关系协定》（RCEP）全面生效后的原产地等新机遇，积极落实国家"一带一路"倡议，深度融入西部陆海新通道建设，持续扩大对外开放水平，实现更宽领域、更深层次的对外开放，将都市圈构筑为我国向西开放的战略平台，协同推进区域内开放、区际开放与国际开放的"三重开放"，助力解决甘肃对内开放不足和区际开放滞后的问题[4]。

（二）抢抓黄河流域生态保护和高质量发展的战略机遇，实现绿色发展

兰州都市圈位于黄河流域上游，需抢抓黄河流域生态保护和高质量发展的战略机遇，以绿色发展为导向，推进生态产业化和产业生态化，以点状开发和面上保护为原则，根据区域的环境资源承载力，合理布局城镇与产业，严格控制经济开发范围和强度。发展生态友好型、资源节约型的产业体系，积极推进生态环境综合治理和流域生态补偿，寻求生态产品价值实现机制的可行途径。不断完善公共服务体系，做足黄河相关的文旅、休养康养产业等文章，提高都市圈的民生共享水平[5]。

（三）突出核心城市职能，支撑兰州—西宁城市群建设

目前都市圈核心城市兰州仍然处在集聚要素的阶段，扩散效应和引领带动功能不足。这就需要深入实施"强省会"行动，推进壮大产业体系、创造就业岗位、做优公共服务、引导人口集聚。兰州都市圈需深化与临夏、定西、西宁、海东等周边城市的合作，建立常态化的联系沟通机制。提升兰州区域中心城市功能，加快建设兰白自主创新示范区和科技创新改革试验区，推进白银资源枯竭型城市转型发展，推动兰州都市圈传统优势产业转型升级，并积极发展新型产业。

五、建设高质量发展兰州都市圈的对策

（一）完善城市综合功能，构建优势互补的区域发展体系

通过完善就业、宜居、公共服务、基础设施、文化娱乐等城市综合功能，进而构建"核心城市—都市圈—经济圈"的区域发展网络。以都市圈为单元，推进教育、医疗等公共服务共享，完善交通、5G等基础设施，打通断头路，提高城际互联互通水平，推进兰州—白银时速250公里城际铁路建设，在既有兰州—中川城际提速空间有限的情况下，可考虑新建中川—兰州城区的高速客运铁路。只有将建设兰州都市圈与"强省会"的强中心城市结合起来，并把包含兰州、白银、定西、临夏在内的兰州1小时经济圈建设统筹起来，才能在更大范围内优化资源配置，拓展兰州都市圈发展空间，培育定西、临夏等中等城市，增强区域经济联系，构建多级支撑、优势互补的城市与区域发展体系，从而引领和带动甘肃的高质量发展。

（二）发展飞地经济，形成区域产业集群创新网络

兰州新区、各类开发区等积极承接东部外溢且兰州都市圈有基础但

薄弱的产业，不断延伸产业链条，发挥兰州都市圈的科技创新优势，促进产业链、创新链深度融合，推动科技成果向现实生产力转化。按照集中发展、集群发展、集约发展的原则，建设好兰州新区，积极申报创建中国（甘肃）自由贸易试验区。努力把兰州高新技术产业开发区和兰州经济技术开发区、白银高新技术产业开发区建设成创新要素集聚、体制机制创新的新型区域形态。主动与天津、上海等地加强区域合作，积极发展产业飞地、科创飞地、"制度飞地"。借助各类功能性平台，做好基础建设和管理服务，主动承接发达地区的产业并积极发展精细化工、能源矿产开发与加工、农产品加工、现代服务、高新技术和加工贸易等产业，并着力在生物医药、新材料和装备制造的产业链上做好补链、延链和强链的工作。数字技术赋能传统优势产业加快转型升级，着力推进数字产业化和产业数字化，大力培育和发展非动力核产业、新能源等战略性新兴产业。探索发达地区直接托管、双方入股等新型管理服务模式，探索去行政化的"管委会+公司"的运营模式，将"亩均收益"引入绩效评价体系，并由入驻方共享税收分成[6]。以企业为技术创新主体，确立市场化的创新导向，搭建科研院所、大学和企业联合研发的共享化、开放化平台，促进区域产业链与创新链深度融合，推动形成区域产业集群创新网络。

（三）改善地方品质，吸引周边人口、人才进入

降低进入门槛，吸引省内和周边省份人口进入，改善地方品质，提高兰州的城市综合吸引力和竞争力。制定和出台吸引人口、人才的政策，提升兰州都市圈的人口集聚度。推进就地化务工，增加常住人口的数量，从子女入学、医疗等方面着力保障农民工的市民化待遇。实施"大学生留甘留兰行动计划"，营造公平竞争和包容创新的环境，并从支持就业创业、人才津贴发放、人才公寓建设等方面予以政策支持。进一步做好甘肃生态

脆弱地区、贫困地区和受灾地区等不适宜人居地区的人口向兰州新区的搬迁工作，并从住房补贴、耕地跨区域流转、公益性岗位安置、就业培训等方面予以政策支持和鼓励。

（四）降低制度性交易成本，营造公平竞争的营商环境

只有统筹推进营商环境优化、招商引资引智、本地市场主体培育的工作，才能在激烈的区域竞争中发挥比较优势、塑造竞争优势。正视兰州都市圈营商环境水平和能力方面的差距，以市场化、法治化、国际化为导向，以所有制中性保障公平竞争为特征，持续优化营商环境，激发市场主体活力。不断完善"陇商通"等一键服务系统，连接线上线下、打通各个部门，促进数据共享和办事协调。打通各个部门、政务微信、网络服务与监管平台，优化审批和监管流程，为企业提供以"个性指南+智能申报"为特征的智能化办事辅助服务。解放思想，创新招商引资引智方式，探索项目委托、策划、技术咨询、第三方机构等多种形式，尤其想方设法多引进一些外资，以改善投资结构激活发展动力。探索设立年薪制的聘任制公务员岗位，引进职业经理人，创新设立"首席招商引资官"制度，通过有吸引力的薪资，激发干事创业的动力，加大并公开奖励对招商引资引智有重大贡献的组织和个人，持续推进创新创业[7]。

（五）加快就地城镇化，推动城乡融合发展

一方面，顺应人口向沿海等发达地区流动的趋势，为民众出省就业提供培训、信息等服务。另一方面，推进以城市、县城为载体的就地城镇化，为实现三产融合、产（业）城（市）人（口）融合创造条件[8]。以兰州都市圈作为城乡融合发展的基本空间形态，并以市场一体化、公共服务一体化、基础设施一体化为抓手，不断促进农业转移人口的流动步伐，按照城市常住人口配置公共资源，并公平享受市民化的待遇[9]。遵循要素流

动追求报酬的规律，配合使用政府规划引领、政策激励的手段，改革阻碍城市要素下乡的体制机制，鼓励并支持企业家、大学生、务工农民、新乡贤等结合乡村和县域优势资源进行创新创业，将劳动、资本、技术和数据等要素组合起来，增加科技含量，不断提高乡村产业复杂度，促进乡村产业回报率提升，推动差异化和特色化发展，进而实现城乡融合和城乡居民共同富裕。

参考文献

［1］肖金成.关于新发展阶段都市圈理论与规划的思考［J］.人民论坛·学术前沿，2021（4）：4-9，75.

［2］黄艳，安树伟.中国都市圈：识别、特征与发展态势［J］.中国投资，2022（Z2）：29-36.

［3］李志军.2020中国城市营商环境评价［M］.北京：中国发展出版社，2021：46，150，153，156.

［4］王必达.论甘肃向西开放的模式选择与政策取向［N］.甘肃日报，2021-12-13（004）.

［5］陈润羊.黄河流域上游生态保护和高质量发展的对策［J］.党的建设，2020（7）：61.

［6］陈润羊.积极服务和融入新发展格局［N］.甘肃日报，2021-08-20（006）.

［7］陈润羊.持续优化营商环境 激发市场主体活力［N］.甘肃日报，2022-06-24（005）.

［8］陈润羊，李恒超.加快建设具有全国影响力的现代化西安都市圈［J］.中国投资，2022（Z7）：88-93.

［9］陈润羊，李文婧，张旭雯.构建"内联外通、开放包容"的兰州都市圈［J］.中国投资，2023（Z9）：68-73.

第十二章
实施低碳城市发展模式

内容提要：低碳发展是后发地区在城市化和工业化进程中的科学选择，也是未来城市发展的主流趋势。城市是推进低碳转型的重要空间单元，而低碳发展是后发地区社会经济高质量发展的必由之路。目前模式设计是发展低碳城市面临的主要科学问题，以甘肃省兰州市为例，综合发展低碳城市的手段、目标，考虑建设的动力和支撑系统，结合低碳城市的关键要素、实施领域和最终效果，设计提出了"六位一体—多元互构—渗透过渡"的低碳城市发展模式，并分析了低碳城市建设的六大关键领域：碳汇碳捕捉、能源、产业、交通、建筑和生活等。兰州低碳城市发展模式对我国其他后发地区具有一定的借鉴和参考价值。

为了应对气候变化和全球变暖，以降低人类生产和生活活动的碳足迹为目标的低碳发展模式得到各方重视。世界多个城市的政府以及诸多国际组织都在积极推进低碳城市的建设[1]。低碳城市是城市主动应对气候变化、践行可持续发展理念，实施绿色发展的必经之路，也是后发地区发挥后发优势，实现赶超发展的基本选择[2]。

2003年，英国政府发布能源白皮书《我们能源的未来：创建低碳经济》，这是政府文件中首次提出"低碳经济"的概念，并引起了国际社会的广泛关注[3][4]。日本紧随其后，致力于"低碳社会"的建设，颁布了《日本低碳社会模式及其可行性研究》。在全球应对气候变化的背景下，低碳经济和低碳城市的概念应运而生，低碳经济是世界发展的趋势，低碳城市是低碳发展的必然过程，而其核心为降低能源消耗、减少二氧化碳排放[5]。有学者认为：低碳城市就是"使城市低碳发展"，它既是一种发展理念，也是一种发展战略，更是发展的一种模式，它是通过转变消费理念和生产、生活方式，在保证生活质量不断提高的前提下，最大限度减少城市的温室气体排放、实现可持续发展的城市建设模式和社会发展方式[6]。

党的二十大报告指出要加快绿色发展转型，推动经济社会绿色化、低碳化，深入推动环境污染防治，积极稳妥推进碳达峰碳中和。随着城市化进程的加快，能源消耗、温室气体排放，给后发地区的发展带来巨大的压力。搭乘低碳经济这列快车，实现绿色转型，是后发地区高质量发展的有效途径。模式设计是发展低碳城市的关键技术难点，设计适宜模式成为城市实现低碳发展的重要课题。

综观国内外低碳城市发展实践，可以发现，城市的资源禀赋、产业基础与所在国家、地区的发展战略不同，不同的城市选择了多样的模式[7]-[12]。2010年8月，国家发展和改革委员会《关于开展低碳省区和低碳城市试点工作的通知》，确定首先在广东等5省和天津等8市开展试点工作。2012年4月，国家发展和改革委员会在第一批试点的基础上，下发了《关于组织推荐申报第二批低碳试点省区和城市的通知》，确定的低碳城市已扩展至26个。2017年1月，国家发展和改革委员会确定在内蒙古乌海市等45个城市开展第三批低碳城市试点。国内外先行城市低碳发展的探索将为后发地区城市的绿色转型提供借鉴。

一、低碳城市领域研究现状和后发地区低碳转型的意义

（一）研究现状

以低碳城市为关键词，搜索中国知网自建库到2023年8月12日以来所有的CSSCI期刊文章发现，共有392篇高质量文章。自2008年首次出现关于低碳城市的文章，到2011年文章数量一直呈上升趋势，2011年达到最高值63篇，之后不断下降，2013—2015年稳定在30篇左右，之后每年发表文章的数量在10—20篇之间（图12-1），由此可见，低碳城市的研究经历了一个从高度关注到趋于稳定的过程。

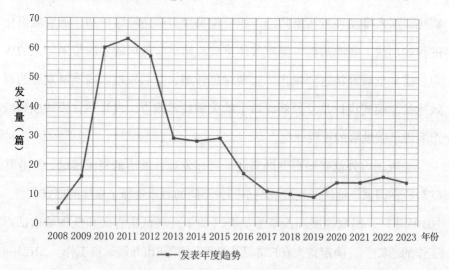

图12-1　2008—2023年低碳城市文章发表情况

该领域的研究主题主要集中于以下几个方面：低碳城市建设、低碳经济、低碳发展、碳排放、低碳城市规划、低碳城市试点政策等。

关于低碳城市，学界尚未见统一的定义，目前多从经济学学理、目标、具体路径等角度阐释。经济学多从投入产出效率看问题，强调"低能耗、低污染、低排放和高效能、高效率、高效益"；从目标上看，低碳城市以经济发展的同时兼顾低耗高效为目标。辛章平，等学者提出，低碳城市发展是指城市在经济高速发展的前提下保持能源消耗和CO_2排放处于较低水平，低碳城市的建设至少应该包括开发低碳能源、清洁生产、循环利用和持续发展4个方面[5]。戴亦欣[1]，刘志林，等[7]认为低碳城市应当被理解为通过经济发展模式、消费理念和生活方式的转变，在保证生活质量不断提高的前提下，实现有助于减少碳排放的城市建设模式和社会发展方式。从宏观层面来看，低碳城市指的是经济增长与能源消耗增长及CO_2排放相脱钩，从微观层面来看，低碳经济包括寻找可再生能源、提高能源转化率、碳捕捉3个方面的经济活动[13][14]。因此，低碳城市发展也要根据各地实际选择适合的发展路径。在具体路径上，许多学者都提出低碳城市需要政府、公民、市场三方共同协作[1][7][13]，各主体相互影响，共同推进低碳城市目标的实现。其中，城市空间结构对碳排放和可持续发展有一定的锁定作用，无效的空间规划引发的交通问题是交通出行能源消耗高的重要原因，构建低碳城市空间结构可以通过控制城市密度减少出行距离，从而达到低碳的目的[15]。付允，等[10]提出基底低碳、结构低碳、方式低碳和支撑低碳的低碳城市发展路径，分别从能源源头、产业结构、生活方式、低碳技术4个方面实现城市低碳化。与西方发达国家不同，我国的低碳发展不是后工业化低碳发展，而是探索一条工业化低碳发展道路[7]。低碳试点城市是中国推出的一项与生态文明、人民福祉密切相关的重要环境改革制度[16]。研究表明，低碳试点政策在减碳、绿色创新等方面都有正向作用，高碳行业向低碳行业转变是发展低碳城市的关键[17]。

从较新文献来看，现有研究大多关注低碳城市试点政策的效果评估，总结我国在低碳发展领域的主要成果及经验。低碳城市试点政策显著地降低了碳排放[18]，且与"智慧城市"发展模式叠加的碳减排效应更大[19]，其作用机制为通过调整产业结构、提升城市绿色技术创新水平和减少能源消耗量来发挥碳减排作用[20]，并通过促进绿色技术创新、优化产业结构和提升能源利用效率三条路径增强了城市经济发展与生态环境的协调性[21]。我国产业结构升级主要依靠产业政策的干预，而忽视了低碳建设在产业结构优化中的重要意义。许多研究都指出，低碳试点政策对产业结构升级有推动作用，邓翔等人的实证检验显示，低碳试点的设立能够通过提升科技创新能力、引导外国直接投资（FDI）流入和提高人口城镇化水平等路径，助推地区产业结构优化升级[22]，产业结构升级又可以作为一个中介要素影响其他要素。佘硕，等[23]学者研究表明低碳试点政策能通过促进产业结构升级的渠道间接提升城市的绿色全要素生产率。随着进一步高水平对外开放，绿色创新、发展绿色新技术对于提高国家竞争力、构建双循环新格局都具有很强的现实意义。低碳城市试点政策有效激发了出口企业的绿色创新行为，相比非试点城市，创新质量、数量、效率都有显著提高[24]，尤其在大城市企业、非资源型城市企业、非国有高碳企业的作用更显著[25]，且存在显著的空间溢出效应。低碳治理将对地理相邻和经济相邻的城市溢出"制度红利"，对相邻城市的绿色创新效率具有激励作用[26]。我国存在能源偏西经济偏东的现象，区域性能源供需矛盾长期存在，余紫菱，等[27]研究发现低碳城市建设对中国能源生产消纳耦合协调性产生促进作用，对能源型城市低碳转型、能源安全具有重要意义。许多学者也分析了低碳城市中政府、企业和公众等多主体的参与机制问题[7]。有研究揭示出低碳城市试点政策的实施既促进了低碳技术知识的流动[28]和企业履行社会环境责任[29]，也提高了试点城市居民的绿色生活水平[30]和身体健康素养[31]，但居民的低碳行为意识还较薄弱，因此，社区层面的低碳治理是低碳城市治理的重要组成部分[32]。

（二）后发地区低碳转型的意义

绿色发展已成为世界城市转型的重要趋势，而低碳转型是后发地区实现经济追赶、改善生态环境并造福后代的科学选择。低碳城市试点涵盖了不同地区、不同发展水平、不同资源禀赋的市区县，为后发地区低碳发展带来了政策机遇。

低碳城市政策以颁布的各项约束性指标为抓手，激发试点城市根据各自特点制定减碳行动方案，通过全员参与，充分激发政府、企业、民众的节能减排意识，并在实践中切实推进绿色低碳发展[33]。2023年7月，由生态环境部发布的《国家低碳城市试点工作进展评估报告》对全国81个低碳试点城市进行了全面的工作进展评估，其中北京、深圳、烟台等40个城市被评为优良城市，试点城市的CO_2排放成效明显，试点城市经济实现质的有效提升和量的合理增长，全社会共同参与的低碳发展格局初步形成①。研究表明，2010年以来的低碳城市试点政策，不仅促进试点地区优化了能源结构、提高了资源利用效率，更成为推动产业结构升级与经济发展转型、实现绿色全要素生产率提升的关键力量[23]。

后发地区指的是相对东部沿海发达地区，对外开放程度相对较低，产业发展相对落后的地区。长期以来，后发地区一直面临着生态环境保护与经济持续发展的突出矛盾，因此，低碳转型是其实现高质量发展的必由之路。其中，城市是后发地区低碳转型的引领者，人口的密集，居民的聚居，各种商业和产业活动，在政策制定和落实方面，使之比低密度地区有着更大优势[5]。

---

① 彭朝晖，等.国家低碳城市试点工作进展评估报告：江苏四市获评国家低碳城市试点优良城市［EB/OL］.（2023-07-14）［2023-08-10］.https://www.cenews.com.cn/news.html?aid=1068935.

二、兰州低碳城市发展模式设计的思路和内涵

（一）模式设计的基本思路

借鉴国内外已有的发展案例，根据兰州实际，综合发展低碳城市的手段、目标，考虑建设的动力和支撑系统，结合低碳城市的关键要素、实施领域和最终效果，设计出兰州市低碳城市建设的模式为"六位一体—多元互构—渗透过渡"模式（图12-2）[2]。

（二）"六位一体—多元互构—渗透过渡"模式内涵

"六位一体"，就是指兰州低碳城市建设的六大关键领域，包括碳汇碳捕捉、能源、产业、交通、建筑和生活。"多元互构"，就是建设兰州低碳城市所需的环节和关键要素，主要涵盖：低碳城市的目标定位、实施步骤、前提环节、关键领域、技术支撑、治理模式和政策保障等七大方面，而这七大方面构成了低碳城市的体系。"渗透过渡"，主要指从现有发展的阶段和发展基础看，兰州尚不足以支撑全面建设低碳城市目标，但是以过渡模式中倡导的低碳示范建设为抓手来推进低碳城市建设还是可行的。

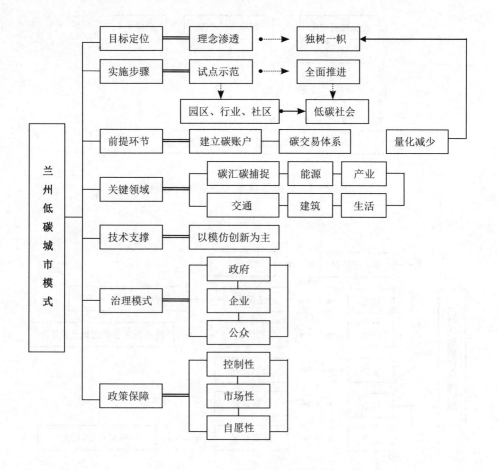

图12-2　兰州低碳城市发展模式框架图

三、兰州低碳城市发展模式的重点领域

从能源在经济过程中的输入、转化和污染物输出的全过程来看，低碳城市包含三方面的内容（图12-3）[2]：在经济过程的进口环节、在经济过程的转化环节和在经济过程的输出环节[34]。

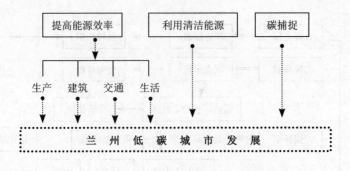

图12-3 兰州低碳城市碳排放构成图

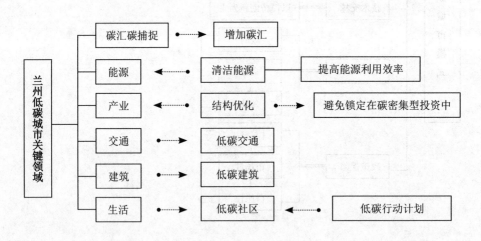

图12-4 兰州低碳城市关键领域思路框架图

根据能源在经济过程中的输入、转化和污染物输出的全过程，兰州发展低碳城市可以从碳汇碳捕捉、能源、产业、交通、建筑和生活六大方面重点展开（图12-4）。

（一）碳汇碳捕捉

1.自然碳汇

建设低碳城市是通过减少碳源和增加碳汇来实现的。减少碳源一般通过CO_2减排来实现，增加碳汇则主要采用固碳技术。碳汇通过陆地植被绿地固碳，碳汇量与绿化面积有关。根据兰州市林业局的数据显示，截至2022年，兰州市城市绿地面积8681.39公顷[①]。按照有关研究[34]，平均每公顷绿地每日可以吸收1.767吨CO_2。因此，目前兰州植被绿化每日吸收CO_2量达到15340吨左右，年固碳能力为560万吨CO_2。

目前，需重点做好两项工作。第一，继续加大南北两山的植树造林和林草管护工作。从技术、管理、基础设施等方面入手，充分发挥南北两山的生态屏障作用。第二，优化土地利用模式，增加碳汇。目前，兰州在经济快速发展、城市化进程加快、工业减碳空间缩小的情况下，必须合理利用土地，保护湿地，在城市规划上多建造生态景观、林荫绿地、城市公园等。

2.碳捕捉

由于技术条件及成本问题，目前国内碳封存技术起步较晚。未来，兰州需要通过实践，积极参与国际、国内技术合作，推进碳捕捉技术示范区建设。

（二）低碳能源

1.优化能源结构，实施煤炭净化技术

加速发展天然气，深入开发太阳能和生物质能等可再生能源，逐渐减少煤炭在能源消费结构中的比重，这将是发展兰州低碳经济的重要方向。煤炭在兰州能源消费中的主导地位还将持续相当长的时期，大力实施煤炭净化技术及加强相关设施的建设将成为能源消费结构改善的基本任务。

改善兰州能源结构和供热方式，推进热电联产工程，发展集中连片

[①]吕胜军.城市绿地面积8681.39公顷 绿化覆盖率42.09% 绿了金城 乐了百姓［EB/OL］.（2023-06-30）［2023-08-10］.http://lyj.lanzhou.gov.cn/art/2023/6/30/art_4352_1247347.html.

供热，实施清洁能源改造。通过以大代小、以新带老，原址改扩建或异地新建大型热源调峰工程，优化城市热源布局。所有燃煤电厂要安装高效脱硫、除尘设施以及配套的在线监控装置，并与环保部门联网；新建和在建的燃煤电厂在实施烟气脱硫的同时，必须同步采用低氮燃烧技术；城市及其近郊禁止新建或扩建除热电联产外的燃煤电厂。严格煤质监管，控制原煤散烧，降低商品煤含硫量，控制城市燃煤总量，巩固和扩大城市烟尘控制区、禁止销售和使用高污染燃料区建设成果。

2.提高能源利用效率

供需政策双管齐下，推动能源利用效率提高。在供给方一侧，实行广泛严格的能效标准，全面实行家电能效标识制度。鼓励厂商不断提高产品能效标准，将高效产品纳入政府采购计划。在需求方一侧，大力宣传节能减排知识和先进典型，推行"阶梯能源定价"，通过价格杠杆逐步改变消费者的能源消费行为，通过消费者行为的改变影响产品生产。

通过税收减免、融资支持等办法鼓励企业引进高效节能设备，实施节能技术更新与改造。增强能源利用效率指标的透明度，引导全社会关注节能工作。加强能源计量、统计与考核工作，定期发布能源效率相关信息。做好能源计量工作，做好能源原始记录与统计台账，确保节能目标的科学性、严肃性，使能源利用效率可衡量、可报告、可核实。

（三）低碳产业

1.避免锁定在碳密集型投资中

"锁定效应"即事物发展过程对初始路径和规则选择的依赖性，一旦选择了某种道路就很难改弦易辙，以致在演进过程中进入一种类似于"锁定"的状态[35]。为了给未来保持一个气候安全的世界，需要避免锁定在高碳密集型投资中，做出慎重的决定确保以经济最优的方式过渡到低碳未来。

2.调整产业结构，推进高碳产业向低碳产业逐步转型

同等规模或总量的经济，同样的技术水平，如果产业结构不同，则碳排放量可能相去甚远。在三个产业中，第二产业的能耗强度就远高于第一产业和第三产业。兰州市三次产业的比例由2011年的2.95∶48.27∶48.78演变为2023年的2.1∶32.1∶65.8，工业比重相对已降低，但是石油化工等高耗能行业仍然占据相当的比例。所以，为了降低经济的能耗强度和碳排放强度，兰州需要加快产业结构的优化升级，严格限制高耗能产业的发展，淘汰落后产能，从结构上实现经济的低碳、高效发展，重点是大力发展高新技术产业。知识密集型和技术密集型产业属于低碳行业，能耗和物耗相对有限，对环境的影响也较小。

3.转变园区传统生产方式，加快循环经济建设步伐

兰州要从开放式线性经济模式向以封闭式流程为特征的循环经济模式转变，做好空港循环经济产业园和西固循环经济区建设，在产业集聚区中，结合低碳城市的试点示范工作，构建生态工业链，特别要注重寻找低碳经济和循环经济的对接点，从而促进低碳城市的发展，特别是结合兰州市循环经济产业链进行。以工业园区的生态化作为发展低碳型工业的有效途径，充分发挥工业园区的产业集聚效应，推动生态工业示范园区建设。

4.转变企业传统生产方式，推进清洁生产

在推行清洁生产方面，兰州市要依法加大企业清洁生产实施力度，着力降低工业生产过程中的资源能源消耗和污染物产生量，大力开展以节能、降耗、减污、增效为目标的清洁生产，重点实施化工、电力、建材和食品等行业的"零排放"试点示范工程。兰州市可以清洁生产审核为基本切入点，扩大清洁生产审核的范围，做好"双超"和"双有"企业的强制性清洁生产审核工作，鼓励自愿性清洁生产审核。实施清洁生产方案，加快兰州市企业从传统生产向清洁生产转变[2]。

（四）低碳交通

1.优先健全大公交体系建设

首先，兰州大力发展公交优先的城市交通战略。大力发展快速交通、公交专用道、普通公交等，减少交通碳排放和城市空气污染。城市的交通发展战略上，经济和法律手段相结合，努力提高交通效率。其次，兰州保留和扩展自行车道和人行道，将自行车道和人行道赋予人性化设计，并规范共享单车租借服务。最后，由于兰州属于"紧凑型"城市，比较适宜推行的是快速公交系统和交通导向开发模式，这两种模式的推广都要求前瞻性做好城市规划。

2.加强机动车污染控制管理

鼓励购买使用低油耗汽车，加快推行清洁燃油汽车或单一燃料天然气汽车、混合动力车和纯电动汽车示范运行。严格在用机动车污染控制管理，强化检测和维护制度，确保机动车排放符合标准，以实现兰州城市运行的低碳化目标。

（五）低碳建筑

1.建立建筑低碳准入制度

深入实施民用建筑节能条例等相关的标准和规范，兰州的新建建筑严格执行公共建筑节能设计标准中的强制性条文和相关标准中关于建筑节能的强制性规定。建立以建筑能效测评与标识为主要内容的准入制度，新建商品房销售时必须在买卖合同等文件中标识所采用的节能标准和采取的节能措施等内容。达不到能耗设计标准的建筑，不准进入市场。

2.通过节能、节地推进建筑的低碳化

兰州要鼓励发展多层、小高层住宅和多层厂房建设，积极推进墙体材料革新，大力推广应用新型建筑材料。推广使用装配式可多次使用的施工

临时用房，逐步取缔砌筑式的临时施工用房。推广散装水泥，逐步取缔城区内建筑施工现场搅拌。整顿取缔黏土砖瓦窑厂和禁止使用实心黏土砖，逐步提高新型墙体材料的比重。加大建筑节能新技术和新产品的推广力度，推行分户供热和分户计量。推动新建住宅、公共建筑和既有建筑节能改造。加快太阳能等可再生能源在建筑上的利用。推动既有公共建筑开展以节电为主的节能改造，鼓励采用蓄冷、蓄热空调及冷热电联供技术，大力推广变频调速电机技术。

3. 发挥低碳建筑的示范作用

兰州要选择若干拟建的写字楼、大型商场、酒店三类大型公共建筑作为绿色低碳示范建筑。从设计、建材、供水、供电、供冷、照明、垃圾分类回收设施等方面全面引入低碳经济理念，使之达到节水、节电、节材、节地、绿色环保、方便舒适的目标。然后扩大示范范围，进行建筑领域的低碳经济推广。

4. 强化政府建筑节能管理

政府机构新建的办公、接待、培训等相关工程项目，必须严格执行建筑节能设计标准。加强对工程项目从规划、设计、施工、监理、竣工验收和运行管理等全过程的节能监督管理，积极采用节能新技术、新产品和新型墙体材料。有条件的，鼓励建设利用地热、太阳能等可再生能源取暖的低能耗绿色建筑。对剩余使用年限10年以上的既有建筑，要进行节能诊断，不符合节能要求的尽可能采取无成本、低成本的措施，适当进行围护结构的改造、节电改造和节水改造。要按照简洁、大方、适用的原则，加强对办公楼、会议室的装修控制和管理，杜绝过度装修。

（六）低碳社区

1. 制定并实施《兰州低碳生活行动计划》

制定并实施《兰州低碳生活行动计划》，以"低碳一族"为中心，从低碳家庭、低碳办公、低碳旅行、低碳购物、低碳饮食等方面，制定指引性的行为准则，提倡低碳高品质生活。

2.开展低碳教育，深化低碳社区创建意识

兰州要面向社会各阶层开展低碳生活方面的知识和技术的宣传与教育。结合实际，开展多种形式的主题宣传活动，各类新闻媒体将低碳教育纳入宣传报道计划。加强低碳公益宣传，在各个社区设立低碳公益广告牌、宣传栏以及利用新媒体，普及低碳知识，介绍居民在照明、用水、用电、餐饮、取暖、出行等日常生活中如何低碳生活的知识、技巧。

整合资源，建立低碳教育基地。在中小学开展"低碳生活知识进校园"活动，使低碳知识进校园、进课本、进课堂。建立各类低碳教育基地，依托社区活动室、社区图书馆、社区协会等场所和组织开展低碳教育。在驻区企业、机关、单位中培养低碳建设典型，并逐步使之成为对市民开放的低碳教育基地[2]。

3.倡导低碳消费，形成低碳社区文明风尚

倡导低碳消费，正在成为新的消费趋向。美国、英国等10多个国家已出台"碳标签"标示政策，要求今后上市的产品需有"碳标签"，即标明产品在生产、包装和销售过程中产生的二氧化碳排放量。加强宣传示范，推动机关和个人的低碳消费。兰州市政府通过采购行为、开支节俭、能源节约行为及办事效率诸方面引领家庭建立现代生活与工作行为方式，使政府机构和先进群体成为低碳消费的带头者。

总之，低碳城市是城市发展道路的必然选择，而构建一种符合实际的模式，对于合理引导后发地区低碳城市的建设具有重要的作用。"六位一体—多元互构—渗透过渡"模式是符合兰州城市特征，符合低碳城市和低碳社会建设理念的体系，是兰州低碳城市建设道路上的有益探索。这种模式对与兰州有相似特征的后发地区城市发展低碳城市也具有一定的借鉴和参考价值[2]。当然，低碳城市涉及城市的经济结构、制度结构、空间结构、环境特征等方方面面的内容，低碳城市模式的有效性是需要在实践中不断验证、修正和完善的，也是开放动态的，需要根据实际运行中的复杂情况进行不断的补充和完善。

参考文献

［1］戴亦欣.中国低碳城市发展的必要性和治理模式分析［J］.中国人口·资源与环境，2009，19（3）：12-17.

［2］陈润羊，周一虹.西部地区低碳城市发展模式研究——以甘肃省兰州市为例［J］. 资源开发与市场，2013，29（2）：170-173.

［3］Srern N.The Economics of Climate Change： Stern Review［M］. London： Canbridge，2006.

［4］Department of Trade and Industry（DTI）.UK Energy White Paper： our energy future-creating a low carbon economy［M］.London： TSO，2003.

［5］辛章平，张银太.低碳经济与低碳城市［J］.城市发展研究，2008（4）：98-102.

［6］李向阳，黄芳，李瑞晴.低碳城市理论和实践的发展、现状与走向［J］.甘肃行政学院学报，2010（3）：20-30，125.

［7］刘志林，戴亦欣，董长贵，等.低碳城市理念与国际经验［J］.城市发展研究［J］.2009（6）：1-7.

［8］夏堃堡.发展低碳经济 实现城市可持续发展［J］.环境保护，2008（3）：33-35.

［9］付允，马永欢，刘怡君，等.低碳经济的发展模式研究［J］.中国人口·资源与环境，2008（3）：14-19.

［10］付允，汪云林，李丁.低碳城市的发展路径研究［J］.科学对社会的影响，2008（2）：5-10.

［11］庄贵阳.低碳经济引领世界经济发展方向［J］.世界环境，2008（2）：34-36

［12］刘文玲，王灿.低碳城市发展实践与发展模式［J］.中国人口资源与环境，2010，20（4）：17-22.

［13］陈飞，诸大建.低碳城市研究的理论方法与上海实证分析［J］.城市发展研究，2009，16（10）：71-79.

［14］陈飞，诸大建.低碳城市研究的内涵、模型与目标策略确定［J］.城市规划学刊，2009（4）：7-13.

［15］潘海啸，汤諹，吴锦瑜，等.中国"低碳城市"的空间规划策略［J］.城市规划学刊，2008（6）：57-64.

［16］宋弘，孙雅洁，陈登科.政府空气污染治理效应评估——来自中国"低碳城市"建设的经验研究［J］.管理世界，2019，35（6）：95-108，195.

［17］徐佳，崔静波.低碳城市和企业绿色技术创新［J］.中国工业经济，2020（12）：178-196.

［18］黄寰，何广，肖义.低碳城市试点政策的碳减排效应［J］.资源科学，2023，45（5）：1044-1058.

［19］郝向举，何爱平，薛琳.城市发展模式叠加与绿色低碳发展——基于智慧城市与低碳城市协同减排的实证分析［J］.城市问题，2023（7）：93-103.

［20］苏涛永，郁雨竹，潘俊汐.低碳城市和创新型城市双试点的碳减排效应——基于绿色创新与产业升级的协同视角［J］.科学学与科学技术管理，2022，43（1）：21-37.

［21］张明斗，闫昱睿.低碳战略能否增强城市经济发展与生态环境的协调性——基于低碳城市试点的准自然实验［J］.广东财经大学学报，2023，38（3）：24-37.

［22］邓翔，任伊梦，玉国华.低碳城市建设与产业结构优化升级——来自低碳城市试点工作的经验证据［J］.软科学，2023，37（2）：10-19.

［23］佘硕，王巧，张阿城.技术创新、产业结构与城市绿色全要素生产率——基于国家低碳城市试点的影响渠道检验［J］.经济与管理研究，2020，41（8）：44-61.

［24］张海玲，李漫兮.低碳城市试点政策对出口企业绿色创新的影响［J］.中国人口·资源与环境，2023，33（3）：23-33.

［25］邓思远，杨湘浩，叶旭.低碳城市试点政策对企业技术创新的影响研究——基于断点回归设计的实证分析［J］.产业经济评论，2022（6）：71-85.

［26］邓世成，吴玉鸣，东童童.低碳城市试点政策对城市绿色创新效率的影响——来自长三角地区的经验证据［J］.城市发展研究，2023，30（3）：40-48，89.

［27］余紫菱，马莉莉.低碳城市建设对中国能源生产消纳耦合协调性的影响［J］.北京工业大学学报（社会科学版），2023，23（6）：161-178.

［28］王为东，王笑楠，江红莉.低碳城市建设能否加快低碳技术知识流动？［J］.科学学研究，2023，41（12）：2204-2215.

［29］郑梦，常哲仁.绿色低碳转型与企业环境社会责任——基于低碳城市试点的准自然实验［J］.经济与管理研究，2023，44（7）：126-144.

［30］曹翔，高瑀.低碳城市试点政策推动了城市居民绿色生活方式形成吗？［J］.中国人口·资源与环境，2021，31（12）：93-103.

［31］刘伟明，喻煌，贾立江，等.低碳城市建设提升了国民健康素养吗？［J］.当代财经，2022（11）：16-26.

［32］易芳馨，张强，李瑶，等.基于数字驱动的低碳社区治理体系与治理能力提升路径［J］.城市发展研究，2023，30（6）：133-140.

［33］逯进，王晓飞，刘璐.低碳城市政策的产业结构升级效应——基

于低碳城市试点的准自然实验［J］.西安交通大学学报（社会科学版），2020，40（2）：104-115.

［34］诸大建，陈飞.上海发展低碳城市的内涵、目标及对策［J］.城市观察，2010（2）：54-68.

［35］张坤民.低碳世界中的中国：地位、挑战与战略［J］.中国人口·资源与环境，2008，18（3）：1-7.

第十三章 生态产品总值核算与生态产品价值实现

内容提要： 生态产品价值实现机制是践行"绿水青山就是金山银山"理念、推进生态文明建设、实现绿色发展的关键。生态产品总值（Gross Ecosystem Product，GEP）既是生态产品价值实现的基础，也是凸显后发地区生态优势的重要工作。建立健全生态产品价值实现机制和开展GEP核算不仅是大势所趋，而且对于后发地区重塑地域形象、筑牢生态安全屏障都有深远意义。生态产品价值实现的推进策略为：开展生态产品总值核算工作，建立分区开发的生态产品机制，加强生态产品管理和供给能力，完善统一规范的生态核算体系，加强生态法治建设，构建生态金融体系等。

建立健全生态产品价值实现机制，既是践行"绿水青山就是金山银山"理念的关键路径，也是从源头上推动生态环境领域国家治理体系和治理能力现代化的必然要求，对推动经济社会发展全面绿色转型具有重要意义。2021年4月，中共中央办公厅、国务院办公厅印发了《关于建立健全生态产品价值实现机制的意见》，明确指出，到2025年，生态产品价值实现的制度框架初步形成，比较科学的生态产品价值核算体系初步建立，到2035年，完善的生态产品价值实现机制全面建立①。GEP是生态价值实现的重要基础依据，可以弥补国内生产总值（GDP）忽视生态价值的不足，全面反映区域生态系统的总体价值。开展GEP核算既是国家核算体系调整、考核体系改革的大势所趋，也是凸显后发地区生态优势地位、实施分区科学评价的内在需要。后发省域开展GEP核算工作，构建生态产品价值实现机制，是改善后发地区地域形象、体现生态屏障功能、赢得发展先机的重要举措。

一、生态产品总值核算和生态产品价值实现的实践情况

　　生态产品价值实现是落实"绿水青山就是金山银山"的实践抓手[1]。党的十八大提出要增强生态产品生产能力，党的十九大强调要提供更多优质生态产品以满足人民日益增长的优美生态环境需要。《关于建立健全生态产品价值实现机制的意见》要求建立生态产品价值评价机制，包

---

①新华社.中共中央办公厅 国务院办公厅印发《关于建立健全生态产品价值实现机制的意见》[EB/OL].（2021-07-26）[2023-08-10].https://www.gov.cn/zhengce/2021-04/26/content_5602763.htm.

括建立评价体系、制定核算规范、推动核算结果应用。浙江省丽水市等地，多年来积极探索绿色发展的路径，积累了丰富的经验[2]。建立健全生态产品价值实现已经从地方试点探索上升为顶层设计，政策保障体系不断完善，为绿水青山向金山银山的转化指明了方向。2012年以来，我国在生态产品价值实现机制方面开展了一系列、多层次的相关试点工作（见表13-1）[3]，试点范围逐渐扩大，实践探索不断推进。

表13-1 生态产品价值实现机制的相关试点工作

试点类型	试点地区与时间	试点数量
国家生态文明试验区	福建（2016年）、江西（2017年）、贵州（2017年）、海南（2019年）	4
国家生态产品市场化省级试点	2016年以来，在浙江、江西、贵州、青海开展	4
国家生态产品价值实现机制试点城市	浙江丽水市（2019年）、江西抚州市（2019年）	2
国家生态文明建设示范县（市、区）	2017年以来累计印发五批：第一批46个（2017年）第二批45个（2018年）、第三批84个（2019年）、第四批87个（2020年）、第五批100个（2021年）	362
国家"绿水青山就是金山银山"实践创新基地	2017年以来累计印发五批：第一批13个（2017年）第二批16个（2018年）、第三批23个（2019年）、第四批35个（2020年）、第五批49个（2021年）	136
国家自然资源领域生态产品价值实现机制试点	2021年确立南平市、江阴市、苏州吴中区、邹城市、淅川县、西峡县、灵宝市为试点地区	7

资料来源：孙博文.建立健全生态产品价值实现机制的瓶颈制约与策略选择[J].改革，2022（5）：34-51.

同时，全国部分地区结合各地生态和经济社会实际情况，探索并形成了富有地域特色的生态产品价值实现模式。比如：浙江丽水"两山银行"双向循环模式，将生态产品的价值转化为经济价值的同时反哺了生态系统，实现了青山绿水和金山银山的良好循环[4]；福建南平"森林生态银行"融资模式，对森林资源进行资本化运作，引进市场化资金和专业运营商，实现了森林生态质量、林业发展产业、林农生活水平共同提高[5]；湖北鄂州市生态保护补偿模式，在自然资源确权登记的基础上，将各项生态价值计量为无差别的货币单位，最后将价值计量的结果应用于各区之间的生态补偿[4]；江西抚州"两山"转化模式，量化生态家底，探索构建生态产品市场交易体系，加快建立现代产权制度，探索融资模式，聚焦区域公共品牌打造，完善生态产品供给能力体系，将生态产品价值实现机制工作纳入法治轨道[6]。

生态产品价值如何实现，"定价"是第一步，如何变现是关键。欧阳志云及其研究团队在GEP核算体系、生态产品价值实现机制等方面进行了较为深入和系统的研究，如他们以青海省为案例开展了GEP核算实证研究[7]。GEP是衡量生态系统价值总量的指标，表征一定区域范围内生态系统为人类福祉提供产品和服务的生态系统的生产总值，包括三部分内容：一是生态物质产品，如有机农产品、中草药、原材料、生态能源等；二是调节服务产品，如水源涵养、固碳、空气净化、水环境净化、洪水调蓄、水土保持、防风固沙等；三是文化服务产品，如生态旅游、自然景观、美学体验、精神健康等。GEP核算的基本作用：一是揭示生态产品的经济价值；二是评估生态保护成效；三是评估生态系统对人类福祉的贡献与经济社会发展的支撑作用；四是分析区域间依赖性和支撑作用的生态关联。

国内部分地区特别是青海、贵州、内蒙古等经济欠发达、生态地位特殊而重要的省份，还有四川、云南、浙江、江西、吉林、深圳等地的部分区域已初步开展GEP核算的探索应用工作。我国出台的《生态系统评估：生态系统生产总值（GEP）核算技术规范》，为推行GEP考核提供了标准支撑、奠定了工作基础。自2019年成为全国首个生态产品价值实现机制试点市以来，丽水市比较早地探索GEP核算，建立了市、县、乡、村四级GEP核算体系，浙江省发布了全国首部省级"GEP核算标准"。2018年，深圳市盐田区发布首个城市GEP核算地方标准——《盐田区城市生态系统生产总值（GEP）核算技术规范》，创新核算"自然生态系统价值"和"人居环境生态系统价值"。2021年以来，GEP核算体系迅速推进，深圳市、浙江省、南京市、黄山市陆续发布《生态系统生产总值（GEP）核算技术规范》。截至2022年3月，已有浙江、贵州两省发布GEP核算技术规范，青海、海南、内蒙古等省（区、市），深圳、丽水等23个市（州、盟）以及阿尔山、赤水等100多个县（市、区）开展GEP核算试点示范[3]。从以上部分地区核算结果看，生态优势地区的GEP都大于GDP，如2018年浙江丽水市GEP是GDP的3.6倍、2019年内蒙古GEP是GDP的2.6倍。

目前，生态产品价值实现的实践过程中存在"杂、散、乱""市场化程度不够，体系不健全"等诸多挑战，需要依据竞争性、排他性产品分类原理细分公共产品、公共资源、俱乐部产品、私人产品等不同类型的生态产品，围绕产业链、金融链、数据链"三链"协同，进而探索实施生态产品价值的实现机制、实施路径和支持举措[8]。同时，建立生态产品价值实现机制依然面临供给难、核算难、抵押难、交易难、变现难等突出问题，这就需要不断提升生态产品供给基础能力、推动生态产品价值核算体系标准化、加强绿色金融政策支持与制度创新、搭建多层次生态产品交易平台、拓展生态产品价值变现模式[9]。

二、生态产品总值核算和生态产品价值实现的研究现状

近年来，学术界对于生态产品总值核算、生态产品价值实现机制的研究探讨不断增多。从反映学术研究热点的关键词词频分析可知，该领域研究的主题主要集中于生态产品、价值实现、实现路径、生态文明、生态补偿、生态价值、产品供给、生态文明建设、生态补偿机制、生态产品价值实现机制、共同富裕等方面。

关于生态产品的概念界定存在比较大的差异。首先，"生态产品"是我国独创的概念，强调保护生态的基础上更好地获得经济收益，通过生态产品价值实现来破解保护与发展的矛盾[10]。生态产品的定义有狭义和广义之分，狭义的界定见于2010年《全国主体功能区规划》，认为生态产品是指维系生态安全、保障生态调节功能、提供良好人居环境的自然要素，包括清新的空气、清洁的水源、宜人的气候等。随着研究的深入，人们逐渐认识到了生态产品的服务功能，欧阳志云，等率先开展生态系统服务功能的研究，认为生态系统服务功能是指生态系统与生态过程所形成及所维持的人类赖以生存的自然环境与效用，维持生态服务功能是可持续发展的基础[11][12]。广义的生态产品界定认为不仅包括这些自然要素，还应包括人类付出劳动且参与生产的产品，即以绿色、低碳、循环、降耗、减排等方式减少对生态资源的消耗从而生产出来的有机食品、绿色农产品、生态工业品等物质产品[13][14]，强调生态产品是自然属性和经济属性的复合性。生态产品大多数属于公共产品，外部性会带来公共产品供给不足、公共资源利用过度等问题[15]，同时存在"搭便车行为"，导致市场失灵[16][17]。同时，生态产品具有多重价值属性，表现为参与市场交易直接作为使用价值

的经济价值（市场价值）、作为生态系统使用要素的生态价值和满足人类美好生活需要的社会价值。有研究立足于生态产品的市场价值和非市场价值，分析了生态产品的供给方式，认为生态产品的市场价值依赖于市场交易手段实现，非市场价值则通过附着在物质产品之上的价值或生态补偿手段实现[10]。在确保生态价值的前提下，将生态资源对接市场需求，将自然资本对接产业资本，可实现生态资源增值，充分发掘生态产品带来的经济红利[18]。因此，生态产品价值如何有效实现的问题受到了学界的广泛关注。

生态产品价值实现是将生态产品所具有的生态价值、经济价值和社会价值，通过货币化的手段全面体现出来[9]。学界多从理论层面研究生态产品价值实现，并从经济学、生态学等角度分析其理论机制。有研究根据理论以及国内外实践和经验提出了产业生态型、生态产业型、产权交易型、生态溢价型、生态补偿型、生态倡议型、绿色金融型7种生态产品价值实现模式[14]；也有学者按照资金来源将生态产品价值实现模式分为公众付费、公益组织付费、政府付费以及多元付费4种类型[17]。由于生态产品价值往往是隐形的，只有小部分可以在市场上显现出来，生态产品价值实现路径研究的关键就是如何把隐形的、潜在的部分显性化[1]。大部分学者指出生态产品价值实现主要有政府调节和市场主导两条路径[19]，政府主导路径下主要有转移支付、政府购买、生态税费、生态补偿等方式，市场化路径下有机结合自然资本、人造资本、人力资本三个要素改善自然资本[15]。再者，政府干预对供给生态产品、纠正市场失灵具有重要作用，因而要选择合适的政策工具实现外部性内部化[16]。生态产品价值实现不仅是理论问题，更是实践问题。在具体实践上，许多学者指出了现阶段存在的瓶颈问题。由于生态产品价值来源多样、实现环节复杂，以及各地资源禀赋、治理能力等不同，我国生态产品价值实现面临供给难、核算难、抵押难、交易难、变现难"五难"问题[9]，也有学者认为难量化、难抵押、难交易、难变现是四大亟待解决的难题[20]。供给环节是价值实现的源头，政府供给可以克服市场失灵，但生态产品的政府供给也存在着低效率问题，因此需要充分发挥市场机制的作用，尤其是对于"私人"生态产品的供给[13]。

我国生态文明建设顶层设计日趋完善、制度建设纲举目张，作为量化生态文明建设重要抓手的GEP、绿色GDP和自然资源价值量等绿色核算迫在眉睫[21]。学界关于GEP的研究还尚在探索阶段，反观地方的实践已经走在了理论研究前方。欧阳志云，等较早提出了GEP核算理论和方法，认为GEP是指一定区域在一定时间内，生态系统为人类提供最终产品与服务的经济价值总和，是一定区域生态系统为人类福祉贡献的总货币价值，可以反映一个地区的生态效益[7]。GEP核算结果可以用来衡量各地生态系统产品与服务潜在价值的变化，可以使最终产品及服务价值与自然资本保护的活动投入进行成本—收益的比较分析，将自然资本保护更好地纳入经济社会发展决策之中[22]。大部分学者把GEP核算分为物质产品价值、调节服务价值和文化服务价值三部分，由于生态系统的服务功能通常难以反映，需要依靠模型估算，因此研发了当量因子法、服务功能价值法和基于能值转化的评估法等不同的评估量化方法[4]。欧阳志云，等[23]以浙江省丽水市为例探索了GEP与生态资产核算在生态效益评估中的应用；林亦晴，等[24]以丽水市为例提出了可以反映生态产品价值变现效率的生态产品价值实现率；李凡，等[25]通过建立区县GEP核算体系对南京市高淳区开展了GEP核算。

三、推进生态产品总值核算和生态产品价值实现的意义

（一）生态产品总值核算和生态产品价值实现已是大势所趋

一是国家政策有明确要求。2018年12月，国家发展改革委等九部门联合印发《建立市场化、多元化生态保护补偿机制行动计划》指出：鼓励

有条件的地区开展生态系统服务价值核算试点，试点成功后将全面推广。2021年4月，中共中央办公厅、国务院办公厅印发《关于建立健全生态产品价值实现机制的意见》指出：建立健全统筹协调机制，加大生态产品价值实现工作推进力度，拓展生态产品价值实现模式，依托不同地区独特的自然禀赋，提高生态产品价值；鼓励地方先行开展以生态产品实物量为重点的生态价值核算、推进生态产品价值核算结果在政府决策和绩效考核评价中的应用、探索将生态产品总值指标纳入各省（自治区、直辖市）党委和政府高质量发展综合绩效评价。党的二十大报告指出，要"建立生态产品价值实现机制，完善生态保护补偿制度"。

二是核算制度改革的基本方向。2019年8月，《中共中央、国务院关于支持深圳建设中国特色社会主义先行示范区的意见》明确指出"探索实施生态系统服务价值核算制度"。目前深圳已形成以GEP核算实施方案为统领，以技术规范、统计报表制度和自动核算平台为支撑的"1+3"核算制度体系。

三是相关规范奠定技术基础。全国环境管理标准化技术委员会已制定《生态系统评估、生态系统生产总值（GEP）核算技术规范》等国家标准。2020年10月，《陆地生态系统生产总值核算技术指南》发布；首部省级GEP核算标准——浙江《生态系统生产总值（GEP）核算技术规范陆域生态系统》出台；首份GEP统计制度——《深圳市生态产品价值（GEP）核算统计报表制度（2019年度）》批准实施。

（二）甘肃构建生态产品价值实现机制影响长远

一是为筑牢西北生态安全屏障区提供定量科学依据。甘肃是我国自然生态类型最为复杂和脆弱的地区之一，生态系统承载能力弱，生态的脆弱性、战略性、复杂性兼具。有37个县市区位于国家重点生态功能区范围，限制和禁止开发区域占甘肃省国土总面积约90%。健全生态产品价值实现机制既是保护和修复生态系统、治理和改善自然环境的需要，也是筑牢国家西北生态安全屏障的需要。国家生态安全屏障综合试验区的建设，需要GEP核算来定量反映，核算结果可全面反映生态系统价值对全国生态安全的支撑作用，这为争取国家在政策、项目、资金等方面的支持提供了科学根据。

二是可重塑甘肃的绿色地域形象。受制于生态安全约束等限制，甘肃经济发展制约因素较多。通过生态产品价值实现机制，围绕生态产品开展的一系列行动，将推动实现绿色低碳转型。通过GEP核算，更能体现甘肃在全国的重要生态地位，因为甘肃省的GEP大于GDP、生态功能大于生产功能。权威专业的GEP核算结果，可改变人们尤其是外地人"落后甘肃"的刻板印象，凸显甘肃在生态安全、悠久文化、独特地域等方面的区域价值，重塑甘肃地域形象。

三是对接黄河流域生态保护和高质量发展国家区域重大战略、实施生态补偿机制，争取中央财政支持。2020年4月，财政部等四部门印发《支持引导黄河全流域建立横向生态补偿机制试点实施方案》，要求以黄河流域生态产品价值实现为目标，增强自我造血功能和自身发展能力，以GEP为标准，探索建立流域生态补偿标准核算体系，建立包括甘肃在内的沿黄九省区生态补偿机制，并在2020—2022年开展试点，中央财政按照"早建早补、早建多补、多建多补"原则进行激励。甘肃省加快推进生态产品价值实现工作、开展GEP核算，将为黄河流域生态产品价值实现的目标和争取中央财政支持提供有力根据。

四是十大生态产业的蓬勃发展、生态环境保护的积极进展，为健全生态产品价值实现机制、开展GEP核算奠定了坚实基础。甘肃省十大生态产业[①]近年来发展迅猛，生态环境保护工作取得积极进展。从生态产品的

---

①甘肃省十大生态产业：2018年1月，甘肃省委召开的十三届四次全会作出了《关于构建生态产业体系推动绿色发展崛起的决定》，提出要培育发展清洁生产、节能环保、清洁能源、先进制造、文化旅游、通道物流、循环农业、中医中药、数据信息、军民融合十大生态产业。

价值构成以及GEP的三大构成看：在生态物质产品方面，可测算有机农产品、中草药、生态能源等价值；在调节服务产品方面，可完整反映甘肃省的水源涵养、固碳、空气净化、水环境净化、水土保持、防风固沙等情况进展；在文化服务产品方面，可系统测度生态旅游、自然景观、美学体验、精神健康等方面的价值。

五是为推进不同类型地方考核评价体系提供技术支持。通过GEP核算能摸清甘肃省和各地生态系统价值总值情况及优劣势和改进方向，将为甘肃从省级层面推进分类评价、科学考核提供技术依据。

四、开展生态产品总值核算的对策

（一）成立GEP核算领导小组

为全面启动GEP核算工作，建议成立由一位副省长担任组长，由省发展改革委牵头，省政府研究室、生态环境厅、自然资源厅、科技厅、林草局、统计局等相关部门参与的领导小组，全面负责GEP核算的技术单位选聘、省内资源整合、最终成果发布、成果应用和后续推进等组织协调工作。预计首次核算需要半年到一年。

（二）选聘高水平专业机构，并培育壮大省内GEP核算研究单位的实力

通过公开招标、定向委托等方式，选择国家部委有专业经验、制定过GEP技术指南且有全国学术话语权的研究机构牵头开展GEP核算，省内相关科研机构参与，形成全国性研究技术优势与本地机构经验优势相结合的运行模式，为后续开展甘肃省和省内各地GEP核算打好基础。

（三）做好GEP成果发布工作

首轮GEP核算完成后，通过上报、公报等多种方式汇报、公布核算结果。为吸引全社会注意力，可通过高端新闻发布会形式，邀请国家部委、GEP核算技术单位的国家级科研院所负责人出席，并同期举办甘肃生态文明与绿色发展等主题的高层论坛，形成全社会广泛关注的社会氛围，树立绿色生态的地域形象。

（四）分类做好方案

甘肃省级层面开展GEP核算，虽然用时长、费用高、对多部门多地区的工作协调要求高，但完成后可摸清甘肃省"生态家底"。核算成果发布的新闻效应较大、社会关注度高，便于进行生态价值的分区考核。在典型地区如沿黄地市先行开展GEP核算，用时短、费用低、协调难度小，有利于"绿色形象"的塑造推广，为黄河流域生态补偿、国家未来水量划分方案调整等提供科学依据和理论支持。

（五）建立定期核算制度

完善生态资产和生态产品目录清单，构建生态产品价值核算体系，明确生态产品价值核算流程、指标体系和技术方法；后续每三年核算一次生态产品价值量，掌握甘肃省及各市县的生态产品价值、供给状况及动态变化趋势，有的放矢加强治理。

（六）做好GEP核算成果应用工作

要做好GEP核算成果应用的"五进"工作：进规划，在发展规划中明确GEP总值和增长目标；进决策，在政策制定和重大项目立项决策中评估对GEP的影响；进考核，将GEP变化作为各级政府或部门政绩评价指标；

进项目，将GEP增长目标落实到生态保护与恢复项目上；进监测，将生态资产与GEP核算作为生态环境监测的重要产出。

五、生态产品价值实现的推进策略

（一）建立分区开发的生态产品价值实现机制

根据省域各类生态产品的空间分布特点，分析不同区域生态产品开发适宜性，确定产品开发策略和价值实现途径，并制定各类发展规划。根据各地优势的生态产品类型，建设一批市、县、村三级生态产品价值实现的综合示范点，积极探索具有陇原地域特色的生态产品价值实现新模式。

（二）加强生态产品管理

加大各地生态资源确权管理，掌握自然资产的数量、产权归属、保护开发等情况，编制好自然资源资产负债表，做好生态产品清单编制工作。统筹山水林田湖草沙一体化保护和系统治理，做好生态系统的修复、保护和治理工作，落实推进青藏高原生态屏障、黄河重点生态区、北方防沙带等一系列生态保护和修复重大工程，加强数字化修复技术、遥感数据信息等在实际中的运用。识别生态资源的价值类别，提高生态产品供给能力。

（三）统一规范生态核算体系

立足省域实际，选择合适的生态产品核算办法，深入开展核算工作，摸清生态家底，这是生态产品价值实现的前提。利用现代数字技术开展生态资源普查，提高核算效率和准确性，建立生态产品核算统一标准，推进生态产品核算高效应用。

（四）健全生态法治体系

目前生态环保领域的法治体系尚不完善，生态产品价值实现的法律保障不够有力。应着力构建碳排放治理、生态环境损害赔偿制度体系，健全生态资源保护、生态修复法规，完善更新湿地保护、生物多样性保护等法律法规。积极探索并加强生态产品产业发展、生态补偿、生态产品交易等领域的立法执法工作，为生态产品价值实现提供坚实的法治保障。

（五）建立生态金融和信用体系

生态产品的外部性导致生态产品在资金来源上不具多元性，风险大、投资周期长的原因导致企业投资动力不足[18]，资金来源不足成为生态产品价值实现的一大阻碍。因此，应发挥政府和市场的协同作用，借鉴已有的绿色银行金融模式，建立多元化的金融体系和生态补偿体系，准确识别生态产品的公共私有类别，建立不同性质的金融体系。例如：针对公共性质的生态产品，应加大财政资金支持、畅通绿色PPP等融资渠道；收益周期较长的生态产品，建立绿色信贷、绿色债券基金以及社会资本等金融保障体系。

参考文献

［1］王茹.基于生态产品价值理论的"两山"转化机制研究［J］.学术交流，2020（7）：112-120.

［2］朱新华，贾心蕊.生态产品价值实现地方经验上升为国家政策的机制分析——浙江丽水案例［J］.资源科学，2023，45（1）：118-129.

［3］孙博文.建立健全生态产品价值实现机制的瓶颈制约与策略选择［J］.改革，2022（5）：34-51.

［4］刘哲，裴云霞，包美玲，等.生态产品价值实现机制问题研究与案例剖析［J］.环境科学与技术，2022，45（S1）：337-344.

［5］张文明.完善生态产品价值实现机制——基于福建森林生态银行的调研［J］.宏观经济管理，2020（3）：73-79.

［6］华启和，王代静.生态产品价值实现的地域模式——丽水市、抚州市比较［J］.南京林业大学学报（人文社会科学版），2022，22（3）：7-12，25.

［7］宋昌素，欧阳志云.面向生态效益评估的生态系统生产总值GEP核算研究——以青海省为例［J］.生态学报，2020，40（10）：3207-3217.

［8］高国力，王丽.不同类型生态产品值实现研究：基于产业链金融链数据链协同视角［M］.北京：电子工业出版社，2023.

［9］孙博文.建立生态产品价值实现机制："五难"问题及优化路径［J］.天津社会科学，2023（4）：87-97.

［10］李宏伟，薄凡，崔莉.生态产品价值实现机制的理论创新与实践探索［J］.治理研究，2020，36（4）：34-42.

［11］欧阳志云，王如松.生态系统服务功能、生态价值与可持续发展［J］.世界科技研究与发展，2000（5）：45-50.

［12］欧阳志云，王如松，赵景柱.生态系统服务功能及其生态经济价值评价［J］.应用生态学报，1999（5）：635-640.

［13］曾贤刚，虞慧怡，谢芳.生态产品的概念、分类及其市场化供给机制［J］.中国人口·资源与环境，2014，24（7）：12-17.

［14］刘伯恩.生态产品价值实现机制的内涵、分类与制度框架［J］.环境保护，2020，48（13）：49-52.

［15］石敏俊.生态产品价值的实现路径与机制设计［J］.环境经济研究，2021，6（2）：1-6.

［16］高晓龙，程会强，郑华，等.生态产品价值实现的政策工具探究［J］.生态学报，2019，39（23）：8746-8754.

［17］高晓龙，林亦晴，徐卫华，等.生态产品价值实现研究进展

［J］.生态学报，2020，40（1）：24-33.

［18］秦国伟，董玮，宋马林.生态产品价值实现的理论意蕴、机制构成与路径选择［J］.中国环境管理，2022，14（2）：70-75，69.

［19］刘江宜，牟德刚.生态产品价值及实现机制研究进展［J］.生态经济，2020，36（10）：207-212.

［20］高晓龙，张英魁，马东春，等.生态产品价值实现关键问题解决路径［J］.生态学报，2022，42（20）：8184-8192.

［21］张琦.GDP与绿色GDP、GEP和自然资源价值量关系研究［J］.中国统计，2023（1）：11-14.

［22］石敏俊，陈岭楠.GEP核算：理论内涵与现实挑战［J］.中国环境管理，2022，14（2）：5-10.

［23］欧阳志云，林亦晴，宋昌素.生态系统生产总值（GEP）核算研究——以浙江省丽水市为例［J］.环境与可持续发展，2020，45（6）：80-85.

［24］林亦晴，徐卫华，李璞，等.生态产品价值实现率评价方法——以丽水市为例［J］.生态学报，2023，43（1）：189-197.

［25］李凡，颜晗冰，吕果，等.生态产品价值实现机制的前提研究——以南京市高淳区生态系统生产总值（GEP）核算为例［J］.环境保护，2021，49（12）：51-58.

第十四章
深入实施碳达峰碳中和行动

　　内容提要：国家碳达峰、碳中和目标的实施，将为后发地区带来新的机遇和新的挑战，碳排放不仅仅是一个环境问题，更是一个发展问题。后发省域要结合自身资源禀赋，把握机遇、化解挑战，才能推进其现代化的进程。本章通过分析碳达峰碳中和的形势和现状，揭示了甘肃省在实现"双碳"目标过程中面临的挑战和机遇，并提出了制定"双碳"目标行动计划、明晰低碳产业培育的方向、推进低碳技术的研发和应用、加快发展新能源产业、持续推进低碳转型等方面的实施路径。

国家碳达峰、碳中和目标（简称"双碳"目标）的落实，是一场深刻的社会系统变革，将对后发地区产生深刻的影响。因此，后发省域必须系统谋划、主动作为，方能把握机遇、迎接挑战并乘势而上[1]。

一、碳达峰碳中和的形势和现状

2020年9月，习近平主席指出，中国的二氧化碳排放力争于2030年前达到峰值，努力争取2060年前实现碳中和。党的二十大报告指出：积极稳妥推进碳达峰碳中和，立足我国能源资源禀赋，坚持先立后破，有计划分步骤实施碳达峰行动，深入推进能源革命，加强煤炭清洁高效利用，加快规划建设新型能源体系，积极参与应对气候变化全球治理。

2021年10月，《中共中央 国务院关于完整准确全面贯彻新发展理念做好碳达峰碳中和工作的意见》发布，并提出了"全国统筹、节约优先、双轮驱动、内外畅通、防范风险"原则。此后，国务院又发布了《2030年前碳达峰行动方案》，这成为碳达峰、碳中和目标的顶层设计。目前"双碳"目标的"1+N"体系主要包括在能源、工业、交通运输、城乡建设等分领域、分行业实施碳达峰方案，以及在科技支撑、能源保障、碳汇能力、财政金融价格政策、督察考核等方面予以保障。

（一）全球碳排放总量不断攀升

2015—2022年，全球碳排放量除2020年外均在不断增加。2015年，全球碳排放量为332.1亿吨，其后年份均在上升，2022年达到368亿吨，与2021年相比，共计增加29.16亿吨，同比增速为8.61%，创历史新高；2020年受全球新冠疫情等因素影响，全球碳排放总量较上年相比共减少20.8亿吨，同比增速下降6.05个百分点（表14-1）。由此可知，近年来，全球碳排放总量呈现不断攀升趋势，且预期未来仍呈增加态势。

表14-1　2015—2022年全球碳排放总量情况

	2015年	2016年	2017年	2018年	2019年	2020年	2021年	2022年
碳排放量（亿吨）	332.1	333.6	337.3	343.5	343.6	322.8	338.84	368
较上年增加量（亿吨）	0.7	1.5	3.7	6.2	0.1	−20.8	16.04	29.16
同比增速（%）	0.21	0.45	1.11	1.84	0.03	−6.05	4.97	8.61

资料来源：英国石油公司发布的《世界能源统计年鉴》。

（二）中国碳排放占比高但人均累计量低

中国作为目前全球最大的碳排放国家，2015—2022年，中国碳排放总量依旧呈现上升趋势，全球占比均维持在27%以上。其中，2016年全国碳排放量最低，为92.79亿吨，占全球比重为27.8%；2021年全国碳排放量最高，占全球比重为35.1%（表14-2）。2020年，整个亚太地区合计占全球碳排放量的比重达52%，其中，中国占全球比重为30.7%，排放量远超其他国家和地区（表14-3）。

从主要国家人均碳排放的对比上看，2019年，中国的生产端人均二氧化碳排放量是7.28吨/年，高于全球平均水平，但比美国要低很多。从消费端来看，中国的人均排放量为6.41吨/年，比英法美都低。从最核心的1900年到2019年的人均累计碳排放上看，全球平均水平是209.62吨/人，中国为157.39吨/人，美国是1218.71吨/人（图14-1），法国、英国等国家都比中国多得多[①]。

综合而言，虽然中国碳排放总量在全球居于高位，但人均累计碳排放量远远低于全球平均水平，中国碳排放总量较高与中国经济尚处在发展过

[①]丁仲礼.中国碳中和框架路线图研究［EB/OL］.（2023-07-14）［2023-08-10］.http://news.sohu.com/a/699598416_121357745.

程中有关。因此，中国实现碳中和目标比其他国家要困难得多。

表14-2 2015—2022年中国碳排放总量情况

	2015年	2016年	2017年	2018年	2019年	2020年	2021年	2022年
碳排放量（亿吨）	92.80	92.79	94.66	96.53	98.11	98.99	118.9	110.0
占全球比重（%）	27.9	27.8	28.1	28.1	28.6	30.7	35.1	29.9

资料来源：英国石油公司发布的《世界能源统计年鉴》。

表14-3 2020年全球碳排放总量按地区构成

	中国	亚太地区（除中国）	北美地区	欧洲	其他区域
占全球比重（%）	30.7	21.3	16.6	11.1	20.3

资料来源：英国石油公司发布的《世界能源统计年鉴》。

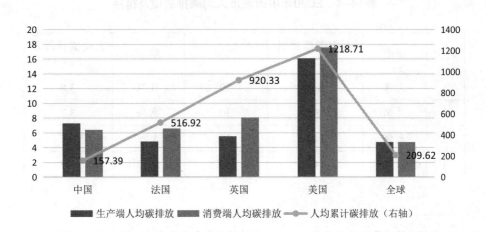

图14-1 2019年主要国家人均二氧化碳排放比较（吨CO₂/人）

注：人均累计碳排放是指1900—2019年的累计情况。
资料来源：《中国碳中和框架路线图研究》。

（三）中国各地区碳排放差异性较大

2020年，中国华东、华北两大地区碳排放量约占全国总量的50%，其中山东和江苏两省碳排放突出，浙江省、安徽省碳排放占比在3%—5%之间，福建省、江西省维持在1%—3%之间。华中地区、东北地区和直辖市的碳排放量占比逐渐降低，西北地区和华南地区碳排放量占比逐渐提高，西南地区碳排放量较为稳定，始终维持在7%—9%之间①。

（四）中国过半城市人均碳排放量低

2020年，中国二氧化碳排放量为98.99亿吨，全国人均碳排放量约为7吨。2020年，在中国绿色低碳城市指数前50强排名中，超过一半的城市人均碳排放量在5—7吨之间，低于全国平均水平，人均碳排放量最高的是天津市，为16.2吨；人均碳排放量最低的是南宁市，为1.2吨。2020年，兰州市人均碳排放为15.9吨，仅次于天津居于第2（表14–4）②。

表14–4　2020年中国城市人均碳排放量及排序

名次	城市	人均碳排放量（吨）	名次	城市	人均碳排放量（吨）
1	天津	16.2	29	日照	3.8
2	兰州	15.9	30	嘉兴	3.7
3	无锡	14.8	30	太原	3.7
4	银川	14.7	31	沈阳	3.5

①杭州绿碳资讯管理.华东、华北碳排放量约占全国总量50% [EB/OL]. （2022-10-09）［2023-08-10］. https://mo.mbd.baidu.com/r/14EVOicwP2U?f=cp&u=c8865a54cfd58366.

②中国投资协会创新投融资专业委员会，标准排名.2021年中国绿色低碳城市指数TOP50报告[EB/OL].（2022-07-01）［2023-08-10］. https://me.mbd.baidu.com/r/14ES9PYWQqk?f=cp&u=3c10938d6fa0ebf4.

名次	城市	人均碳排放量（吨）	名次	城市	人均碳排放量（吨）
5	西宁	13.3	31	上海	3.5
6	惠州	13.2	32	镇江	3.4
7	湖州	11.6	32	舟山	3.4
8	南京	11.3	32	东莞	3.4
9	贵阳	10.4	33	铜陵	3.2
10	芜湖	10.3	34	济南	3.1
11	广州	9.2	35	哈尔滨	2.9
12	青岛	8.7	35	杭州	2.9
13	宁波	8.6	36	西安	2.7
13	北京	8.6	36	石家庄	2.7
14	乌鲁木齐	7.4	37	武汉	2.3
15	合肥	7.3	37	张家口	2.3
16	南昌	7.0	38	郑州	2.2
17	深圳	6.9	38	厦门	2.2
17	东营	6.9	39	金华	2.1
18	临沂	6.7	40	南通	2.0
19	重庆	6.6	41	成都	1.8
20	台州	6.5	42	拉萨	1.7
21	温州	6.2	42	丽水	1.7
22	长春	5.8	43	南宁	1.2
23	呼和浩特	5.5	44	福州	—
24	佛山	4.8	45	海口	—
25	资阳	4.7	46	昆明	—
26	黄山	4.6	47	衢州	—
27	常州	4.4	48	长沙	—
28	绍兴	3.9	49	珠海	—
28	大连	3.9		—	

资料来源：《2021中国绿色低碳城市TOP50报告》。

二、碳达峰碳中和与绿色转型的研究现状

从反映学术研究热点的关键词的词频分析可知，该领域研究的主题主要集中在以下方面：碳达峰碳中和、高质量发展、绿色低碳发展、实现路径、减污降碳、可再生能源、低碳转型、能源安全、气候变化等。

在引领城市高质量发展方面，为实现"双碳"目标下的城市绿色转型发展，只能借助降碳才可以减少污染，尽管减污扩绿也可以降碳，但在许多情况下减污扩绿并不一定能降碳[2]。城市在实现"双碳"目标中居于先导地位，对于新形势下城市引领机制的理论基础、政策环境变化及优化方案进行系统性思考很有必要，而城市引领的现实基础在于"双碳"目标对低碳城市试点建设的新形势新要求[3]。城市是人为温室气体排放的主角，通过对国际上重点国家和地区碳排放情况及减碳经验进行分析，结合我国当前绿色建筑发展趋势，发现绿色建筑不仅能够在全生命周期内实现节能、节地、节水、节材，还能与自然和谐共生，并且在已有的可再生能源技术支撑下，建筑及由建筑组成的城市社区，可由单纯的能源消耗者转变为可再生能源的提供者，将在城市碳中和路径中扮演不可或缺的重要角色[4]。从实现碳达峰与基本现代化"双目标"来看，通过碳排放与经济发展综合特征多指标研判，可将中国30个省份（未包含西藏和港澳台地区），分为引领示范组、质量改善组、数量增长组、结构转型组，且各组应制定合适的碳达峰与基本现代化协同实现方案。在经济新常态背景下，未来中国也只有通过完善碳排放强约束强激励制度设计，才能增强低碳调节能力，促使经济增长与碳排放脱钩，从而推动碳达峰与现代化"双目标"协同实现[5]。

在绿色低碳转型方面，通过对城市发展历程的追溯以及若干发展模式

的辨析，发现当前中国城市有迫切的转型需求，应构建适合中国城市绿色转型的概念框架，强调城市绿色转型是经济、社会、环境三维度的高度统一，以此来衡量城市绿色转型的过程与效果[6]。资源型地区面临产业单一、资源损耗、生态环境破坏等诸多发展难题，基于绿色发展理念与可持续发展理论，资源型地区宜选择绿色转型模式，通过产业绿色转型和经济发展方式绿色转变，步入资源型地区可持续发展轨道[7]。在我国城镇化快速发展过程中也面临着污染减排、降低温室气体排放强度、改善生态环境质量等艰巨任务，为此，亟需全面推进我国城镇化的绿色转型，切实走一条城镇集约开发与绿色发展相结合；城镇人口、经济与资源、环境相协调；"资源节约、低碳减排、环境友好、经济高效"的绿色城镇化道路[8]。

关于区域碳达峰的实现路径，有研究认为要促进拥有丰富资源能源的区域碳排放提前达峰，并使用情景分析预测了环渤海地区未来碳达峰的轨迹，发现部分城市已出现稳定的碳排放下降，且会在2030年左右陆续实现碳达峰[9]；而区域碳中和的核心实现路径，在于零碳可再生能源对化石能源的根本替代。当前我国在零碳能源的生产和消费领域处于全球第一方阵，因此，应将我国强大的市场竞争力转换为国际规则制定能力，寻求可再生能源领域的市场话语权，引领零碳能源转型发展的系统性变革[10]。黄河流域人口较多，碳排放量占全国的比重超过1/3，为实现2030年前碳达峰与2035年基本实现社会主义现代化的双重目标，全流域要统一绿色发展的基本共识，加强碳达峰目标顶层设计，立足资源基础条件，分阶段走差异化路径，构建区域协同治理机制，协作配合做好黄河流域碳达峰工作[11]。

实现碳中和需要制定科学合理减排的时间表和路线图，有研究基于自主设计和构建的国家能源技术模型，发现当2060年碳汇可用量为10亿—30亿吨时，为达到低成本和安全实现"双碳"目标的要求，中国需在2026—2029年间实现碳达峰，且峰值不超过127亿吨二氧化碳（含工业过程排放）[12]。从各国碳排放历史轨迹来看，发达国家碳排放已进入下降通道，但平台期长，后发国家可以削峰发展，加速达峰，缩短高位平台期，实现非对称去碳[13]。有研究在阐释中国减排承诺及意义的基础上，认为应对全球气候变化既是中国实现现代化的最大挑战，也是实现绿色工业化、城镇化、农业农村现代化的最大机遇，中国要实现2030年前碳达峰核心目标，必须建立倒逼机制，分为四个十年阶段、八个五年规划，逐步推动绿色改革、绿色创新[14]。中国政府需要做好碳达峰顶层设计，以此统筹各地区梯次有序地协同实现碳达峰与现代化双目标，根据碳排放与经济发展双维度多指标综合研判，各地区实现碳达峰目标难易程度不同，时间有先有后[15]。

生态系统是一个开放性的复杂系统，要解决"双碳"问题需要运用系统思维进行考虑和规划，由于实现"双碳"目标面临着多重阻力和艰巨的挑战，因此，我们需要运用多种手段，综合考虑减排与增汇两种途径，从能源效率、能源结构、产业结构等方面入手，以关键性问题为导向；从技术、经济、制度三个层面多维发力，逐一突破，推动经济社会系统、全面实现绿色低碳转型[16]。碳达峰碳中和工作目前仍有一些明显短板亟待补齐，故应围绕高质量发展，不断提高低碳技术创新水平、充分考虑地区差异性和协同性、加强国际合作、动员全社会力量，促进低碳发展与供给侧结构性改革深度融合，并进一步完善相关政策体系和体制机制[17]。

政策的制定有助于碳达峰碳中和目标的实现，构建有利于碳达峰碳中和的政策体系，可以如期实现该目标。因此，围绕"十一五"以来的168项低碳领域政策文本进行梳理分析，摸清我国低碳政策的总体情况，以及政策的数量、效力、手段等特征，以此全面推动实施"双碳"目标的总体政策和技术创新政策[18]。实现"双碳"目标高度依赖科技创新与制度创新，通过技术创新和制度创新的双向互动、深度融通和优势互补，可以放大绿色技术创新对"双碳"目标实现的支撑作用[19]。中国经济高质量增长与碳中和进程密切相关，有研究从中国现实国情出发，对2030年的碳达峰情景进行了分析，发现2030年前碳达峰的峰值既取决于清洁能源发展，也取决于能源电力需求增长，需要通过平衡清洁能源发展速度与能源需求增长速度以控制碳排放峰值[20]。

通过对中国工业各行业减排空间与碳达峰进程进行考察，发现虽然中国工业各行业二氧化碳边际减排成本均有明显上升，但各行业上升速度和减排空间存在较大差异，且现有发展趋势下我国大部分工业行业可在2030年按期实现碳达峰，部分重工业行业需加快转型速度[21]。中国工业绿色转型也面临着体制障碍、技术障碍和阶段障碍难题。因此，中国工业绿色转型中，政府应该创造良好的绿色转型环境：完善绿色考评体系、实施绿色税制、健全政府绿色采购制度、支持绿色金融等[22]。

有研究对中国283个地级城市的样本分析发现，数字技术发展可以通过"溢出效应"对碳减排产生正向影响，不仅可以减少当地的碳排放，还可以促进周边城市的碳减排，但数字技术发展对碳排放的"溢出效应"具有地域界限，因此政府应该通过促进区域合作、减少地方保护主义和行政区划，来实现数字技术发展和碳减排的双重目标[23]。

尽管我国碳达峰碳中和方面的研究已有一定的进展，研究的深度和广度也不断拓展，但目前研究在如何高效碳减排、减碳与增长；如何协同不同区域、梯次实现路径等方面的研究不够深入和系统。针对上述不足，本章以甘肃省作为后发省域的典型代表，在分析甘肃省实施碳达峰碳中和行动的机遇和挑战基础上，提出甘肃省实现"双碳"目标的基本路径，以期推动后发省域社会经济的高质量发展。

三、甘肃省实现碳达峰碳中和目标的挑战和机遇

甘肃省实现碳达峰碳中和目标，既面临着巨大挑战，同时也是难得的重大机遇，这就需要有效把握机遇并积极应对挑战。

（一）主要挑战

碳排放与工业化和城市化进程密切相关，作为后发地区的甘肃，在高质量发展过程中，低碳转型的任务艰巨。甘肃省的经济总量和财政收入虽然迈过了万亿元和千亿元大关，但是甘肃省的工业结构以资源生产、原材料加工为主，城镇化率仅仅过半。2023年，甘肃常住人口城镇化率为55.49%，比同期全国平均水平低10.67个百分点，这意味着城市化驱动的发展将对"双碳"目标的实现带来巨大的降碳减排压力。2022年，甘肃省二氧化碳排放量为1.37亿吨，占全国110.00亿吨的1.25%。甘肃省单位产值的二氧化碳排放量相对较大，2019年为0.89吨/万元，高于全国平均水平0.3个百分点。有研究显示，全国有52.35%的城市碳减排压力高于所在省的平均水平，而这一比例在甘肃最高，高达66.67%[24]。

甘肃省产业结构、交通结构的转型步伐相对滞后，且现代产业体系尚不健全，在低碳产业培育和发展方面的巨大空间尚待挖掘和开发，也面临着产业基础老化、低级化以及特色产业不突出、龙头企业不突出、中小民营企业发展受限等不足，致使绿色低碳转型压力大、任务重。

（二）政策机遇

与此同时，甘肃省也有"双碳"目标实现的潜在比较优势和由此带来的巨大政策机遇。甘肃省风能、太阳能资源富集，风能资源理论储量为

2.37亿千瓦，排名居全国第5位，可利用区的面积为17.66万平方千米，主要集中在河西走廊和省内部分山口地区，河西地区年太阳总辐射量为5800—6400兆焦/平方米。河西等地的风光电资源丰富，在清洁能源的发展上已有一定的基础，具有在此基础上培育新型低碳产业体系的潜在优势。甘肃省已出台氢能产业发展实施方案，力争将兰州打造成在全国具有影响力的氢能产业基地。随着全国落实"双碳"目标的深入推进，在面向世界尤其是共建"一带一路"的开放发展条件下，与低碳、零碳和负碳技术相关的产业发展、技术创新等的需求将会越来越大。同时，作为后发地区，也具有学习先发地区和国家关于低碳技术和产业开发等方面的后发优势。如何利用比较优势、发挥后发优势，进而在落实"双碳"目标中塑造竞争优势，将是甘肃省长期发展的重大命题。

四、甘肃省实施碳达峰碳中和行动的路径

（一）制定"双碳"行动计划，明确实施的路线图

研判未来低碳发展的趋势，根据甘肃省的能源结构和产业结构，组织由产学研各领域代表构成的专家团队进行系统谋划和策略策划，进而由省政府牵头制定全省层面"双碳"规划，明确中长期"双碳"的未来前景、重点难点、障碍短板、攻坚行动等基本路径，制定碳排放与经济增长从相对脱钩到绝对脱钩的路线图。建立健全碳达峰碳中和实施与衔接、指标考核与干部激励、省级统筹与县市联动、低碳产业培育与扶持、碳减排压力动态监测与反馈、重点行业与不同区域协同等方面的机制。

（二）明晰低碳产业培育的方向和路径，夯实高质量发展的产业基础

在深入了解碳达峰碳中和的背景和甘肃省低碳产业发展现状的基础

上，立足清洁能源产业的现有基础，培育和壮大低碳产业相关的研发、制造、服务等产业体系，夯实甘肃省高质量发展的产业基础，这是甘肃省长期发展的根本。这就需要，深入分析甘肃省风光电等新能源产业及其关联产业的发展现状，具体包括：规模、产值、就业人数。摸清现有企业和行业在整体低碳产业链条中的位置和作用以及与外省合作的情况，努力克服目前存在的主要障碍和制约因素，研判低碳产业未来发展的可能方向和重点，通过产业基金等方式，采取有力措施和支持措施，省委、省政府做好前瞻性部署和全盘性布局[1]。

（三）推进低碳技术的研发和推广应用，提高科技创新水平

为积极应对全球气候变暖的巨大挑战，随着"双碳"目标的落实，碳捕获、利用与封存（Carbon Capture，Utilization and Storage，CCUS）等低碳技术的研发将越来越重要。CCUS技术不仅仅服务于"双碳"落实，也将促进与之相关的科学研究和产业体系构建。基于此，甘肃省要共建产学研CCUS平台体系，加大经费支持，改革科研评价体系，激发企业、高校、科研院所等研发主体的积极性，并引导建立产学研一体化的研究、开发与应用相衔接的科研攻关平台。

（四）以全国新能源及新能源装备制造基地为功能定位，加快发展新能源产业

"十五五"及以后的时期，风电光伏等将成为清洁能源增长的主力。甘肃的风光资源，可开发的空间巨大，具备基地化、规模化、一体化开发的优越条件。立足河西地区的现有优势，加快发展风电光伏产业，在推进就近开发消纳的基础上，开工建设一批重大工程项目，积极开拓新的外送地区。加强绿色低碳技术创新应用，积极发展安全高效储能技术，扎实推动氢能技术发展和规模化应用，推广建设智能电网。

（五）持续推动低碳转型，改革不利于"双碳"目标实施的体制和机制

坚决遏制高耗能和高排放"两高"项目的盲目发展，加快推进工业、能源、建筑、交通、农业等重点领域的绿色低碳转型步伐。提升能源资源利用效率，压实行业主管部门和各个市州的减污、降碳、节能、增效责任，改进能耗和减碳等总量和单元控制目标的考核激励机制，抓好钢铁、有色、建材、化工等重点行业节能降碳精细化管理。推进生态产品价值核算，探索建立碳汇价值生态保护补偿机制，积极融入全国碳交易市场，通过市场信号引导企业和行业的降碳工作。同时，积极解决突出的环境问题，推进区域环境协同治理[25]。

参考文献

［1］陈润羊.甘肃碳达峰碳中和的机遇、挑战与路径［J］.党的建设，2022（3）：59.

［2］潘家华.碳中和引领城市高质量发展［J］.城市问题，2023（1）：4-6.

［3］庄贵阳，魏鸣昕.城市引领碳达峰、碳中和的理论和路径［J］.中国人口·资源与环境，2021，31（9）：114-121.

［4］仇保兴.城市碳中和与绿色建筑［J］.城市发展研究，2021，28（7）：1-8.

［5］王思博，庄贵阳.中国省域碳达峰与基本现代化"双目标"何以协同实现？［J］.中国人口·资源与环境，2023，33（3）：1-12.

［6］付金朋，武春友.城市绿色转型与发展进程溯及［J］.改革，2016（11）：99-108.

［7］孙毅，景普秋.资源型区域绿色转型模式及其路径研究［J］.中国

软科学, 2012（12）: 152-161.

　　[8]魏后凯, 张燕.全面推进中国城镇化绿色转型的思路与举措[J].
经济纵横, 2011（9）: 15-19.

　　[9]陈楠, 庄贵阳.中国区域碳达峰关键路径研究——以环渤海C型
区域为例[J].中国地质大学学报（社会科学版）, 2023, 23（3）: 81-95.

　　[10]潘家华, 张坤.碳中和进程中经济社会能源系统性变革的多赢动
能研究[J].经济体制改革, 2023（3）: 5-14.

　　[11]汪彬, 阳镇.推动黄河流域碳达峰碳中和路径研究[J].宁夏社
会科学, 2023（3）: 140-150.

　　[12]魏一鸣, 余碧莹, 唐葆君, 等.中国碳达峰碳中和时间表与路线
图研究[J].北京理工大学学报（社会科学版）, 2022, 24（4）: 13-26.

　　[13]潘家华, 廖茂林, 陈素梅.碳中和: 中国能走多快? [J].改
革, 2021（7）: 1-13.

　　[14]胡鞍钢.中国实现2030年前碳达峰目标及主要途径[J].北京工
业大学学报（社会科学版）, 2021, 21（3）: 1-15.

　　[15]王思博, 庄贵阳, 窦晓铭.中国省域碳达峰梯次划分与差异化
排放路径——基于碳排放与经济发展双重视角的考察[J].武汉大学学报
（哲学社会科学版）, 2023, 76（3）: 136-150.

　　[16]欧阳志远, 史作廷, 石敏俊, 等.“碳达峰碳中和”: 挑战与对
策[J].河北经贸大学学报, 2021, 42（5）: 1-11.

　　[17]张友国.碳达峰、碳中和工作面临的形势与开局思路[J].行政
管理改革, 2021（3）: 77-85.

　　[18]谭显春, 郭雯, 樊杰, 等.碳达峰、碳中和政策框架与技术创新
政策研究[J].中国科学院院刊, 2022, 37（4）: 435-443.

　　[19]陈诗一, 祁毓.实现碳达峰、碳中和目标的技术路线、制度创新
与体制保障[J].广东社会科学, 2022（2）: 15-23, 286.

［20］林伯强.碳中和进程中的中国经济高质量增长［J］.经济研究，2022，57（1）：56-71.

［21］魏丽莉，侯宇琦.中国工业二氧化碳边际减排成本测算与行业碳达峰预测［J］.经济理论与经济管理，2023，43（2）：63-77.

［22］韩晶.中国工业绿色转型的障碍与发展战略研究［J］.福建论坛（人文社会科学版），2011（8）：11-14.

［23］Liu J, Yu Q, Chen Y, et al. The impact of digital technology development on carbon emissions: A spatial effect analysis for China［J］. Resources, Conservation and Recycling, 2022, 185: 106445.

［24］Shulei C, WeiF, Fanxin M, et al. Toward low-carbon development: Assessing emissions-reduction pressure among Chinese cities［J］. Journal of Environmental Management, 271.2020, 271. 111036.

［25］陈润羊.区域环境协同治理：演进、机制与模式［M］.杭州：浙江大学出版社，2022：1-8.

第十五章 县域经济高质量发展的路径

内容提要：培育壮大县域经济，是后发省域高质量发展的主要抓手。发展县域经济需要正确处理好省级统筹与县市发力、市场有效与政府有为、本身发展与区域协同、比较优势与竞争优势、乡村振兴和城乡融合等五对基本关系，而县域经济高质量发展的逻辑和路径为：构建融合型产业体系是核心，发挥集聚经济外部性是关键，满足外部需求是导向，提升地方品质是根本，降低制度性成本是抓手，服务民生友好是归宿。

从行政单元的角度看，我国有国家、省、市、县等四级的空间尺度，因此，县域是国家治理体系的基层单元。从经济区的空间范围而言，一般可以划分为省域、县域和乡域，在这个意义上，县域是省域和乡域承上启下的中间单元，也是连接省域和乡域的桥梁纽带。县域是城乡融合发展的空间载体，是生产空间、生态空间和生活空间的有机体，是连接城市和乡村的功能综合体。所以说，县域具有空间组织、功能实体和空间载体的复合作用。因此，培育壮大县域经济，对于后发省域巩固拓展脱贫攻坚成果、实施乡村振兴战略以及缩小城乡差距、促进区域协调发展并提升区域发展水平都具有十分重要的意义。

一、县域经济领域研究现状

"郡县治，天下安。"县域经济高质量发展是中国式现代化的必然要求。我国县域经济的发展随着国家经济的发展呈现出不同的时代特征，近年来，县域经济越来越受重视，研究县域经济的成果也在不断增多。关于县域经济的研究，大多集中于县域经济是"怎么样的"和"如何有效发展"两个问题上。

在县域经济是"怎么样的"这一问题上，学界多从县域经济发展的现状特征、国家政策导向等方面进行分析。许多学者都指出：我国县域经济发展起步晚，落后于城市经济，在国民经济中处于劣势地位，而且东中西部地区发展差距较大，发展不平衡成为县域经济的一大问题。张佰发[1]等人分析了黄河流域的县域经济发展差异，结果显示存在着显著的上中下游差异，但核心—边缘结构呈弱化趋势。李波[2]等学者基于返乡创业试点政策研究了返乡创业与县域产业结构的关系，结果表明这一政策显著地促进了县域产业结构升级，推动了产业结构高级化。党的十八大以来，我国提出了以人为本的新型城镇化战略，党的十九届五中全会提出要进一步推进以县城为重要载体的城镇化建设，使得县域城镇化成为落实新型城镇化的重要着力点[3]。

大多研究更关注"如何有效发展"县域经济上，即先从影响县域经济的各种因素入手，分析其中的经济学原理，或者建立模型进行实证检验来探索与各因素的作用机理。很多学者注意到了金融支持、数字经济、数字金融、新型金融机构等因素对县域经济的影响作用。数字经济能够通过减少县域活动的搜寻成本、验证成本、复制成本和追踪成本这四类经济成本提升县域经济循环体系的通畅性[4]，数字普惠金融能促进县域经济增长[5]，数字金融能够以促进县域经济发展的方式缩小县域与城市经济发展差距[6]；但有的学者也提出，数字经济可显著地促进县域城乡融合、统筹城乡协调发展，且在中部、西部与东北地区更为明显[7]；宋科[8]等学者研究了新型农村金融机构对县域经济的影响，结果显示新型农村金融机构可以发挥为县域企业及居民提供融资、服务县域经济发展的作用，这一促进作用在中西部地区较显著。常静等[9]的研究表明城市圈扩容对新进县域经济增长具有显著正向作用，尤其是对贫困县的影响更为明显；县域合作可以通过减少非自然贸易壁垒促进地区经济增长[10]。另有学者从国家相关政策层面分析促进县域经济增长的路径："省直管县"改革大大地强化了县域的自主权，促进了试点县域的经济增长[11]；返乡创业试点政策提高了县域经济的创新水平和资金集聚水平，进而促进了县域产业结构升级[2]；农村产业融合试点政策可以通过产业结构升级和加速城镇化等渠道推动县域经济发展[12]；国家推行的乡村振兴、以县域为重要载体的城镇化建设等战略，为后发地区的县域经济发展提供了发展机遇[13]；王乔等[14]指出，县域财政对县域经济发展的支撑明显不足，并提出了夯实县域财政基础的建议。

总之，长期以来，县域经济的理论研究滞后于实践发展，县域经济理论在研究视角、研究范式、研究内容及发展模式探索等方面都表现出不同于传统区域经济理论的差异性特征。推动县域经济高质量发展，必须立足于我国基本国情和县域经济发展实际，从县域经济定位、县域经济功能、县域经济结构、县域经济作用四个方面系统剖析县域经济的理论内核[15]。虽然县域经济研究受到学界越来越多的重视，但县域经济发展仍然存在着许多现实问题，尤其是后发省域的县域经济问题有待进一步深入研究。

二、中国县域经济的典型特征和基本趋势

（一）典型特征

截至2022年底，我国内地有1866个县（含县级市、自治县、旗和自治旗），占国土面积的90%左右，人口和地区生产总值占全国的比重分别为52.5%和38.1%。县域是国家治理的基础，也是推进高质量发展、实现国家现代化的难点，没有县域高质量发展就没有国家现代化。

1.第一产业和第二产业是县域经济的主要支撑产业

县域是中国发展的"米袋子""菜篮子"，县域不仅包括城镇经济，还包括农村经济，农业依然是我国大多数县的基础产业，肩负着我国粮食安全的重任。2021年我国县域第一产业增加值占到全国第一产业增加值的75.62%，油料、棉花等农产品超过了全国总量的80%，2022年贡献了75.5%的第一产业增加值。县域还是实体经济的重要载体，2021年第二产业增加值占全国第二产业增加值产量的40.91%，承载着约一半的第二产业生产和超过一半的规上工业企业。2022年公布的县域高质量发展"百强县"中，2021年第二产业的比重最高，达到了51.4%（见图15-1）。

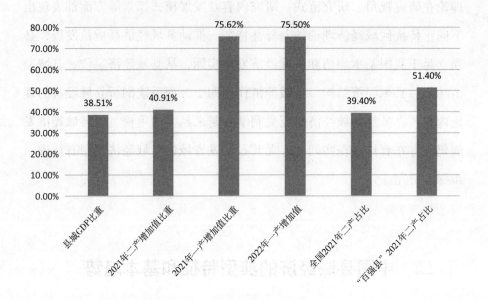

图15-1　我国县域产业发展情况图

资料来源：《2022县域高质量发展年度指数报告》《2023中国县域高质量发展年度指数报告》。

2.县域发展不充分

相比市域来说，县域的经济发展水平普遍落后，多数县基础不好，底子薄、发展慢，原国家级贫困县832个，占所有县域的44.5%[16]。根据《2022县域高质量发展年度指数报告》的数据，按照户籍人口来算，我国县域人均GDP仅为全国平均水平的60%，按常住人口来算，县域人均GDP也不足全国平均水平的70%。全国1039个产粮大县中，有222个是贫困县。2019年，GDP总量在100亿元以下的县市占比超过四成。县域对人才、资金等生产要素的吸引力不足，调动行政资源的能力不足，县城普遍存在常住人口减少、资金流失的现象，面临许多发展不充分问题，是实现中国式现代化的难点区域。

3.县域经济存在严重的不平衡现象

首先，县域经济规模千差万别，发展不平衡。从基础条件来看，各省（区、市）之间的县域平均面积差异比较大，县域平均面积最大的省份青海省是县域平均面积最小的省份河北的约13倍，而县域平均人口规模最大的省份江苏省大约是县域平均人口规模最小的省（自治区）西藏自治区的260倍[16]，东部沿海地区的县域人口密度明显高于中西部。从经济发展规模来看，根据《2022县域高质量发展年度指数报告》计算统计的县域高质量发展"百强县"列表显示，东部地区"百强县"占73个，中部地区占18个，西部地区占8个，东北地区占1个；苏、浙、鲁、闽四省在"百强县"中占69个，领跑县域发展，中部地区豫鄂湘皖发展水平基本相当，处于跟跑地位，西部和东北地区县域发展相对滞后，县域发展主要依靠大城市带动或者特色资源条件（见图15-2）。

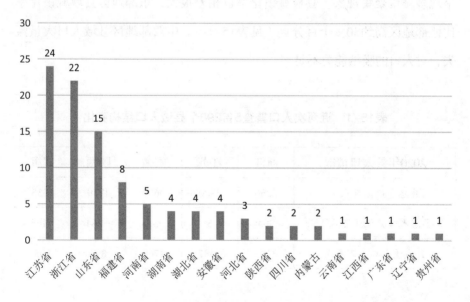

图15-2 2022年度"百强县"的分省分布情况

资料来源：《2022县域高质量发展年度指数报告》。

根据中国电子信息产业研究院旗下赛迪顾问发布的《2023中国县域经济百强研究》显示：2022年"百强县"中进入"GDP千亿俱乐部"的县域达到54个。"百强县"区域分布为：东部地区占65个，中部地区占20个，西部地区占14个，县域经济发展极不均衡①。从省内县域区域分布来看，"百强县""千亿县"多集中分布在城市群和都市圈范围内，而原国家级贫困县基本在省际交界地区，国家颁布的扶贫重点县中80%的县都位于省际边界区[17]，西部地区县域与核心区发展差异很大，呈核心—边缘结构[1]。总体来看，我国县域在东中西省域之间、同一省县与县之间发展差异都非常大。

其次，人口规模差异比较大，中西部地区县域人口大幅流失。根据最近的两次人口普查的数据，全国近3000个县级单位中，人口流失的达1506个，占总数的50.2%，而且主要集中在东北与中西部地区。陕西省、甘肃省县域人口分别减少264万人、165万人，而东部的浙江省县域人口增加304万人。中西部地区人口聚集的城市大多为省会城市，而东部省份则呈现多城市聚集现象。县域城镇化率也相差很大，东部地区县域城镇化率比西部地区高约30多个百分点（见表15-1）。中西部地区县域人口大量流失，对人口的吸纳能力不足。

表15-1　近两次人口普查5省298个县域人口结构变化

2020年县人口情况	浙江	江苏	安徽	陕西	甘肃
县总人口（万人）	3256	3780	3699	1879	1535
县总人口变化（万人）	304	5	−303	−264	−165
县城镇人口（万人）	2185	2387	1768	897	595

①赛迪顾问.2023中国县域经济百强研究重磅发布［EB/OL］.（2023-07-25）
［2023-08-01］.https://mp.weixin.qq.com/s/izeNv0YFFlwztbcRBNmazw.

2020年县人口情况	浙江	江苏	安徽	陕西	甘肃
县人口城镇化率（％）	67	63	47	48	38
县人口占全省人口比重（％）	50	44	61	47	61

资料来源：费太安.中西部地区县域人口大幅流失，宜重心下沉推动县域城镇人口均衡发展[EB/OL].（2023-07-06）［2023-08-01］.https://mp.weixin.qq.com/s/yvm0jbTMJrGVVmlZ_lYnTw.

（二）基本趋势

全国"百强县"发展劲头十足，率先转变传统经济发展方式，依据自身优势，做大做强优势产业，呈现出许多新的特征，为将来的县域发展提供了许多借鉴之处，也逐渐显现出未来县域经济发展的新趋势[1]。

1."百强县"是推进中国式现代化的县域排头兵

2022年"百强县"高质量发展指数平均为102.65，相比往年下降了3.37，反映了县域发展面临的不确定性因素增多，"百强县"现代化完成度指数为71.28%，较上年提高了2.84个百分点[2]。根据构建的县域高质量发展指标体系，"百强县"的发展体现出不同风格，大致分为现代化领先Ⅰ型、现代化领先Ⅱ型、均衡发展型、专项优势型和追赶潜力型等五种类型（见表15-2）。"百强县"是改革开放以来我国市场化、工业化发展的重要成果，表现了强劲的韧性、活力和竞争力，不仅在经济发展上领先，而且各项事业发展均处于较高水平，对我国县域特别是后发地区县域发展具有重要参考意义。

---

①财经城市研究院.2022县域高质量发展年度指数报告［EB/OL］.（2022-11-16）［2023-08-01］.https://mp.weixin.qq.com/s/_qmO9XiR17Bln10VgyUrPw.

②范毅.中国县域高质量发展指数报告（2023）［EB/OL］.（2023-08-31）［2023-09-06］.https://mp.weixin.qq.com/s/tAhzJLBySQIs63Iale5hYA.

表15-2　2022年高质量发展百强县分类

类型	名单
现代化领先Ⅰ型	昆山市、江阴市、常熟市、张家港市、慈溪市、义乌市、晋江市、太仓市、长沙县、胶州市、余姚市、乐清市
现代化领先Ⅱ型	宜兴市、桐乡市、海宁市、诸暨市、浏阳市、温岭市、平湖市、溧阳市、福清市、泰兴市、如皋市、启东市、南安市、嘉善县
均衡发展型	靖江市、丹阳市、瑞安市、海安市、长兴县、如东县、宁乡市、南昌县、石狮市、宁海县、寿光市、临海市、荣成市、邳州市
专项优势型	神木市、准格尔旗、伊金霍洛旗、龙口市、仁怀市、惠安县、闽侯县、博罗县、瓦房店市、东阳市、海盐县、肥西县、邹城市、象山县、德清县、永康市、石河子市、平度市、安宁市、沛县、长丰县、招远市、玉环市、安吉县、醴陵市、新郑市
追赶潜力型	迁安市、东台市、兴化市、沭阳县、仪征市、高邮市、滕州市、府谷县、肥东县、诸城市、宜都市、济源市、大冶市、岱山县、仙桃市、库尔勒市、安溪县、鄂托克旗、巩义市、莱西市、新沂市、嵊州市、西昌市、广饶县、句容市、福安市、青州市、惠东县、邹平市、肥城市、灵武市、莱州市、武安市、禹州市

资料来源：范毅.《中国县域高质量发展指数报告（2023）》［EB/OL］.（2023-08-31）［2023-09-06］.https://mp.weixin.qq.com/s/tAhzJLBySQIs63Iale5hYA.

2.县域经济的产业结构将被进一步优化

"百强县"第二产业和第三产业的产值比重在上升，实体经济发展动能强劲。2021年"百强县"三次产业结构为5.1：51.4：43.5，非农产业占比已接近95%，2021年全国第二产业比重为39.4%，"百强县"二产比重比全国水平高12个百分点，第二产业增加值占全国增加值总量的13.02%，"百强县"成为全国重要的生产制造基地。在经济社会发展中，第一产业占比下降是符合规律的，但县域也应该结合自身优势，积极培育优势产业，发展各有特色的农业强县、文旅强县、专业强县等。

3.以县域为载体的城镇化建设不断加速，城乡融合发展促进共同富裕

县域城镇化是人口规模巨大化条件下现代化的必由之路，是推进共同富裕的重要抓手，县城是城镇体系的重要组成部分。县域的人口规模总量很大，存在很大的消费需求。"百强县"居民收入远高于全国平均水平，各项居民收入均处于较高水平，居民城乡收入差距最低的县仅为1.34∶1，中位数水平为1.83∶1，均远低于2021年2.5∶1的全国平均水平。同时，2021年中西部地区县域经济占全国经济总量的比重分别比2010年提高了0.83和0.93个百分点①。说明发展县域经济有着很强的现实意义，加快发展可以有效缩小城乡差距，实现城乡融合，加快城镇化建设，提高国民收入水平和改善居民生活质量，推动实现共同富裕。

4.县域的消费投资潜力将被有效发挥

"百强县"2021年金融机构存贷比为83.95%，增长速度比全国快2.03个百分点，表明"百强县"经济活力较强，能够有效吸引金融机构投资。"百强县"存在很大的消费潜力，2021年"百强县"社会消费品零售总额同比增长14.2%，比全国平均增长速度快1.7个百分点，这说明消费对"百强县"发展的拉动作用在不断增强。2022年底，我国城镇近三成人口聚集在全国1800多个县市②，县域消费市场巨大，需要充分挖掘消费潜力，进一步推动县域经济发展。

5.县域经济的短板将被逐渐补齐

传统的县域经济创新功能渐显弱势，中心城市承担更多的创新发展功能。2021年"百强县"高新技术企业数量超过2万家，高新技术已经成为"百强县"产业的主要方向，且技术创新与全国的差距也在不断缩小。展

---

① 范毅.中国县域高质量发展指数报告（2023）[EB/OL].（2023-08-31）[2023-09-06].https://mp.weixin.qq.com/s/tAhzJLBySQIs63Iale5hYA.

② 顾阳."千亿县"增至54个，县域消费崛起值得期待[EB/OL].（2023-07-28）[2023-09-06].https://mp.weixin.qq.com/s/BEWwaKlZDTXBVCuElhcABg.

望未来，县域的创新型产业将会成为其优势产业，我国县域经济的发展将缓慢实现区域相对均衡[1]。

三、甘肃省"强县域"行动的提出背景和政策举措

（一）提出背景

甘肃省县域的地域范围大、经济增长的腹地空间广阔，各个区域的自然地理类型多样，在农业、生态、文化、旅游等方面具有一定的比较优势，各地在特色化、差异化发展方面也进行了一定探索并取得了较为突出的成效。

如甘肃省层面在"牛羊菜果薯药"六大特色产业发展以及现代丝路寒旱农业、县域工业和产业园区布局等方面进行了统筹推动，同时，一些地区在产业培育、应用现代技术等方面都有探索，如定西的马铃薯和中医药、静宁苹果、陇南电商、河西地区的戈壁农业等。也有一些地区在第三产业融合型的田园综合体的建设以及挖掘农耕文化体验、旅游、艺术创作、文化采风等多功能价值上进行了探索和实践创新，如兰州市周边的榆中县、天水秦安县石节子艺术村、陇南康县的村史馆以及乡村旅游等都是例证。还有，已有2700多年的历史并作为全国县治肇始之地，有"华夏第一县"之称的甘谷县，早在2017年就邀请全国知名的经济学家领衔的专家团队，进行中长期的县域经济发展规划研究，并将研究成果纳入该县的"十四五"及更长期的规划予以实施推进[2]。2019—2023年，玉门市连续5

①财经城市研究院.2022县域高质量发展年度指数报告［EB/OL］.（2022-11-16）［2023-09-06］.https://mp.weixin.qq.com/s/_qmO9XiR17Bln10VgyUrPw.

②2017—2018年，时任首都经济贸易大学副校长，现任中国社会科学院学部委员、生态文明研究所党委书记的杨开忠领衔的团队开展了甘谷县域经济的研究工作，本书作者陈润羊全过程参与了该研究。最后形成专著：杨开忠，陈润羊，等.乡村振兴地方品质驱动战略研究[M].北京：经济科学出版社，2021.

年蝉联《中国西部地区县域发展监测报告》的"西部百强县市"。

但总体而言，受自然条件和社会经济等因素所限，甘肃省的县域经济发展仍然存在诸多短板和不足，集中体现为县域的综合竞争力不强、综合实力不高、人口分布和经济贡献的不均衡问题突出、县域经济对甘肃省经济发展的贡献不显著、空间格局不经济等。

（二）发展县域经济采取的举措

近年来，甘肃省比较重视县域经济的发展工作。早在2017年，甘肃省就提出了要把发展县域经济作为富民强县的重要支撑。2021年4月，甘肃省委、省政府出台了《关于加快县域经济高质量发展的意见》，提出了县域经济发展的蓝图，也进行了相关的部署。其后的5月，相继成立了省长担任组长的加快县域经济高质量发展领导小组，也制定了《甘肃省县域经济发展综合评价考核办法（试行）》。2022年5月召开的甘肃省第十四次党代会进一步明确把"四强"行动作为高质量发展的重要抓手和突破点。2022年7月，甘肃省委办公厅、省政府办公厅印发了《甘肃省强县域行动实施方案（2022—2025年）》，提出了到"十四五"末的发展目标是地区生产总值300亿元以上的县达到12个、100亿—300亿元的县达到34个，县域对全省高质量发展支撑作用进一步增强[①]。总之，甘肃省委、省政府从高位推动、考核导向、工作部署等方面加大了县域经济发展的统筹推进力度，各个县市也呈现出百舸争流、百花齐放的发展态势。

[①]每日甘肃网.《甘肃省强县域行动实施方案（2022—2025年）》政策解读新闻发布会实录［EB/OL］.（2022-07-08）［2023-09-06］.https://www.gansu.gov.cn/gsszf/c100194/202207/2080572.shtml.

四、甘肃省县域经济的特点和不足

考虑可比性和县域经济本身内涵，将甘肃省86个县级行政区中除17个市辖区外的69个县（市）作为分析对象。

（一）县域经济的基本特点

1.县域是甘肃省经济发展的重要支点

甘肃省县域以占甘肃省全省面积的五成多，承载着六成的人口、贡献了四成的经济总量，县域经济是甘肃省高质量发展的重要支撑。2010—2023年，县域人均地区生产总值从10091元提升至35105元，年均增长率为10.06%，县域经济整体发展态势良好。

2.县域发展不平衡不充分特征突出

2023年，甘肃省县域平均GDP是76.19亿元，相当于全国县域平均200亿元水平（2020年）的38%；县域人均GDP仅相当于同年全省和全国平均水平的73.34%、39.29%，且发展差距较大，分化态势较为明显。69个县域的地区生产总值分布呈"两端小中间大"的形状，68%以上的县域地区生产总值位于中等偏下水平20亿—100亿元的区间（图15-3）。2020—2023年，地区生产总值超过200亿元的县域从0个变为1个，玉门市的经济总量领先；100亿—200亿元区间的县域从4个增加至18个，而50亿—100亿元、20亿—50亿元这两个中等偏下区间的县域数量都有所减少；20亿元以下的县域也从6个减少为3个。由此反映出，甘肃省的县域经济呈现不断向好的发展势头，但大部分县域的发展水平仍然较低，且县域之间的差距明显（表15-3）。县域经济的空间格局呈现"河西和陇东较强、陇中南和民族地区偏弱"的地域特点。

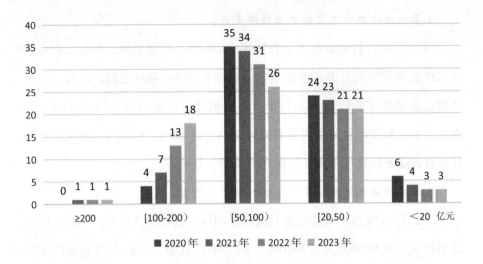

图15-3　2020—2023年甘肃省县域地区生产总值各区间分布县域数量的变化

资料来源：《甘肃发展年鉴》。

表15-3　2023甘肃省69个县（市）经济总量的分布结构

地区生产总值区间（亿元）	县市名称	数量（个）	比例（%）
≥200	玉门市	1	1.45
[100-200）	榆中县、环县、华池县、永登县、瓜州县、庆城县、永昌县、临夏市、民勤县、镇原县、临洮县、靖远县、静宁县、甘谷县、秦安县、华亭市、陇西县、金塔县	18	26.09
[50,100）	敦煌市、合水县、古浪县、庄浪县、山丹县、成县、会宁县、宁县、永靖县、武山县、景泰县、天祝藏族自治县、民乐县、文县、临泽县、合作市、通渭县、徽县、岷县、高台县、皋兰县、崇信县、临夏县、礼县、渭源县、泾川县	26	37.68
[20,50）	正宁县、灵台县、西和县、清水县、东乡族自治县、肃南裕固族自治县、张家川回族自治县、宕昌县、和政县、漳县、积石山保安族东乡族撒拉族自治县、舟曲县、卓尼县、康县、康乐县、临潭县、肃北蒙古族自治县、夏河县、广河县、玛曲县、迭部县	21	30.43
<20	碌曲县、两当县、阿克塞哈萨克族自治县	3	4.35

注：圆括号表示排除，方括号表示包括。

资料来源：《甘肃发展年鉴》。

3.县域经济具有浓厚的农业经济底色

近十几年，县域贡献了全省70%—80%的一产增加值，而第二产业和第三产业增加值占甘肃省的比重大体稳定在30%—40%之间。此外，县域是粮食供给的主要阵地，2023年，县域粮食总产量占全省的74.54%，小麦、玉米、油菜产量分别占全省的81.22%、69.30%、80.67%。可见，实现甘肃省农业农村现代化和乡村振兴的关键在县域。

4.县域城镇化进程稳步推进但人口流失严重

2023年县域总人口占全省总人口的61%，县均21.7万人，不到全国县域平均人口规模50万人（2020年）的一半。其中，常住人口数量位于30万—50万人的县域有18个，20万—30万人的县域有15个，低于20万人的人口小县共36个，占比达52.17%（表15-4）。同时，县域常住人口呈减少趋势，从2010年的1701.5万人降至2023年1497.6万人，减少了203.91万人，降幅达11.98%。2010—2023年，仅有8个县（市）的常住人口是增加的，2个县持平，剩下85.51%的县域都处于人口流出中，永登县、古浪县、会宁县、秦安县4个县常住人口流失数量超过10万人（表15-5）。与之相对，县城、城镇以及市辖区的人口显著增长，甘肃省人口分布呈现向先发地区流动，向省会城市、地级市及县城集中的特征，预计县域总人口将继续下降，而部分县城人口则有增长态势。

表15-4　2023年甘肃省69个县（市）常住人口的分布结构

常住人口（万人）	县市名称	数量	比例（%）
[30,50)	甘谷县、临洮县、榆中县、陇西县、岷县、礼县、秦安县、会宁县、临夏市、靖远县、武山县、静宁县、镇原县、西和县、宁县、庄浪县、通渭县、临夏县	18	26.09
[20,30)	环县、东乡族自治县、渭源县、永登县、广河县、康乐县、宕昌县、张家川回族自治县、古浪县、成县、积石山保安族东乡族撒拉族自治县、清水县、庆城县、泾川县、和政县	15	21.74

常住人口 （万人）	县市名称	数量	比例 （%）
<20	天祝藏族自治县、玉门市、合水县、瓜州县、临潭县、高台县、金塔县、华池县、舟曲县、临泽县、合作市、卓尼县、皋兰县、夏河县、崇信县、玛曲县、迭部县、两当县、碌曲县、肃南裕固族自治县、肃北蒙古族自治县、阿克塞哈萨克族自治县	36	52.17

注：圆括号表示排除，方括号表示包括。

资料来源：《甘肃发展年鉴》。

表15-5　2010—2023年甘肃省69个县（市）常住人口的变化情况

常住人口 变化（万人）	县市名称	数量/ 个	比例 （%）
减少>10万	永登县、古浪县、会宁县、秦安县	4	5.80
减少0万- 10万人	碌曲县、积石山保安族东乡族撒拉族自治县、迭部县、夏河县、华池县、敦煌市、环县、永靖县、成县、肃南裕固族自治县、两当县、卓尼县、临夏县、华亭市、合水县、临潭县、正宁县、徽县、山丹县、瓜州县、舟曲县、康县、崇信县、高台县、临泽县、玉门市、文县、金塔县、景泰县、漳县、天祝藏族自治县、宕昌县、庆城县、通渭县、民乐县、岷县、陇西县、清水县、临洮县、灵台县、皋兰县、张家川回族自治县、西和县、礼县、渭源县、庄浪县、永昌县、镇原县、甘谷县、民勤县、泾川县、静宁县、宁县、武山县、靖远县	55	79.71
持平	肃北蒙古族自治县、阿克塞哈萨克族自治县	2	2.90
增加	临夏市、榆中县、广河县、康乐县、合作市、和政县、东乡族自治县、玛曲县	8	11.59

资料来源：《甘肃发展年鉴》。

5.城乡收入差距趋于缩小但居民收入水平偏低

相比全省，县域的城乡收入差距较小，并在逐步缩小。2023年，县域城乡居民收入差距为2.67，较2015年降低了0.31个单位，比同期全省水平低0.36个单位。县域总体、城镇和农村的居民人均可支配收入年均增长率分别为9.2%、7.0%、8.5%，虽农村居民收入增幅大于城镇居民，但这三项指标仅为同期全国平均水平的64.4%、57.6%、54.2%，居民收入水平依然偏低。

（二）县域经济存在的不足与困难

1.县域产业基础薄弱，产业结构尚需优化

2023年，县域三次产业结构为22.94：32.36：44.7，40个县域第一产业比重大于20%，43个县域的第二产业比重不足25%，42个县域三产比重高于县域总体平均水平44.7%。整体上，县域的产业结构不尽合理，大多数县域的发展依靠农业，工业基础较为薄弱。

2.公共服务水平偏低，基础设施不完善

县域公共服务供给水平较低。2023年，县域每万人卫生机构床位数为64.3张，每万人卫生技术人员为64.2人，分别仅为全省平均水平的77.4%、71.5%，县域医疗卫生服务投入不足。县域供水、供电、供网、供暖、垃圾和污水处理、邮电物流等公共设施仍不完善。

3.人才吸引力不足，资本支撑力不强

县域常住人口显著减少的同时伴随着人才流失，县域高校和科研机构匮乏，创新型和科技型高级人才更是极其稀缺，人力资本支撑能力不强。同时，县域金融机构住户存款余额增速大于各项贷款余额增速，本地存款资金的使用效率不高，资金外流现象比较普遍。县域金融机构数量不足，中小微企业融资比较困难，金融支持相对不足。

4.县域财政压力大，自我发展能力弱

县域财政缺口逐步扩大，赤字情况严重，县级财政压力巨大。2023年，甘肃省县均财政自给率仅为11.22%，有34个县（市）低于10%，县域财力严重不足，财政平衡对上级补助依赖性强，财政风险较大。各县域间经济和人口集聚程度差异显著，49%的县域人口和经济匹配度小于1，经济

集聚程度远低于人口集聚水平，自我发展能力偏弱。

5.生态保护压力大，绿色发展任务重

甘肃省地域空间广阔，大城市较少、城市之间距离较远，大中城市辐射带动周边县域能力相对较弱，区际贸易成本较大，"第一自然"的制约作用突出。同时，全省大部分县（市）属于国家重点生态功能区范围，限制和禁止开发区域比例较高。部分地区水土流失、荒漠化严重，水资源严重短缺，农业用地可利用率低、自然灾害频发、环境质量等级低等生态环境恶化现象较为严重，经济发展与生态保护之间的矛盾比较突出。

五、发展县域经济需处理好的五对基本关系

一是省级统筹与县市发力的关系。在省级层面的统筹推动和政策支持、考核激励和目标导向下，关键是调动各个县（市）政府在特色化和差异化发展上的积极性和主动性。

二是市场有效与政府有为的关系。"看不见的手"和"看得见的手"要各自发挥所长，发挥市场机制对资源配置的决定性作用，同时发挥好政府在规划引领、政策支持、领导干部激励等方面的积极作用。

三是本身发展与区域协同的关系。各个县域自身要立足实际，进行特色化发展。县域之间要差异化发展并优势互补，打破制度壁垒和市场分割，推动要素流动以及市场基础制度和招商引资、产业布局等方面的协同。

四是比较优势与竞争优势的关系。各个县域要在自身资源禀赋的基础上，针对外部需求，找准各自的功能定位，把静态和动态的比较优势结合起来，进而将潜在的比较优势转化为现实的竞争优势。

五是乡村振兴和城乡融合的关系。县域经济本质上是以县城为发展中

心、以城镇为延伸纽带、以广大乡村为拓展腹地和外围的区域经济[18]。因此，县域的发展不是乡村经济的单纯发展，仅仅依靠单一的农业经济是难以实现县域的高质量发展的，这就要求将县城、中心乡镇和乡村的发展统筹起来，推进城乡融合发展和三产融合、产城融合，在经济的多形态融合发展中寻求比较收益和竞争收益[19]。

六、县域经济高质量发展的选择

顺应和把握构建新发展格局的趋势，将"优势集中"作为法则，根植国家战略诉求，围绕城市，激发县域经济活力，在省内形成若干集聚区[20]。

一是构建融合型产业体系是核心。深挖后发省域在文化、旅游、生态、劳动力等资源禀赋方面的优势，构建三产融合、产城融合、传统经济形态与新经济形态融合的产业体系，夯实县域发展的产业基础。并尽力弥补水利、交通、通信等基础设施的短板，并加快布局5G、数据中心等"新基建"，不断降低物流成本。

二是发挥集聚经济外部性是关键。为克服"空间格局不经济"的劣势，县域需要依托县城和中心镇进行生产力的空间布局，各个县域需要打造高水平的工业和产业园区等功能性平台，引导企业进行集中、集群和集约发展，放大集聚经济外部性效应，带动周边腹地的腾飞。

三是满足外部需求是导向。县域经济要瞄准外部的国内大市场甚至共建"一带一路"国际大市场的需求，积极融入并构建新发展格局，通过自身的品牌化、优质化的产品和服务，在满足城市和外部的高端、个性、高品质等消费升级需求的过程中实现县域经济的高质量发展。

四是提升地方品质是根本。地方品质是各地空间上不可转移品（不可贸易品）数量、种类、质量和可及性的总和[21]。丰富和发展地方品质，要求地方努力塑造优良的自然、人文、制度环境，并以此吸引和留住人才，尤其是企业家、科学家、艺术家等高端人才，通过企业家精神的弘扬和资本的迁移，将甘肃省较为丰富的劳动、土地等要素优化组合起来，推动创新、创业和创造，实现人才区位与创新区位的互相塑造。

五是降低制度性成本是抓手。以市场化、国际化和法治化环境的营造为重点，降低生产性成本的同时，可实施的抓手在于通过加大供给侧改革的力度，简化流程、提高办事效率，破解公平竞争的瓶颈，不断降低制度性的交易成本，创新招商引资引智的方式方法，塑造并打响宜居、宜业、宜游的区域品牌和形象。

六是服务民生友好是归宿。建立县域教育、医疗等综合体，以公共服务区域共享的方式，扩大公共产品的供应规模，降低供应成本，着力解决城乡居民的教育、医疗、住房等民生难题，开放并保障农民在城市中共享公共服务的权利，不断提高城乡居民的获得感[19]。

七、县域经济高质量发展的对策

部分县域之所以"不经济"，主要是人口规模不经济和市场规模不经济，做好"融"和"合"的文章至关重要。借鉴国内县域经济发展典型模式，从本地实际出发，立足县情，选择富有地域特色的高质量发展之路[16]。

（一）按照分类发展原则，探索差异化、特色化的发展模式

依据县域类型，根据资源禀赋与外部需求相结合的原则，依靠后发优势，发挥比较优势，形成竞争优势，明确不同县域的发展方向和发展重点。制定并实施县域经济高质量发展规划，完善事前规划和事后评估机制。深入实施乡村建设示范行动，因地制宜地壮大县域特色产业。对于城

市群、都市圈范围内及中心城市周边的县域，积极融入兰州—西宁城市群、兰（州）白（银）都市圈建设，发挥要素成本低的优势，提升产业承接能力。具有较好产业基础的县域，推进传统产业升级改造和产业链延伸，进一步壮大现代产业体系。对于发展水平较低的县域，重点放在培育主导产业、完善基础保障、巩固拓展脱贫攻坚成果等方面，同时加大对这类县域的政策扶持力度。对于比重较大的处于人口流出的县域，应顺应人口流动的趋势，推进公共服务均等化，以"专业化和特色化"为指向，推进规模化特色经营，扶持特色优势产业的发展壮大。

（二）县域内统筹人才引用和配置公共服务资源，加快城乡融合发展

充分发挥县城在承接人口、聚集要素以及连接城乡方面的功能，顺应农民进入县城工作的趋势，推动人口和产业聚集。提升地方品质并健全公平竞争机制，有针对性地开展基层人才技能培训，提升乡村劳动力素质，破除壁垒促进城乡要素双向尤其是向乡村的流动。推进县域城乡基础设施建设的均等化、集约化水平，持续促进教育、医疗、养老等公共服务资源共享。

（三）数字经济赋能产业体系建设，增强县域内生发展能力

数字经济可以加快城乡要素流动，提高要素配置效率。首先，适度超前布局新型基础设施，加大数字人才的引进和培养力度。其次，制定县域数字化转型规划，搭建县域大数据平台和数字化监管平台，推动公共数据开放共享。最后，加大数字技术在产业领域的运用，扎实推进产业数字化，助力县域现代化产业体系建设。鼓励和规范网红经济、直播电商等新业态、新模式，不断拓宽特色产品的网络销售渠道。

（四）完善县域金融支持体系，努力缓解财政压力

有序推进财税体制改革和县级行政体系改革，规范财政收支管理和债

务管理，逐步实施债务清偿行动，鼓励各类资本投资公共基础设施建设，提升县级政府财政预算和筹资能力。科学评估项目投入产出效率，严防低产出、低收益的项目，逐步增强县级自主财力。加强与金融机构合作，通过在县域内增设分支机构扩大金融服务范围，引导地方金融机构回应企业尤其是小微企业的融资需求，扩展金融产品在绿色生态、惠农扶农、数字科技等领域的应用范围，提高金融供给能力。

（五）拓展生态产品价值转化渠道，加快县域绿色转型步伐

大力实施环境污染防治、生态修复等系列工程，完善生态文明示范县奖励机制、生态重点县生态补偿机制。引导县域重点企业进行生产技术绿色变革，推行企业清洁生产和园区循环经济。资源富集县域要合理规划、合理开发，并培育接续产业。生态功能型县域要积极发展生态产业，在有条件的县域建设生态公园、生态农庄、生态度假村，大力发展生态旅游，培育康养农业、休闲旅游等新业态。各个县域要依托生态本底，引入新型运营模式，盘活生态资源，适时开展生态产品总值核算工作，探索生态产品价值高质量变现的适宜途径。

总之，县域经济发展的"强县域"，其核心要义无疑是富民。而强县富民的抓手，应置于市场化制度创新和信息化技术创新并举和互促。强县富民行动的突破口，当以发展民营经济为工作重心[22]。后发省域强县富民行动的参照系，可借鉴浙江等发达地区以往经验和当下的某些做法。

参考文献

[1]张佰发，苗长虹，冉钊，等.核心—边缘视角下的黄河流域县域经济差异研究[J].地理学报，2023，78（6）：1355-1375.

[2]李波，赵骏宇，靳取.返乡创业如何促进县域产业结构升级——

基于政策试点的准自然实验［J］.华中农业大学学报（社会科学版），2023（3）：34-43.

　　［3］姚毓春，夏宇.县域城镇化推动中国式现代化建设的内在机理与实现路径［J］.农业经济问题，2024（2）：60-71.

　　［4］斯丽娟，曹昊煜.县域经济循环体系与数字经济发展［J］.内蒙古社会科学，2022，43（6）：114-122.

　　［5］刘鑫，韩青.数字普惠金融对县域经济增长的影响——基于传统金融和产业结构升级视角［J］.中国流通经济，2023，37（4）：107-115.

　　［6］孙学涛.共同富裕背景下县域如何分享数字金融的红利［J］.现代财经（天津财经大学学报），2023，43（7）：3-20.

　　［7］张永奇，单德朋.“流空间”透视：数字经济赋能县域城乡融合的时空效应——基于2703个县域的经验证据［J］.云南民族大学学报（哲学社会科学版），2023，40（4）：105-114.

　　［8］宋科，李宙甲，刘家琳.新型农村金融机构设立能够促进县域经济增长吗？［J］.中国农村经济，2023（3）：81-100.

　　［9］常静，崔春莹.城市圈扩容与县域经济发展——基于武汉城市圈的实证［J］.统计与决策，2023，39（7）：133-137.

　　［10］任蕾，陈健生.县域合作促进地区经济增长的理论解释［J］.财经科学，2023（7）：77-88.

　　［11］刘灵辉，张迎新，傅鑫艺.从分权看发展“省直管县”改革如何促进县域经济增长？［J］.当代经济科学，2023，45（2）：58-72.

　　［12］许伟.农村产业融合与县域经济增长——基于农村产业融合发展试点政策的经验证据［J］.世界农业，2023（7）：98-111.

　　［13］吴业苗.县域经济发展：双重驱动与“三农”底色——兼论“县域经济发展有限”［J］.兰州学刊，2023（7）：134-143.

　　［14］王乔，汪宇麒，吴宗福.中国式现代化背景下促进县域经济高质

量发展的财政政策［J］.当代财经，2023（5）：29-38.

［15］张学良，周泽林，汤新云.推动我国县域经济高质量发展的几个理论问题［J］.财贸研究，2023，34（6）：1-8.

［16］黄征学，潘彪.破解县域"不经济"的密码［J］.中国发展观察，2022，280（4）：94-98.

［17］曾冰.省际边界区中心城市发展机理与培育路径研究［J］.宁夏社会科学，2017（6）：85-90.

［18］郭爱君，毛锦凰.新时代中国县域经济发展略论［J］.兰州大学学报（社会科学版），2018，46（4）：82-89.

［19］陈润羊.强县域要发展壮大甘肃县域经济［N］.甘肃日报，2022-01-07（007）.

［20］孙久文，蒋治."十四五"时期中国区域经济发展格局展望［J］.中共中央党校（国家行政学院）学报，2021，25（2）：77-87.

［21］杨开忠.探索"中国经济奇迹"的经济地理解释［J］.群言，2021（3）：24-26.

［22］赵伟.多措并举推进富民强县［N］.甘肃日报，2023-08-01（006）.

第十六章

脱贫攻坚、乡村振兴与和美乡村建设

内容提要: 农业、农村和农民"三农"问题一直以来都是关系到我国社会经济全局的重要问题。在全面完成脱贫攻坚任务后,还需构建其与乡村振兴衔接联动的机制,并建设宜居宜业的和美乡村。本章首先辨析了脱贫攻坚、乡村振兴与和美乡村建设的逻辑关系,其次阐述了脱贫攻坚关键阶段的重点和着力点,然后从观念、规划、产业、体制和政策等维度上构建了脱贫攻坚与乡村振兴的衔接联动机制,最后揭示了宜居宜业和美乡村的内涵并提出了实施路径。

脱贫攻坚与乡村振兴具有目标的一致性和阶段的递进性，后发地区农业农村的工作重点既要服从服务于巩固拓展脱贫攻坚成果，更要着力于更长时期乡村振兴有效机制的建设。为此，需要构建脱贫攻坚与乡村振兴的衔接联动机制，搭建当前和未来工作的桥梁纽带，并把脱贫攻坚与乡村振兴统筹谋划、协同推进。建设宜居宜业和美乡村是全面推进乡村振兴的一项重大任务，是农业强国的应有之义。我们要深入理解其丰富内涵，科学把握实施路径，为做好新时期"三农"工作并为持续推进中国式现代化建设夯实基础。

一、脱贫攻坚、乡村振兴与和美乡村的研究现状与逻辑关系

整体而言，脱贫攻坚与乡村振兴都是国家为实现社会主义现代化必须依次完成的两大战略目标。通过对我国脱贫地区农村发展实际的综合考虑，需要以全力巩固拓展脱贫攻坚成果为前提，以完善乡村基础设施和公共服务为基础，以大力促进城乡融合发展为抓手，以深化创新乡村制度改革为动力，通过振兴产业、人才、文化、生态和组织，从而全方位推进高质量乡村振兴，为实现农业农村现代化、全面建设社会主义现代化国家而努力[1]；巩固拓展脱贫攻坚成果的直接目的就是防止返贫，这也是全面推进乡村振兴的前提，理解共同富裕进程中防止返贫与全面推进乡村振兴的理论逻辑，分析防止返贫与全面推进乡村振兴实践面临的挑战，总结防止返贫与全面推进乡村振兴需要创新的理念，对于做好高质量推进巩固拓展脱贫攻坚成果同乡村振兴有效衔接工作，坚决守住不发生规模性返贫底线，全面推进乡村振兴，具有重要的实践指导意义和理论价值[2]；随着2020年全面建成小康社会和脱贫攻坚目标的实现，"三农"工作的重点进

而转向乡村振兴。脱贫攻坚与乡村振兴在理论上接续，在实践上共通，二者的有机衔接将直接关系到共同富裕和"两个一百年"奋斗目标的实现，这两大战略是一致性、联动性与差异性的统一，因此，要建立两者的衔接机制[3]；并将建设高水平的农村全面小康、夯实农业农村基本现代化的基础、实现由脱贫攻坚到乡村振兴的转型、破解粮食安全和农民增收难题以及推动农村改革由试点走向全面推开[4]；基于中国实践总结经验，探究不同时期贫困和乡村发展的变化特征与一般规律，发展具有中国特色的原创性理论，既有助于增进国际主流学界对贫困和乡村转型问题的理解，也有助于为重塑城乡关系、健全乡村治理体系、提高农业供给质量和效益等重要问题提供支撑[5]。

从脱贫攻坚到乡村振兴战略的实施与转变标志着我国进入了农业农村现代化发展的新阶段。通过探究过渡期内脱贫攻坚成果与乡村振兴有效衔接的政策举措，基于政策工具视角，可以发现，在中央部委发布的巩固拓展脱贫攻坚成果同乡村振兴相衔接政策文件中，高频主题词之间具有较强关联性，但存在不同政策工具分布差异较大且呈现明显的路径依赖、政策工具结构性不平衡，易引发资源溢出和挤迫效应以及部分政策工具衔接出现断裂，政策协调性和稳定性不足[6]；通过分析研判巩固拓展脱贫攻坚成果面临的基本形势及主要挑战，强调要增强脱贫地区和脱贫群众内生发展动力，构建巩固拓展脱贫攻坚成果的长效机制，加强综合保障和配套措施的支撑[7]；从脱贫到振兴的乡村发展战略，可以认为是一项国家发动的政治工程，通过运用国家政权的力量，改变旧的经济社会结构，实现乡村社会的发展[8]。

基于路径构造理论和资源配置视角发现，巩固拓展脱贫攻坚成果同乡村振兴有效衔接的本质是资源配置的动力由"行政为主"向"市场为主"转型[9]；运用熵值法测算2011年至2020年中国30个省（区、市）的乡村振兴水平，可以发现：10年间，乡村振兴水平呈现波动式上升，空间分布始终具有

"东高西低"的特征，并随着时间推移展现出"南高北低"的特征[10]；党的二十大报告把全面推进乡村振兴作为加快构建新发展格局、着力推动高质量发展的五大重点任务之一，强调"全面建设社会主义现代化国家，最艰巨最繁重的任务仍然在农村"，全面推进乡村振兴过程中必须坚持底线思维[11]。

助力乡村振兴具有多种路径。为实现坚持农业农村优先发展，建设农民美好生活的繁荣乡村的目标，必须从协调性、高质量、共同性和活力性上下功夫，进一步建立共同繁荣的城乡关系，夯实乡村振兴的发展基础，铸牢农民富足的保障底线，唤醒农村改革的资源生机，为实现农业农村现代化目标注入可靠力量[12]；全面实施乡村振兴战略面临着人才短缺、资本匮乏、产业力量薄弱等挑战，因此，推动数字经济与农业农村深度融合发展对于加快推动城乡融合发展、助力乡村全面振兴具有十分重要的意义[13]；中国乡村振兴战略观继承了经典马克思主义作家关于城乡关系的思想，发展创新了中国特色社会主义城乡关系理论，展示提供了世界乡村问题解决的中国经验[14]。

脱离城镇化的乡村振兴是不可能的，也是不现实的，城乡融合空间视角下寻求振兴乡村的内在动力是新时代乡村振兴的关键。因此，在重新审视已有工农关系和城乡关系理论的基础上，必须深入剖析中国城乡发展不平衡、乡村发展不充分的特征，以求科学把握城乡融合发展的趋势[15]；通过对2010年至2020年中国31个省份城乡融合发展水平的测算发现：城乡融合发展总体及分维度水平均呈现平稳上升趋势，明显的地区差异主要来源于区域间差异[16]；构建乡村振兴的理论框架和动力模型，必须从城乡融合的空间视角出发，在理论建构和模型测度上，识别乡村振兴的限制因素，揭示乡村振兴的动力机制，进而提出乡村振兴的实现路径[17]。美丽中国建设的难点在农村，而美丽乡村振兴的关键在于环境经济的协同推进，"环境优先—四位一体—协同推进"模式是西部地区新农村建设中环境经济协同模式[18]。乡村振兴的研究具有历史传承性和理论跃迁性，把握其脉络和逻辑，是深入研究和全面推进的前提基础。乡村振兴研究具有三条演化路径：中外"二元经济—改造传统农业—技术，制度变迁—隐性农业革命—农民的终结"路径；中国"乡土中国—城乡中国—城市中国"与"城乡分割—城乡融合—区域协调发展"路径；中国"乡村建设—新农村建设—乡村振兴"路径。本着理论和现实不能割裂、不同时期经济史不能割裂、城乡不能割裂的原则，扎根中国丰厚的现实土壤，并积极借鉴"西方的经济学"成果，才能构建中国乡村振兴的理论体系[19]。

党的二十大报告强调"建设宜居宜业和美乡村"。通过借鉴典型案例的乡村建设实践经验，可以探索共同富裕目标下和美乡村建设的路径：发挥村民主体作用，多元主体形成合力，共同缔造和美乡村；统筹完善村庄规划、基础设施建设及公共服务，提升人居环境，推进和美乡村宜居塑形；深化产业融合、联农带农，建立富民产业体系；重塑乡村价值，凸显乡村"和"文化，为和美乡村铸魂[20]；和美乡村建设是新时代乡村振兴视野下建设农业强国的应有之义。通过运用层次分析法，设计出产业兴旺、生态宜居、乡风文明、治理有效、生活富裕等5方面的23项重点指标，运用该指标体系对全国美丽乡村建设的5个典型代表：河南省郑州市的黄固寺村、云南省景洪市的曼远村、陕西省延安市的梁家河村、吉林省松原市的渔乐新村、江苏省徐州市的官路社区进行实证分析，据此经验材料评析，初步设计了和美乡村建设评价模型[21]。

"宜居宜业和美乡村"建设，是农业强国建设的内在要求和前提条件，是传承中华优秀传统文化、守护中国人民"精神家园"的实践载体。"宜居宜业和美乡村"同时包括了"物"的维度、"人"的维度和"治理体系与治理能力现代化"的维度，实践层面要避免简单化理解，坚持精准思维、整合思维和共同缔造思维[22]；农村现代化是建设农业强国的内在要求和必要条件，建设宜居宜业和美乡村是农业强国的应有之义，把乡村建设摆在社会主义现代化建设的重要位置，正确处理工农城乡关系作出的重大战略部署，为今后一个时期我国建设什么样的乡村、怎样建设乡村指明了方向[23]。

美丽乡村建设是美丽中国建设的基础和难点。我国美丽乡村建设的理论研究及分析深度亟待进一步加强。因此，努力建构立足于丰厚中国大地上美丽乡村建设实践的理论体系，将是对我国乡村建设理论和生态文明建设理论的继承和丰富[24]；强化基础条件建设、公共服务便民、人居环境改善、乡风文明建设、乡村有效治理是宜居宜业和美乡村建设的五个关键领域[25]。

二、把握脱贫攻坚关键阶段的重点和着力点

在脱贫攻坚进入"啃硬骨头"的关键阶段，作为后发省域的甘肃需要结合省情和国家社会经济发展的走势，科学认识脱贫攻坚与乡村振兴、脱贫攻坚与农业发展、短期举措与长效机制等基本问题，把握脱贫攻坚关键阶段的重点和着力点。

（一）精准把握三个重点

一是聚焦"两州一县"①等深度贫困区，着力解决"两不愁三保障"②问题。继续着眼深度贫困区和深度贫困户，夯实和巩固已有的脱贫成果，在基础设施上建立稳定持续的投入、运营和维护机制，适当提高基本公共服务的水平和层次，重点解决"两不愁三保障"的民生难题，多策并举，落实对特殊贫困人口的保障措施。

---

① "两州一县"指甘南藏族自治州、临夏回族自治州和天祝藏族自治县。
② "两不愁三保障"指不愁吃、不愁穿、义务教育、基本医疗、住房安全有保障。

二是全方位激发内生动力，不断拓宽致富路子。通过农工联合、农旅融合、农工商一体等方式，引进龙头企业，扶持合作组织，打造各类特色基地，形成"企业+合作组织+基地+农户"的农业农村经营体系，构建"一、二、三次产业+生产、生活、生态"融合化的产业经营链条，积极探索种养殖业及其深加工，引导市场主体与基地、农户利益结对，激发乡村内生动力，让农民获得生产、加工、销售、服务全过程的利润红利，进而拓宽农民收入渠道，带动农民增收致富。

三是严格精准脱贫退出标准，规范脱贫验收和认定程序。后续达到要求的贫困县、贫困村、贫困户将要退出贫困行列，这就要求：严格执行国家和甘肃省出台的贫困退出标准和程序，保证脱贫质量，规范贫困退出的组织实施工作。省、市、县三级分别对贫困县、贫困村、贫困人口脱贫承担主体责任。强化部门到户验收工作责任，规范省、市、县层层负责、第三方专业客观评估、相关部门专业认定等程序，实现脱贫结果的政府认定、社会认可、群众认同的统一。贫困县、村、户退出后，相关政策在一段时间内继续保持，以稳定和固化脱贫成果。

（二）找准五个着力点

一是针对精准扶贫实施中的难题，采取多样化和组合式的政策举措。进一步加大各类涉农和扶贫资金、项目的整合力度，提高资金的使用效率。发挥各个地区的比较优势，突出产业扶贫和金融支持，努力提升贫困户的内生发展能力。推进教育扶贫与科技扶贫，切断贫困的"代际传递"。重视人力资本的作用，在教育和卫生医疗上加大投入，既帮助解决贫困人群当前的特殊困难，更着力于健全农户长期自我发展能力扶持的政策体系。针对各地实际，推进产业带动强、经营效益好、农户参与广的小额贷款、农业保险项目，增强金融和保险对扶贫和脱贫的政策支持力度。

二是围绕脱贫攻坚重点任务，制定针对性的配套支持政策。根据《中华人民共和国土地管理法》《中华人民共和国农村土地承包法》的修订情况，适时修订完善甘肃省实施办法。充分把握"三权"分置、农村土地征收、集体经营性建设用地入市等方面的新政策机遇，明确工商资本准入审批设置、承包地经营权抵押贷款等具体规定。推动适度的经营规模化，开展农户以土地承包经营权入股农民合作社和农业产业化龙头企业试点，以土地承包经营权入股组建土地股份合作社，引导产权流转交易市场健康发展，稳步推进农村"资源变股权、资金变股金、农民变股民"的"三变"改革工作。

三是建立专项发展资金，扶持主导产业发展。鼓励多形式、多渠道筹集资金投资兴建现代农业基础设施，夯实产业扶贫的基础。适应消费升级的需要，对接大市场，优化农产品的供给结构，重点在绿色化、有机化和品牌化的拳头产品的培育上找突破。对创新品牌实施奖励政策，对获得国家地理标志保护产品或原产地产品的企业或经济组织给予一定奖励。用专项资金助力绿色食品、农产品深加工、乡村文化旅游等主导产业发展。

四是加强职业培训和劳务需求信息平台建设，推进转移就业扶贫。以政府购买服务形式，通过农林技术培训、务工操作、家政服务、"互联网+"等方式开展就业技能培训、岗位技能提升培训和创业培训。深入开展地区间劳务协作，尤其是利用好与天津等发达地区已建立起来的东西协作机制。建立劳务需求的信息平台，健全劳务协作信息共享机制，加大全省农民向发达地区、向城市的劳务输出。通过补贴、项目支持等手段，鼓励现有的培训机构，加强具有针对性、实用性的培训和教育，提高劳动者的市场竞争力。

五是用好人力资本，以人才振兴助力脱贫攻坚。只有农业有不太低于非农的收益、乡村具有不太差于城市的基本公共服务，特定的人群才会汇聚到农业和乡村发展的大潮中来。这就需要利用好、吸引好各类人力资源，向外引进和积极吸纳各类人才和技术人员到甘肃省创业就业，并向乡村创业创新方面引导，通过要素流入乡村进而激发乡村的发展活力。充分发挥大学生村官、驻村书记和扶贫队长等农村工作骨干的带领和示范作用[26]。

总之，作为后发省域的甘肃省在脱贫攻坚方面尽管取得了巨大的成绩，但仍然面临着更为艰巨的任务，这就需要以不懈怠、不急躁为原则，持续完善全省上下各级、各部门、各领域等形成的协调推进、纲目并举的反贫格局。既充分估计困难，又要坚定必胜的信心，通过目标聚焦、行动协同、上下联动，并与全国人民一道建设高水平的农村全面小康、夯实农业农村基本现代化的基础、实现由脱贫攻坚到乡村振兴的转型。

三、构建脱贫攻坚与乡村振兴的衔接联动机制

脱贫攻坚与乡村振兴具有目标的一致性和阶段的递进性，后发地区农业农村的工作重点既要服从服务于巩固拓展脱贫攻坚成果，更要着力于乡村振兴长效机制的建设。为此，需要构建脱贫攻坚与乡村振兴的衔接联动机制，搭建当前和未来工作的桥梁纽带，并把脱贫攻坚与乡村振兴统筹谋划、协同推进。

（一）在观念衔接联动上，要长远结合和标本兼治

从内在逻辑上讲，脱贫攻坚与乡村振兴是相辅相成、辩证统一的，但二者的政策着力点、主导目标各有不同。乡村振兴战略是今后相当长时期全国的发展战略和"三农"工作的总抓手，而脱贫攻坚是全国全面建成小康社会最急迫、最艰巨的任务。一方面，脱贫攻坚为乡村振兴积累有益的经验，奠定坚实的基础；另一方面，也要把乡村振兴的理念贯穿到脱贫攻坚的全过程，致力于乡村产业、生态、文化、人才和组织等全面振兴的体制机制建立上。尚未脱贫的市县，目标主要着眼于脱贫攻坚；已经稳定退出贫

困的市县，目标重点在于乡村振兴的机制完善上。把扶贫形成的有益经验通过法律的形式加以固化，并引入后续的乡村振兴战略的实施过程中，进而对接全面的现代化建设进程[27]。

（二）在规划衔接联动上，增强各类各级规划的协同性

各市县要依据已经出台的国家和甘肃省脱贫攻坚和乡村振兴规划的精神，制定和细化各地的规划和实施方案；同时，增进与国民经济和社会发展规划、农业农村发展规划、新型城镇化规划等相关规划的衔接性、协同性和系统性。在"多规合一"方针的指引下，统筹推进脱贫攻坚和乡村振兴工作，体现要素适当聚集、空间布局合理、红线约束有序、市场手段为主、政府积极作为等规划原则，并把相关的规划、建设、管理三者结合起来，努力形成各类各级的规划目标科学、建设时序协调、管理服务优化的新格局。

（三）在产业衔接联动上，构建三产融合的产业体系

脱贫攻坚与乡村振兴不能脱离农业，但也不能完全依靠农业，因为农业尤其是种植业本身的收益毕竟比较有限，因此乡村振兴要在三产融合、乡村多功能价值挖掘上下功夫、找出路。乡村产业体系培育要主动适应消费升级的需要，对接城市、对接大市场，优化农产品的供给结构，重点在绿色化、有机化和品牌化的拳头产品的培育上找突破，如甘肃省发展的"牛羊菜果薯药"六大特色产业，一些地方如定西土豆、静宁苹果、陇南电商等也已有探索。农业本身的出路在于特色化、品牌化、绿色化，但仅仅于此还不够，更要在三产融合型的田园综合体的建设上谋划，进一步挖掘乡村在农耕文化体验、旅游、养生、艺术创作、文化采风等方面的价值，如秦安县石节子艺术村已有尝试，但需注意如何在保持乡村特色与融入城市文明之间求得平衡。以三产融合型产业体系的不断完善，助推脱贫

攻坚与乡村振兴分阶段目标和总体目标的实现，也为二者的联动奠定坚实的衔接基础。

（四）体制的衔接联动，形成城乡融合发展的体制机制

从根本上讲，只有减少农业就业人口比重，才能富裕农民、振兴乡村。在全国农民收入主要依靠工资性收入的背景下，甘肃省农民收入还是以经营性收入为主，这也是甘肃省农民收入偏低的主要原因之一。这就需要加大农业从业人员向非农领域转移的力度，提高工资性收入的比重，从而为留乡农户的规模经营和收入增加创造条件。从城乡融合发展的视域出发，积极推进农村全面改革，通过"三权"分置、"三变"①改革，激发乡村发展的内生动力。破除城乡要素双向流动的体制机制障碍，推进人员、资本、技术等城市要素进入乡村，配套城乡统筹的基础设施和公共服务体系建设，进而促进乡村的特色化、差异化发展[28]。

（五）在政策衔接联动上，建立特惠向普惠转变的政策体系

长远而言，无论是脱贫攻坚还是乡村振兴，都要以乡村内生动力培育为目标，形成各有特色和依托的发展体系和功能格局，并建立有效的实施机制。脱贫攻坚的效果，中短期主要靠政策、规划、投入等强大的外生刺激，但乡村振兴的长期发展需要构建市场化、法治化的长效机制，为2020年后国家提高脱贫标准后出现的多维贫困和相对贫困问题提前做好准备。这就要求，以县域为基本单元，基于不同乡村的资源禀赋、区位条件，在乡村振兴、城乡融合和区域协调发展中，寻求各自差异化、特色化的功能定位和发展路径，进而形成各自的竞争优势，并迈向区域和城乡共同富裕

---

① "三权"分置中"三权"指农村的土地集体所有权、农户承包权和土地经营权；"三变"改革指资源变资产、资金变股金、农民变股民。

的基本目标。把针对脱贫攻坚的到村到户扶持政策，逐步转型为针对乡村振兴的具有广覆盖的普惠性政策。现阶段各地针对扶贫和脱贫对金融和保险的需求，各地都在推进产业带动强、经营效益好、农户参与广的小额贷款、农业保险项目。未来更多地采取普惠金融和商业保险等市场化、法治化的手段，重在增强乡村整体的发展能力[27]。

总之，脱贫攻坚与乡村振兴的衔接联动，是观念、规划、产业、体制和政策等五个相互联系的有机体系。通过目标聚焦、行动协同、多元主体参与，促进脱贫攻坚与乡村振兴衔接联动机制的建立，为乡村全面振兴注入动力并提供保障。

四、建设宜居宜业和美乡村

党的二十大报告提出"统筹乡村基础设施和公共服务布局，建设宜居宜业和美乡村"。2023年中央一号文件又进一步对"扎实推进宜居宜业和美乡村建设"作出了具体部署。建设宜居宜业和美乡村是全面推进乡村振兴的一项重大任务，是农业强国的应有之义。我们要深入理解其丰富内涵，科学把握其实施路径，为做好新时期"三农"工作并持续推进中国式现代化建设夯实基础。

（一）深入理解宜居宜业和美乡村的丰富内涵

一是概念的传承性。从美丽乡村到和美乡村，虽只是一字之变，却是对乡村建设内涵和目标的进一步丰富和拓展。"宜居宜业和美乡村"更加强调现代乡村功能和价值所包含的农业生产、三产融合、生态保护、文化传承创新、社会和谐、居民生活以及凸显乡味乡韵等方面的多样性和丰富性。以突出、体现乡土文明为特色，也契合了乡村振兴战略"产业兴旺、生态宜居、乡风文明、治理有效、生活富裕"的总要求。

二是体系的完整性。宜居宜业和美乡村是融乡村建设、发展和治理为一体的有机体系，涵盖生态和生活宜居，乡村现代生产和生活条件有利于就业创业，自治、法治、德治"三治统一"，物质和精神文明协调，人和物的现代化兼备等内容，内含着具备并创造有利于外部要素进入、乡村要素聚集，并进行各种要素的重新组合进而实现生产发展、生活富裕和生态良好的"三生空间"协调配置的格局形态。

三是实施的导向性。乡村建设既要塑形也要铸魂，既要抓物质文明也要抓精神文明，实现乡村由表及里、形神兼备的全面提升。通过和美乡村的建设，努力补齐农业、农村现代化的各项短板，夯实国民经济和社会治理的基础。

（二）科学把握宜居宜业和美乡村的实施路径

一是统筹推进城乡建设，集聚要素配置公共服务。县域是连接省域和乡域的桥梁和纽带，通过县域空间吸引要素进入并以医联体、教育联盟、养老服务等配置公共服务，在县域范围内推进人力资本、物质资本的优化流动，激发要素组合的活力。推进以县城为载体的城镇化，以城乡融合发展，为和美乡村建设注入动力。推进以乡镇为单元的全域土地综合整治，为多业发展、空间优化和人居环境提升提供保障。

二是提升乡村基础设施，提高基本公共服务能力。加快卫生防疫、养老康复、教育医疗等方面的公共服务设施建设步伐，逐步补齐部分乡村道路交通、电子通信、生活卫浴、垃圾处理、污水管网、粪便收集等方面的乡村基础设施短板，不断提高公共服务设施的便利度和可及性，为本地居民就地过上现代文明生活并吸引外来居住者进入乡村创造基本条件。

三是制定科学指标体系，创建各类各级示范样板。针对产业发展、生态保护、居民居住、社会治理、乡土文明等方面，研究制定和美乡村建设的指标和目标体系，从省、市、县、乡等层面，开展各有特点和不同类型的和美乡村创建活动，并在资金投入、项目建设、政策举措、科技支持、人才支援等方面予以配套和鼓励。

四是立足当地资源禀赋，分区分类实施乡村建设。根据各地乡村差异性和独特性，因地制宜而非整体化一体推进和美乡村建设。按照城郊型、传统农业型、资源富集型、文化特色型等不同类型，结合平原、山地和丘陵等地域特征，采取丰富多样的建设模式，将各地的比较优势转化为竞争优势。

五是坚持"活业、活人、活村"，统筹乡村建设发展治理。按照"活业"带动"活人"实现"活村"的顺序，全面复兴乡村空间[29]，统筹推进乡村建设、发展和治理工作。营造宜商环境，吸引和培育企业家，努力发展农产品种植与加工、畜牧、养殖、工业制造、文化旅游等适宜性产业，发挥企业家才能，进行生产要素组合，提高产业复杂度。吸引外来人员、留住本地人才，尤其是懂经营、有闯劲敢拼搏的投资者和返乡回乡者，进行资源开发和乡村建设。开掘乡村聚落的多样功能，弘扬乡土文化并吸收现代城市文明，营造信息交流、感情慰藉、锻炼养生、文化娱乐等于一体的乡村公共空间。通过人、地、村的联动发展，将乡村的村居建设、产业发展和乡风治理有机结合起来，传承和挖掘乡土文明的自然智慧，寻求人与自然和谐共生的乡村发展和治理之道[30]。

总之，脱贫攻坚、乡村振兴与和美乡村建设三者相辅相成且具有方向的侧重性和阶段的递进性，凭借精准把握脱贫攻坚关键阶段的重点难点，并有效构建脱贫攻坚与乡村振兴的衔接机制，能够为建设宜居宜业和美乡村奠定基础并提供制度保障，进而应对中国"三农"问题、助力城乡和区域共同富裕的中国式现代化的深入实施。

参考文献

［1］张琦，庄甲坤.高质量乡村振兴的内涵阐释与路径探索［J］.贵州社会科学，2023（5）：145-152.

［2］黄承伟.在共同富裕进程中防止返贫与全面推进乡村振兴：理论逻辑、实践挑战及理念创新［J］.西北师大学报（社会科学版），2023，60（1）：5-12.

［3］胡德宝，翟晨喆.脱贫攻坚与乡村振兴有机衔接：逻辑、机制与路径［J］.政治经济学评论，2022，13（6）：71-85.

［4］魏后凯."十四五"时期中国农村发展若干重大问题［J］.中国农村经济，2020（1）：2-16.

［5］甘犁，陈诗一，冯帅章，等.全面建成小康社会后的贫困治理与乡村发展［J］.管理科学学报，2021，24（8）：105-114.

［6］高海珍，邢成举.巩固拓展脱贫攻坚成果同乡村振兴有效衔接的政策文本分析——基于政策工具视角的Nvivo分析［J］.贵州社会科学，2022（10）：152-160.

［7］程国强，马晓琛，肖雪灵.推进巩固拓展脱贫攻坚成果同乡村振兴有效衔接的战略思考与政策选择［J］.华中农业大学学报（社会科学版），2022（6）：1-9.

［8］陈军亚，张鑫.内生责任：从脱贫攻坚到乡村振兴的现代国家建构逻辑［J］.中国农业大学学报（社会科学版），2022，39（4）：166-178.

［9］徐亚东，张应良.巩固拓展脱贫攻坚成果同乡村振兴有效衔接的学理阐释：基于资源配置视角［J］.南京农业大学学报（社会科学版），2023，23（4）：1-13.

［10］张明斗，周川.新发展格局下乡村振兴水平的时空差异及其影响

因素［J］.西北民族大学学报（哲学社会科学版），2023（3）：116-129.

［11］魏后凯.全面推进乡村振兴必须坚持底线思维［J］.中国农村经济，2022（12）：2-6.

［12］燕连福，毛丽霞.全面推进乡村振兴的主要任务、现实挑战与实践路径［J］.西北农林科技大学学报（社会科学版），2023，23（4）：9-19.

［13］马文武，韩文龙.数字经济赋能乡村振兴的内在逻辑与实现路径［J］.天津社会科学，2023（3）：91-98.

［14］于爱水，李江涛，汪大海.习近平乡村振兴战略观的基本内涵、理论贡献与实践路径［J］.学术探索，2023（5）：1-7.

［15］陈润羊.城乡融合视野下我国乡村振兴的挑战与路径［J］.河北农业大学学报（社会科学版），2020，22（1）：14-20.

［16］徐雪，王永瑜.城乡融合的逻辑机理、多维测度及区域协调发展研究——基于新型城镇化与乡村振兴协调推进视角［J］.农业经济问题，2023（11）：49-62.

［17］陈润羊，田万慧，张永凯.城乡融合发展视角下的乡村振兴［M］.太原：山西经济出版社，2021.

［18］陈润羊.西部地区新农村建设中环境经济协同模式研究［M］.北京：经济科学出版社，2017.

［19］陈润羊.作为承继的乡村振兴研究演化路径与未来展望［J］.云南农业大学学报（社会科学），2019，13（5）：12-19.

［20］刘建生，郝柯锦.共同富裕目标下和美乡村建设机制与路径研究［J］.南昌大学学报（人文社会科学版），2023，54（4）：91-99.

［21］张宇伯，王丹.乡村振兴视野下和美乡村建设评价模型研究［J］.中央民族大学学报（哲学社会科学版），2023，50（3）：168-176.

［22］吕方.中国式现代化视域下的"宜居宜业和美乡村"［J］.新视

野，2023（3）：84-92.

［23］杨春华.扎实推进宜居宜业和美乡村建设［J］.红旗文稿，2023
（3）：26-29.

［24］陈润羊.美丽乡村建设研究文献综述［J］.云南农业大学学报
（社会科学），2018，12（2）：8-14.

［25］张永江，周鸿，刘韵秋，等.宜居宜业和美乡村的科学内涵与建
设策略［J］.环境保护，2022，50（24）：32-36.

［26］陈润羊.脱贫攻坚关键时期要把握重点找准着力点［N］.甘肃
日报，2019-04-02（004）.

［27］陈润羊.构建脱贫攻坚与乡村振兴衔接联动机制［N］.甘肃日
报，2019-08-22（009）.

［28］陈润羊.不断完善城乡融合发展的体制机制［N］.甘肃日报，
2024-08-02（007）.

［29］刘守英，熊雪锋.我国乡村振兴战略的实施与制度供给［J］.政
治经济学评论，2018，9（4）：80-96.

［30］陈润羊.奋力建设宜居宜业和美乡村［N］.甘肃日报，2023-
04-04（008）.

第十七章
县域乡村振兴的路径

内容提要： 县域是我国乡村振兴战略规划和实施的基本单元，甘肃省甘谷县在全国区域均衡发展上具有代表性。以甘谷县为典型对象，通过对乡村振兴的基础和态势分析，规划了乡村振兴的总体要求和功能定位，提出了县域乡村振兴的保障措施，并得出了一般意义上县域乡村振兴的总体方略：县域可作为均质区，在深入挖掘自身资源禀赋和与周边地区差异化竞争中，寻求自身嵌入全球化、对接国家战略的省域范围内的功能定位，并加强与周边地区的合作；县域乡村振兴的效果，中短期主要靠政策、规划、投入等强大的外生刺激，但长期发展需要构建市场化、法治化的长效机制。

从实施层面上分解，乡村振兴有国家、省级和县级之分，目前的文献主要在国家层面和省级层面上，而对于县级层面的研究成果鲜有涉及，而县域层面的乡村振兴更具基础性。基于此，很有必要选取典型样本，进行解剖麻雀式的分析，以求获得一般意义上县域乡村振兴的基本思路和重点方向。

一、县域乡村振兴的重要意义和研究现状

县域经济是城市经济与农村经济的结合点，是国民经济发展的重要组成部分和战略基石。县域具有上衔省域、下通乡域，同时连接城乡的重要功能。在地理尺度上，县域乡村振兴是省域乡村振兴可实施的基本单元，研究县域乡村振兴的路径，对推进区域协调发展和城乡融合发展都具有重要的价值。

目前该领域研究的主题主要集中在以下方面：县域乡村振兴内在逻辑、县域乡村振兴与共同富裕的关系、县域乡村振兴的实现路径和驱动机制等。

从内容分析的角度看，较早期文献主要侧重以下几点：第一是关于乡村振兴视角下县域如何进行城镇化高质量发展以及突破瓶颈的问题，认为乡村振兴战略与推进县域城镇化是互促共进、相辅相成的[1][2]；第二是关于探究县域就地城镇化的路径以及在各个省份之间的探索，认为县域应该强化特色产业支撑力度，创新体制机制，构建合理的县域城镇体系，从而实现城乡融合发展[3]-[5]；第三是关于县域乡村振兴的自主性和数字县域建设支撑乡村振兴的逻辑问题，并对县域如何实现经济高质量发展提出对策[6]-[8]。

较新的高水平期刊文献显示，县域乡村振兴领域研究的关键问题有

以下几个方面：一是在以县域为基本单元推进乡村振兴具有加快县域城乡融合、促进县域共同富裕与完善县域治理体系的内在逻辑上，认为应通过规划引导、机制转型、治理重塑与要素支撑等途径，从而实现城乡共同富裕与农业农村现代化[9][10]；二是探讨全面推进乡村振兴的县域功能定位及实践路径，认为县域在乡村振兴战略中具有运用建制性权力和权威资源推进乡村振兴战略有效落地的政策执行力，具有以县城为龙头推动产业融合发展的经济承载力，同时还具有均衡城乡基本公共服务的资源配置力等功能[11]；三是研究共同富裕下的县域乡村振兴，基于在共同富裕导向下创新东西部县际乡村振兴协作治理机制，巩固和拓展东西部县际贫困治理协作成果现实下，认为新发展阶段需要以县域空间为基本载体、以县际协作为关键纽带，构建"央—地"纵向协同治理下的东西部横向"政府—市场—社会"协作治理机制，才能有效拓展和扩散乡村振兴东西部协作治理对促进全体人民共同富裕的综合效应[12]；四是县域乡村转型对实现共同富裕具有重大意义，通过探究浙江省52个县域2011—2020年共同富裕发展的时空演化特征和空间差异特征，研究发现，共同富裕整体上呈现集聚态势，且各县域之间的发展差距有所减小，乡村发展要素转型对任何县域共同富裕发展水平具有显著的促进作用，乡村振兴战略的实施强化了乡村发展要素转型的作用效果[13]；五是基本公共服务均等化是实现共同富裕的基础，从经济设施、社会事务和人居环境3个维度的10个指标，以2020年县域数据对基本公共服务短板进行的测度发现，燃气供给、用水供给、排水管网和交通路网4个指标短板突出，县域间的基本公共服务十分不平衡，薄弱县问题较为突出[14]；六是基于县域的城乡融合发展是实现乡村振兴的基本路径，以县域城乡融合发展引领乡村振兴，需要整体筹划城镇和乡村发展，协同推进新型城镇化与乡村振兴[15]。

乡村振兴的研究具有历史传承性和理论跃迁性，把握其脉络和逻辑，是深入研究和全面推进乡村振兴的前提基础[16]。通过对甘肃省乡村振兴进行目标可达性分析，可以发现，凭借政府重视、加大投入、技术改进等短期努力，部分乡村振兴单项性的指标预期可以实现。但对于一些综合性指标，基期和目标期的差距大，目标实现的难度也较大[17]，脱离城镇化的乡村振兴是不可能的。因此，在城乡融合空间视角下寻求振兴乡村的内在动力，是新时代乡村振兴的关键。通过重新审视已有工农关系和城乡关系基础理论，深入剖析中国城乡发展不平衡、乡村发展不充分的特征，可以发现，遵循要素流动追求报酬的规律，配合使用政府规划引领、政策激励的手段，改革阻碍要素下乡的体制机制，重塑城乡关系并促进城乡融合，可以推动我国区域协调发展，进而适应新时代我国主要矛盾变化的需要[18]。

尽管我国县域乡村振兴方面的研究已有一定的进展，研究的深度和广度不断拓展，但是不可讳言的是，目前的研究仍然存在偏重发达县域、研究尺度较宽、研究问题较为宽泛等不足。针对上述不足，本章以甘肃省甘谷县作为后发地区的典型代表，在总结提炼甘谷县乡村振兴的现状和态势的基础上，按照乡村振兴的战略目标，明晰其在乡村振兴过程中的自身功能定位，进而提出一般意义上县域乡村振兴的基本路径。

二、甘谷县在全国区域均衡发展上具有代表性

甘谷县地处甘肃省东南部、天水市西北部，总面积1572.6平方千米，甘谷县辖13个镇、2个乡、405个村，2022年末常住人口为63.83万人，是甘肃省除区以外的人口第一大县。甘谷县是我国西北与南方的过渡地带，又处于黄土高原和西秦岭交汇处。甘谷县域经济总量处于甘肃省中上游水平。地区生产总值由2017年的65.08亿元增长到2022年的96.28亿元，占甘肃省的比重由0.91%降低为0.86%，说明5年来甘谷经济虽有较大发展但占全省的份额有所降低。城镇化率由2017年的32.28%演变到2022年的41.36%，

与全国平均水平的差距有所缩小，由26.24个百分点变为23.86个百分点。按照城镇化水平划分标准，处于城镇化中期阶段。根据钱纳里标准判断，工业化阶段仍处于初级产品生产阶段（前工业化）。2022年，农民人均可支配收入相当于同期全国、甘肃省的55.24%、91.42%。城乡居民收入差距3.11倍，比同期全国水平高0.66个百分点。

综合分析，可以看出，甘谷县是甘肃省的人口大县、农业大县和曾经的国家扶贫开发工作重点县，农村人口占比大，城镇化率低、城乡居民收入差距大，经济总量偏小、质量不高，不平衡不充分的问题突出。甘谷县作为全国乡村发展不充分、城乡发展不平衡的内陆县，具有较强的典型性，因此，以甘谷县为对象的研究，对于我国类似地区解决不平衡不充分发展问题具有一定的借鉴意义。

三、甘谷县乡村振兴的基础和态势分析

（一）农业农村基础

1.农业发展基础

（1）农业比重大，劳动生产率提高速度快

2005—2022年，甘谷县三次产业结构由30.1：29.2：40.7调整为29.1：16.4：54.5，第一产业增加值占GDP的比重减少了1.0个百分点，第二产业减少了12.8个百分点，第三产业增加了13.8个百分点（见图17-1）。在三次产业结构中，第二产业和第三产业呈现此消彼长的态势，第一产业的所占比重基本稳定。农业产业总产值和增加值都是上升的，2005—2022年，农业总产值由7.84亿元增加到40.17亿元；2005—2016年，农业增加值由4.72亿元增加到18.37亿元（见图17-2），农业在甘谷县域经济中具有基础性的地位。

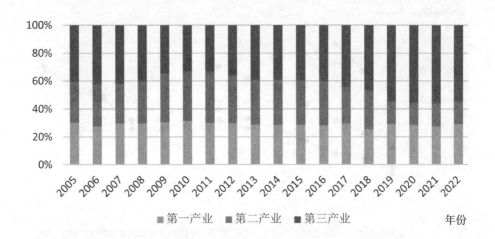

图17-1　2005—2022年甘谷县总体产业结构变化情况

资料来源：根据《甘谷统计年鉴2023》整理。

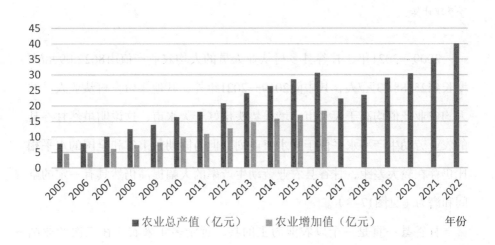

图17-2　2005—2022年甘谷县农业产值变化情况

资料来源：根据《甘肃发展年鉴2022》《甘谷统计年鉴2023》整理。

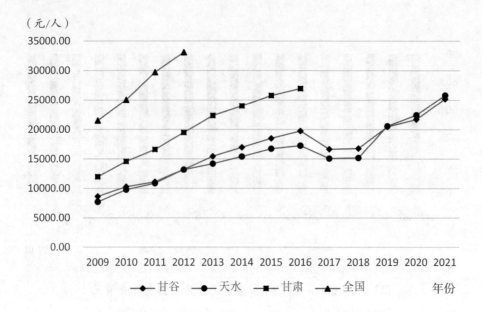

图17-3 2009—2021年甘谷县乡村从业人员的人均农业产值

注：部分年份甘肃和全国的乡村就业人数数据未获得，因此未能进行全面分析。

资料来源：根据相关资料《中国统计年鉴》《甘肃发展年鉴》《甘谷统计年鉴》等整理计算。

2009—2021年，甘谷县乡村从业人员的人均农业产值由8622.09元/人增长到25188.33元/人，其中除2019—2021年外，其他年份乡村从业人员的人均农业产值均高于天水市，增长势头也好于天水市，这说明虽然甘谷县的农业劳动生产率水平位于天水市前列，但与同期甘肃省和全国的水平相比仍存在较大差距，甘谷县农业劳动生产率的大幅提高仍然具有一定的空间和潜力（见图17-3）。

甘谷县一直是一个以农业为主的县，近十多年来农业在三次产业结构中的比重虽然没有较大变化，但仍然呈现出演化和升级的特征。到2035年，如果按照农业增加值每年递减1%的比率推算，第一产业仍将在16%左右的比例，农业为主的特征还是从根本上无法改变。可见，由农业大县转型升级为农业强县是新时期乡村振兴的重要任务。

（2）以蔬菜、园艺作物为主的种植业占绝对优势

甘谷县耕地资源相对丰富，集中于河川谷地，有较多水平梯田。大农业结构主要以种植业为主，2004—2022年，甘谷县农业产业结构中，种植业由76.5%增长为91.5%，林业由4.3%降低为0.4%，牧业由19%降低为8.0%，渔业由0.3%降低为0.1%（见图17-4）。全县种植业一方面支撑着农业大县的地位，另一方面也成为农业效益不高、农民增收乏力的原因之一。

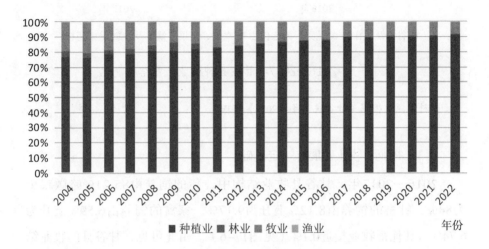

图17-4　2004—2022年甘谷县农业产业结构变化

资料来源：根据《甘肃发展年鉴》《甘谷统计年鉴》整理。

2016—2017年，甘谷县种植业结构中，蔬菜、园艺作物由53.79%降低为52.72%，水果、坚果、饮料及香料由23.79%上升为25.61%，谷物及其作物由19.98%降低为19.18%，中药材由2.44%上升为2.49%[1]（见图17-5）。由此可见，甘谷县的种植业结构，蔬菜、园艺作物占据一半以上的比例，中药材成长性较好。

---

①受数据获得性的限制，本章的部分分析以2016年、2017年为依据，作者在此期间承担了《甘谷县县域经济中长期发展规划》研究。

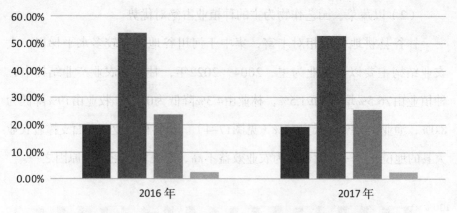

图17-5　2016—2017年甘谷县种植业产业结构变化

资料来源：根据《甘谷统计年鉴2018》整理。

（3）林业、牧业发展有一定基础

2016—2017年，甘谷县牧业结构中，猪的饲养由85.21%略微减少为84%，牲畜的饲养由8.12%上升为9.17%，家禽的饲养由6.59%上升为6.74%，其他畜牧业接近0.1%（见图17-6）。由此可见，甘谷县的牧业结构中，主体是猪的饲养。

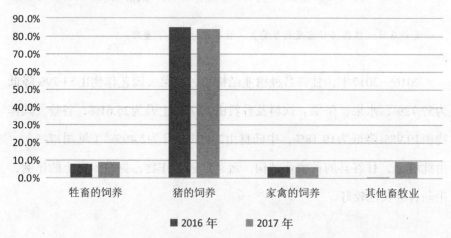

图17-6　2016—2017年甘谷县牧业结构变化情况

资料来源：根据《甘谷统计年鉴2018》整理。

2017年，甘谷县林业产值主要为人工造林。2017年，甘谷县林业产值结构中，造林和人工造林、抚育和管理、育种育苗的结构比例为81.9：16.78：1.28（见图17-7）。由此说明，甘谷县的林业结构中，人工造林所占的比重较大，抚育和管理、育种育苗等所占比重相对较小。

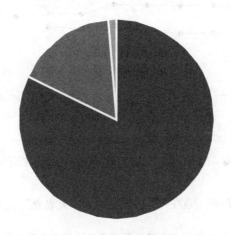

■ 造林、人工造林 ■ 抚育和管理 ■ 育种育苗

图17-7 2017年甘谷县林业结构变化情况

资料来源：根据《甘谷统计年鉴2018》整理。

（4）"大农业"专业化水平较高，种植业、牧业具有区域比较优势

在区域经济学中，通常利用区位商判断一个产业的专业化程度，进而比较其与其他产业的优势与竞争能力[19]。2009—2020年，依据甘谷县包含农林牧副渔在内的"大农业"的区位商进行衡量，甘谷县在天水、甘肃和全国具有比较优势，且在天水市的成长性较好（见图17-8）。由此，一方面体现了甘谷县在甘肃的农业大县的经济地位，另一方面也说明，"大农业"在天水、甘肃甚至全国都具有一定的比较优势。

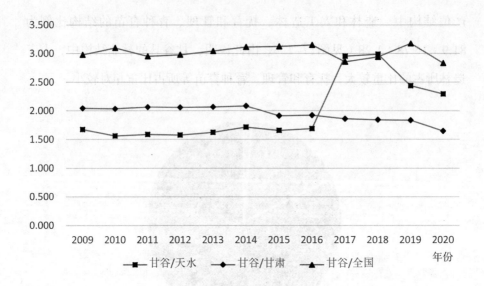

图17-8　2009—2020年甘谷的"大农业"区位商

资料来源：根据相关年份《中国统计年鉴》《甘肃发展年鉴》《甘谷统计年鉴》等整理计算。

从农业内部产业结构的狭义农业区位商进行分析，由于种植业的区位商都接近1，说明甘谷县的种植业在天水市区域内是优势产业。2009—2020年，甘谷县的牧业在天水市的区位商大多数年份都接近或大于1（见图17-9），甘谷的牧业在天水市具有比较优势。2009—2020年，甘谷县的种植业在甘肃省的区位商都大于1（见图17-10），且呈现逐年增长的良好态势，说明甘谷县的种植业在甘肃省也具有一定的比较优势。

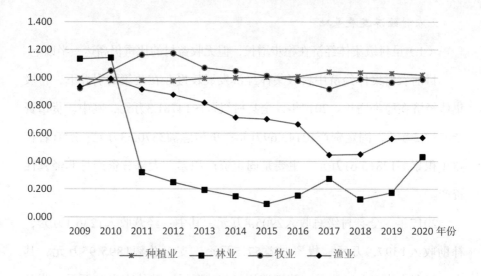

图17-9　2009—2020年甘谷在天水的狭义农业区位商

资料来源：根据相关年份《中国统计年鉴》《甘肃发展年鉴》《甘谷统计年鉴》等整理计算。

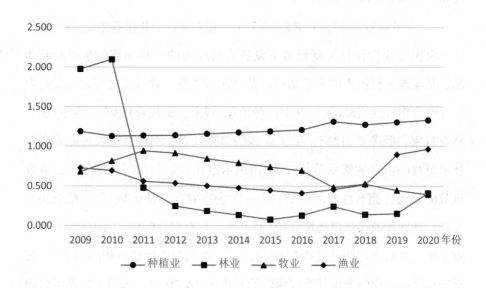

图17-10　2009—2020年甘谷在甘肃的狭义农业区位商

资料来源：根据相关年份《中国统计年鉴》《甘肃发展年鉴》《甘谷统计年鉴》等整理计算。

2.农村经济发展基础

（1）虽村级集体经济在稳步增长，但无收益村的比重仍高达一半以上

目前农村集体经济中村级集体经济发展较慢，在政策的引导下，村级集体经济在稳步增长。2017年，全县村级资产14781.3万元，其中，货币资产671.92万元，固定资产12143.69万元；负债总额3370.63万元；所有者权益（积累）12815.61万元，主要是固定资产积累，大部分资产是非经营性资产。

2017年，全县村级总收入2905.8万元，其中：经营收入1236.1万元，补助收入1397.9万元，投资收益57.5万元。支出总额1895.95万元，其中：经营支出630.45万元，管理费用1233.5万元，其他支出32万元。收益1009.85万元。在全县405个村中，无收益的村236个，约占58%；有收益的村169个，约占42%。当年收入5万元以下的村132个，5万—10万元以上的村30个，10万元以上的村7个。

（2）虽新型农业经营主体不断发展，但农业社会化服务体系尚待完善

农民专业合作社是新形势下发展农村经济的一种创新的生产经营体制，是实现乡村振兴的有效途径。截至2017年底，甘谷县已登记注册的农民专业合作社共有808家，其中，种植业417家，畜牧业153家，渔业1家，林业21家，服务业214家，手工业1家，其他1家。创建县级农民专业合作社示范社65家，省级示范社7家，市级示范社27家；在工商部门登记的成员数6615人，拥有注册商标数11个，无公害农产品认证数4个。截至2016年底，甘谷县确权到户地块数103.48万块，总面积115万亩（1亩≈666.67平方米）。全县土地流转总面积11.48万亩，占承包耕地总面积的14.1%。截至2016年底，我国土地经营权流转的面积达到4.7亿亩，占整个二轮承包面积的35.1%。总体而言，甘谷县的新型农业经营主体发展相对缓慢，大型的龙头企业少、带动农民致富的能力不高，农民合作社的组织机制不够完善、作用尚未充分发挥，农业社会化服务体系还尚待不断构建。

3.农民生活质量现状

（1）虽农民收入不断增长，但收入水平低于全国和甘肃省

2012—2022年，甘谷县农村居民人均可支配收入由3928元增加到11121元，年平均增长12.27%，低于全国和甘肃省的农村居民人均可支配收入水平，与天水市的水平基本重合。2022年，农村居民人均可支配收入相当于同期全国、甘肃省的55.24%、91.42%。

（2）城乡居民的收入差距巨大，且与全国的差距明显

2013—2022年，甘谷县城镇居民人均可支配收入与农村居民人均可支配收入的比值由3.62减小到3.11，城乡收入差距与甘肃省基本重合，但与全国平均水平相比，差距仍然巨大。2022年，甘谷县城镇居民人均可支配收入是农村居民人均可支配收入的3.11倍，比同期全国2.45的城乡收入差距水平高0.66个百分点（见图17-11），与同期甘肃省的城乡收入差距水平持平，但2013年到2022年的10年，甘谷县的城乡收入差距都超过3的"警戒线"，农民增收的任务依然任重道远。

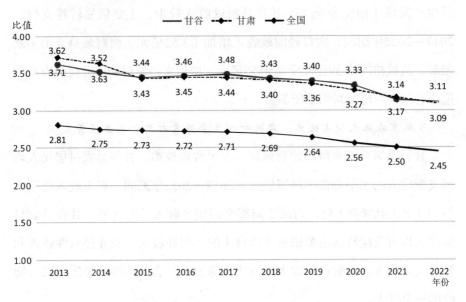

图17-11　2013—2022年甘谷县城乡居民收入比较

资料来源：根据相关年份《甘肃发展年鉴》《甘肃年鉴》《甘谷统计年鉴》，2022年全国和甘肃省、甘谷县政府工作报告及统计公报整理计算。

（二）乡村振兴的难点与挑战

1.社会经济发展水平相对滞后，经济规模小，财力有限

虽然甘谷县地区生产总值及人均水平不断增长，但一直低于天水市和甘肃省的人均地区生产总值。2017—2022年，甘谷县地区生产总值共计增加31.4亿元，一般公共财政预算收入从4.11亿元提高至4.31亿元，社会消费品零售总额从34.54亿元降至33.36亿元。县域经济发展总量较小，经济综合实力不强。

2.城市支持农村和工业反哺农业的能力有限

2017年甘谷县城镇化率达到32.28%，分别比天水市、甘肃省和全国平均水平低7.87个、14.11个和26.24个百分点；2022年甘谷县城镇化率达到41.36%，分别比天水市、甘肃省和全国平均水平低6.30个、12.83个和23.86个百分点，按照城镇化水平划分标准，甘谷县仍处于城镇化中期阶段。甘谷县第二产业比重低，根据钱纳里标准判断，工业化阶段仍处于初级产品生产阶段（前工业化）。甘谷县财政收入较少，主要依靠转移支付，2017—2022年期间，大口径财政收入增加了3.52亿元，而财政总支出不断增加，从最初的35.39亿元变为50.55亿元。城市支持农村和工业反哺农业的能力有限，乡村振兴困难较多。

3.从事农业人口占比大，农民收入主要依靠打工和农业经营

甘谷县第一产业所占比重偏高，农民致富较难。甘谷县农村居民人均可支配收入的水平都低于城镇居民，2017—2022年期间，城乡收入比（农村=1）从3.48降至3.11，均高于同期全国城乡收入差距水平。甘谷县农村居民人均可支配收入主要依靠外出打工的工资性收入、农业经营性收入和转移支付收入，而财产性收入的占比普遍很低，农民增收的渠道有限，增收的压力较大。

4.自然约束大、规模经营受限，现代农业发展支撑力较低

目前，甘谷县发展现代农业的基础设施还有待完善，科技对现代农

业的支撑作用不强，技术人才比较匮乏。现代农业的经济效益、环境效益和生态效益总体水平不高，农村三产的结合度低，产业链条短，空间分布比较分散，集聚度不高，规模经济和集聚经济的效应不明显。农业的附加值低，综合产出效益有限，农产品和农业服务的经营和推销环节还不够完善。农业合作社、家庭农场、龙头企业等新型农业经营主体的数量少、运行规范化程度低，对农业经济的带动能力还很薄弱。

人多地少、山多川少、干旱少雨是甘谷县的基本县情和农情。水资源短缺是甘谷县的最大自然制约，川地资源有限，户均耕地7.21亩，低于全国平均8亩左右的水平。尽管梯田建设不断推进，但受自然条件约束，大面积的整片、整块土地较少，耕地的细碎化问题突出。加之农业生产方式较传统，农业的科技贡献率较低，适度规模化和机械化的难度也较大，严重制约着农业现代化发展。

5.农村脱贫攻坚挑战大，稳定脱贫成果的长效机制建设挑战大

近年来，经过多方的艰苦努力，甘谷县的农村贫困人口大幅减少，贫困发生率不断下降。贫困人口退出以户为单位，贫困村退出以贫困发生率为主要衡量指标。2019年4月28日，甘肃省人民政府发布关于批准永登县等18个县（市、区）退出贫困县的通知（甘政发〔2019〕23号），其中甘谷县正式"摘帽"、退出贫困县。2013年全县有建档立卡贫困村195个（其中深度贫困村56个），贫困人口16.62万人（历年动态管理后有贫困人口17.14万人），贫困发生率29.5%。2017年退出贫困村减少到33个，贫困发生率下降到5.29%。截至2019年底，累计脱贫3.48万户、16.68万人，退出贫困村192个，剩余贫困人口1034户、4585人、贫困村3个，贫困发生率下降到0.81%，经甘肃省政府批准甘谷县已正式退出贫困县序列。

联合国2030年可持续发展议程所设置的首要目标就是到2030年在世界各地消除一切形式的贫穷，2020年中国已实现脱贫攻坚的伟大胜利。

甘谷县虽然已经实现整县脱贫摘帽，但客观而言，这是在国家现行贫

困标准相对较低，更多依靠上级政府强大的政策支持、大规模的要素投入等因素取得的成果，而基于甘谷县域经济发展、产业支撑、民营企业带动和农民自主发展能力等长效机制尚未完全建立起来，巩固脱贫攻坚成效，持续稳定增加农民收入，仍然是甘谷县乡村振兴的重要任务。随着长期困扰农村原发性绝对贫困的消失，农村贫困将会进入一个以转型性次生贫困为特点的新阶段，届时转型贫困群体和潜在贫困群体将会成为扶贫工作新的目标群体，并呈现出新的特征[20]。因此，甘谷县还需加大推进乡村振兴与社会公共服务一体化改革的力度。

（三）乡村振兴的机遇与潜力

1.实施乡村振兴战略的机遇

实施乡村振兴战略，是对"三农"工作一系列方针政策的继承和发展，是做好"三农"工作的总抓手。2018年中央一号文件《中共中央、国务院关于实施乡村振兴战略的意见》的出台，国家和甘肃省的《乡村振兴战略规划（2018—2022年）》及后续规划的制定实施，也必将为甘谷县乡村振兴带来难得的政策机遇。

2.多项政策叠加的新时代机遇

一是共建"一带一路"倡议和新一轮西部大开发、关中平原城市群规划等国家层面的倡议、战略、规划等政策机遇，为甘谷县推动转型升级、承接产业转移、开放发展和嵌入全球化带来新契机。二是甘肃省建设华夏文明传承创新区、国家生态安全屏障区、国家循环经济示范区等重大政策举措，为甘谷县发展文化旅游、保护生态环境、推进持续发展提供新机遇。

甘肃省、天水市比较重视发展现代农业，加快天水市农业高新技术示范区建设，发挥航天育种示范基地的辐射带动作用，引导全县新建一批蔬菜标准示范园，带动全县优势产业特色农业大发展。《关中—天水经济区发展规划》《关中平原城市群规划》对甘谷县农业基础设施项目赋予了一系列政策措施，为优化农业产业结构创造了有利条件。

3.消费升级与农业绿色化、乡村多元化的新发展机遇

我国经济已经从高速增长向高质量发展阶段转变，将助推居民消费升级和农业转型升级。国家农业政策将从过去主要依靠化学农业支撑产量增长的增产导向型政策，转变为以绿色农业为支撑、追求质量和效率的提质导向型政策。在这种背景下，由于居民的消费升级，将对农业的绿色化、特色化和有机化产生重大需求，也对以乡村为载体的旅游、文化、休闲等方面产生个体化、多元化的需求，而甘谷县就可通过发掘乡村的多功能价值，去主动适应消费升级产生的各种新需要。

2022年，甘谷县畜禽饲养量达到283万头，其苹果、花椒、蔬菜、中药材、畜牧总产值分别达18.5亿元、11.4亿元、34.35亿元、1.26亿元、18.23亿元[①]，培育形成了蔬菜、果椒、养殖和劳务四大产业，建成了省级现代农业示范园和渭河川道区设施蔬菜示范基地。"甘谷辣椒""甘谷大葱"获得国家地理标志保护产品认证，规模化发展苹果、花椒、核桃三大果品，建成规模养殖场272个。年均输转劳务11万多人次，年创劳务收入20亿元以上。

4.深厚的乡土文化已铸就乡村文化复兴灵魂

甘谷县文化底蕴深厚，尤其是乡土文化浓厚，这将为乡村振兴战略的实施提供必要的文化土壤。甘谷县为全国县制肇始之地，迄今已有2700多年的历史，享有"华夏第一县"的美誉，是人文始祖太昊伏羲氏、孔子七十二贤人石作蜀、蜀汉大将军姜维、清初翰林院侍读学士巩建丰等名人先贤的生息之地，形成了五大文化类型，即伏羲文化、先秦文化、三国文化、石窟文化、民俗文化。

---

①信息新报.甘谷县《政府工作报告》[EB/OL].（2022-12-31）［2023-08-12］.
https://m.163.com/dy/article/HPTL9L2B0552ADWT.html?spss=adap_pc.

甘谷县民风朴实，民间崇文尚武，重视教育，在农村无论贫富状况和职业结构，基本上每家每户都挂有书画作品，许多乡村都保留着农耕文化的传统。农村社区因能够内部化处理成员合作的交易成本，在要素配置与社会治理领域具有弱化风险、维护稳定的作用。这既可以提高农户的福祉水平，也有助于实现整体社会的稳定[21]。"村社理性"是破解"三农"困境的路径，甘谷县可以发挥现有的优势，助推乡村振兴战略的实施。

5.发展现代特色农业优势显现

甘谷县已初步形成了现代农业基础，初步构建了农业产业化和农业特色化的基础设施，现代农业的产业体系也已初具规模，农业的品牌影响力不断扩大。以地膜覆盖为重点的旱作农业新技术广泛推广，粮食综合生产能力提升显著。全膜穴播小麦、全膜双垄沟播玉米、垄作种植马铃薯地膜覆盖等集成抗旱增产技术得到广泛应用。

特色种植基地形成规模，产业内部结构日趋合理。经过多年的不断探索实践，甘谷县已形成了多个蔬菜、水果和中药材的特色种植基地。截至2017年底，拥有多个名优农产品，并远销广东、福建、青海、新疆等全国23个省（市），年外销蔬菜40万吨以上。经济作物种植特色鲜明、经济效益显著，为甘谷特色现代农业的健康发展奠定了良好基础。

标准化生产健康发展，农业品牌建设稳步推进。截至2017年底，甘谷县已有8个无公害蔬菜生产基地通过产地认证，9种产品通过无公害农产品认证，4种产品通过绿色食品A级认证，2种产品通过国家地理标志认证。其中：菜豆、大蒜、大白菜、大葱4种产品通过绿色食品A级认证；"五坪"茄子、番茄、辣椒，"燕家"韭菜、菜花、结球甘蓝等9种产品通过无公害农产品认证；甘谷大葱、甘谷辣椒通过国家地理标志产品认证。"燕家"韭菜、"雒家"大葱和蒜苗、磐安"五坪"蔬菜、"朱圉"果蔬、"新悦泉"果蔬等5种产品进行了商标注册，获名牌产品称号。

甘谷县被命名为全国辣椒标准化示范县、全国韭菜标准化示范县、全国大葱标准化示范县、全国绿色农业示范县、全国蔬菜生产重点县、全省无公害蔬菜基地示范县。甘谷县是知名品牌花牛苹果的主要产地之一，也是甘肃省果品基地建设优势区域重点县之一。

四、甘谷县乡村振兴的总体要求

（一）乡村振兴的原则

1.农业农村优先发展，提质增效全面振兴

作为甘肃省的农业大县，把农业农村工作置于优先位置，从传统农业的增产导向转向现代农业的提质增效导向，重视有机化、品牌化、规模化、生态化，比对乡村振兴要求，通过乡村的经济、社会、文化和环境等方面的建设，全面振兴农业农村。

2.城乡统筹，"三产融合"兴旺产业

充分发挥城市对乡村发展的引领作用，以城带乡、以工促农，统筹推进城乡的基础设施、公共服务、规划编制和实施、要素流动等工作。立足自然条件和区域特点，大力发展具有地域特点的辣椒、花椒、花卉、中药材等特色农业，形成与周边地区和其他县域差异化的农业竞争优势，以田园综合体的建设为载体，努力形成一、二、三产业融合发展的地域、产业综合体，促进产业兴旺。

3.绿色发展和"三生融合"，提升生态宜居品质

贯彻落实绿色发展理念，促进农业农村绿色发展，注重发展资源节约型和环境友好型的农业，努力防治农业生产过程的面源污染问题。促进种养循环、农牧结合、农林结合。因地制宜推广节水、节肥、节药等节约型农业技术，以及"猪沼果"、林下经济等生态循环农业模式。尊重乡村发展的规律，加强生产、生活、生态"三生融合"整治，按照县、乡、村不同层面，实施不同的乡村振兴模式，全面提升生态宜居品质。

4.守住文化，促进乡风文明

甘谷县的乡村振兴要以特色产业为支撑，打响"华夏第一县"的文化品牌。根据不同的地域特征、历史文化传统、农业产业结构、区位条件、外部机遇等内外部因素，各乡镇、行政村要结合本土实际探索各具特色的乡村振兴模式。以特色化求跨越发展，通过现代文化的渗透，注重发挥本地乡土文化厚重的优势。

5.尊重农民意愿，增强乡村治理效力

实施乡村振兴战略需要尊重、发挥农民的创造精神，形成"党委领导、政府主导、市场发力、农民参与、社会组织助力"的有效机制。政府不能大包大揽，要尊重农民经营自主权和首创精神，激发广大农民群众创新、创业、创造活力，让农民成为乡村振兴的自觉参与者和真正受益者。要以当地农民为主体，引进外力，形成全方位推进的工作格局。

6.激发内生动力，拓宽农民增收致富路

通过农工联合、农旅融合、农工商一体等方式，引进龙头企业，扶持合作组织，打造各类特色基地，形成"企业+合作组织+基地+农户"的农业农村经营体系，构建"三产+三生"融合的产业化经营链条，积极探索种养殖业及其深加工，引导市场主体与基地、农户利益结对，激发乡村内生动力，让农民获得生产、加工、销售、服务全程的利润红利，拓宽农民收入渠道，带动农民增收致富。

（二）乡村振兴的总体思路

全面贯彻党的十九大和二十大精神，深入把握国家有关乡村振兴战略的重大部署和基本精神。坚持把解决好"三农"问题作为重中之重，坚持农业农村优先发展，按照"产业兴旺、生态宜居、乡风文明、治理有效、生活富裕"的总要求，建立健全城乡融合发展体制机制和政策体系，统筹推进农村经济建设、政治建设、文化建设、社会建设、生态文明建设和党的建设，加快推进乡村治理体系和治理能力现代化，加快推进农业农村现代化，让农业成为有奔头的产业，让农民成为有吸引力的职业，让农村成为安居乐业的美丽家园。

大力推进城镇化，加大农业人口向县城和外地城市的转移步伐，同时努力吸引人才、资金等要素进入乡村。发挥乡村的经济、生态、休闲等多种功能。立足甘谷的县情农情，积极借鉴先发地区的发展经验，通过实施乡村振兴战略，创建甘肃乡村振兴的示范区，支撑美好新甘谷的建设。

（三）乡村振兴的总目标

以产业兴旺为重点、生态宜居为关键、乡风文明为保障、治理有效为基础、生活富裕为根本，加快构建现代化农业生产与经营体系，打造西北地区特色农产品基地，农业综合生产能力稳步提升，拓宽农民增收渠道，城乡居民生活水平差距持续缩小，农村基础设施和生态环境、人居环境明显改善，建设宜居宜业和美乡村。

在2020年巩固脱贫攻坚成效的基础上，乡村振兴取得重要进展，基本形成乡村振兴局面。到2035年，农业农村现代化基本实现，相对贫困进一步缓解，共同富裕迈出坚实步伐，城乡基本公共服务均等化基本实现，乡风文明达到新高度，乡村治理体系更加完善；农村生态环境根本好转，美丽宜居乡村基本实现。到2050年，乡村全面振兴，农业强、农村美、农民富全面实现。

（四）乡村振兴的分阶段发展目标

按照《中共中央 国务院关于实施乡村振兴战略的意见》（中发〔2018〕1号）中全国实施乡村振兴战略的目标任务，根据甘谷县社会经济发展阶段和农业农村发展水平，甘谷县乡村振兴战略目标任务分为三个阶段。

第一阶段（2018—2020年）：巩固脱贫攻坚成效，基本形成乡村振兴局面。

搭建并基本形成乡村振兴的基本制度框架和政策体系，城乡融合发展体制机制初步建立；农村一、二、三产业融合发展水平进一步提高，农民增收渠道进一步拓宽，城乡居民生活水平差距持续缩小；在完善乡村的基础设施建设和基本公共服务上下功夫，力争改善最广大、最困难农民的生产、生活条件，打赢脱贫攻坚战，消除现行标准下的贫困并巩固脱贫攻坚的成果；农村人居环境明显改善，美丽宜居乡村建设扎实推进，乡村治理体系进一步完善，乡村振兴取得重要进展。

第二阶段（2021—2025年）：城乡融合发展，基本实现宜居宜业和美乡村。

城镇化水平和质量稳定提升，基本实现农业农村现代化，农民增收显著提高，城乡收入差距缩小在合理区间；建立巩固拓展脱贫攻坚与乡村振兴衔接的有效机制，应对贫困标准提高后的相对贫困问题；乡村的生产、生态、文化等多功能得以有效发挥，基本建立城乡融合发展的制度，初步建立自治、法治、德治相结合的乡村治理体系；"产业兴旺、生态宜居、乡风文明、治理有效、生活富裕"的总目标显现，基本实现甘谷宜居宜业和美乡村。

第三阶段（2026—2035年）：实现农业农村现代化，实现宜居宜业和美乡村。

城乡融合发展的制度体系更加完善，农业结构得到根本性改善，农民就业质量显著提高，实现农业农村现代化，自治、法治、德治相结合的乡村治理体系更加完善，城乡区域发展差距和居民生活水平差距显著缩小，城乡基本公共服务均等化基本实现，乡风文明达到新高度，农村生态环境根本好转，基本实现共同富裕，全面实现宜居宜业和美乡村。

五、甘谷县乡村振兴的功能定位

乡村经济是甘谷县社会经济发展的短板，因此，甘谷县乡村振兴的短期目标是乡村不拖甘谷县整个县域经济发展的后腿；中长期目标是通过挖掘乡村的潜力和后劲，服务和助推甘谷县的整体发展和水平提高。通过乡村振兴，加快乡村地区的充分发展，为甘谷的城乡均衡发展和甘肃的区域协调发展提供动力，进而建设国家内陆乡村振兴典范县域，探索经济欠发达的内陆地区乡村振兴的新道路、新模式，为国家内陆的其他地区树立标杆、提供示范[22]。

（一）打造西北地区特色农产品基地

立足区域农业发展、交通网络、信息技术条件优势，调整优化种植结构，大力推进全县蔬菜、果椒、养殖三大农业支柱产业的转型升级工程，充分利用丝绸之路经济带建设机遇，着力打造西北地区特色农产品基地。

在蔬菜产业上，向有机化、品牌化方向发展，着力提高蔬菜的安全性和高品质，满足人民群众消费升级的需求。在果椒产业上，继续提高甘谷苹果和甘谷辣椒、花椒的品牌影响力，加强技术指导，注重通过电子商务、直播带货等途径进行产品的销售。在养殖产业上，要考虑甘谷水资源短缺的约束条件，现有养殖业需要朝着规模化、生态化的方向发展，重视养殖业环境污染问题的治理，并努力形成养殖业与种植业、加工业等一体化的循环性产业。

1.建设林果蔬菜特色农产品基地

着眼于扩大林果蔬菜规模、提升果品蔬菜品质、促进产品流通、提高农民收入、改善生态环境，建设以优质林果、蔬菜为主的农产品基地。打造农业综合开发示范区，不断优化农业产业布局，打造旱作农业、高效节水农业和草原畜牧业可持续发展示范区。立足甘谷县山旱地占耕地70%的现实，在农业综合开发示范区把粮食生产作为重点，大力推广全膜双垄沟播、全膜覆土穴播等旱作农业技术，提升粮食综合保障能力，着力建设特色林果、马铃薯、玉米、中药材等产业基地（见专栏17-1）。

专栏17-1　甘谷县的特色优势农产品

五坪精细菜，燕家韭菜，西沟流域线辣椒，雒家大葱（蒜苗），中洲大蒜（大白菜），白云长茄，新兴镇西片早春地膜马铃薯，大王家春萝卜，南后山菜豆，新兴绿色蒜苗，磐石西瓜，小王家草莓，金山、谢家湾党参，古坡、武家河款冬花，新兴阳屲、卢家山黄芪等。

资料来源：根据甘谷县政府提供的资料整理。

2.优化布局特色蔬菜基地

按照"川区蔬菜化、生产标准化"的工作思路，大力实施"西优、东移、北扩、南进"战略，围绕"七大栽培模式"（见专栏17-2），建设一批具有甘谷特色的高标准蔬菜生产基地，扶持壮大蔬菜龙头企业和专业协会，获得无公害（绿色）蔬菜产品的认证和地方特色品牌，把甘谷蔬菜产业打造成现代农业的主导产业，提高蔬菜产业对农民增收的贡献率。以渭河川道区为主线，以南北河谷川台地为依托，在全县15个乡镇200个重点村，科学规划，优化发展。

（1）西优：以磐安、新兴、大像山主产区的10多类蔬菜生产基地为主，通过环境和投入品等生产环节的管理，达到品种与技术与环境的优化，壮大产业，树立品牌，强化管理，提高效益，建成无公害精细菜基地。

（2）东移：蔬菜生产基地向六峰和新兴散渡河以东扩展，向大像山二十铺和新兴苟家以东扩展，建立高效设施蔬菜生产基地。

（3）北扩：蔬菜生产基地向散渡河、清溪河川台和渭北机灌的新兴、安远、大石、礼辛、大庄等乡镇扩展，建立旱作区蔬菜生产基地。

（4）南进：充分利用南部山区渭河一级支流的灌溉条件和蔬菜主产区的优势，以磐安、大像山、武家河、白家湾、古坡5个乡镇的10余条小溪支流的沟台坪地为主进行地域扩展，建立温凉蔬菜生产基地。

专栏17-2　甘谷县七大高产高效蔬菜主栽模式

> 燕家模式：以"设施大棚韭菜栽培"为主，覆盖渭河川区8个乡镇、30多个行政村。
>
> 雒家模式：以"早春地膜马铃薯复种大葱（蒜苗）"为主，分布在渭河川区4个乡镇、15个行政村。
>
> 五坪模式：以塑料大棚"春萝卜套果菜套菜花（甘蓝）"为主，分布在以磐安镇"五坪"为主的10多个行政村。
>
> 中洲模式：以"大蒜复种大白菜"为主，分布在以六峰中洲村为中心的9个行政村。
>
> 大王模式：以设施大棚"春萝卜套番茄套甘蓝（大白菜）"为主，分布在以新兴镇大王村为中心的8个行政村。
>
> 狄家模式：以"设施大棚西瓜复种白菜类、地膜洋芋复种白菜类"为主，分布在大像山镇狄家庄及周边6个行政村。
>
> 南后山模式：以"地膜菜豆"为主，分布在以磐安、武家河、古坡3镇南后山的50多个行政村。

资料来源：根据甘谷县政府提供的资料整理。

3.规模化发展果椒业

根据"跨乡连片规划，按流域整体推进，集中建办大园区，规模发展产业带"的原则，通过市场导向、政策扶持和行政推动，积极整合项目，推行土地流转建园模式，鼓励民间资本和企业参与土地流转建园，走集约化、标准化、现代化、产业化的路子，在全县适宜区域大力发展苹果、核桃、花椒种植，加快建设一批布局合理、特色鲜明的果业优势产区。创建一批以花牛苹果、大红袍花椒、薄皮核桃为主的不同品种的标准化科技示范基地，带动全县果品产业转型发展，全力打造优质果品基地，实现由苹果大县向苹果强县、绿色果品向有机果品、传统果业向现代果业的转变。

实施果品优势产区空间布局战略。在全县"五带一片"的果品基地框架基础上，加快形成南北浅山两个百里果品产业示范带。建设好磐安沐浴梁、白家湾西后梁、谢家湾大道坡、新兴西沟流域、安远大庄阳屲梁等5个万亩果品基地，谢家湾新集流域、安远后川沟流域、大石冰滩流域、金山西后梁、八里湾城峪沟等一批五千亩果品基地及多个千亩以上果品基地。同时，构建以大像山、新兴、六峰、磐安等渭河川道区主的苗木基地，建设一批配套项目。

果园建设模式要分类施策。对现有果园，要按照甘肃省苹果标准园建设标准，积极引导果农开展果园标准化管理。对新建果园，主推苹果矮密园等国际上先进的建园模式（见专栏17-3），对不具备建设矮密园条件的果园，可按省级苹果标准园的标准进行建设。即采取"一年定杆、二年重剪、三年全拉严管、四年挂果、五年丰产"的幼苗果丰产栽培模式进行栽培管理。

2017年2月，《甘肃建设国家中医药产业发展综合试验区》正式获批。2017年9月，甘肃省建设国家中医药产业发展综合试验区启动大会和甘肃省中医药产业博览会开幕式在陇西举行。天水航天中药材苗木种植园是甘肃省确定的六大中药产业园区之一。甘谷县应主动融入天水航天中药材苗木种植园，充分发挥资源、区位的优势，注重以旱作为主的标准化综合技术在党参、黄芪、板蓝根、款冬花等中药材种植中的广泛推广。培育和发展金山、谢家湾的党参，古坡、武家河的款冬花，新兴阳屲、卢家山的黄芪等特色中药材种植基地，加强仓储物流、电子商务平台建设，扩大市场营销规模，着力打造集标准化生产、精深加工、仓储物流、电子商务于一体的中药材全产业链，全面提高中药材发展水平。

苹果矮化密植园，不仅对生态环境的影响是友好和积极的，而且省地（每亩150株以上有效利用土地）、省工（树形采取高光效主干形，修剪量小，施肥打药以机械化每亩每年需要人工少）、省时（栽植当年见花，二年结果，三年亩产量2吨以上，五年产量4吨，10—15年可更新，有效利用土地节约时间）、省生产资料（由于通风透光好，病虫害发生较轻，农药用量小，同时采取肥水一体化技术，肥水精准供应利用率高，因此各种生产资料相对减少），最主要的是产量大、品质好、效益高（由于采用立体结果模式，产量高出其他果园30%左右，而且树体通风透光，采取病虫害绿色防控技术，果品外观光洁艳丽，含糖量高，品质优良，按目前市场行情，价格高出其他果园30%以上）。

资料来源：根据甘谷县政府提供的资料整理。

4.建立"种植＋养殖＋深加工"生态养殖业基地

按照"提质增效抓猪鸡、适度增量抓牛羊、重防强制保安全"的发展思路，以畜禽品种良种化、养殖设施化、生产规范化、防疫制度化、粪污处理无害化为出发点，积极开展标准化生产，全面提高养殖业科技生产水平，强化动物疫病防控，加强质量安全体系建设，配套抓好粪污处理沼气工程及零排放生产模式示范，加大力度引进或创办带动力强的畜产品加工企业，探索"种植、养殖、深加工"相结合的发展路径，因地制宜地实施四大生态养殖循环发展模式（见专栏17-4），积极探索生猪、禽蛋全产业链发展的新路子，不断完善"畜牧龙头企业＋农民合作组织＋规模养殖场户＋市场"的产业化格局。

专栏17-4　甘谷县四大生态养殖循环发展模式

川区打造以丰裕公司、甘谷县永召畜禽定点屠宰场为龙头企业的现代有机农业示范园，推广"种植+养殖+深加工"相结合的生态养殖循环发展模式。

西北浅山区推广以"生猪养殖+沼气能源+果园"为主的生态养殖循环发展模式。

东北部浅山区推广以"生猪养殖+果树种植+有机肥处理"为主的生态养殖循环发展模式。

西南部推广以"规模养殖+有机蔬菜示范园"协同发展的生态养殖循环模式。

资料来源：根据甘谷县政府提供的资料整理。

（二）塑造"华夏第一县"美丽乡村新风貌

1.挖掘历史文化，塑造"华夏第一县"品牌

乡村文化是传承历史传统并植入现代基因而形成的地方特色突出、乡土气息浓厚的文化。利用和充分发挥甘谷悠久的乡村文化优势，包含农业耕作文化、村落建筑文化、庭院居住文化、饮食文化等。加强农村文化遗迹和传统村落、传统民居和历史文化名村名镇保护，积极发掘、保护、延续和推广农耕文化、乡土民俗文化。全面振兴甘谷的乡村文化，通过"留住乡愁"来留住奔乡愁而来的人。

传承发展提升农耕文明，走乡村文化兴盛之路。坚持物质文明和精神文明一起抓，弘扬和践行社会主义核心价值观，加强农村思想道德建设，传承发展提升农村优秀传统文化，加强农村公共文化建设，开展移风易俗行动，改善农民精神风貌，不断提高乡村社会文明程度。

乡土文化是乡愁的重要载体。农村要留得住乡愁，必须重建乡土文化。通过实施乡村文化复兴工程，在全县范围内选取若干个典型，对农村历史街区、传统民居院落等物质文化遗产和生产、生活民俗等非物质文化遗产进行保护，让当地人和外来人、现代人和后来人记得住乡愁、留得住乡情。

挖掘"华夏第一县"历史文化，着重引入民俗生态博物馆、乡村博

物馆等新概念，建设集乡土建筑和乡村民俗为一体的综合性、"活态化"的甘谷县"乡村记忆"博物馆。实施"乡村记忆"的重点是在文化遗产和传统乡土建筑富集、保存基础条件较好、文化底蕴深厚的乡村，因地制宜建设民俗生态博物馆、乡村博物馆，收集和展览富有地域特色、活态文化特色和群体记忆的文化遗产，包括乡土建筑、农业遗产、农业生产劳作工艺、服饰、民间风俗礼仪、节庆习俗等，实现对文化遗产的整体性和真实性保护。

2.生产、生态、生活"三生"融合整治，建设美丽乡村新风貌

通过美丽乡村的建设，分类型打造宜居、宜业、宜游的聚居地（见专栏17-5）。强化规划引领，完善水、电、路、通信、网络等农村基础设施，提升医疗、养老、教育、文化娱乐等农村基本公共服务水平，改善农村人居环境，加快形成政府主导、多元参与、城乡一体的基础设施和基本公共服务体系。

专栏17-5　甘谷县八类美丽乡村建设模式

　　一是产业支撑型。磐安镇十甲坪村地处渭河北岸，蔬菜种植优势明显，在美丽乡村建设中，针对产业发展较慢、农民增收不快的实际，充分发挥灌溉条件便利的优势，引导、鼓励群众大力发展设施大棚蔬菜产业，形成规模种植，全村形成了一年三茬的五坪蔬菜种植模式，探索形成了产业支撑型美丽乡村建设模式。
　　二是生态旅游型。古坡镇沟门村利用南部山区特有的森林景观、田园风光，草场资源和乡村文化，积极发展具有地方特色的休闲旅游产业，扶持修建农家乐，扩大旅游景点古坡草原的知名度，不断开发生态产业内在价值，增加农民收入。立足当前，努力将沟门村打造成生态旅游型美丽乡村示范村。在美丽乡村建设中，紧紧围绕"产业富村"这一主题，多渠道、多途径增加农民收入。
　　三是易地搬迁型。六峰镇六峰村紧紧围绕农民群众殷切期盼，紧扣农村薄弱环节，按照政府引导、群众自愿、因地制宜、分步实施的原则，坚持把易地扶贫搬迁作为从根本上解决偏远山区群众脱贫致富问题的民生工程，探索形成了易地搬迁型美丽乡村建设模式。

四是传统保护型。新兴镇蔡家寺村立足省级重点文物保护单位、风景旅游区的优势，把建设特色文化作为建设美丽乡村的一项重要内容，全力打造以蔡家寺为中心的民间民俗特色文化，从发掘、整理、保护文化遗产入手，明确了蔡家寺群众文化活动的基本内涵和发展目标，探索形成了传统保护型美丽乡村建设模式。

五是旧村改造型。大石镇马川村坚持以治乱、治污、治脏为重点，规划先行，因地制宜，因村施策，协调落实危房改造、饮水安全、道路硬化、生态绿化、环境综合整治等各类项目，积极开展"一池两改三化""四旁绿化"和"五清五改"等村庄环境综合整治工程，对原有村庄、街路、庭院和公共设施进行改造提升，教育引导村民改变垃圾乱倒、柴草乱堆、房子乱建等不良习惯，大力营造"人人是美丽乡村形象，处处是美丽乡村环境"的良好氛围，探索形成了旧村改造型美丽乡村建设模式。

六是城郊互动型。大像山镇五里铺村立足地处城乡接合部的优势，利用与城镇相近、基础设施相贯通、交通便利、农民收入相对较高的优势，采取土地增减挂钩或与企业联合开发的方式，为农民统一建设居住小区，配套基础设施和公共服务，配置物业和专兼职保洁队伍，将城区的环卫保洁工作延伸到周边农村，实现垃圾定点收集、统一清运、集中处理，探索形成了城郊互动型美丽乡村建设模式。

七是能人带动型。能人治村是改善农村环境面貌、提升农民生活质量的有效途径。八里湾镇谢家沟村选用致富能手、某位企业家作为谢家沟村党支部成员，以"促强、帮弱、带中间，配套联动，整体推进"的工作思路，探索形成了能人带动型美丽乡村建设模式，走出了一条能人带动、企业帮建、全民参与，联、帮、带、建相结合的致富路子。

八是帮扶助推型。新兴镇康家滩村依托省政协帮扶联系的优势，牢固树立扶强主体、增加内力、借助外力、善于接力的帮联理念，充分发挥帮联部门优势、帮联干部联络协调优势和联系村聚才引智优势，坚持政府主导、农民主体、部门帮扶、社会参与，探索形成了帮扶助推型美丽乡村建设模式。按照"村村优美，处处整洁，家家和谐，人人幸福"的目标，以"基础设施完善，公共服务便利，村容村貌整洁，富民产业发展，村风民风和谐"为着力点，根据当地的自然条件和群众所想所盼，有针对性地提出了发展产业致富的思路。

资料来源：根据甘谷县政府提供的资料整理。

美丽乡村建设中要防止大拆大建和过度整治。严禁利用"以奖代补"资金和各级财政补助资金大拆大建、建大公园、大广场、大村庄标志、大亭子等"形象工程"。房前屋后除一定的晒场、碾场外，提倡种菜、种树绿化，多使用乡土材料，多搞地方特色的建筑，真正把村庄整治得像农村，展现城市居民向往的乡土气息和乡村风貌。美丽乡村建设不能套用城市模式，脱离乡村实际。由于不易于村庄后期维护，村庄绿化不宜采用草皮、灌木修剪等城市园艺手法，同时注意克服水泥过度硬化、透水不足等问题。

在推进美丽乡村建设过程中，要注重保留村庄原始风貌，保持原有道路、排水沟渠线型，面积不大平整场地，尽可能在原有村庄形态上整治环境。要保护好村落周边的山、水、田、林、园、塘等自然资源，努力做到不推山、不削坡、不填塘、不砍树、不改路。不能出现破坏乡村风貌和自然生态的行为。

推动农村家庭改厕，推动无害化卫生厕所改造。采取城镇管网延伸、集中处理和分散处理等多种形式，加快农村生活污水处理。推进县域农村环保设施统一规划、建设和管理。因地制宜选取农村生活和垃圾污水治理技术和模式。建立村庄保洁制度，推行垃圾就地分类减量和资源回收利用，推进农村生活垃圾减量化、资源化、无害化。加快建立垃圾处理系统，形成以法治为基础、政府推动、全民参与、城乡统筹、因地制宜的垃圾分类制度，努力提高垃圾分类覆盖范围。

3.加强村风民俗和乡村道德建设，发展现代甘谷文化

把培育和践行社会主义核心价值观作为乡风文明建设、移风易俗的重要组成部分，组织开展社会主义核心价值观宣传教育，积极培育和践行社会主义核心价值观。

利用好进城务工、外出打工人员、本地大学生等乡村振兴的人力资源，发挥他们作为城乡联系纽带、现代城市文明向乡土文明的渗透、引领作用。扶持和支持甘谷农民工返乡创业、大学生回乡创业，带动当地乡村的产业整合和品质提升。通过法治宣教、案例展示等群众喜闻乐见的不同方式，加强农民法治意识的培养和教育，在处理乡村纠纷、化解群众矛盾上既要发挥乡土文化和"村社理性"的优势和长处，也要依法治村、有法必依，特别要通过法治手段解决村民与企业、合作社等乡村主体之间出现的各类民事矛盾和经济纠纷。推行诚信社会建设，强化责任意识、规则意识、风险意识。加强文明乡风、良好家风、淳朴良风等农村移风易俗工作。加强农村文化基础设施和文化公共服务体系的建设，为乡村的文化复兴奠定坚实的基础。

4.创新乡村治理体系，提升乡村治理能力

建立健全党委领导、政府负责、社会协同、公众参与、法治保障的现代乡村社会治理体制，健全自治、法治、德治相结合的乡村治理体系，实现乡村善治的目标。加强农村基层基础工作，加强农村基层党组织建设，深化村民自治实践，严肃查处侵犯农民利益的"微腐败"，建设平安乡村，确保乡村社会充满活力、和谐有序。

建立和完善以党的基层组织为核心、村民自治和村务监督组织为基础、集体经济组织和农民合作组织为纽带、各种社会服务组织为补充的农村治理体系。加强农村基层工作、农村基础工作"双基"工作。

实现良好的治理，要在以下几个方面着力：坚持以人民为中心的理念，立足于实现公共利益的最大化，让广大农民的利益得到充分满足。民主法治是乡村善治的核心内涵，要全面推进并完善基层民主治理和依法治理，建立更加有效、充满活力的新型治理机制。要加强政府与乡村社会的互动和协同合作，强化信息公开和村民参与，真正让人民当家作主，推动形成多元共治的局面。要推进治理方式和手段的多元化，因地制宜探索各具特色的治理模式。

六、甘谷县乡村振兴的保障措施

（一）建立领导体制和人才机制，提供强有力的组织和人力保障

建立县委统一领导、县政府负责、县委农村工作部门统筹协调的乡村振兴领导体制。建立实施乡村振兴行动领导责任制，制定和实施乡村振兴的重大工程、重大计划和重大行动（见专栏17-6），明确和细化乡村振兴的阶段目标、实施方案、责任主体。实行县上统一抓落实、主管部门督促、相关部门和乡镇各司其职的工作机制。

通过加强乡村振兴工作干部队伍的培养、配备、管理、使用，把到农村一线锻炼作为培养县、乡各级干部的重要途径，形成人才向农村基层一线流动的用人导向。加快建立教育培训、规范管理和政策扶持"三位一体"的新型职业农民培育体系。通过政策激励、规划引领等途径，引导和激励各类科技人员、大中专毕业生返乡工作，全面发挥人才在乡村振兴战略实施中的能动性。

专栏17-6　乡村振兴重大项目一览

（1）乡村博物馆项目——记得住乡愁、留得住乡情的载体

旅游乡村博物馆、特色乡村博物馆、消失或衰落乡村博物馆、综合性博物馆。

（2）田园综合体项目——"三生同步、三产融合、三位一体"

围绕农业增效、农民增收、农村增绿，支持有条件的乡村加强基础设施、产业支撑、公共服务、环境风貌建设，实现农村生产生活生态"三生同步"，一、二、三产业"三产融合"，农业文化旅游"三位一体"，积极探索推进农村经济社会全面发展的新模式、新业态、新路径，逐步建成以农民合作社为主要载体，让农民充分参与和受益，集循环农业、创意农业、农事体验于一体的田园综合体。如区域性综合体、农园综合体、农博综合体、主题产业综合体、卖场综合体等。

（3）农村产业融合发展示范园项目——促进农产品加工业与农村一、二、三产业融合发展

以市场需求为导向，以促进农业提质增效、农民就业增收和激活农村发展活力为目标，以新型农业经营主体为支撑，以完善利益联结机制和保障农民分享二、三产业增值收益为核心，以制度、技术和商业模式创新为动力，着力推进全产业链和全价值链建设，开发农业多种功能，推动要素集聚优化，大力推进农产品加工业与农村产业交叉融合互动发展。

（4）农膜回收项目——建立农膜回收利用机制

建立以旧换新、经营主体上交、专业化组织回收、加工企业回收等多种方式的回收利用机制，整县推进，形成技术可推广、运营可持续、政策可落地、机制可复制的示范样板。

（5）农村人居环境改善项目——农村改厕等"厕所革命"

规划先行，分类指导农村人居环境整治。编制和完善县域村镇体系规划，合理确定基础设施和公共服务设施的项目与建设标准，明确人居环境改善的重点和时序。加快编制建设活动较多以及需要加强保护村庄的规划，提出加强村民建房质量和风貌管控要求。

突出重点，循序渐进改善农村人居环境。全力保障基本生活条件，进行危房改造，继续推进农村供水工程巩固提质项目，实施村内道路硬化工程，实施农村电网升级改造工程，完善防灾减灾设施。大力开展村庄环境整治，加快农村环境综合整治，推进农村清洁工程，加强村庄公共空间整治。稳步推进宜居乡村建设，保护和修复自然景观和田园景观，建立健全历史文化名村、传统村落和民居的保护和监管机制，发展休闲农业、乡村旅游、文化创意等产业。

完善机制，持续推进农村人居环境改善。建立政府主导、村民参与、社会支持的投入机制，建立村庄公用设施的长效管护制度，建立农村人居环境整治自下而上的民主决策机制，推行村内事"村民议村民定、村民建村民管"的实施机制。

资料来源：根据国家的相关规划，并结合甘谷实际编制。

（二）强化科技创新推广，提供有力的科技保障

形成具有甘谷县农业特色的农业技术体系，推动农业领域的技术创新和科技推广，开展农产品深加工和可持续发展方面的研究、引进和消化。重点开展小麦、玉米、杂粮等主要农作物优异种子资源的搜集、引

进、培育和示范，加大示范基地建设力度。重点研究以辣椒为主的主导蔬菜产品的生产、品种选育、病虫害防治、蔬菜工厂化育苗、高产高效和农产品安全等关键技术，推动蔬菜生产的规模化、标准化和产业化。开展苹果、大樱桃、花椒、中药材标准化种植和科学加工管理等方面的研究和技术推广。

围绕蔬菜、果椒、养殖等农业支柱产业，通过利用本县农技推广机构和邀请天水市、甘肃省和国内知名农业技术专家，进行有针对性的培训和指导工作，在资金投入、对外交流等方面加大支持力度。大力推广应用科技新成果，在甘谷县省级农业科技园区和工业园区示范推广一批适合当地条件、群众易于接受、科技含量高的新成果。建设一批创新服务平台，完善多元化科技服务体系。

（三）培育新型经营主体，完善农业社会化服务体系

加快培育农业新型经营主体。扶持发展种养大户和规模适度的家庭农场，提高农户家庭经营能力和水平。深入推进示范社建设，引导和促进农民合作社规范发展。培育壮大农业产业化龙头企业，增强企业辐射带动能力，探索组建现代农业产业化联合体。鼓励和支持工商资本发展适合企业化经营的现代种养业、农产品加工流通和农业社会化服务，健全工商资本租赁农地的监管和风险防范机制。

健全覆盖全程、综合配套、便捷高效的农业社会化服务体系，重点支持为农户提供代耕代收、统防统治、烘干储藏等服务，发挥对农业生产经营的支撑作用。支持多种类型的新型农业服务主体开展专业化、规模化服务。实施农业社会化服务支撑工程，扩大政府购买农业公益性服务机制创新试点。通过政府购买、资助、奖励等方式，支持科研机构、行业协会、龙头企业和具有资质的经营性服务组织从事农业公益性服务。大力培育主体多元、形式多样、竞争充分的农业经营性服务组织，创新服务模式，

鼓励开展农业生产全程社会化服务。推动供销合作社由流通服务向全程农业社会化服务延伸、向全方位城乡社区服务拓展，把供销合作社打造成为与农民利益联结更紧密、服务功能更完备、市场化运作更高效的合作经济组织体系。

（四）采取组合式、多样化措施，提供有力的政策保障

加大各类涉农资金、项目的整合力度，提高资金和项目的使用效率。发挥地方优势，突出产业振兴，并通过培训、务工信息平台建设等加强劳务输出，努力提升甘谷县本身的内生发展能力。继续推进教育扶持与科技支持，阻断贫困"代际传递"，提高劳动者素质与生产效率。

围绕乡村振兴的重点任务，有针对性地制定配套的财政奖励政策、土地流转制度等地方政策法规，为甘谷县乡村振兴提供政策保障。加大对土地承包法律法规和政策的宣传力度，引导农民转变"恋土"的思想观念，引导农村土地整合，推动农业经营规模化发展。在土地流转过程中，开展农民以土地承包经营权入股农民合作社和农业产业化龙头企业试点，鼓励、引导农户以土地承包经营权入股组建土地股份合作社，引导农村产权流转交易市场健康发展，促进农村资源资产化、资产资本化、资本股份化，稳步推进农村"三变"改革。

用法律法规规范农产品产加销行为，建立完善农产品质量安全地方标准；建立健全农产品质量安全标准体系，开展产地环境监控，实行生产技术标准化，产品质量标准化，农产品包装、标签、储运标准化；建立健全质量安全检测监测网络；对已获得产品标识，规范标识管理，有效使用。

建立现代农业发展专项资金，主要用于扶持绿色食品、涉农制造、文化旅游等主导产业发展。鼓励多形式、多渠道筹集资金投资兴建现代农业基础设施。对创新品牌实施奖励政策，对获得国家地理标志保护产品或原产地产品的企业或经济组织给予一定奖励。

（五）增强相关规划的衔接性，制定具体化的实施方案

做好与乡村振兴战略规划相关规划的衔接工作。乡村振兴是"三农"工作的主要抓手，因此，乡村振兴规划要与经济和社会发展规划、城镇化规划等相协调，力求在各类规划的指标、目标、重大工程、重大计划和重大行动上保持一致性和协调性，发挥乡村振兴战略规划引领乡村发展的综合作用，实现农业强、农村美、农民富的目标。

制定实施方案，明确实施路径。甘谷县域有15个乡镇、405个村，各个乡村区域的情况不一、类型多样，这就需要根据甘谷县乡村振兴规划中提出的总体方案，结合各乡镇、各部门的实际，制定乡村振兴规划的具体实施方案，进一步确定乡村振兴的具体路径和实施方式，并配套实施相关的政策举措，确定责任部门，明确进度计划等，使乡村振兴规划中提出的各项重大工程、重大计划和重大行动能够落地生根、产生效果。

七、县域乡村振兴的总体方略

综合已有研究，可以发现：乡村振兴的对象是一个乡村地域多体系统，乡村振兴重在推进城乡融合系统优化重构，加快建设城乡基础网、乡村发展区、村镇空间场、乡村振兴极等所构成的多级目标体系[23]。实施乡村振兴战略，就是要防止农村凋敝，促进城乡共同繁荣[24]。采用八大策略：因地制宜、规划引导、统筹协同、市场主导、质量提升、增量共享、全域服务和对外开放[25]；乡村振兴实施中，注重激活市场、主体、要素、政策、组织等"五个激活"驱动[26]，以"活业—活人—活村"为路径[27]，加强乡村治理，并做好与脱贫攻坚的深度衔接。

县域乡村振兴的路径，既有上述思路和原则的共同性，也有差异性。

基于已有研究成果，并通过对作为全国乡村发展不充分、城乡发展不平衡代表的甘谷县乡村振兴路径的分析，可以得出一般意义上县域乡村振兴的总体方略[28][29]。

一是县域乡村振兴是乡村振兴战略规划可实施的基本单元，在各个省域范围内，推进县域的乡村振兴，有助于县域经济发展和城乡融合发展。县域相对于省域而言，内部差异性小，可形成县域范围内的均质区。同时，县域具有城乡交织、工农交错的特点，在我国行政区经济主导背景下，县域是我国乡村振兴战略在地理尺度上较合适的单元[30]。

二是每个地区的县域乡村振兴战略规划和实施，要立足县情，着眼全省，放眼全国，在深入挖掘自身资源禀赋和与周边地区差异化竞争中，寻求自身嵌入全球化、对接国家战略的省域范围内的功能定位，进而确定自身的目标趋向、重点任务、重大工程和突破路径。

三是县域乡村振兴的实施路径要在全面深入分析自身优势与劣势、紧密把握市场化规律和城镇化趋势的基础上，在政府规划引领、企业主体作用发挥、农民积极性调动、社会组织参与等组合手段的综合应用上寻求突破。

四是县域乡村振兴的效果，中短期主要靠政策、规划、投入等强大的外生刺激，但长期发展需要构建市场化、法治化的长效机制，着力特色化的产业培育、社会化的农业服务、均等化的公共服务、大体均衡化的基础设施等，在城乡一体化和区域协调发展中，逐步、逐层实现乡村振兴不同阶段、不同内容的目标。

参考文献

[1]王耀，何泽军，安琪.县域城镇化高质量发展的制约与突破[J].中州学刊，2018（8）：31-36.

[2]王玉虎，张娟.乡村振兴战略下的县域城镇化发展再认识[J].城

市发展研究，2018，25（5）：1-6.

［3］陈炎伟，王强，黄和亮.福建省县域乡村振兴发展绩效评价研究［J］.福建论坛（人文社会科学版），2019（9）：182-190.

［4］杨传开.县域就地城镇化基础与路径研究［J］.华东师范大学学报（哲学社会科学版），2019，51（4）：114-122.

［5］刘又其，刘科伟，程永辉.新时期陕西省县域城镇化发展研究［J］.西北人口，2019，40（4）：58-67.

［6］田先红.论乡村振兴的县域自主性［J］.新疆师范大学学报（哲学社会科学版），2021，42（3）：89-99.

［7］沈费伟，叶温馨.数字乡村建设：实现高质量乡村振兴的策略选择［J］.南京农业大学学报（社会科学版），2021，21（5）：41-53.

［8］翟坤周.新发展格局下乡村"产业—生态"协同振兴进路——基于县域治理分析框架［J］.理论与改革，2021（3）：40-55.

［9］郭阳，范和生.县域乡村振兴的内在逻辑、实践张力与路径选择［J］.云南社会科学，2023（4）：150-159.

［10］王博，王亚华.县域乡村振兴与共同富裕：内在逻辑、驱动机制和路径［J］.农业经济问题，2022（12）：73-81.

［11］陈军亚，邱星.全面推进乡村振兴中县域的功能定位及实践路径［J］.探索，2023（4）：53-63.

［12］翟坤周.共同富裕导向下乡村振兴的东西部协作机制重构——基于四个典型县域协作治理模式的实践考察［J］.求实，2022（5）：77-95.

［13］佟伟铭，郭加新，徐维祥，等.县域视角下乡村发展要素转型对共同富裕的影响研究——以浙江省为例［J］.地理研究，2023，42（6）：1577-1597.

［14］奚哲伟，史婵，王小林.共同富裕目标下县域基本公共服务短板及均等化政策分析［J］.农业经济问题，2023（4）：1-17.

［15］高强，薛洲.以县域城乡融合发展引领乡村振兴：战略举措和路径选择［J］.经济纵横，2022（12）：17–24.

［16］陈润羊.作为承继的乡村振兴研究演化路径与未来展望［J］.云南农业大学学报（社会科学），2019，13（5）：12–19.

［17］陈润羊.甘肃省乡村振兴的方位判断与目标可达性分析［J］.兰州财经大学学报，2020，36（3）：10–18.

［18］陈润羊.城乡融合视野下我国乡村振兴的挑战与路径［J］.河北农业大学学报（社会科学版），2020，22（1）：14–20.

［19］孙久文.区域经济学（第5版）［M］.北京：首都经济贸易大学出版社，2020：55–56.

［20］李小云，许汉泽.2020年后扶贫工作的若干思考［J］.国家行政学院学报，2018（1）：62–66.

［21］温铁军，董筱丹.村社理性：破解"三农"与"三治"困境的一个新视角［J］.中共中央党校学报，2010，14（4）：20–23.

［22］杨开忠，陈润羊，等.乡村振兴地方品质驱动战略研究［M］.北京：经济科学出版社，2021：103–113.

［23］刘彦随.中国新时代城乡融合与乡村振兴［J］.地理学报，2018，73（4）：637–650.

［24］魏后凯.如何走好新时代乡村振兴之路［J］.人民论坛·学术前沿，2018（3）：14–18.

［25］李周.乡村振兴战略的主要含义、实施策略和预期变化［J］.求索，2018（2）：44–50.

［26］黄祖辉.准确把握中国乡村振兴战略［J］.中国农村经济，2018（4）：2–12.

［27］刘守英，熊雪锋.我国乡村振兴战略的实施与制度供给［J］.政治经济学评论，2018，9（4）：80–96.

［28］陈润羊，高云虹.县域乡村振兴的路径研究——以甘肃省甘谷县为例［J］.兰州财经大学学报，2019，35（5）：27-40.

［29］陈润羊，田万慧，张永凯.城乡融合发展视角下的乡村振兴［M］.太原：山西经济出版社，2021.

［30］陈润羊.不断完善城乡融合发展的体制机制［N］.甘肃日报，2024-08-02（007）.

第十八章 积极应对人口老龄化

内容提要： 人口老龄化是后发省域当前和未来面临的巨大挑战之一，积极应对才能统筹发展和安全工作。通过分析后发省域老龄化的基本特征，进行趋势预测，识别了应对老龄化的特殊困难，进而提出了对策建议。甘肃省人口老龄化程度已与全国平均水平不相上下，且未富先老问题更为突出。未来的社会抚养负担将不断加重，老龄化问题亟须重视应对。然而，甘肃省应对人口老龄化也存在特殊困难。努力化解老龄化带来的各种突出矛盾，需要"五措并举"：化危为机，辩证认识老龄化带来的挑战机遇；多措并举，努力提高全省人力资本；分类施策，逐步构建多元化养老保障体系；顺应趋势，提高流动人口生存发展能力；以点带面，不断完善社会化养老服务体系建设。

党的二十大报告明确强调：实施积极应对人口老龄化国家战略，发展养老事业和养老产业，优化孤寡老人服务，推动实现全体老年人享有基本养老服务。2019年11月，中共中央、国务院印发了《国家积极应对人口老龄化中长期规划》。其后，中共甘肃省委办公厅、甘肃省人民政府办公厅印发《甘肃省积极应对人口老龄化中长期规划（2020—2050年）》。人口老龄化对经济结构和运行、产业体系和构成、民生支出和保障等带来多重冲击，也将拖累资本回报率、劳动生产率及全要素生产率提升，成为后发省域当前和未来经济社会发展面临的巨大挑战。如何化危为机应对老龄化问题，事关人民福祉和高质量发展大局。

一、人口老龄化领域研究现状

人口问题是基础性、全局性和战略性问题。伴随经济社会发展，全球人口再生产方式正在发生深刻变化，进而导致全球人口发展迎来大变局：全球人口或在21世纪下半叶进入负增长，人类社会逐渐从青年走向中老年，地区人口格局正发生重大变化。中国人口少子化、老龄化快速深化，总人口临近或已见顶，远期人口总量或急剧萎缩[1]。

基于我国人口结构发展趋势预测表明，到2030年前后我国老龄化率将达到20%，进入超级老龄化社会[2]。与日本和韩国相比，中国的人口老龄化在步入老龄化社会的初期并没有日本和韩国那么严重，但是老龄化的速度越来越快，呈现出更加快速老龄化的特点；在考虑教育和健康因素后，中国老龄化实际带来的养老负担比日本和韩国更重[3]。

人口老龄化以财政可持续为中介变量，对经济高质量发展呈正向影响；随着人口老龄化程度的加深，老龄化对经济高质量发展的正向作用逐步减弱；东部地区人口老龄化对经济高质量发展的正向影响大于中西部地区[4]。

理论模型的推理结果表明人口老龄化和人口增长对经济增长均产生不利影响。人力资本投资、储蓄率和劳动参与率对经济增长有着显著的正向促进作用[5]。人口老龄化会降低城市与农村的教育投资率、降低农村的储蓄率，但同时会提高城市的储蓄率[6]。人口老龄化日趋严重及其对区域经济增长的负面影响不可避免[7]。

不同时期人口发展水平对经济社会影响有着本质差别，早期人口过快增长会导致人均收入在低水平徘徊的"马尔萨斯陷阱"现象，突破"马尔萨斯陷阱"约束后，庞大的劳动年龄人口又会转化为促进经济社会快速发展的人口红利。我国人口发展已跨越"马尔萨斯陷阱"，超前进入高收入国家具有的低出生率、低死亡率、低增长率状态。未来我国人口仍将呈加速少子化与老龄化趋势[8]。

我国现阶段的老年社会保障类政策成效显著、政策形式日益多元、多层次的积极老龄化政策网络逐渐成熟。但同时存在老龄政策领域有待拓宽、增权赋能型政策有待强化、为老服务和产品供给体系不够成熟、老龄友好环境有待优化等问题[9]。

人口老龄化已经成为不可逆转的全球性人口发展趋势，巨大的老年人口数量、快速的老龄化进程与显著的地区和城乡差异是中国老龄化的最主要特征[10]。当前，中国人口规模已经进入负增长阶段，人口老龄化程度逐渐加深，对经济增长产生了深远影响[11]。在理论上，有专家认为，中国式现代化的首要特征是人口规模巨大的现代化，而少子化、老龄化以及高流动性等新特征决定了应尽快构建有关人口规模巨大的中国式现代化理论体系[12]，而且，中国式现代化不光是人口规模巨大的现代化，还是老年人口规模巨大的现代化。老龄化的快速发展为当前社会保障体系的健全带来了巨大的挑战[13]。在政策方面，我国人口老龄化对经济增长有着明显的抑制作用，因此需要通过建立合理的养老政策来缓解人口老龄化对经济增长的冲击[14]。为应对人口负增长以及人口老龄化，现在应该实施更加"积极"

且与时俱进的政策理念，这种政策理念应该具有前瞻性、激励性以及倍增性，从宏观、中观以及微观的视角来应对老龄化中当下与长期所要面对的问题[15]。

在现实中，人口老龄化对经济高质量发展的抑制作用，还体现在人口老龄化会通过影响产业结构布局、缩小储蓄投资规模、降低劳动力生产效率、加剧不平等程度，从而抑制经济高质量发展[16]。从空间布局来讲，我国城市群的人口老龄化呈现出加速加深的态势，但是不同的城市群加深的速度是不一样的[17]，可以将我国人口老龄化分为五类风险梯度，如广东省为老龄化风险"洼地"，东北地区老龄化程度在不断地加深，所以应该分类应对不同地区人口老龄化[18]。观察农村的老龄化，可以发现农村人口老龄化能够显著提高农业高质量发展水平，主要是通过改善农业高质量发展中农业发展水平、资源条件、经济条件、技术条件，促进农业高质量发展水平的提高[19]。

蔡昉作为劳动与人口领域研究的代表性学者，在人口红利、人口经济理论和具体的老龄化问题上进行了较为深入和系统的研究。中国具有最大的人口规模，在短期内，中国实现了最大人口规模的经济增长奇迹，这无疑在世界经济发展史中具有重要的意义[20]。马尔萨斯的"悲观说"在理论界占据极为重要的地位，以马尔萨斯为源头来探讨中国经济发展的整个过程，对于当前中国经济发展具有极为重要的作用[21]。中国日益表现出具有世界上最快的老龄化速度、最大规模的老年人口以及未富先老的特征，中国未来目标是打破贫困陷阱和收获人口红利，因此，未来需要从供需两侧推进改革，来推进国内大循环为主体的国内国际双循环[22]。当经济增长受到结构性冲击时，中国的人口老龄化存在两个转折点，劳动年龄人口到达峰值的转折点冲击主要在供给侧，而总人口到达峰值的转折点冲击主要在需求侧。人口老龄化使消费水平随年龄增长而趋于萎缩，为缓解消费萎缩导致总需求水平与供给侧潜在增长能力的下行,应采取增加居民收入、改善收入分配、加大再分配力度,以及提高基本养老保险制度的普惠性和保障水平等措施[23]。当前,中国区域发展存在差距,出现从具有发达与不发达二元反差的差距类型到整体上更高发展水平上的多样化表现的变化,因此,为适应发展需要,我国经济政策也应该实现从二分法到多元化的转换[24]。数字经济对于赋能产业结构升级换代,从而促进经济发展和共同富裕都具有重要的作用[25]。

二、甘肃省人口老龄化的基本特征及趋势预测

根据国际公认的老龄化社会标准,60岁及以上老年人口占比超过10%或65岁以上老年人口占比超过7%,即进入老龄化社会。甘肃省自2005年迈入老龄化社会,人口老龄化速度持续加快。根据第七次人口普查结果,2020年,甘肃省60岁及以上人口为426万人,占全省常住人口的17.03%,65岁及以上人口为314.63万人,占全省常住人口的12.58%,已进入人口老龄化快速发展阶段。

(一)人口老龄化程度与全国平均水平不相上下

2010—2022年,全国65岁以上人口从11894万人上升为21053万人,全国65岁以上人口占全国总人口的比例从8.87%上升为14.91%,上升幅度为6.04个百分点。2010—2022年,甘肃省老龄化程度不断加深,65岁以上的人口从2010年的201.09万人上升至2022年的334.98万人,占甘肃省常住人口比重从7.86%上升至13.44%,上升了5.58个百分点。甘肃省已经迈入了老龄化社会,而且即将迈入"深度老龄化"(65岁以上人口占总人口的比例为

14%的社会）社会[①]。同全国相比较，2022年，甘肃省65岁以上的人口占比低于全国，上升幅度也低于全国水平（表18-1）。当前，甘肃省已进入人口老龄化快速发展阶段，预计未来5年到10年将从"深度老龄化"进入"重度老龄化"（60岁以上人口占全部人口的比重超过30%）阶段。作为经济欠发达地区，甘肃省是人口净流出地区，常住人口2022年比2010年减少约67.56万人。每年数百万年轻劳动力流出，致使全省实际老龄化程度远高于户籍人口老龄化程度，成为甘肃省养老金缺口较大的主要原因之一。

表18-1　2010—2022年全国及甘肃省的人口老龄化

	2010年	2020年	2021年	2022年
甘肃省65岁以上人口（万人）	201.09	314.63	325	334.98
甘肃省常住人口（万人）	2559.98	2501.02	2490.02	2492.42
甘肃省65岁以上人口占甘肃省人口比重（%）	7.86	12.58	13.05	13.44
全国65岁以上人口（万人）	11894	19064	20056	21053
全国人口（万人）	134091	141212	141260	141175
全国65岁以上人口占全国人口比重（%）	8.87	13.50	14.20	14.91

资料来源：2011年、2021年、2022年《甘肃发展年鉴》《2022年甘肃省国民经济和社会发展统计公报》，国家统计局。

（二）老龄化发展速度快于全国，"未富先老"问题更为突出

2000年至2022年，甘肃省65岁以上人口比重上升8.44个百分点，同

---

①张浩.甘肃省人民政府关于加强和推进老龄工作进展情况的报告［EB/OL］.（2022-11-07）［2023-08-10］.http://rdgb.gsrdw.gov.cn/2022/247_1107/3505.html.

期全国该指标上升7.95个百分点，甘肃省65岁人口比重上升幅度高于全国0.49个百分点，而甘肃省人均GDP占全国人均GDP的一半左右（表18-2）。从中可以看出，甘肃省老龄化发展速度快于全国平均水平，但经济发展较为滞后，致使"未富先老"问题更为突出。

表18-2　2000年、2010年、2020—2022年全国和甘肃65岁以上
人口比重及人均GDP

	2000年	2010年	2020年	2021年	2022年
甘肃省65岁以上人口占甘肃省人口比重（%）	5.00	7.86	12.58	13.05	13.44
全国65岁以上人口占全国人口比重（%）	6.96	8.87	13.50	14.20	14.91
全国人均GDP（元）	7942	30808	71828	81370	85310
甘肃省人均GDP（元）	4163	15421	35848	40976	44646
甘肃省人均GDP占全国人均GDP的比重（%）	52.42	50.06	49.91	50.36	52.33

资料来源：2001—2022年《甘肃发展年鉴》《2022年甘肃省国民经济和社会发展统计公报》，国家统计局。

（三）机构和社区养老尚处发展初期，不同群体养老差异较大

受收入水平、养老观念等影响，甘肃省老年人主要靠自我储蓄和家庭支持的居家养老，城乡居民在养老机构养老比例较低，社区养老尚在培育阶段。甘肃省高龄老人中有照料需求的超过60%[26]，但满足需求的供给不足，两者具有很大落差。城乡、居民等不同群体间，在养老观念、方式及养老金缴纳、支持等方面差异性较大，养老、医疗保险市场化产品购买比例偏低，分类应对策略还不完善。

（四）劳动年龄人口加速减少，社会抚养负担将不断加重

随着人口老龄化程度不断加深，社会抚养负担不断加重，据测算甘肃省65岁以上老年人口占常住总人口的比重，2010—2022年，全国及甘肃省老年人口抚养比在持续地上升，从全国范围内来看，用老年人口数占劳动年龄人口数比重衡量的老年人口抚养比从11.9%上升至21.9%，甘肃省则从11.2%上升至19.8%，甘肃省同全国的老年人口抚养比接近，但是可以清楚地看出，老年人的抚养负担在持续地加重（表18-3）。预计2030年甘肃省老龄化将达15%，意味着超过14%的门槛将进入"深度老龄化"阶段。老年人口抚养比由2022年的19.8%将上升到2030年的23%左右。社会抚养负担受老年人口抚养比快速上升影响而不断加重，预计到2030年包括少儿和老年人口的总人口抚养比将超过48%，意味着每2个劳动年龄人口将抚养1个老幼人口，整体抚养负担大幅增加，将给家庭负担、社会开支和经济活力带来风险挑战。

表18-3 2010年、2020—2022年全国及甘肃老年人口抚养比

年份	全国老年人口抚养比（%）	甘肃老年人口抚养比（%）
2010	11.9	11.2
2020	19.7	18.5
2021	20.8	19.3
2022	21.9	19.8

资料来源：《2022年甘肃省发展年鉴》《2022年甘肃省国民经济和社会发展统计公报》，国家统计局。

（五）农村老龄化问题日益突出

2020年，甘肃省60岁及以上农村老龄人口占乡村人口数的比率为

20.37%，低于全国平均水平3.44个百分点，甘肃省65岁及以上农村老龄人口占比由2010年的8.71%上涨到2020年的15.37%，上涨了6.66个百分点，上涨幅度虽小于但也接近于全国同期水平（表18-4）。由此说明，目前甘肃省的老龄化程度虽低于全国平均水平，但老龄化加深的速度较快，预计未来随着农村年轻人口大量外流，农村老龄化程度将不断加深。

表18-4　2010年、2020年甘肃农村老龄化与全国的比较

	2010年	2020年
甘肃省60及以上农村老龄人口比率（%）	—	20.37
甘肃省65及以上农村老龄人口比率（%）	8.71	15.37
全国60及以上农村老龄人口比率（%）	14.98	23.81
全国65及以上农村老龄人口比率（%）	10.06	17.72

资料来源：《2020年国家老龄事业发展公报》《2011年中国人口和就业统计年鉴》《2021年中国人口和就业统计年鉴》。

（六）14个市（州）老龄化程度不断加深

2010—2022年，甘肃省14个市（州）城镇化不断发展的同时，人口老龄化也日趋严重。2010年，甘肃省各市（州）用65岁以上人口比重反映的人口老龄化程度都在8%—9%之间，最低的甘南州为7.08%，最高的平凉市为8.84%。到2020年，甘肃省各市（州）人口老龄化率除兰州、嘉峪关、平凉、酒泉、临夏和甘南6个地区外，其余地区都超过了当年甘肃省的人口老龄化率。2020—2022年，14个市（州）人口老龄化率均在加深。2022年，平凉市人口老龄化率最高，为15.32%，最低的甘南州为10.70%（表18-5、图18-1）。从中可以看出，甘肃省各地区人口老龄化问题也日益突出且区域差异较为明显，这将对区域协调发展带来巨大挑战。

表18-5 2010年、2020—2022年甘肃省14个市（州）
城镇化率及老龄化率

地区	2010年		2020年		2021年		2022年	
	城镇化率（%）	老龄化率（%）	城镇化率（%）	老龄化率（%）	城镇化率（%）	老龄化率（%）	城镇化率（%）	老龄化率（%）
兰州市	76.28	8.77	83.10	11.70	83.56	12.05	84.07	12.71
嘉峪关市	93.32	7.66	94.43	11.17	94.44	11.42	94.47	12.01
金昌市	62.10	7.89	77.40	13.68	78.43	14.17	78.90	14.92
白银市	39.48	8.00	56.56	13.96	57.69	14.53	58.32	14.96
天水市	28.36	7.89	45.57	12.90	46.68	13.43	47.66	—
武威市	27.56	7.43	47.01	13.57	48.22	14.26	49.35	14.51
张掖市	34.84	7.17	51.29	13.15	52.52	13.74	53.49	14.11
平凉市	29.09	8.84	44.77	14.38	46.02	15.09	46.79	15.32
酒泉市	50.05	7.26	64.20	12.06	65.22	12.56	65.90	13.16
庆阳市	23.79	8.68	41.89	13.02	43.13	13.60	43.98	13.88
定西市	23.42	8.65	38.39	13.44	39.51	13.98	40.30	14.12
陇南市	19.70	8.71	36.18	12.59	37.28	12.95	38.49	—
临夏回族自治州	24.30	8.18	36.75	10.13	38.01	10.34	39.02	10.82
甘南藏族自治州	24.46	7.08	42.27	9.63	43.52	9.88	44.29	10.70

注：人口老龄化比率根据65岁及以上老龄人口数进行计算得出。

资料来源：2011年、2021年、2022年《甘肃发展年鉴》，2022年各地《国民经济和社会发展统计年鉴》。

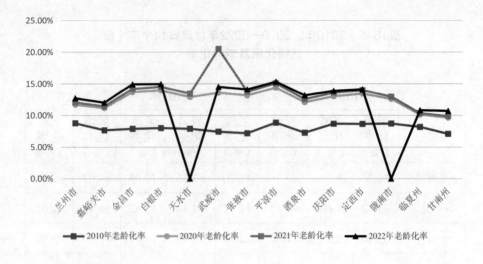

图18-1　2010年、2020—2022年甘肃省14个市州人口老龄化率

三、甘肃省应对人口老龄化的特殊困难

（一）经济发展水平低、财政支持有限

受经济发展阶段的制约，甘肃省经济发展水平较低，自身财政收入有限，政府开支主要依靠中央的转移支付，养老金缺口较大，养老资金入不敷出。在人口老龄化程度日趋严重的背景下，将给全省的社会经济的持续发展带来极大的挑战。

（二）人口空间分布分散、支持的成本高

受自然条件的约束，甘肃省人口密度低，人口集聚度不高，尤其在一些农村地区，人口的空间分布更是极其分散，这就使养老设施的建设、养老机构的运行没有更多规模效益的节省，并增加养老支持的单位成本，将给政府支持和企业引入带来巨大的困难。

（三）市场化发育程度低、社会化程度不高

目前，甘肃省总体的民营经济发展水平低于全国，市场化指数也不如全国。与养老密切相关的教育、卫生领域的民营经济发展水平严重滞后，将不利于养老市场的培育。与此同时，在社区养老机构建设、养老资金的社会捐赠等方面，甘肃省与全国平均水平相比也存在不小差距。

四、甘肃省积极应对老龄化的对策建议

（一）化危为机，辩证认识老龄化带来的挑战机遇

老龄化社会的到来，意味着过往持续和大规模的劳动力对经济支撑的动力弱化、"人口红利"减少、社会结构活力受限，对经济发展方式的转型升级带来挑战。老龄化社会也创造了新的市场机遇，地方和企业如能在养老融合型产业发展上找到突破口，就可顺势发展老年产品、医疗器械、康养基地等"银发经济"，也会催生养护照料、心理咨询等新的岗位和教育需求。甘肃省如将康养纳入文旅融合、中医药产业培育中，并与生态产业发展、医药产品开发、医疗器材生产、武威重离子治疗系统等结合起来，借机培育壮大一批融合型本土企业，不但解决了养老需求，还会促进城乡融合发展，有利于市场力量的释放。

（二）多措并举，努力提高全省人力资本

甘肃省老龄化问题与人口增长停滞、生育水平低、人口净流出等问题相互交织，要结合"强省会""强县域"行动，努力建设好大中小城市和县城，以完善的基础设施、优质的公共服务、公平竞争的营商环境，留住吸引更多大学生、企业家，提高经济发展效率。全面落实"三孩"及其配套政策，不断降低生育、养育、教育成本，着力提高生育意愿。落实渐进

式延迟退休政策，全面放开包括兰州市在内的全省城市落户限制，实现城市、城镇落户"零门槛"，推动户籍准入年限同城化累计互认。

（三）分类施策，逐步构建多元化养老保障体系

目前涵盖城乡居民、城镇职工和机关事业单位的养老保险体系已经建立，在养老金三大支柱中，基本养老保险比重最大、企业年金和职业年金其次、个人商业养老保险最小。从2022年1月开始，企业职工基本养老保险实施全国统筹，这对甘肃省是重大利好。甘肃省还需通过国有资产和股权划转等途径筹集基本养老金。引导保险机构丰富完善商业保险种类和保险产品，满足消费者多样化养老产品服务需求。在城市社区和农村聚居点推行社会互助养老，借鉴其他地区先进经验，探索推行"时间银行"养老模式，试点后在全省范围内推行"通存通兑"。

（四）顺应趋势，提高流动人口生存发展能力

我国城市化增速虽已下降，但城市化水平仍然偏低，未来还有较大发展空间。今后欠发达地区人口向发达地区流动、农村人口向城市流动仍是基本趋势，需完善培训服务体系，为有需求的农民工外出打工做好服务。围绕农民工市民化破解医疗、教育、住房等民生难题，通过农民工在城市的家庭化，解决相当比例人口的养老问题。

（五）以点带面，不断完善社会化养老服务体系建设

健全完善由家庭、社区和机构养老等构成的养老服务体系，在兰州、庆阳等已有国家医养结合试点城市基础上，具备条件的城市要积极争取国家城企联动普惠养老试点城市，带动甘肃省养老体系建设。通过政府、企业和社会共同参与，综合应用政策支持、服务承诺、社会运营等手段体系，把基本养老和普惠养老有机衔接起来，降低养老成本，提高服务效率[27]。

参考文献

［1］刘媛，熊柴.全球人口变局、影响及中国应对［J］.经济学家，2022（1）：26-35.

［2］李建伟，吉文桥，钱诚.我国人口深度老龄化与老年照护服务需求发展趋势［J］.改革，2022（2）：1-21.

［3］熊佳军，蔡金阳，胡瑞法.新老年抚养比调整指数视角下的中日韩老龄化比较研究［J］.人口与发展，2022，28（1）：29，81-89.

［4］曹聪灵，肖国安，徐邵蕊，等.人口老龄化对经济高质量发展的影响——基于财政可持续视角［J］.财经理论与实践，2022，43（1）：114-122.

［5］胡鞍钢，刘生龙，马振国.人口老龄化、人口增长与经济增长——来自中国省际面板数据的实证证据［J］.人口研究，2012，36（3）：14-26.

［6］汪伟，刘玉飞，史青.人口老龄化、城市化与中国经济增长［J］.学术月刊，2022，54（1）：68-82.

［7］王桂新，干一慧.中国的人口老龄化与区域经济增长［J］.中国人口科学，2017（3）：30-42，126-127.

［8］国务院发展研究中心课题组.认识人口基本演变规律 促进我国人口长期均衡发展［J］.管理世界，2022，38（1）：1-19，20，34.

［9］杜鹏，陈民强.积极应对人口老龄化：政策演进与国家战略实施［J］.新疆师范大学学报（哲学社会科学版），2022，43（3）：91-99.

［10］彭希哲.老龄化背景下的人口年龄结构［J］.上海交通大学学报（哲学社会科学版），2023，31（2）：14-24.

［11］李竞博，姜全保.人口规模、人口老龄化与经济增长［J］.人口学刊，2023，45（2）：55-66.

［12］王军.人口负增长背景下人口规模巨大的现代化及其人口发展战略［J］.开放时代，2023（4）：13-25，5.

［13］杜鹏.中国人口老龄化现状与社会保障体系发展［J］.社会保障评论，2023，7（2）：31-47.

［14］杨建仁，何芳健，陈涛.人口老龄化对经济增长影响的实证［J］.统计与决策，2023，39（2）：125-129.

［15］张熠.人口负增长时代积极应对老龄化的政策体系［J］.华中科技大学学报（社会科学版），2023，37（3）：1-11.

［16］顾洪明，郭晨，张卫东.人口老龄化对经济高质量发展的影响研究——来自中国城市面板数据的经验证据［J］.宏观经济研究，2023（6）：101-112.

［17］郭郡郡.中国城市群人口老龄化的时空演变与影响因素——基于全国人口普查数据的分析［J］.云南民族大学学报（哲学社会科学版），2023，40（4）：84-94.

［18］雷霆，郭娟，向川.中国人口老龄化风险分布的梯次结构及其动态演进［J］.人口与经济，2023（1）：87-105.

［19］唐小平，蒋健.农村人口老龄化对农业高质量发展的影响［J］.华南农业大学学报（社会科学版），2023，22（3）：45-56.

［20］蔡昉.人口红利：认识中国经济增长的有益框架［J］.经济研究，2022，57（10）：4-9.

［21］蔡昉.万物理论：以马尔萨斯为源头的人口-经济关系理论［J］.经济思想史学刊，2021（2）：3-18.

［22］蔡昉.中国老龄化挑战的供给侧和需求侧视角［J］.经济学动态，2021（1）：27-34.

［23］蔡昉，王美艳.如何解除人口老龄化对消费需求的束缚［J］.财贸经济，2021，42（5）：5-13.

［24］蔡昉，贾朋.中国地区差距类型变化及其政策含义［J］.中国工业经济，2022（12）：5-13.

［25］蔡昉.如何利用数字经济促进共同富裕？［J］.东岳论丛，2023，44（3）：118-124，192.

［26］谭日辉.中国社区发展报告（2018~2019）（社区养老专题）［M］.北京：社会科学文献出版社，2019.

［27］陈润羊，张旭雯.甘肃省应对人口老龄化的形势、困难与对策［J］.发展，2024（3）：66-71.

第十九章

持续优化营商环境

内容提要： 优化营商环境是后发地区吸引和集聚各类要素，激发市场主体创新创业创造活力，应对不确定性，推动社会经济高质量发展的有力抓手。本章从营商环境的研究现状、取得的积极成效、存在的短板因素入手，进行了营商环境的定量评价，探寻后发省域优化营商环境的路径，认为优化营商环境要处理好五对基本关系：市场有效和政府有为的关系、短期任务和长期目标的关系、整体谋划和具体行动的关系、政府监管和企业创新的关系、制度变革和技术创新的关系，并提出了打响"办事不求人"的地域名片的路径在于：明确制度体系的构成，建立法治化的营商环境，构建现代化的治理体系，积极应用智慧的技术以及克服人情化的潜规则。

营商环境建设关系到招商引资、吸引人才和地方品质。某种意义上讲，后发地区与先发地区的差距主要还是营商环境的差距。因此，抓住抓好营商环境建设这个"牛鼻子"，是后发地区应对不确定性、推动社会经济高质量发展的有力抓手[1]。

一、优化营商环境的意义和研究现状

在外部环境更趋复杂严峻、不确定性和风险增加的背景下，我国经济增长面临"需求收缩、供给冲击、预期转弱"等多重压力，目前的关键在于通过稳预期保住和壮大市场主体。稳定和不断扩大市场主体，才能保就业、保民生和保运转，而营造公平、可预期的营商环境是激发市场主体活力的前提。不断推进营商环境建设，才能吸引和集聚各类生产要素，激发市场主体创新创业创造的活力[2]。

2013年，党的十八届三中全会在《中共中央关于全面深化改革若干重大问题的决定》中提出了"建立法治化营商环境"的目标。2019年10月《优化营商环境条例》的出台，也为各地区优化营商环境实践提供指导方向与制度保障。2022年12月，国务院发布的《进一步优化营商环境降低市场主体制度性交易成本的意见》指出，优化营商环境、降低制度性交易成本是减轻市场主体负担、激发市场活力的重要举措。

从反映学术热点的关键词的词频分析可知，该领域的主题主要集中在以下方面：营商环境、环境优化、经验证据、高质量发展、实证研究、民营企业、"放管服"改革、数字经济、"一带一路"、企业家精神等。其蕴含的内在逻辑在于：持续优化营商环境是构建现代化经济体系，实现经济高质量发展的重要举措。营商环境纳入我国"放管服"改革后，政府的简政放权，让市场这只看不见手的资源配置能力得到更大的发挥，"放管服"改革取得了积极成效。地方政府优化营商环境的目的是招商引资，为企业生存和长远发展创造更好的外部条件，进而促进区域经济增长，优化营商环境的落脚点最终要站在企业需求的角度考虑问题，以尊重和弘扬企业家精神为导向，以协助解决企业生产经营过程中面临的困难为抓手[3]。营商环境的优化要让民营企业具有同等公平竞争的机会，使其为经济稳定和社会发展做出更大的贡献[4]。提高国际化营商环境水平，有助于"一带一路"倡议的深入推进和深化我国与共建"一带一路"国家的交流合作。

对于营商环境的界定，营商环境概念最初来源于世界银行的年度《营商环境报告》，营商环境被界定为企业在申请开设、生产经营、贸易活动、纳税、关闭及执行合约等方面遵循政策法规所需要的时间和成本等条件的总和，是一项涉及经济社会改革和对外开放众多领域的系统工程[5]。《优化营商环境条例》将营商环境定义为"企业等市场主体在市场经济活动中所涉及的体制机制性因素和条件"，并提出"建立和完善以市场主体和社会公众满意度为导向的营商环境评价体系，发挥营商环境评价对优化营商环境的引领和督促作用"。

经过我国各级政府的努力，"放管服"改革极大地优化了营商环境，内容主要放在审批事项简化和企业经营软环境提升上。"放管服"改革的核心特征已经从政府审批事项"量"的控制、政府自我革命的主体视角、政府与企业的单维度关系，转变为企业经营活动软环境"质"的提升，服务市场的客体视角，政府与能源供应者、金融机构、司法机关、社会组织之间的多维度关系。基于优化营商环境目标的"放管服"改革推进路径是要建设透明高效的政务环境、公平正义的法治环境、竞争有序的市场环境、互利共赢的国际化环境[6]。

营商环境评价体系是准确度量和评价营商环境的重要抓手和开展其他影响分析的前提，现有的针对营商环境评价工作提出了诸多评价指标体系。李志军等人从当前国内营商环境的实际情况出发，提出营商环境评价的原则、指标及方法，对4个直辖市、5个计划单列市、27个省会城市以及其他254个地级市的营商环境进行评价[7]。"中国城市营商环境评价研究"课题组等，在此基础上基于生态系统理论，从公共服务、人力资源、市场环境、创新环境、金融服务、法治环境、政务环境7个维度出发构建了中国城市营商环境评价体系，并对我国289个地级市及以上城市的营商环境进行评价分析[8]。

作为综合实力和竞争力的重要体现，营商环境在一定程度上反映着政府治理能力的高低，是经济社会可持续发展的关键影响因素[9]。营商环境本质上是政府管制环境，政府的越位、缺位与错位都会影响到营商环境，推进政府职能转型，建立与市场经济体制相适应的行政体制，是优化营商环境的治本之道[10]。政府廉政程度、政府服务效率越高，企业所处的市场环境越好[11]。从"放管服"改革到构建"亲清"政商关系，体现了中国政府对于政务环境的重视，政商关系是营商环境的主要内容，也是中国新一轮政府治理的重点[12]。

营商环境作为一个区域内影响市场主体活动的综合环境，反映了市场中制度性成本的高低，直接影响要素的市场化配置[13]。良好的营商环境，能够降低地方政府政策的不确定性，降低企业非生产性支出和税费支出，民营企业生产性资源增多，从而提高民营企业经营活力，降低地方政策不确定性对民营企业经营活力的负向影响，市场化、法治化的营商环境，将激励民营企业将更多资源和精力配置到生产性活动之中，激发市场主体活力和社会创造潜力[14]。同时，优化营商环境又会影响企业寻租与市场创新的关系，对消除寻租影响、促进创新有积极作用[15]。因此，必须注意优化各省特别是中西部各省的营商环境，但不是对营商环境中的所有细分指标同时进行改革，而是应有所取舍[16]。

税收制度的现代化是营商环境的一个重要组成部分，各国在税务营商环境上的着力，在某种程度上已形成一种税务环境的竞争，这种竞争已呈现全球竞争的态势[17]。营造良好税务营商环境的前提和根本，是实现国家治理下的税收现代化[18]。深化税收治理要以"放管服"为抓手，通过推进简政放权、加强税收管理、优化纳税服务等路径改善营商环境[19]。

在新技术革命背景下，构建和优化数字营商环境已经成为当前我国经济社会发展中面临的重大理论和现实问题。徐浩等人从数字基础设施等6个维度构建评价体系得出，我国数字营商环境总体指数处于较低水平，省际和地区差距较大，东部显著优于中西部和东北地区，南方优于北方地区；政府监管与服务环境是制约我国数字营商环境提升的核心障碍因素，东部市场环境等障碍度大，东北和西部数字基础设施等障碍度大[20]。未来构建和优化数字营商环境，一方面要有针对性地解决核心障碍因素，另一方面也要从数字政府、数字经济、数字金融和数字普惠金融等多方面进行数字营商环境优化[21]。数字金融通过改善营商环境进而促进高质量创业，数字金融的高质量创业效应在规模较小、经济较落后或中西部城市中更强[22]，此外数字经济和数字普惠金融的发展都激发或者提升了企业家精神[4]，数字经济和数字普惠金融对企业家精神具有边际效应递增影响[23]，从而提升了私营企业等市场主体的创新能力以及市场环境和创新环境的改善。

通常认为，改善营商环境有利于增加就业机会。有学者构建了全生命周期营商环境改善理论分析框架，实证研究发现营商环境改善与就业率增长、失业率降低均有显著的正相关关系，对降低失业率的正向影响更大，准入、运营和退出环节环境改善，对就业率增长、失业率降低都具有显著正相关关系，在高收入国家、中高收入国家中营商环境改善对促进就业、降低失业的效果显著性水平更高[24]。

推动优化营商环境工作需要进一步巩固提高我国营商环境的国际化和法治化水平。国际化的营商环境意味着市场主体在准入、经营、退出等过程中涉及的政务环境、市场环境、法治环境、人文环境等达到世界一流水平，评价指标体系与国际对接，具体可以依托"一带一路"倡议，加强与沿线国家的合作[25]。营商环境法治化构成法治现代化的核心内涵之一，优化营商环境关键在于国家对各类市场主体的平等保护和平等对待，进而营造长期公平、稳定的司法环境[26]。

然而，新时代优化营商环境也面临许多困难和堵点，集中体现在公共服务型政府建设、激励相容机制构建、营商环境标准优化、企业实际减负合理化、政策缺乏稳定性和连续性以及透明度、政府与市场及各部门之间的关系尚未理顺、法律法规有待完善、知识产权保护水平有待提高等方面[27][28]。

学术界进一步研究和探讨了营商环境建设的未来趋势。由于世界银行2022年推出并于2023年发布的新营商环境评价项目（B-READY），取代了原营商环境评价项目（Doing Business，DB），政府采购首次作为正式指标被纳入评价体系。有学者基于世界银行全新评价体系，探讨我国政府采购营商环境发展趋势，认为应进一步优化效率指标，提高资格预审效率，适当延长等标期；进一步提高投诉处理机构的独立性，探索多机构分选的救济模式，引入自动暂停机制；尽快完善绿色采购法律法规，全面增强绿色采购意识；推动全国电子化采购平台的协调发展和全国电子化采购技术标准体系[29]。世界银行新的营商环境评价体系有三点关键变化：评价内容更加多元、指标领域更加丰富、评价范围更加广泛[30]。与此同时，新营商环境评价体系，使营商环境评价的方法学经历新变化，对国际营商环境建设发展将产生趋势性影响：营商环境建设走向系统化、整体化；营商环境改革措施走向多维平衡化；营商环境建设走向数字化、可持续化；营商环境建设在经济体内部走向区域均衡化[31]。

综合而言，学界虽然在营商环境的概念内涵、政商关系、治理现代化、"放管服"改革、评价体系、税收营商环境现代化、营商环境数字化、营商环境的国际化和法治化等方面开展了相应的研究，也指出了存在的不足，并提出了未来营商环境改善的趋向。但大多数研究都是从国家整体角度开展的，针对后发区域的营商环境研究相对较少。因此，本章以甘肃省作为我国后发省域的典型代表，从甘肃省营商环境优化取得的积极成效、存在的短板因素入手，进行了营商环境的定量评价，并探寻后发省域优化营商环境的路径。

二、营商环境建设取得的积极成效

近年来，甘肃省努力推进营商环境建设，并取得了积极的成效。不断深化"放管服"改革，惠企政策"不来即享"的探索向全国推广，实行"标准地"供地，不断推进"一网通办"，各类政务服务热线尽力向"12345"合并，各地各职能部门的政府网站进行归并等。先后出台了一系列简化审批手续、扶持小微企业发展、激发市场主体活力等方面的政策举措，从法律制度上规范政府行为，努力创设服务企业健康发展的法治环境；应用现代技术手段，通过线上线下相结合、多部门业务集中统一于办事大厅的平台建设，整合了多个部门的服务职能，节省了企业办事成本，提高了政府办事效率；以财税、金融、科技等多种手段，加大了对企业的支持力度，在税收减免、融资服务、科研创新等方面取得了积极进展；在土地、电力、车辆通行等方面降低价格，主动为企业减负；加大了各类经济违法案件的查处力度，积极开展知识产权保护的专项行动；提出了限期办结的要求，不断压缩企业的开办时间。

经过多年的努力，企业投资信心不断增强，市场活力得到释放和激发，甘肃省市场主体的数量也在不断增加。2010年甘肃省市场主体的数量为65.14万户，经历四年时间在2014年突破100万户达到111.2万户。随后，市场主体数量不断增加，2018年市场主体数量突破150万户，达到159.15万户，所用时间为4年。2021年市场主体数量突破200万户，达到203.27万户，历时3年，到2022年市场主体数量达到了217.06万户。从市场主体的结构来看，个体工商户在市场主体中所占的比重较大，私营企业次之，农民专业合作社最小。2010年甘肃的市场主体为65.14万户，个体工商户、私营企业和农民专业合作社分别为占市场主体的80.9%、12.3%、0.84%。2010年至2022年甘肃省个体工商户、私营企业整体趋势上都呈现递增特征，2022年个体工商户达到148.73万户，近期有望突破150万户；私营企业已经突破50万户，达到54.73万户；农民专业合作社也达到了9.3万户。但甘肃省市场主体的结构发生了变化，2022年个体工商户的比重下降，私营企业和农民专业合作社的比重上升，个体工商户约占68.5%，私营企业约占25.2%，农民专业合作社约占4.3%（见表19-1和图19-1），私营企业比重的提高，说明甘肃省的市场主体结构不断趋向优化。

表19-1 2010—2022年甘肃省市场主体的变化

单位：万户

	市场主体	私营企业	个体工商户	农民专业合作社
2010年	65.14	8.01	52.70	0.55
2011年	75.59	8.87	62.01	0.98
2012年	81.18	6.63	66.32	1.52
2013年	95.71	11.28	73.44	2.94
2014年	111.20	15.73	87.13	4.35
2015年	128.03	20.89	97.89	5.67
2016年	142.90	25.06	105.79	7.29
2017年	149.86	30.04	107.12	8.39
2018年	159.15	34.94	110.74	9.99

续表

	市场主体	私营企业	个体工商户	农民专业合作社
2019年	170.79	39.06	118.72	9.40
2020年	186.72	45.17	128.92	8.91
2021年	203.27	50.63	139.61	9.08
2022年	217.06	54.73	148.73	9.30

资料来源：历年甘肃省政府工作报告、《甘肃发展年鉴》。

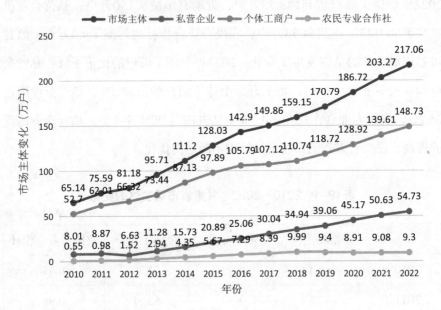

图19-1　2010—2022年甘肃省市场主体的变化

三、营商环境建设尚存在的短板因素

受制于历史、现实，观念、体制，发展阶段、发展水平等多种因素，目前甘肃省营商环境建设水平和效果仍不理想：市场准入的显性障碍虽然不断得到清除，但是以内部指定、捆绑后续服务、搭载相关审核等不同形式的隐性障碍依然存在；虽然一些地方和部门对招商引资的前期引进比较积极，但签订投资合同后，企业的管理服务、排忧解难等方面的"慢作为、不作为"甚至"胡作为"的现象依然存在；有的地区契约和合同意识不强，公然发生"一地多卖"等毁约事件，部分地区和部分领域仍存在企业进入门槛不平等、"新官不理旧账"等现象；企业参与公共政策制定的渠道、投诉回应机制仍不通畅；营商环境的专业评价体系及由此形成的引领和督导机制尚待建立；充分和公平竞争的机制尚未完全建立起来，这些障碍加上产业链配套不够、土地和劳动力成本并不是很低、高技能人才缺乏和科技支撑不够等因素，致使市场主体的生产成本和办事成本高昂，无法培育和吸引更多企业，营商环境建设水平与发达地区的差距仍然明显，尚有巨大的改进空间。

四、营商环境建设的评价

（一）甘肃省省域层面的评价

1.营商环境的总体评价

从总体评价来看，甘肃省营商环境取得的成效减弱，甘肃省营商环境的水平偏低。2017年，甘肃省营商环境评价指数为47.08分，比全国平均水平高1.05分，在全国31个省份排名第13名；2021年，甘肃省营商环境综合评价指数为34.32分，在全国排名第28名，比全国平均水平低11.81分。2021年与2017年相比，甘肃省营商环境综合指数降低了12.76分，甘肃与全国平均水平的差距由-1.05分扩大为11.81分，在全国31个省份的排名倒退了15名（见表19-2、图19-2和图19-3）[①]。由此可知，近5年来，甘肃省营商环

---

①张三保，张志学.中国省份营商环境评价数据库2023［EB/OL］.（2023-07-13）［2023-09-10］.https://doi.org/10.18170/DVN/OCW4VZ.

境水平依然偏低，与全国平均水平差距明显且呈扩大趋势，在全国的排名有所降低，营商环境建设水平不稳定且呈现退步态势，优化营商环境面临的形势比较严峻、任务比较艰巨，还需直面差距，勇于改进，方能在激烈的区域竞争中争得发展的机遇。

表19-2 2017—2021年甘肃省营商环境指数变化

	2017年	2018年	2019年	2020年	2021年	2021年与2017年相比
甘肃营商环境指数	47.08	38.54	47.73	42.98	34.32	−12.76
全国平均营商环境指数	46.03	48.90	51.62	51.25	46.13	0.10
甘肃与全国平均水平的差距	−1.05	10.36	3.89	8.27	11.81	12.86
甘肃在31个省份中的排名	13	28	20	26	28	−15

资料来源：《中国省份营商环境评价数据库2023》。

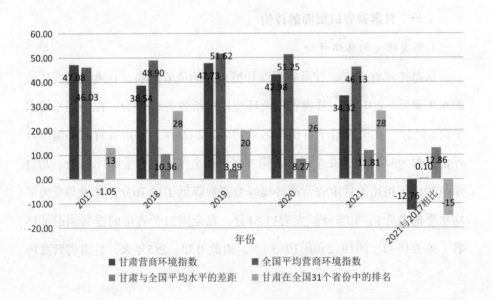

图19-2 2017—2021年甘肃省营商环境指数变化

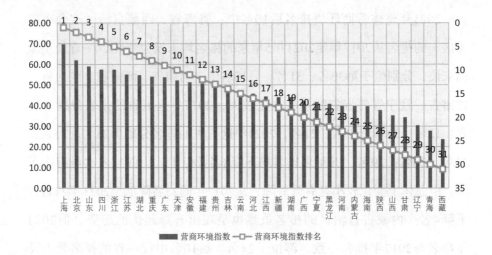

图19-3 2021年全国31省省域营商环境指数排名

为进一步分析甘肃省域层面营商环境评价结果，将2017—2021年31个省份的指数进行排名（表19-3），可以发现以下几个特征。

2021年整体营商环境排名前10名中：上海市、北京市、山东省、四川省、浙江省、江苏省、广东省，这几个省（市）从2017年开始，排名未掉出过前10名，2021年上海市、北京市、山东省、四川省整体的营商环境表现卓越，是中国营商环境优化的领先示范地；湖北省、重庆市、天津市等三省（市）虽然整体排名在前10名，但排名靠后，三省（市）相比较而言重庆市的营商环境优化要好于湖北省和天津市，重庆市从2018年开始已连续4年处于前10名，且排名在稳中向上，而湖北省和天津市仅在2021年处于前10名中，值得注意的是天津市在2017年的整体营商环境排名位于第29位，仅仅4年时间，2021年天津市的整体营商环境排名提升为全国第10名，说明天津市营商环境的改善较快。2021年前10名中，东部地区有7个（上海市、北京市、山东省、四川省、浙江省、江苏省、广东省），中部地区1个（湖北省），西部地区2个（四川省、重庆市），东部地区营商环境整体优于中西部。

2021年整体营商环境排名后10名中：青海省、西藏自治区这两个省（区）的排名从2017年至2021年5年来的排名均未发生变化，一直处于全国末位，分别位于第30名、31名。后10名中，河南省、海南省、陕西省、甘肃省、辽宁省等五省的排名变化较大，2017年这五省的排名分别为10名、12名、20名、13名、21名，2021年这五省的排名分别为23名、25名、26名、28名、29名，五年来排名均下降8名及以上。山西省名次虽有所下降，但总体上变化较小且有升有降，从2017年的23名降低至2021年27名，下降4名。内蒙古自治区的排名虽然也呈现出升降起伏的态势，但2021年排名与2017年排名一致，都位于24名。后10名中仅一省的排名是上升的，黑龙江省的整体营商环境排名从2017年的28名上升到2021年的22名。从2017年至2021年的指数来看，2021年位于后10名的这几个省份历年的指数都在50分以下，营商环境水平处于后列。2021年后10名东部地区仅1个（海南省），东北地区2个（辽宁省、黑龙江省），中部地区2个（河南省、山西省），西部地区5个（内蒙古自治区、陕西省、甘肃省、青海省、西藏自治区），从营商环境后10名的分布来看，仍然主要集中在经济发展水平较为滞后的中西部地区，这些地区未来应结合自身禀赋，寻求突破点，提升营商环境水平。

总结来说，全国31个省份的营商环境存在显著的差异，东部地区的营商环境普遍优于中部地区，中部地区也普遍优于西部地区。上海市、北京市、山东省，居于前三作为示范省份，为其他省份提供更多可复制经验，黑龙江省、河南省、内蒙古自治区、陕西省、甘肃省、青海省、西藏自治区等处于全国后10位，营商环境亟待优化。

表19-3 2017—2021年31个省份的营商环境指数和排名

	2017年		2018年		2019年		2020年		2021年	
	排名	指数	排名	指数	排名	指数	排名	指数	排名	指数
上海	1	64.11	1	72.79	3	66.81	1	69.70	1	69.63
北京	4	56.92	2	64.67	1	69.84	2	68.69	2	61.95
山东	6	56.69	8	56.11	4	65.68	6	63.34	3	59.00
四川	5	56.74	4	61.10	6	60.43	4	66.00	4	57.39
浙江	3	58.48	3	61.86	2	68.87	5	63.49	5	57.35
江苏	9	50.68	5	59.31	7	58.25	7	59.21	6	55.00
湖北	11	48.42	13	49.90	11	53.12	14	52.27	7	54.70
重庆	16	46.02	10	51.21	10	54.92	8	57.97	8	53.99
广东	2	58.75	6	57.95	5	64.57	3	67.93	9	53.62
天津	29	36.52	20	46.69	16	50.56	12	53.93	10	52.13
安徽	15	46.06	7	57.89	8	55.75	9	55.51	11	51.25
福建	19	43.63	19	47.04	23	46.98	18	48.61	12	50.64
贵州	7	52.65	9	52.43	14	51.45	11	54.53	13	50.40
吉林	14	46.39	15	49.51	13	51.76	15	51.10	14	46.61
云南	8	51.45	17	48.73	19	48.15	16	50.89	15	45.77
河北	17	45.90	18	47.86	27	44.18	13	52.63	16	45.68
江西	27	39.55	14	49.52	9	55.52	19	48.52	17	44.33
新疆	22	41.26	12	50.80	18	50.07	28	40.67	18	43.98
湖南	18	44.21	27	40.38	25	46.11	22	46.47	19	43.94
广西	25	40.36	25	41.23	15	51.05	20	47.47	20	42.23
宁夏	26	40.35	16	48.82	17	50.29	21	47.42	21	41.62
黑龙江	28	39.24	24	41.34	29	42.00	29	35.74	22	40.76
河南	10	49.93	11	51.05	12	53.11	10	55.05	23	39.72
内蒙古	24	40.51	26	41.07	21	47.54	23	45.83	24	39.67

	2017年		2018年		2019年		2020年		2021年	
	排名	指数	排名	指数	排名	指数	排名	指数	排名	指数
海南	12	47.55	21	44.92	24	46.18	17	50.16	25	39.60
陕西	20	41.80	29	38.25	28	43.4	27	42.10	26	37.72
山西	23	40.71	22	43.12	22	47.08	24	44.59	27	35.21
甘肃	13	47.08	28	38.54	20	47.73	26	42.98	28	34.32
辽宁	21	41.78	23	42.65	26	44.47	25	43.50	29	30.41
青海	30	32.10	30	34.47	30	34.81	30	34.79	30	27.74
西藏	31	21.15	31	24.63	31	29.66	31	27.54	31	23.59

资料来源：《中国省份营商环境评价数据库2023》。

2.营商环境4个一级指标的评价

营商环境一级指标主要包括市场环境、政务环境、法律环境、人文环境4个一级指标，从2017年至2021年的31个省份的营商环境一级指标来看，甘肃省市场环境指标上升，政务环境、法律政策环境、人文环境这几个指标都有所退步。甘肃省市场环境指数从2017年的19.19分、排名30名，上涨到2020年的28.07分、排名24位，在2021年下降至24.32分、排名30位。政务环境指标、法律政策环境指标、人文环境指数分别从2017年的62.93分、33.56分、53.78分，排名为第9位、15位、25位下降至2021年的38.73分、30.69分、41.94分，排名下降为第28位、24位、26位。2021年与2017年一级指标对比分析来看，甘肃省市场营商环境指数上涨5.13分，而政务环境、法律政策环境、人文环境分别下降24.20分、2.87分、11.84分（见表19-4和图19-4）[①]。但从2021年的甘肃省营商环境一级指标看，甘肃省的人文环境评

①张三保,张志学.中国省份营商环境评价数据库2023［EB/OL］.（2023-07-13）［2023-09-10］.https://doi.org/10.18170/DVN/OCW4VZ.

分是排在第一位的，政务环境第二位，法律政策环境第三位，市场环境的
评价排名最低，且指数都在50分以下。近5年来，虽然甘肃省市场环境水
平得到了提高，但仍不足以弥补政务环境水平、人文环境水平、法律政策环
境水平的下降所带来的总体营商环境水平的下降，未来应保持市场环境优化
向好的优势，稳住人文环境的地位，并着力优化法律政策环境尤其是政务
环境。

表19-4　2017—2021年甘肃省营商环境一级指标

一级指标	2017年	2018年	2019年	2020年	2021年	2021年与2017年相比
市场环境	19.19	20.19	26.78	28.07	24.32	5.13
政务环境	62.93	52.90	59.79	50.85	38.73	−24.20
法律政策环境	33.56	16.37	39.35	38.97	30.69	−2.87
人文环境	53.78	40.37	43.76	39.11	41.94	−11.84

资料来源：《中国省份营商环境评价数据库2023》。

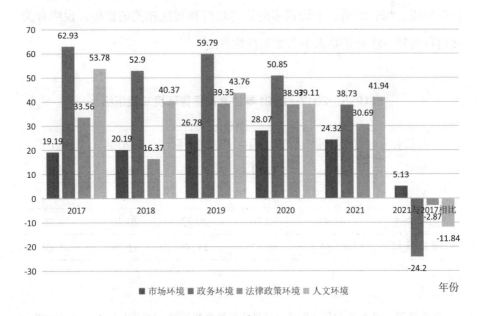

图19-4　2017—2021年甘肃省营商环境一级指标变化

3.营商环境二级指标的评价

营商环境二级指标由16个具体指标构成：融资、创新、竞争公平、资源获取、市场中介、政府关怀、政府效率、政府廉洁、政府透明、司法公正、产权保护、社会治安、司法服务、司法公开、对外开放、社会信用。2017年至2021年甘肃省的融资、创新、竞争公平、资源获取、司法公正、产权保护、社会治安、对外开放8个二级指标总体是上升的，其中竞争公平、社会治安等分别从2017年的10.80分、49.26分上升到2021年的21.56分、60.74分；而市场中介、政府关怀、政府效率、政府廉洁、政府透明、司法服务、司法公开、社会信用8个二级指标总体是下降的，尤其是政府廉洁从2017年的100分降至2021年的40.59分（见表19-5）[①]。2017年排名最高的是政府廉洁（100分），最低的是对外开放（6.22分）；2021年排名最高的是社会治安（60.74分），最低的是创新（7.00分）。从2021年的二级指标来看，各指标之间的差异是较大的，尽管社会治安、政府效率、资源获取等指标的指数较高，仍不能完全弥补创新、市场中介、政府关怀等指标的短板。综合来看，下降最多的是与政府和司法相关的指标，说明有关政府行为和司法公正是未来需要重视的方面。

表19-5　2017—2021年甘肃省营商环境二级指标

二级指标	2017年	2018年	2019年	2020年	2021年
融资	41.84	49.61	63.40	88.61	48.81
创新	6.41	7.01	9.30	7.29	7.00
竞争公平	10.80	10.76	20.22	20.40	21.56
资源获取	47.83	48.87	51.33	51.18	51.19

①张三保，张志学.中国省份营商环境评价数据库2023［EB/OL］.（2023-07-13）［2023-09-10］.https://doi.org/10.18170/DVN/OCW4VZ.

二级指标	2017年	2018年	2019年	2020年	2021年
市场中介	11.48	11.59	14.88	10.58	9.75
政府关怀	23.77	11.59	31.37	28.26	9.88
政府效率	65.04	55.88	52.72	59.31	59.95
政府廉洁	100.00	83.68	100.00	96.60	40.59
政府透明	58.92	53.64	58.41	21.81	28.65
司法公正	28.41	0.00	47.49	25.94	29.27
产权保护	32.80	39.46	39.73	63.04	36.98
社会治安	49.26	51.00	60.48	70.63	60.74
司法服务	43.59	50.62	44.63	44.77	28.64
司法公开	34.16	28.28	5.54	34.78	15.54
对外开放	6.22	6.40	4.79	3.90	9.00
社会信用	65.67	48.86	53.51	47.91	50.18

资料来源：《中国省份营商环境评价数据库2023》。

（二）甘肃省城市层面的评价

1.营商环境的总体评价

根据城市营商环境数据库[①]，2017年至2021年的甘肃12个地级城市中，2017年营商环境得分最高的是嘉峪关市（45.19分），排名第一；最低的是天水市（33.09分），排名最后。2021年营商环境总分最高的是酒泉市（37.16分），最低的是天水市（20.58分）（见表19-6）。甘肃12个城市的营商环境综合指数总体上都是下降的，说明这12个城市的营商环境水平偏低且呈现退步态势。2021年与2017年相比，2021年仅酒泉市的营商环境

---

①张三保，张志学，黄敏学.中国城市营商环境数据库2023［EB/OL］.（2023-08-05）［2023-09-10］.https://doi.org/10.18170/DVN/9NJDWE.

指数（37.16分）超过了甘肃省的营商环境指数（34.32分）（见表19-2和表19-6），其他城市的营商环境指数都低于甘肃省的指数，说明了甘肃省的城市营商环境水平偏低且呈现不平衡的特征。例如，兰州市作为甘肃省的省会，其营商环境评分并不是排在第一位的，表现出了营商环境与经济发展之间不匹配，且城市营商环境评分低说明各市营商环境的优化仍然存在较大改进空间。

表19-6 2017—2021年甘肃省城市营商环境指数

	2017年	2018年	2019年	2020年	2021年	2021年与2017年相比
兰州市	45.00	34.40	33.49	35.88	32.35	−12.65
酒泉市	44.45	35.05	38.01	38.23	37.16	−7.29
金昌市	35.79	25.35	30.09	29.74	30.94	−4.85
庆阳市	38.80	29.05	30.40	29.55	26.53	−12.27
白银市	43.92	29.61	35.60	36.98	26.89	−17.03
定西市	37.42	24.39	30.02	26.06	23.40	−14.02
嘉峪关市	45.19	36.96	37.17	30.39	28.73	−16.47
天水市	33.09	24.47	25.90	21.41	20.58	−12.51
张掖市	35.97	27.03	31.48	29.93	29.27	−6.71
平凉市	40.16	27.75	29.06	28.90	26.28	−13.87
武威市	39.42	33.10	36.10	32.77	27.48	−11.94
陇南市	33.39	24.39	28.83	27.87	27.71	−5.68
陇南市	33.39	24.39	28.83	27.87	27.71	−5.68

资料来源：《中国城市营商环境数据库2023》。

从2017年至2021年甘肃省各城市平均营商环境指数与甘肃省营商环境指数、全国平均城市营商环境指数对比，可以看出：2017年甘肃省城市平均营商环境指数比甘肃省营商环境指数低7.70分，此后的差距逐步拉大，2019年低于甘肃省营商环境指数15.55分，2020年差距缩小，相差12.34分，2021年差距缩小为6.21分。甘肃省城市平均营商环境指数与全国城市平均营商环境指数差距较大，2017年差距仅为1.96分，而2018年相差8.59分，2019年相差4.85分，差距有所缩小，2020年差距有所扩大，2021年指数差距又急剧拉大达到了9.79分（见图19-5）。以城市营商环境平均指数进行对比的结果说明，甘肃省各城市营商环境建设水平偏低且各城市之间的指数差异较大，也反映出各城市之间发展差距较大，各城市产业结构、市场化程度不同，所需要改善的营商环境的具体内容也不同，因此需要因地制宜进行营商环境的优化，精准化提高城市的营商环境水平。

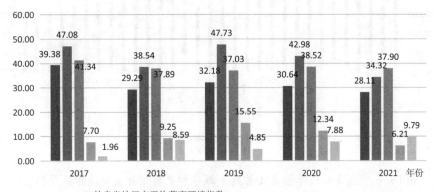

图19-5　2017—2021年甘肃省城市营商环境与全国、全省的比较

从31个省会（首府）城市和直辖市排名指数来看，2021年广州市的营商环境指数为63.508分，紧随其后的是上海市（61.336分）、北京市（59.447分）、天津市（55.301分）、成都市（52.762分）。同时从整体上来看，营商环境指数排名靠前的多数是东部地区省会城市，如前10名东部

地区有7个（广州市、上海市、北京市、天津市、南京市、杭州市、济南市）、中部地区有1个（武汉市）、西部地区有2个（成都市、重庆市）。排名靠后的大多数为中西部地区的城市，如后10名中西部地区的有6个（西安市、兰州市、昆明市、乌鲁木齐市、拉萨市、西宁市），中部地区的有2个（长沙市、太原市），而东部地区的只有1个（石家庄市），东北地区1个（沈阳市），由此说明在城市层面，我国东部地区营商环境相对较好，中西部地区营商环境还存在较大改进空间（见图19-6）。

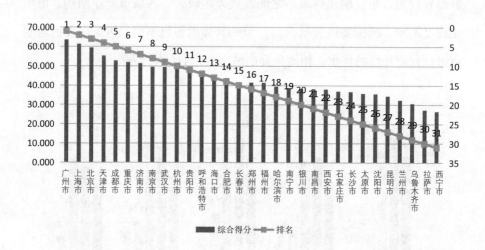

图19-6　2021年31个省会（首府）城市和直辖市营商环境指数及排名

从甘肃省12个城市在全国296个城市中的排名及变化情况来看，2021年除酒泉市排名位于160名，其余城市如兰州市、金昌市位于230名、244名，在250名以内，处于落后地位，张掖市、嘉峪关市、陇南市、武威市、白银市、庆阳市、平凉市、定西市、天水市分别位于264名、269名、277名、278名、281名、285名、286名、290名、292名，处于垫底位次。在2017年甘肃省12个城市中有3个位于100名以内，分别为嘉峪关市（74名）、兰州市（79名）、酒泉市（92名），位于中上游；前200名城市中有4个，分别为白银市（105名）、平凉市（165名）、武威市（181名）、庆阳市（192名），位于中下游；定西市（222名）、张掖市（242名）、金昌市（244名）、陇南市（274名）、天水市（277名），在200名之外，位于下游。综合来看，甘肃省12个城市的营商环境水平在全国范围内近年来排名出现下降趋势，2021年总体处于中下水平或者垫底的地位，这就需要进一步深入分析甘肃省12个城市营商环境子指标的优劣项及其影响因子，制定详细的营商环境优化策略，改变目前营商环境滞后的现状。

2.城市层面市场环境指标的评价

从31个省会（首府）城市和直辖市指数来看，2021年，广州市的市场环境指数为65.71分，排在第1位，上海市（63.30分）、北京市（57.17分）、成都市（44.08分）、海口市（40.91分）分别位列第2—5名。而排名在后3名的都是西部地区的省会（首府）城市，如兰州市（9.27分）、呼和浩特市（8.75分）、西宁市（7.27分）。这也说明我国东西部地区城市的市场环境水平差异较大，兰州市的市场环境水平比较落后，尚有较大提升的可能性。

从甘肃省12个城市的市场环境在全国296个城市的排名看，2021年，除嘉峪关市、兰州市排名位于64名、91名，在前100名以内；酒泉市、金昌市排名位于182名、196名，在200名以内；其他城市位于200名以外，甚至垫底，例如武威市、天水市、定西市、陇南市，分别位于282名、291名、292名、294名。甘肃省城市之间的市场环境水平排名差异较大，且大多数城市落后于其他省份城市的市场环境水平。

从甘肃省12个城市的市场环境指标对比看①，2017年至2021年，省会城市兰州市的市场环境指标的指数却是下降的，其余城市的市场环境指标的指数都是上升的。2017年兰州市的市场环境指数为12.15分，2021年下降

---

①张三保，张志学，黄敏学.中国城市营商环境数据库2023[EB/OL].（2023-08-05）［2023-09-10］.https://doi.org/10.18170/DVN/9NJDWE.

为9.27分；2017年嘉峪关市的市场环境指数为8.54分，2021年上升到12.05分，取代兰州市领先地位，兰州市排名第二；排名第三、第四的是酒泉市和金昌市（见表19-7）。2017年以来的5年间，甘肃省各城市的市场环境的指数一直较低，且各城市之间的市场环境差异较大，嘉峪关市和兰州市的市场环境相对更为优良。

表19-7　2017—2021年甘肃省城市的市场环境指数

	2017年	2018年	2019年	2020年	2021年	2021年与2017年相比
兰州市	12.15	8.64	9.91	9.54	9.27	−2.88
酒泉市	5.64	4.70	7.12	5.51	6.15	0.51
金昌市	5.15	4.72	5.98	5.66	6.04	0.89
庆阳市	3.00	2.88	1.58	3.49	3.91	0.91
白银市	3.25	3.16	4.29	3.83	4.51	1.26
定西市	2.86	2.72	3.74	3.13	3.61	0.75
嘉峪关市	8.54	9.27	11.08	11.72	12.05	3.51
天水市	3.29	2.96	4.19	3.33	3.62	0.33
张掖市	4.07	3.99	6.01	5.36	5.54	1.47
平凉市	3.61	3.28	5.34	4.56	4.66	1.05
武威市	3.25	3.50	4.51	3.73	4.01	0.76
陇南市	2.53	2.11	3.72	3.01	3.31	0.78

资料来源：《中国城市营商环境数据库2023》。

3.城市层面政务环境指标的评价

从全国31个省会城市（首府）和直辖市政务环境指数排名来看，2021年天津市的指数是71.45分，排在第1位。重庆市（67.396分）、上海市

（63.51分）、济南市（63.22分）、武汉市（62.24分）分别位于第2名至第5名。从排名变动来看，与2017年相比，成都市、银川市、西安市、昆明市、兰州市的政务环境指数排名分别上升8名、8名、19名、6名、15名，上升幅度较大，表明这些城市通过"放管服"改革政务环境取得的成效明显。

从甘肃省城市的政务环境在全国296个城市的排名看，2021年除酒泉市排名位于127名，在前200以内，其余城市的政务排名都在200名以外，例如兰州市、金昌市、嘉峪关市、天水市分别位于243名、244名、285名、290名。甘肃省城市之间的政务环境排名差异较大，且总体上位于靠后位次。

从2017年至2021年的政务环境指标看，12个城市的指数都出现下降趋势，2017年酒泉市的政务营商环境最领先，得分为60.34分，其次是白银市，得分为60.40分，第3位和第4位分别为嘉峪关市和兰州市，得分为59.75分和59.24分，均低于甘肃省的政务环境指数；2021年酒泉市的政务营商环境也是领先的，得分为49.43分，其次是兰州市，得分为37.77分，第3位和第4位分别为金昌市和张掖市，得分为37.66分和35.23分，仅酒泉市的政务营商环境超过了甘肃省的政务营商环境指数。各城市之间的政务营商环境差距较大，2021年酒泉市的指数比定西市高23.82分（见表19-8），说明虽然"放管服"改革取得明显成效，但各个城市的营商环境政策具有差异性，政府办事效率还需提高，各地还需着力于政务环境建设的针对性和精确性。

表19-8 2017—2021年甘肃省城市政务环境指数

	2017年	2018年	2019年	2020年	2021年	2021年与2017年相比
兰州市	59.24	43.80	39.44	45.85	37.77	−21.47
酒泉市	60.34	46.54	49.97	52.40	49.43	−10.91
金昌市	45.66	29.59	36.22	36.90	37.66	−8.00
庆阳市	50.97	36.60	36.94	36.76	30.73	−20.24
白银市	60.40	37.31	46.69	50.80	30.55	−29.85
定西市	49.40	31.76	38.78	33.42	25.61	−23.79
嘉峪关市	59.75	46.98	45.71	33.96	29.88	−29.87
天水市	46.60	33.62	34.85	28.28	25.77	−20.83
张掖市	44.94	31.42	38.19	37.05	35.23	−9.71
平凉市	53.32	34.76	33.69	34.72	28.94	−24.38
武威市	51.52	42.99	46.58	42.14	31.04	−20.48
陇南市	40.23	27.60	33.75	34.06	33.79	−6.44

资料来源:《中国城市营商环境数据库2023》。

4.城市层面法治环境指标的评价

从全国31个省会(首府)城市和直辖市法治环境指数来看,2021年广州市指数为69.61分,排在第1名,南京市(59.75分)、北京市(53.08分)、杭州市(51.94分)、成都市(47.80分)分别排在第2名至第5名。从前10名排名来看,有6个东部省会城市、2个中部省会城市和1个西部省会城市。虽然兰州市法治指数为31.85分,排名在18位,但在最后5名的城市中,除了石家庄市属于东部地区,长沙市属于中部地区,其余3个城市(昆明市、拉萨市、银川市)均属西部地区,表明相对于东部地区,西部地区省会城市法治环境建设还有待提高。

从甘肃省12个城市的法治环境在全国296个城市的排名看，2021年除兰州市排名位于148位，在150名以内，天水市位列全国296个城市中最后一位，其余城市的法治环境排名都在200名的上下范围，例如张掖市、白银市、酒泉市、金昌市，分别位于193名、194名、199名、202名。甘肃省城市之间的法治环境排名差异较大，且总体上处于落后地位。

2017年至2021年的法治环境指标显示，5年来，虽然甘肃省12个城市的法治环境指标呈现出"下降—上升"往复的特征，但下降的要比上升的多，导致2021年与2017年相比结果都为负值，且5年来法治环境总体指数普遍较低。2017年，庆阳市的法治环境最领先，指数为38.35分，其次是嘉峪关市，指数为37.72分，第3名和第4名分别为陇南市和平凉市，指数为37.11分和36.84分，作为省会城市的兰州市的指数为34.97分，排名第10位，其中仅天水市低于甘肃省对应的指数，其他的城市都高于甘肃省对应的指数。2021年，兰州市的法治环境最领先，指数为31.85分，其次是嘉峪关市，指数为30.37，第3名和第4名分别为庆阳市和定西市，指数为30.12分和29.84分，仅兰州市的法治环境超过了甘肃省的法治环境指数。甘肃省各城市之间的法治环境差距较大，2021年兰州市的指数比天水市高19.68分，这是由于各城市司法透明度、产权保护、社会治安、万人刑事案件、律师事务所数量等因素不同所导致的差异（见表19-9）。

表19-9　2017—2021年甘肃省城市法治环境指数

	2017年	2018年	2019年	2020年	2021年	2021年与2017年相比
兰州市	34.97	27.57	32.09	28.13	31.85	−3.12
酒泉市	35.63	27.56	29.47	26.16	28.64	−6.99
金昌市	34.25	25.83	28.33	25.09	28.29	−5.96
庆阳市	38.35	29.59	32.93	27.69	30.12	−8.23

续表

	2017年	2018年	2019年	2020年	2021年	2021年与2017年相比
白银市	36.13	28.03	30.05	26.65	29.32	-6.81
定西市	36.82	28.80	30.80	27.26	29.84	-6.98
嘉峪关市	37.72	29.86	31.61	28.00	30.37	-7.35
天水市	19.59	11.73	13.41	9.76	12.17	-7.42
张掖市	36.54	29.63	30.68	27.11	29.43	-7.11
平凉市	36.84	29.16	31.08	27.35	29.81	-7.03
武威市	36.65	28.89	31.19	27.21	29.67	-6.98
陇南市	37.11	29.18	30.97	27.36	29.79	-7.32

资料来源：《中国城市营商环境数据库2023》。

5.城市层面人文环境指标的评价

从全国31个省会（首府）城市和直辖市法治环境指数来看，2021年，上海市的得分为89.50，排在第1名，南京市（84.93分）、福州市（84.43分）、天津市（84.33分）、杭州市（84.17分）分别排在第2名至第5名。从前10名排名来看，有8个是东部省会城市（第6—8名分别为广州市、海口市、石家庄市）、2个中部省会城市（太原市、武汉市）；排名在最后5名的城市中，除了东北地区的沈阳市、长春市两市，其余3个城市（乌鲁木齐市、贵阳市、西宁市）均在西部地区，而兰州市指数为71.59分，在省会（首府）城市中的排名是第24位。表明相对于东部地区，西部地区省会城市人文环境建设的任务更为艰巨。

2021年全国296个城市中，甘肃省各城市人文环境排名均在150名以后，甘肃省最靠前的城市是嘉峪关市，在全部城市中排名为第175位，武威市排名第195位，其余城市的排名都在200名以后，表明甘肃省12个地级城市的人文环境在全国城市中并不占据太多优势。

2017年至2021年的人文环境指标显示，5年来，12个城市的政务环境指标在不同城市间出现了总体上"有增有降"的现象，虽然总体下降的城市大多呈现出"降低—上升—降低"的特征，但上升的比下降的少，例如兰州市、酒泉市、庆阳市、张掖市、陇南市，2021年与2017年相比，分别下降1.64、2.75、0.53、7.06、16.85分。虽然总体上升的城市大多也呈现出"降低—增加—降低"的特征，但上升的比降低的多，例如平凉市、武威市，结果是下降抵消了一部分的上升，导致指标上升不是很多，2021与2017年相比分别上升4.81分、3.38分。也有出现"下降—上升"的趋势，例如金昌市，2021年与2017年比上升9.05分。人文环境这个指标与市场环境、政务环境和法治环境等其他3个二级指标相比，人文环境的表现却是最佳的。2017年嘉峪关市的人文环境最为领先，指数为74.76分，其次是酒泉市，指数为74.65分，第3位和第4位分别为兰州市和武威市，指数为73.23分和72.47分，12个城市的人文环境指标都高于甘肃省的指数；2021年嘉峪关市的人文营商环境最领先，指数为76.81分，其次是武威市，指数为75.85分，第3位和第4位分别为金昌市和酒泉市，指数为73.17分和71.90分，省会兰州市排名第5位，指数71.59分，12个城市的人文环境指标都高于甘肃省的指数。各城市之间的人文环境差距相对较小（见表19–10），表明甘肃省各个城市的人文环境虽基础相对较好，但仍然存在差异。

表19–10　2017—2021年甘肃省城市人文环境指数

	2017年	2018年	2019年	2020年	2021年	2021年与2017年相比
兰州市	73.23	70.24	73.05	72.13	71.59	−1.64
酒泉市	74.65	70.60	75.49	75.35	71.90	−2.75
金昌市	64.12	62.54	71.40	72.65	73.17	9.05
庆阳市	59.63	54.54	68.34	67.94	59.10	−0.53

续表

	2017年	2018年	2019年	2020年	2021年	2021年与2017年相比
白银市	71.17	63.52	70.99	72.07	68.83	−2.34
定西市	56.02	17.30	42.55	37.61	52.96	−3.06
嘉峪关市	74.76	75.25	77.88	78.76	76.81	2.05
天水市	71.15	70.57	73.91	72.67	70.84	−0.31
张掖市	69.71	63.37	68.21	67.39	62.65	−7.06
平凉市	66.01	48.20	68.35	73.43	70.82	4.81
武威市	72.47	68.28	76.14	76.82	75.85	3.38
陇南市	71.49	60.58	69.86	66.39	54.64	−16.85

资料来源：《中国城市营商环境数据库2023》。

（三）营商环境建设评价的结论和建议

研究结果表明：①从甘肃省省域层面的评价来看，近5年来，甘肃省营商环境水平依然偏低，与全国平均水平差距明显且呈扩大趋势，在全国的排名有所降低，营商环境建设水平不稳定且呈现退步态势。②从省域营商环境的一级指标看，近5年来，虽甘肃省市场环境水平得到了提高，但不足以弥补政务环境、人文环境、法律政策环境的下降所带来的总体营商环境水平的下降，市场环境指标的提升体现了甘肃省营商环境的优化向好。③从省域二级指标综合来看，下降最多的是与政府和司法相关的指标，说明有关政府行为和司法公正是未来需要重视的方面。④从甘肃省城市层面的总体评价来看，甘肃省的城市营商环境水平偏低且呈现不平衡的特征，且无论是从省会（首府）城市、全国地级市之间的比较，都体现出甘肃省12个城市营商环境处于中下水平甚至垫底的位置。⑤从城市市场环境指标看，兰州市的市场环境水平落后于其他发达省份的省会城市，虽然在全国296个城市中也处于落后地位，且12个城市之间存在较大差异，但嘉峪关市和兰州市的市场环境相对更为优良。⑥从城市政务环境指标看，虽然省会（首府）城市排名中兰州市的排名上升，政务环境优化取得成效，但从全国296个城市排名看，12个城市总体处于中下甚至落后水平，且城市之间差异较大。⑦从城市法治环境指标看，在省会（首府）城市排名中兰州市处于中等地位，在296个城市中甘肃省12个城市排名处于中下水平，12个城市内部的法治环境差距较大，2021年兰州市的指数比天水市高19.68分。⑧从城市人文环境指标看，甘肃省大多数城市之间的人文环境差距较小，且比其他营商环境指标要好，省会（首府）城市排名中兰州市位于第24位，仍处于较低水平，全国296个城市排名中，人文环境在全国城市中并不占据太多优势，嘉峪关市的人文环境相对较好。

为了进一步优化甘肃省营商环境，提出以下几点建议。①从省份总体指标来看，应结合自身优势，寻求突破点，改善整体营商环境。甘肃应抓住新一轮西部大开发、共建"一带一路"等政策机遇，发挥优势，规避劣势，从而提高营商环境整体水平。②省域一级指标来看，甘肃应致力于保持市场环境的优势，保持人文环境的领先地位，着力优化失分较多的政务环境、法律政策环境，并借鉴四川、重庆的改革措施，近期可将陕西等省作为赶超对象。③从省域二级指标综合来看，发挥社会治安、政府效率、资源获取等优势指标的作用，为企业提供高效、公平的竞争环境，让不同性质和规模的市场主体能够充分竞争、公平竞争，弥补创新、市场中介、政府关怀等指标的短板，营造"亲清"的政商关系，不断加大数字基础设施补短板的力度，重视科技研发投入，搭建产学研合作的平台，引导并鼓励市场中介的服务，激发市场主体活力。④甘肃省的城市营商环境水平偏低且呈现不平衡的特征，因此各城市应立足于营商环境评价结果，结合各个城市的优势指标，有针对性地进行优化，并找出各自的努力方向。⑤从城市层面市场环境来看，12个城市需借鉴优势城市关于市场环境的改革经验，从金融渠道拓宽、融资规模扩大、专利投入研发、品牌创建、人力资本改善、商业服务业提升等具体方面制定出符合自身特点的市场营商环境优化方案。⑥在城市层面政务环境优化上，吸取兰州市深化"放管服"改革，优化政务环境的做法，大力推行"一件事一次办"，减少办事环节和所需证明材料，提高政务服务效率，推进管理公开、依法申请、执行和结果公开的政策透明度。⑦提高立法质量、司法效率，营造良好法治环境，完善各项产权制度，继续推进地方税费改革，推进司法程序优化、司法过程和结果的依法公开，维护公平竞争秩序，增强市场主体对甘肃法治化营商环境的信任和认同。⑧打造高品质人文环境，助力营商环境优化。甘肃省得天独厚的自然环境、人文景观，有利于建设宜居宜业具有活力的城市，在发挥省属国企作用的基础上，需更加重视培育和发展更多的民营企业和小微企业，想方设法引进外资，优化市场结构，突出较为薄弱且很重要的社会信用体系建设，使人文环境得到优化进而促进整体营商环境的改善。

五、持续优化营商环境的路向

（一）充分明晰营商环境建设的目标

正视营商环境水平和能力方面的差距，抓好营商环境建设对后发省域而言，既是短期任务，也是长期目标。要以市场化、法治化和国际化为导向，以所有制中性保障公平竞争为基本特征，通过政府提供企业充分竞争的法治环境以激发和保护市场主体活力为基本目标。

（二）努力营造风清气正的法治环境

"取乎其上，得乎其中"，甘肃省要对标国际一流营商环境建设的目标，严格按照《优化营商环境条例》的要求，全面彻底地做好有关法规规章的修订、完善工作，从法律源头上为企业的公平竞争、充分竞争提供制度保障，规范各级政府的行政行为，保证行政行为的合法合规运行。严格执行全国统一的市场准入负面清单制度，同时公布政府各部门的权责清单并彻底落实。加强对地市政府关于带头履约责任的督促检查，借助媒体和舆论的力量，严厉查处一些部门和市县在招商引资、企业运营等方面的毁约弃约等不法行为。在制度设计上，努力构建"亲清"的新型政商关系，正确处理政府和企业、官员和企业家等之间的关系，合理区分官员和企业家交往中的正常履职和特殊关照、合法经营和寻求庇护等不同性质的问题。

（三）坚决清除市场准入的隐性障碍

积极应用大数据、云计算、区块链等新型技术手段，增强为企业服务的能力。通过明察暗访、设立公众和企业的投诉举报平台、媒体报道和监督等多种形式，全面发现和深入了解各部门、各地区存在的企业进入的隐性障碍的问题，坚决破除制约民营企业公平参与市场竞争的各类障碍和隐性壁垒，切实消除在招投标等准入许可、经营运行等方面的不平等待遇。

（四）确立包容审慎监管原则

推进政府职能的转变，减少不必要的审批，努力加强和改善市场监管和服务的能力，树立监管本身主要是服务经济主体公平竞争法治环境的理念。对于新产业、新模式、新业态、新技术等"四新"事物，通过法律规范、舆论监督等方式抑制一些部门总想监管的冲动和惯性，克服"一管就死"的弊病，突破和跳出"不管就乱"的思维定式，要树立给予宽松的环境就是支持的理念，因为宽松的环境对于"四新"事物甚至比土地划拨、税收优惠等直接支持的政策举措更为重要。

（五）科学引入专业和独立的测评体系

省级层面以政府购买服务的形式，通过公开竞标，选择在全国有实力、有影响的专业机构，定期、不定期地针对各个地市、相关职能部门进行面向市场主体和公众的营商环境满意度的测量和评价，借助专业机构对营商环境现状、不足和改进情况的独立判断能力，充分发挥好营商环境评价对优化营商环境建设的引领和督促作用。考虑现有的基础并从调动各方积极性的角度出发，评价应重点关注营商环境建设的纵向进步率，并适当进行横向的排名比较。研究和论证成立专门的省级营商环境督导和服务以及咨询机构的必要性和可行性，如在商务厅的基础上组建营商环境厅①。成立由省级主要领导担任组长的优化营商环境领导小组，综合应用好第三方的营商环境测评结果，并将测评结果的整改、营商环境的整治列入政府和干部的政绩考核和评价体系，针对主客观原因、历史和现实因素、区位和法律环境等不同情况，赋予不同权重，建立和健全奖优罚劣的长效机制。对于各地各部门积极的做法和创新性的探索，要深入总结、适时表彰、树立榜样；对于营商环境的负面因素和负面事件，要及时调查处理、公开曝光、以儆效尤；以营商环境优化建设过程中的信息公开和主动作为，赢得企业家的投资信心，稳定企业家长期投资和经营的预期[1]。

六、优化营商环境需处理好的五对关系

营商环境是一个地区经济软实力和综合竞争力的集中体现，后发地区在推进营商环境持续改善的实践中，需要正确处理好五对基本关系。

---

①该建议以"在优化营商环境上下更大功夫"为题发表于2021年2月5日的《甘肃日报》上，投稿原文如此，编辑进行了删减。令人欣慰的是，2024年1月，甘肃省营商环境建设局揭牌成立。

（一）市场有效和政府有为的关系

"看不见的手"和"看得见的手"要双手发力，在更好发挥政府的规划引领、政策导向、预期调节、公共服务等方面作用的同时，市场化取向的改革更要坚定推进，坚决破除制约公平竞争和充分竞争的体制机制障碍，充分发挥市场在资源配置中的决定性作用，少用慎用行政手段直接应对微观经济问题，更多采用经济、法治等手段调控经济运行，提高治理体系和治理能力现代化的水平。

（二）短期任务和长期目标的关系

营商环境建设要长短结合，短期任务以可预期、透明化、便利化为原则，长期目标要以市场化、法治化、国际化为导向。客观认识市场主体追逐利润的动机，不断降低制度性成本，提高办事效率，回应企业关切和需求，尊重和弘扬以冒险和创新为特征的企业家才能，促使其充分发挥作用，加快推进全省从要素驱动向效率驱动进而迈向创新驱动的转型步伐。

（三）整体谋划和具体行动的关系

在全局上将营商环境和数字政府建设提升为"一号工程"，一把手主抓主管，并做好整体设计。在行动上，实施"市场主体递增行动计划"，要在2023年已有234万户市场主体的基础上，规划并实施未来5年"市场主体递增行动计划"，按照最近10年的市场主体新增率推算，平均每年大约递增10%，也就是每年新增20万户，5年将增加100万户，努力实现2028年全省市场主体的总量达到330万户的目标。打好政策组合拳，扶持中小企业，大力发展民营经济，推进混合所有制改革，在不断降低交易成本的过程中持续为企业纾困解难。

（四）政府监管和企业创新的关系

政府监管要服务于以企业为主体的创新创业活动。通过严格的权责清单和负面清单制度的落实，规范公权力的行使行为，并保障不同性质、规模的微观经济主体平等参与、公平竞争的权利。健全严密有序、公正透明、相互支持的法规体系和监督程序，用法律约束各级政府和官员的行政行为，激发和保护企业创新创业的活力，并形成开明的舆论监督体系，协调各类主体的利益关系，畅通不同群体的利益表达渠道，并形成政府、企业、社会组织和公众达成共识、推进发展的互动格局。

（五）制度变革和技术创新的关系

一方面，解放思想，创新招商引资、引智、引技方式，加大激励力度。借鉴发达地区经验，以市场化原则，探索设立年薪制的聘任制公务员岗位，引进职业经理人，创新设立"首席招商引资官"制度，通过有吸引力的薪资，激发干事创业的动力，加大并公开奖励对招商引资有重大贡献的组织和个人。设置12345营商环境专员岗位，连通各个部门，受理并回应企业诉求。分省级、地市、工业园区等层面，推进营商环境的专业评价。通过项目委托、策划、技术咨询、奖励等多种形式，借助会计师事务所、咨询机构等第三方机构开展尤其是针对外资项目的招商引资工作。另一方面，推进"一网通办""一网统管"两网联动，打通事前审批和事中事后监管。充分利用"人工智能+一网通办+一网统管"智能化能力，打通各个部门、政务微信、网络服务与监管平台，优化审批和监管流程，为企业提供以"个性指南+智能申报"为特征的办事全过程智能化办事辅助服务，办事人在线填写表单后，系统自动生成申请表，加盖企业电子签章，即可完成申请，并以服务和监管集成统一实现闭环管理[2]。

七、打响"办事不求人"的地域名片

2020年甘肃省政府工作报告曾提出:"让'办事不求人'尽快成为甘肃的一张名片。"如何理解这一目标的科学内涵,进而在实际中寻求贯彻落实的可行途径,是能否实现该目标的重要命题,这就需要深入思辨并探索践行。

(一)"办事不求人"的科学内涵

从狭义上理解,作为经济主体运行效率的影响因素除了生产成本外,还有交易成本或制度成本。成体系的制度安排就是体制[32],因此,降低经济体系运行的体制成本,就是"办事不求人"的核心要义。但从广义上理解,"办事不求人"除了经济体系外,还会延伸到整个社会生活领域,也就是社会运行要从以人际化为基础走向以规则为主导,并以法治、公正、平等、透明、公开等为基本特征。从治理体系和治理能力的角度看,"办事不求人"实质就是构建交易费用最小化的组织设计和制度安排,更进一步就是形成有效应对"委托—代理问题"的组织安排[33]。由此可见,"办事不求人"关键在于构建一套低体制成本运行的制度安排,尽力压缩"不求人不办事""不求人办不成事"或"不求人办不好事"的空间,这里面向的对象主要是经济主体,但也会扩展到每个个体,从而使人人受惠。

(二)"办事不求人"的积极作用

"办事不求人"是治理体系现代化的体现,也是提升治理能力的要求和目标。一般而言,治理水平和治理能力,与经济发展水平和阶段、法治程度、契约精神、合同意识等因素密切相关。作为后发地区的甘肃,提出"办事不求人"的治理目标，既具有问题导向性，也具有目标倒逼性；既切中了甘肃省在制度建设中的短板制约，也契合了服务型政府建设的趋势。某种程度上，甘肃省与经济发达地区之间的差距，主要是治理能力和与之相关的体制成本过高的差距，因此，降低体制成本既是短期任务，也是长期目标。这一目标的提出，是给全社会释放强烈信号，从而营造企业创新创业、个人安居乐业的稳定预期。如能持之以恒地加以推进，也必将通过制度的变革进而在改善甘肃地域形象、树立陇原地域品牌、提高区域竞争力等方面发挥长远和积极的作用。

（三）打响"办事不求人"地域名片的路径

1.明确制度体系的基本构成

要形成"办事不求人"的制度体系，关键在于政府要进行以"五化"为导向的治理道路变革：职能的市场化、行为的法治化、决策的民主化、权力的多中心化、信息的公开化[34]。主要的着力点在于：通过更大力度的改革，破除与现代化治理相悖的各种制度藩篱；通过更高水平的要素和制度开放以及国际区际和对内的"多重"开放，激发治理体系的全盘活力；通过更强法制的约束，规范公权力的运行；通过社会治理的创新，使社会运行中以正式规则来强化非正式规则，在公平和效率上求得平衡等。

2.建立法治化的营商环境

建立健全以知情权为核心的相关正式制度安排，促进信息自由并保证信息公开。通过严格的权责清单和负面清单制度的落实，规范公权力的行使行为，并保障不同性质、规模的微观经济主体平等参与、公平竞争的权利。这就需要健全一套严密有序、公正透明、相互支持的法规体系和监督程序，用法律约束各级政府和官员的行政行为，激发和保护企业创新创业的活力，并形成开明的舆论监督体系，协调各类主体的利益关系，畅通不同群体的利益表达渠道，并形成政府、企业、社会组织和公众达成共识、推进发展的互动格局。

3.构建现代化的治理体系

面对纷繁复杂的各类资源配置、公平分配、持续规模等问题，如何统筹解决，这就需要构建一套科学化决策、专业化运行、法治化保障、整体性回应、高效化反馈的治理体系。打造一支清正廉洁、专业高效的管理队伍，形成领导干部、公务员、专家学者共同参与、合作治理的良好格局，提升广大干部的现代化治理能力，执行好、维护好"办事不求人"的制度体系下的各类制度安排，并在实践中不断探索可行高效的运行机制。

4.积极应用高新的智慧化技术

法律制度安排和技术完备性对政府开放性产生切实的影响。建立全省一网通办的智慧化电子政务平台，企业办事以及部门协作、地方配合、公众投诉和反馈等工作都可在此平台"一网办理"，以提高效率、节省成本。积极应用大数据、互联网、云计算等高新技术，开发并汇集各类数据信息，在保证数据安全的情况下，推进公开和共享，加强对公权力运行的监督，并调动企业、民众对公共事务参与的积极性。需要强调的是，技术应用要以严密的法治体系作为保障，这就需要在制度上设置好企业、社会组织和民众知情权、监督权等基本权利行使的规定和程序。

5.努力克服人情化的潜规则

正式制度和非正式制度构成了制度体系。习俗、文化等非正式制度虽具有凝结人心、团结社会的一面，但在商业交往和经济体系建设中，企业运行要更多依靠明晰的产权、合同的契约等。因此，要使"办事不求人"成为稳定有效的制度安排，就要建立公开化、法治化和透明化的正式规则为主的运行体系，并在实际运行中，压缩人情化的空间，除涉及公共安全、商业秘密和个人隐私的信息外，以信息公开为普遍原则、以保密为例外。在企业开办和运行、人员招聘和晋升、政府补贴申领等公共资源配置中设置统一的门槛条件、规范的办理程序，让基于人情化的潜规则无法左右法治化的正式规则。长此以往，在不断完善的信用体系支持下，社会也将形成更加遵守规则、程序的良好秩序。

当然，"办事不求人"的制度建设具有目标的长远性和成果的阶段性，不可一蹴而就，这就需要久久为功，持续努力。

参考文献

［1］陈润羊.在优化营商环境上下更大功夫［N］.甘肃日报，2021-02-05（010）.

［2］陈润羊.持续优化营商环境激发市场主体活力［N］.甘肃日报，2022-06-24（005）.

［3］陈伟伟，张琦.系统优化我国区域营商环境的逻辑框架和思路［J］.改革，2019（5）：70-79.

［4］王治，陈曦.数字经济，营商环境与企业家精神——基于"智慧城市"的准自然实验［J］.科学决策，2023（6）：92-116.

［5］World Bank Group. Doing Business 2020［R］. The World Bank，2019.

［6］宋林霖，何成祥.优化营商环境视域下放管服改革的逻辑与推进路径——基于世界银行营商环境指标体系的分析［J］.中国行政管理，2018（4）：67-72.

［7］李志军，张世国，李逸飞，等.中国城市营商环境评价及有关建议［J］.江苏社会科学，2019（2）：30-42，257.

［8］"中国城市营商环境评价研究"课题组，李志军，张世国，等.中国城市营商环境评价的理论逻辑、比较分析及对策建议［J］.管理世界，2021，37（5）：8，98-112.

［9］娄成武，张国勇.治理视阈下的营商环境：内在逻辑与构建思路［J］.辽宁大学学报（哲学社会科学版），2018，46（2）：59-65，177.

［10］武靖州.振兴东北应从优化营商环境做起［J］.经济纵横，2017（1）：31-35.

［11］何凌云，陶东杰.营商环境会影响企业研发投入吗?——基于世界银行调查数据的实证分析［J］.江西财经大学学报，2018（3）：50-57.

［12］张三保，康璧成，张志学.中国省份营商环境评价：指标体系与量化分析［J］.经济管理，2020，42（4）：5-19.

［13］中国社会科学院财经战略研究院课题组，何德旭.优化营商环境与扩大国内需求［J］.财贸经济，2023，44（8）：5-21.

［14］于文超，梁平汉.不确定性、营商环境与民营企业经营活力［J］.中国工业经济，2019（11）：136-154.

［15］夏后学，谭清美，白俊红.营商环境、企业寻租与市场创新——来自中国企业营商环境调查的经验证据［J］.经济研究，2019，54（4）：84-98.

［16］史长宽，梁会君.营商环境省际差异与扩大进口——基于30个省级横截面数据的经验研究［J］.山西财经大学学报，2013，35（5）：12-23.

［17］罗秦.税务营商环境的国际经验比较与借鉴［J］.税务研究，2017（11）：26-31.

［18］孙玉山，刘新利.推进纳税服务现代化营造良好营商环境——基于优化营商环境的纳税服务现代化思考［J］.税务研究，2018（1）：5-12.

［19］葛玉御.税收"放管服"改善营商环境的路径研究［J］.税务研究，2017（11）：32-36.

［20］徐浩，祝志勇，张皓成，等.中国数字营商环境评价的理论逻辑、比较分析及政策建议［J］.经济学家，2022（12）：106-115.

［21］石庆波，黄其松.数字政府驱动营商环境优化研究——以贵阳为例［J］.智库理论与实践，2023，8（3）：71-80.

［22］郑威，陆远权.数字金融、营商环境与高质量创业［J］.现代经济探讨，2023（5）：85-95.

［23］韩亮亮，彭伊.数字普惠金融、营商环境与企业家精神——来自中国281个城市的经验证据［J］.管理学刊，2023，36（3）：49-67.

［24］赖先进.营商环境改善的就业效应及全生命周期差异研究——基于全球104个经济体的实证分析［J］.中国行政管理，2023（1）：105-112.

［25］李志军.优化中国营商环境的实践逻辑与政策建议［J］.北京工商大学学报（社会科学版），2023，38（1）：27-35.

［26］王雨亭.法治化营商环境的宪法保障［J］.法律科学（西北政法大学学报），2023（5）：150-161.

［27］杨志勇，文丰安.优化营商环境的价值、难点与策略［J］.改革，2018（10）：5-13.

［28］张威.我国营商环境存在的问题及优化建议［J］.理论学刊，2017（5）：60-72.

［29］苏昊通，张峰.世界银行B-READY评价指标下的政府采购营商环境优化——国际经验与中国镜鉴［J］.财政科学，2023（7）：129-140.

［30］吴汉洪，赵楠.世界银行营商环境新评价体系探究及启示［J］.学习与探索，2023（8）：116-124.

［31］赖先进.国际营商环境评价的新变化与营商环境建设新趋势——基于世界银行新营商环境评价（B-Ready）的分析［J］.经济体制改革，2023（4）：159-167.

［32］周其仁.体制成本与中国经济［J］.经济学（季刊），2017（3）：859-876.

［33］奥利弗·E.威廉姆森.市场与层级制［M］.蔡晓月，孟俭，译.上海：上海财经大学出版社，2011.

［34］埃莉诺·奥斯特罗姆，等.规则、博弈与公共池塘资源［M］.王巧玲，任睿，译.西安：陕西人民出版社，2011.

第二十章

『一带一路』倡议下西北地区深化开放发展的路径

内容提要："一带一路"倡议的提出和实施，使西北内陆区域不断走向开放的前沿，然而，西北的开放仍然面临许多困境。本章在揭示了西北地区开放发展现状特征的基础上，分析了西北地区深化开放发展的机遇和挑战，进而提出了西北地区深化开放发展的基本路径：一是不断拓展合作领域，推进制度性开放；二是通过"三重开放"，实现更高水平开放；三是培育区域性中心城市，增强与区域重大战略的协同性；四是深化区域合作，与东部共建海外产业园区；五是把握数字经济机遇，不断降低贸易成本。

地处内陆的西北地区是中国式现代化的难点区域，开放不足和滞后是其主要制约因素。"一带一路"倡议的提出和实施，使西北地区不断走向开放的前沿。"一带一路"倡议实施十年来，西北地区开放发展取得了哪些进展、呈现什么样的特征、存在哪些不足以及如何推进深度开放等，从学理层面回应这些问题，有助于"一带一路"倡议的深入实施，也有助于通过西北地区的高水平开放助推国家区域协调发展战略和区域共同富裕目标的实现。

一、问题的提出与研究深入

"一带一路"是我国重大对外合作倡议，目前，学术界对此已经开展了相关的研究，并提出了一些见解[1]，大体涉及四个方面的内容和特点：一是"一带一路"倡议实践与成就的总结，主要聚焦在内涵阐述、发展成就、建设逻辑、面临问题以及建设经验等方面，鲜有从现代化的角度研究"一带一路"政策转型的相关成果[2]；二是国内外研究呈现不同特点，国内研究主要围绕中国与共建国家之间的合作关系、贸易便利化、地缘政治、区域经济布局等方面[3]，国际研究主要围绕海上丝绸之路的港口运输网络、中国国内外发展局势、全球治理等方面，国内研究视域更为广泛，涉及人类命运共同体、文化传播等方面[4]；三是基于社会网络分析、引力模型等方法，研究中国与"一带一路"共建国家的地区产业融合程度及影响、产业转移的互惠共生关系、贸易伙伴货物贸易的互补竞争关系等；四是关注 "一带一路"倡议对中国的影响，涵盖区际贸易、出口产品质量提升、全球价值链优化等领域[5]。当前，共建"一带一路"和高水平对外开放虽在国际公共物流、贸易投资结构、数字经济、绿色发展、促减贫、增就业等诸多领域成就卓著，但仍然面临着经济安全化倾向过度、发达国家机制对冲、合作机制泛化、"软联通"衔接不足等内外部环境的挑战与考验[6]。

随着"一带一路"倡议的深入推进，西北地区如何融入"一带一路"建设并推动自身跨越式发展，也引起了学界的关注。对外开放受到经济发展水平、城市吸引力、开放便利度与产业规模等因素的综合影响。目前，西部开放型经济运行效率较低，部分省份经济开放程度与运行效率脱节，开放度受经济水平、基础设施、国家政策等因素影响较大[7]。另外，丝绸之路经济带的城市体系集聚程度较低，城市的人口分布较分散，西安、兰州、乌鲁木齐等城市规模相对较小，集聚效应有限[8]。丝路经济带沿线省区工业优势产业集中在资源开采和农（副）产品加工制造业，先进制造业基础薄弱，各省区工业优势产业具有一定的趋同性且发展不均衡[9]；产业结构尚处于"二三一"阶段，三次产业结构整体呈现低层次状态[10]。西北地区城市呈"金字塔型"结构，综合实力总体偏弱，空间上呈现区域性聚集特征；城市联系未打破省域界限，核心城市服务能力不足，关键性节点城市枢纽作用弱，城市间普遍联系较弱，极化现象明显，然而未来西北地区的核心城市将成为向西开放的桥头堡[11]。一个地区的经济开放程度越高说明其在区域经济之间的互动更频繁，对经济发展的促进作用越大[12]，西北等内陆地区的全球化转向标志着我国全方位的对外开放，也有助于深入推进区域协调发展[13]。共建"一带一路"以来，促进了共建国家的互联互通和经济发展，并将西北地区推向了开放的前沿[14]。

当前"一带一路"研究具有问题导向明显、规范分析为主和研究视角宽泛等特点，同时存在高影响力的集中研究稀少、跨学科的综合研究缺乏、研究问题的视域狭窄及领域不平衡等不足[15]，对于西北地区的关注相对较少，尤其缺乏对"一带一路"十年来西北地区开放进展的科学评估成果。基于此，本章试图揭示西北地区开放发展的现状特征和存在不足，提出深化开放发展的路径，以期推动西北地区社会经济的高质量发展和共建

"一带一路"倡议的深入实施。

二、西北地区开放发展的现状特征

（一）虽进出口总额规模较小，但占全国的比重不断提高

西北地区进出口总额从2013年的3876.62亿元上升到2022年的8167.26亿元，增长了约1.11倍，2013年西北地区进出口总额占全国比重约为1.50%，2022年比重约达到1.94%（表20-1），然而西北地区的进出口总额的规模相对较小，所占全国的份额依然较低。

从西北地区各省（区）的进出口总额来看，5个省（区）之间存在较大差异，其中，陕西省、新疆维吾尔自治区所占的比重较大，远超过其余省（区）。2013年到2022年，陕西省进出口总额从1247.26亿元提升到4835.34亿元，占西北地区比重从32.17%提高到59.20%，增长高达27.03个百分点；2013年至2022年，甘肃省、青海省进出口总额分别从636.27亿元、86.86亿元下降至567.97亿元、43.00亿元，占西北地区比重分别从16.41%、2.24%下降至6.95%、0.53%；宁夏回族自治区、新疆维吾尔自治区进出口总额分别从2013年的199.28亿元、1706.96亿元，上升到2022年的257.38亿元、2463.57亿元，2013年占西北地区比重分别为5.14%、44.03%，2022年分别为3.15%、30.16%，宁夏回族自治区、新疆维吾尔自治区占西北地区比重均呈现减少特征（表20-1、图20-1）。10年间，甘肃省、青海省的进出口贸易总额总体在降低，其余各省份整体上均表现出上涨的特征，其中宁夏回族自治区上涨的速度较快。2022年，陕西省的进出口总额约是青海省的112.45倍，西北五省（区）进出口规模差异较大。由此说明，西北地区对外贸易呈现不均衡不协调的特征。

表20—1 2013—2022年西北地区进出口贸易总额比较

（单位：亿元，%）

	陕西		甘肃		青海		宁夏		新疆		西北地区		全国
	总额	占西北比重	总额	占西北比重	总额	占西北比重	总额	占西北比重	总额	占西北比重	总额	占全国比重	总额
2013年	1247.26	32.17	636.27	16.41	86.86	2.24	199.28	5.14	1706.96	44.03	3876.62	1.50	258168.89
2014年	1680.72	36.71	529.99	11.58	333.92	7.29	333.92	7.29	1700.10	37.13	4578.64	1.73	264241.77
2015年	1895.25	46.41	493.97	12.10	234.41	5.74	234.41	5.74	1225.27	30.01	4083.31	1.66	245502.93
2016年	1976.30	50.29	449.73	11.44	100.78	2.56	214.78	5.47	1188.16	30.23	3929.75	1.61	243386.46
2017年	2719.65	56.31	326.14	6.75	44.42	0.92	341.29	7.07	1398.43	28.95	4829.93	1.74	278099.2
2018年	3512.82	63.53	395.45	7.15	46.00	0.83	249.16	4.51	1326.17	23.98	5529.60	1.81	305010.1
2019年	3515.52	60.46	380.41	6.54	37.24	0.64	240.62	4.14	1640.93	28.22	5814.72	1.84	315627.3
2020年	3775.44	65.23	382.45	6.61	22.80	0.39	123.17	2.13	1484.31	25.64	5788.16	1.80	322215.2
2021年	4757.75	67.35	491.93	6.96	31.30	0.44	214.04	3.03	1569.07	22.21	7064.09	1.81	390921.67
2022年	4835.34	59.20	567.97	6.95	43.00	0.53	257.38	3.15	2463.57	30.16	8167.26	1.94	420678.16

注：西北地区是指西北五省（区）数据的总和，全国是指我国对外贸易总额，西北/全国是指西北地区的进出口额占全国进出口额的比重。

资料来源：国家统计局，历年各省份统计年鉴以及2013—2022年各地国民经济和社会发展统计公报。

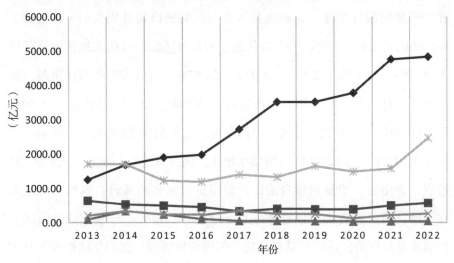

图20-1　2013—2022年西北地区进出口贸易总额比较

资料来源：国家统计局、历年各省份统计年鉴以及2013—2022年各地国民经济和社会发展统计公报。

西北地区进口额和出口额总体上都是上升的，2013年进口额和出口额分别为1361.91亿元、2514.71亿元，2022年进口额和出口额分别为2721.41亿元、5445.85亿元。十年来，西北地区始终保持顺差，顺差额从2013年的1152.80亿元扩大为2022年的2724.44亿元，西北地区的对外开放程度不断加深（表20-2）。

从各省（区）之间的进口额、出口额情况来看，陕西省、新疆维吾尔自治区2个省（区）在西北地区中进口额、出口额的比重较大，2022年进口额和出口额陕西省排在第一位、新疆维吾尔自治区排在第二位，陕西省、新疆维吾尔自治区2个省（区）都是出口额大于进口额，且贸易顺差相对差距拉大，陕西省、新疆维吾尔自治区2个省（区）在2013年进口额和出口额比值分别约为1∶1.03、1∶4.21，2022年上涨至1∶1.65、1∶5.62（进口总额=1），甘肃省、青海省、宁夏回族自治区3个省（区）的进口额、出口额规模总量相比较而言较小。2013年，陕西省、甘肃省、青海省、宁夏回族自治区、新疆维吾尔自治区的进口额分别为613.10亿元、345.46亿元、34.39亿元、41.21亿元、327.75亿元，占西北地区比重分别为45.02%、25.37%、2.53%、3.03%、24.07%，且甘肃省所占比重超过新疆维吾尔自治区；2022年，分别达到1823.99亿元、447.95亿元、16.50亿元、60.60亿元、372.37亿元，占西北地区比重分别为67.02%、16.46%、0.61%、2.23%、13.68%，与2013年相比，陕西省进口额增长了近2倍，甘肃省、青海省、宁夏回族自治区、新疆维吾尔自治区进口额所占比重都在下降，且青海省进口额总体上是下降的，甘肃省、宁夏回族自治区、新疆维吾尔自治区进口额虽在增长，但增长较缓慢。2013年陕西省、甘肃省、青海省、宁夏回族自治区、新疆维吾尔自治区的出口额分别为634.16亿元、290.80亿元、52.47亿元、158.07亿元、1379.21亿元，占西北地区比重分别为25.22%、11.56%、2.09%、6.29%、54.85%，且新疆维吾尔自治区出口的规模最大；2022年分别为3011.35亿元、120.02亿元、26.50亿元、196.78亿元、2091.20亿元，占西北地区比重分别为55.30%、2.20%、0.49%、3.61%、38.40%，与2013年相比，陕西省出口额增长了近4倍，且陕西省、新疆维吾尔自治区2个省（区）的出口额占西北地区的比重远大于其余3个省（区）（表20-2、图20-2、图20-3）。

表20-2 2013—2022年西北地区进、出口额比较

（单位：亿元、%）

年份	陕西 进口	比重	出口	比重	甘肃 进口	比重	出口	比重	青海 进口	比重	出口	比重	宁夏 进口	比重	出口	比重	新疆 进口	比重	出口	比重	西北地区 进口	出口
2013年	613.10	45.02	634.16	25.22	345.46	25.37	290.80	11.56	34.39	2.53	52.47	2.09	41.21	3.03	158.07	6.29	327.75	24.07	1379.21	54.85	1361.91	2514.71
2014年	825.23	57.90	855.48	27.13	203.20	14.26	326.79	10.36	69.78	4.90	264.14	8.38	69.78	4.90	264.14	8.38	257.29	18.05	1442.80	45.75	1425.29	3153.35
2015年	976.78	72.63	918.47	33.54	132.79	9.87	361.18	13.19	50.28	3.74	184.13	6.72	50.28	3.74	184.13	6.72	134.75	10.02	1090.52	39.82	1344.89	2738.42
2016年	931.24	71.01	1045.07	39.91	183.92	14.03	265.81	10.15	10.49	0.80	90.29	3.45	50.14	3.82	164.64	6.29	135.54	10.34	1052.62	40.20	1311.32	2618.42
2017年	1059.92	67.17	1659.73	51.04	210.75	13.36	115.39	3.55	15.67	0.99	28.75	0.88	93.59	5.93	247.71	7.62	198.00	12.55	1200.43	36.91	1577.93	3252.01
2018年	1434.49	71.56	2078.33	58.96	249.60	12.45	145.85	4.14	14.89	0.74	31.11	0.88	68.69	3.43	180.48	5.12	236.84	11.82	1089.32	30.90	2004.51	3525.09
2019年	1642.17	68.69	1873.35	54.71	249.06	10.42	131.35	3.84	17.04	0.71	20.20	0.59	91.70	3.84	148.92	4.35	390.64	16.34	1250.30	36.51	2390.61	3424.12
2020年	1845.89	71.67	1929.55	60.06	296.81	11.52	85.64	2.67	10.50	0.41	12.30	0.38	36.49	1.42	86.68	2.70	385.81	14.98	1098.50	34.19	2575.50	3212.66
2021年	2191.68	74.64	2566.07	62.17	395.01	13.45	96.92	2.35	14.30	0.49	17.00	0.41	39.23	1.34	174.81	4.24	296.30	10.09	1272.77	30.84	2936.52	4127.57
2022年	1823.99	67.02	3011.35	55.30	447.95	16.46	120.02	2.20	16.50	0.61	26.50	0.49	60.60	2.23	196.78	3.61	372.37	13.68	2091.20	38.40	2721.41	5445.85

注：表中比重是指各省份进、出口占西北地区进、出口的比重。

资料来源：国家统计局、历年各省份统计年鉴以及2013—2022年各地国民经济和社会发展统计公报。

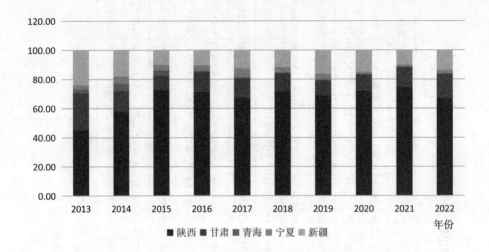

图20-2　2013—2022年西北地区各省份进口占比情况

资料来源：国家统计局、历年各省份统计年鉴以及2013—2022年各地国民经济和社会发展统计公报。

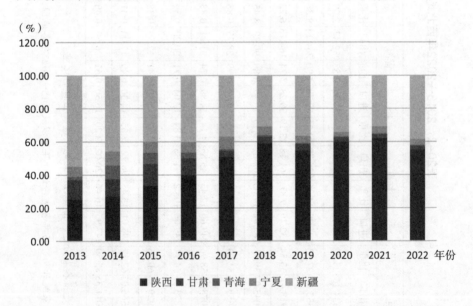

图20-3　2013—2022年西北地区各省份出口占比情况

资料来源：国家统计局、历年各省份统计年鉴以及2013—2022年各地国民经济和社会发展统计公报。

（二）对外开放不断深入，共建国家逐渐成为对外贸易的重要区位

近年来，西北地区与共建"一带一路"国家的贸易往来频繁，国际贸易伙伴不断拓展，共建国家逐渐成为西北对外贸易的重要区位。2018年到2022年，西北五省（区）中，陕西省、甘肃省和宁夏回族自治区与共建国家的贸易额占同期贸易总额的比值都在不断提高，分别从11.07%增长至23.35%、从43.72%增长至49.00%、从29.46%增长至31.16%，分别提高了12.28、5.28、1.70个百分点。虽然青海省、新疆维吾尔自治区与共建国家的贸易额占同期贸易总额下降了1.46、2.96个百分点，但是2022年在各自省份中的比重分别占到34.88%、90.88%。由此说明，在西北的对外开放中，"一带一路"市场地位得到了显著提高。

与共建国家的贸易额总量来看，2018年到2022年，陕西省从389.00亿元上涨到1128.90亿元，约为2018年的2.90倍；甘肃省从172.90亿元上涨到278.30亿元，约为2018年的1.61倍；青海省从16.72亿元下降到15.00亿元，下降幅度约10个百分点；宁夏回族自治区从73.40亿元上涨到80.20亿元，约为2018年的1.09倍；新疆维吾尔自治区从1244.50亿元上涨到2238.90亿元，约为2018年的1.80倍。2018年，最大的新疆维吾尔自治区为1244.50亿元，最小的青海为16.72亿元，前者约是后者的74.43倍；2022年新疆维吾尔自治区与"一带一路"共建国家进出口规模达到2238.90亿元，仍然是最大的，陕西省也超过了1000亿元，达到了1128.90亿元（表20-3）。总体而言，西北地区与"一带一路"共建国家贸易进出口水平不断提高，对外贸易取得了显著成效。

表20-3　2018—2022年西北地区与"一带一路"共建国家进出口情况

（单位：亿元、%）

	陕西		甘肃		青海		宁夏		新疆	
	总额	占比	总额	占比	总额	占比	总额	占比	总额	占比
2018年	389.00	11.07	172.90	43.72	16.72	36.35	73.40	29.46	1244.50	93.84
2019年	497.55	14.15	200.90	52.81	14.40	38.67	69.20	28.76	1517.10	92.45
2020年	630.40	16.70	165.20	43.20	6.70	29.39	39.10	31.75	1373.20	92.51
2021年	810.23	17.03	224.40	45.62	6.20	19.81	67.00	31.30	1369.30	87.27
2022年	1128.90	23.35	278.30	49.00	15.00	34.88	80.20	31.16	2238.90	90.88

注：由于甘肃省、青海省、宁夏回族自治区、新疆维吾尔自治区地区2013年至2017年数据缺失太多，从2018年开始统计，其中，新疆维吾尔自治区2018—2020年的数据，是根据新疆维吾尔自治区乌鲁木齐海关部分国别进出口计算得出；占比是指西北地区各省份与"一带一路"共建国家进出口总额占其全部进出口总额的比重。

资料来源：根据历年各省份统计年鉴以及2018—2022年各地国民经济和社会发展统计公报计算得出。

（三）虽外贸依存度有所上升，但各省区之间存在明显差异

以进出口总额与地区生产总值的比重表示的外贸依存度作为对外开放的衡量指标，西北地区的外贸依存度从2013年的11.28%增长到2022年的11.55%，增长了0.27个百分点，而全国的外贸依存度有所下降，从2013年的43.54%下降到2022年的34.92%，2022年西北地区与全国外贸依存度相差了23.37个百分点（表20-4）。虽然西北地区的外贸依存度在上升，但外贸依存度水平较低、增长较慢，西北五省（区）的外贸依存度均低于全国平均水平。由此表明，西北地区对外开放水平较低，尚有巨大潜力有待开掘。

从西北地区各省（区）外贸依存度的比较来看，2013年新疆维吾尔自治区外贸依存度为20.34%，居于第一位，且2016年之前一直位居首位，

2017年开始，陕西省超过了新疆维吾尔自治区，占据首位。2013年陕西省的外贸依存度为7.84%，之后开始逐渐上升，到2022年上升到了14.72%，且2016至2022年陕西省的外贸依存度每年都高于西北地区的平均水平；甘肃省、青海省、宁夏回族自治区、新疆维吾尔自治区四省（区）由2013年的10.58%、5.07%、8.56%、20.34%分别减少到2022年的5.11%、1.19%、5.04%、13.65%，减少幅度较大。十年间的绝大多数年份，甘肃省、青海省、宁夏回族自治区三省（区）外贸依存度都低于西北地区的平均水平，陕西省和新疆维吾尔自治区二省（区）外贸依存度则高于西北地区的平均水平（表20-4、图20-4）。由此可见，西北五省（区）之间对外开放水平存在较大差异，且呈现出陕西省、新疆维吾尔自治区为第一梯度，甘肃省、宁夏回族自治区为第二梯度，青海省为第三梯度的特征。

表20-4 2013—2022年西北地区外贸依存度比较

（单位：%）

	陕西	甘肃	青海	宁夏	新疆	西北地区	全国
2013年	7.84	10.58	5.07	8.56	20.34	11.28	43.54
2014年	9.66	8.13	18.07	13.50	18.35	12.21	41.06
2015年	10.59	7.53	11.66	9.09	13.17	10.65	35.64
2016年	10.38	6.51	4.46	7.72	12.34	9.67	32.61
2017年	12.67	4.45	1.80	10.66	12.53	10.58	33.42
2018年	14.67	4.88	1.67	7.10	10.35	10.82	33.18
2019年	13.63	4.36	1.27	6.42	12.07	10.61	31.99
2020年	14.51	4.26	0.76	3.11	10.76	10.38	31.79
2021年	15.80	4.81	0.92	4.66	9.62	10.93	34.02
2022年	14.72	5.11	1.19	5.04	13.65	11.55	34.92

注：外贸依存度按照进出口总额除以国内（地区）生产总值进行计算。

资料来源：国家统计局、历年各省份统计年鉴以及2013—2022年各地国民经济和社会发展统计公报。

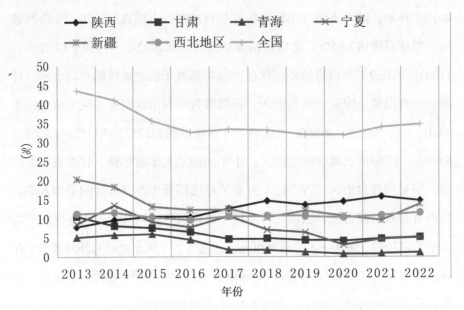

图20-4　2013—2022年西北地区外贸依存度比较

资料来源：根据国家统计局、历年各省份统计年鉴以及2013—2022年各地国民经济和社会发展统计公报。

（四）实际利用外资水平不稳定，且与全国态势不一致

西北地区实际利用外资额从2013年48.48亿美元增长到2021年的108.88亿美元，2022年又大幅锐减到24.03亿美元；而全国实际利用外资总体是在上涨的。总体而言，西北地区的实际利用外资的规模较小（表20-5）。

陕西省实际利用外资额在2013年为36.78亿美元，之后逐年增加，2021年为102.46亿美元，到2022年仅为14.64亿美元，在西北地区中的比重从75.87%增加到2021年的94.11%，2022年所占比重下降至60.92%，其实际利用外资额在五省（区）中一直都是最多的；甘肃省实际利用外资额在2013年为3.91亿美元，2022年为1.25亿美元，总体上是下降的，所占比重从8.07%下降至5.19%，下降了2.88个百分点；青海省实际利用外资额最高不超过1亿美元，且呈现出波动下降的特征，2013年为0.94亿美元，2022年仅为0.12亿美元，所占比重从1.93%下降至0.51%；宁夏实际利用外资额2014

年、2018年均是下降的，2018年之后实际利用外资逐年增加，到2022年为3.43亿美元，所占比重从4.20%增长至14.29%，增长了10.09个百分点；新疆维吾尔自治区实际利用外资额总体呈现略微减少的态势，2013年为4.81亿美元，2017年降到最低的1.96亿美元，2022年实际利用外资额为4.59亿美元，基本恢复到2013年的水平，所占比重从9.92%，下降至2021年的2.18%，2022年增长至19.10%，总体上上涨了9.18个百分点。仅从2022年来看，实际利用外资在西北地区的各省（区）之间存在较大差异，其中，实际利用外资最多的陕西省约是最少的青海省的122倍。2013年至2021年西北地区实际利用外资额占全国的比重总体上是上升的，虽然在2021年西北地区最高时占全国的比重为6.28%，但在2022年仅占全国的1.27%，依旧处于较低水平（表20-5、图20-5）。

表20-5　2013—2022年西北地区实际利用外资额及比重

（单位：亿美元、%）

	陕西		甘肃		青海		宁夏		新疆		西北地区		全国
	总额	占西北比重	总额	占西北比重	总额	占西北比重	总额	占西北比重	总额	占西北比重	总额	占全国比重	总额
2013年	36.78	75.87	3.91	8.07	0.94	1.93	2.04	4.20	4.81	9.92	48.48	4.08	1187.21
2014年	41.76	79.67	4.55	8.69	0.50	0.96	1.43	2.73	4.17	7.96	52.41	4.38	1197.05
2015年	46.21	79.54	4.60	7.92	0.55	0.95	2.21	3.80	4.53	7.79	58.10	4.60	1262.67
2016年	50.12	86.45	1.16	2.00	0.15	0.26	2.54	4.38	4.01	6.91	57.97	4.60	1260.01
2017年	58.94	91.19	0.44	0.67	0.18	0.28	3.11	4.82	1.96	3.03	64.64	4.93	1310.35
2018年	68.48	93.52	0.50	0.69	0.04	0.06	2.14	2.93	2.05	2.80	73.23	5.43	1349.66
2019年	77.29	91.35	0.82	0.97	0.68	0.80	2.51	2.97	3.31	3.91	84.61	6.13	1381.35
2020年	84.43	93.33	0.89	0.98	0.26	0.28	2.72	3.01	2.16	2.39	90.46	6.27	1443.69
2021年	102.46	94.11	1.09	1.00	0.03	0.03	2.93	2.69	2.37	2.18	108.88	6.28	1734.83
2022年	14.64	60.92	1.25	5.19	0.12	0.51	3.43	14.29	4.59	19.10	24.04	1.27	1891.30

资料来源：根据历年各省份统计年鉴以及各地2013—2022年国民经济和社会发展统计公报计算得出。

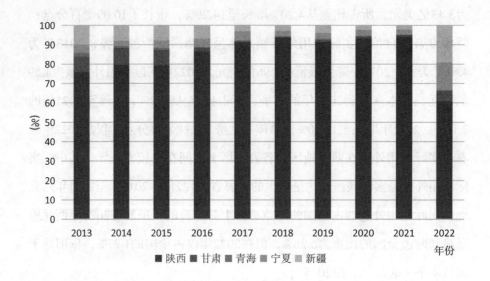

图20-5　2013—2022年西北地区各省份实际利用外资额占比情况

（五）对外承包工程起伏不定，占全国比重降低

西北地区对外承包完成额呈现出涨跌起伏的特征，从2013年的36.83亿美元下降到2022年的30.41亿美元，占全国的比重从2013年的2.69%上涨到2018年的3.46%，后下降到2022年的1.96%（表20-6），整体所占比重较低，西北地区企业开展对外承包工程仍有很大的空间，理应开拓和深化对外承包工程的市场。

从西北地区各省（区）的对外承包完成额来看，陕西省呈现出先上升后下降的特征，从2013年的17.87亿美元开始上涨，在2018年上涨到最高40.58亿美元，此后开始下降，2022年降至15.72亿美元，占西北地区比重从2013年的48.52%上涨至2022年的51.70%；甘肃省呈现出升降起伏的特征，虽总体上是上涨的，但涨幅不大，2013年对外承包工程完成额为3.09亿美元，2022年为3.46亿美元，增加了0.37亿美元，占西北地区比重从2013年的8.39%上涨至2022年的11.36%；青海省呈现出升降起伏的特征，2013年为1.16亿美元，2022年为0.12亿美元，占西北地区比重从2013年的3.14%上涨至2019年的7.95%，后下降至2022年的0.41%；宁夏回族自治区的对外承包工程实际完成额有4年是下降的，总体上呈现出上涨的特征，2013年为0.24亿美元，2022年为0.50亿美元，是2013年的2倍多，占西北地区比重从2013年的0.64%上涨至2022年的1.63%；新疆维吾尔自治区从2013年的14.48亿美元上涨到2021年的17.10亿美元，2022年降为10.61亿美元，占西北地区比重从2013年的39.31%下降至2022年的34.90%，下降了4.41个百分点（表20-6）。

表20-6　2013—2022年西北地区对外承包工程完成营业额情况

（单位：亿美元、%）

	陕西		甘肃		青海		宁夏		新疆		西北地区		全国
	总额	占西北比重	总额	占西北比重	总额	占西北比重	总额	占西北比重	总额	占西北比重	总额	占全国比重	总额
2013年	17.87	48.52	3.09	8.39	1.16	3.14	0.24	0.64	14.48	39.31	36.83	2.69	1371.43
2014年	17.88	45.55	3.39	8.65	1.55	3.94	0.52	1.34	15.91	40.53	39.25	2.76	1424.11
2015年	22.04	52.21	2.92	6.91	1.25	2.96	0.19	0.45	15.82	37.47	42.22	2.74	1540.74
2016年	24.29	56.87	2.70	6.32	3.09	7.24	0.24	0.57	12.39	29.00	42.72	2.68	1594.17
2017年	39.09	72.80	2.30	4.28	3.92	7.30	0.13	0.24	8.26	15.38	53.70	3.19	1685.87
2018年	40.58	69.42	3.50	5.99	4.08	6.98	0.37	0.63	9.93	16.98	58.45	3.46	1690.44
2019年	30.38	62.23	3.90	7.99	3.88	7.95	0.19	0.39	10.46	21.44	48.82	2.82	1729.01
2020年	26.34	56.62	2.90	6.23	1.76	3.79	0.82	1.76	14.70	31.59	46.52	2.98	1559.35
2021年	23.98	51.18	3.40	7.26	2.01	4.28	0.36	0.78	17.10	36.50	46.85	3.02	1549.43
2022年	15.72	51.70	3.46	11.36	0.12	0.41	0.50	1.63	10.61	34.90	30.41	1.96	1549.92

资料来源：根据历年各省份统计年鉴以及相关各地2013—2022年国民经济和社会发展统计公报计算得出。

（六）对外贸易产品结构单一，所处价值链不高

从对外贸易的主要产品来看，西北地区出口商品方面主要集中在农

产品、基本有机化学、机电产品、医药材和药品、高新技术产品、文化产品、劳动密集型产品等。从各省（区）出口前五的商品来看，陕西省2020年机电产品出口495.86亿元、高新技术产品出口437.22亿元，合计占其出口额比重为48.36%；2021年机电产品出口2318.81亿元，同比增长了367.63%，且文化产品出口57.64亿元，同比增长了371.92%，同比增长较多；2022年机电产品出口达到2613.75亿元，同比增长12.72%，高新技术产品出口2196.92亿元，同比增长10.17%，是出口最大的两种商品。甘肃省2020年机电产品、高新技术产品出口占出口额比重约为82.80%；2021年机电产品出口50.70亿元，高新技术产品出口31.58亿元，约占出口额比重56.41%，且农产品、文化产品的出口分别同比增长-3.46%、108.14%；2022年机电产品、高新技术产品、农产品出口为62.43亿元、39.72亿元、24.62亿元，且同比增长为23.14%、25.78%、29.72%。青海省2020年机电产品、未锻轧铝及铝材的出口同比增长，分别为165.70%、52.70%；2021年焦炭及半焦炭、未漂白或漂白桑蚕丝机织物(含丝≥85%)、冻鳟鱼的出口额分别为2.28亿元、1.02亿元、1.01亿元，同比增长236.10%、205.60%、620.90%；2022年机电产品、高新技术产品出口同比增长分别为200.00%、617.50%，出口增幅较大。宁夏回族自治区2020年出口的商品主要为双氰胺、泰乐菌素、金属锰、坦铌铍制品、铁合金，其中，泰乐菌素出口同比增长41.28%；2021年主要出口商品为枸杞、泰乐菌素、维生素 C 及其衍生物、双氰胺、金属锰，其中，金属锰出口同比增长171.22%；2022年主要出口商品为机电产品、基本有机化学品、高新技术产品、劳动密集型产品、医药材及药品，其中，高新技术产品出口同比增长77.93%。新疆维吾尔自治区2020年主要出口商品为机电产品、服装及衣着附件、鞋靴、文化产品、农产品，仅机电产品出口同比是增长的；2021年服装及衣着附件、机电产品、鞋靴是同比增长的，分别为58.86%、2.91%、40.37%；2022年汽车及其零配件、服装及衣着附件、鞋靴是出口同比增长的，分别为

149.74%、30.53%、82.63%。

　　西北地区中进口的产品主要集中在高新技术产品、金属矿及矿砂、农产品、钢材、煤炭等。从各省（区）进口前五的商品来看，陕西省2020年机电产品、高新技术产品进口分别为1370.46亿元、1249.48亿元，在进口商品中所占份额最大；2021年机电产品进口1573.52亿元，同比增长14.82%，且煤及褐煤进口60.67亿元，同比增长了35.36%；2022年机电产品、高新技术产品进口同比下降了27.46%、27.50%，煤及褐煤进口同比增长了21.44%。甘肃省2020年金属矿及矿砂进口额最多，其次为机电产品、高新技术产品，且未锻轧铜及铜材的进口同比增长最多；2021年金属矿及矿砂进口额最多，同比增长了34.85%，其次为机电产品、高新技术产品，进口同比增长分别为83.15%、57.71%；2022年金属矿及矿砂进口额最多，其次，为机电产品、高新技术产品，且机电产品同比下降了12.81%、高新技术产品同比增长4.19%。青海省2020年铜矿砂及其精矿、机电产品进口额最多，但同比分别下降了51.65%、81.23%；2021年铜矿砂及其精矿进口最多，但进口同比下降了47.28%，且高新技术产品进口同比下降最多，下降了99.98%；2022年铝矿砂及其精矿进口额最多，其次为锌矿砂及其精矿，其中，锌矿砂及其精矿是同比下降的。宁夏回族自治区2020年金属矿及矿砂进口额最多，其次为机电产品，进口9.40亿元，且多晶硅同比增长是最大的，为59.40%；2021年机电产品、农产品、多晶硅进口同比增长，分别为35.11%、120.34%、41.67%，金属矿及矿砂进口同比下降13.80%；2022年金属矿及矿砂、机电产品、农产品、多晶硅进口是同比增长的，分别为89.75%、64.96%、47.31%、108.24%，高新技术产品进口同比下降了7.89%。新疆维吾尔自治区2020年天然气进口额最多，其次为金属矿及矿砂、农产品，但天然气、农产品进口同比下降了8.20%、3.10%；2021年天然气、金属矿及矿砂、未锻轧铜及铜材、农产品、机电产品的进口同比均下降；2022年铜矿砂及其精矿、天然气、平均粒度＜0.8mm未烧结铁矿砂及其精矿、炼焦煤进口同比均是增长的，分别为176.59%、2.70%、99.28%、140.37%，未锻轧其他精炼铜阴极进口同比下降了22.85%（表20-7、表20-8、表20-9）。

由此说明，西北地区的对外贸易商品较为单一，且大多是农产品、资源密集型产品以及劳动密集型产品，对资源的依赖性较高，高新技术产品出口的份额低，且以陕西省为主，总体竞争优势不明显。

表20-7　2020年西北地区对外贸易主要产品贸易情况

	主要进口商品	进口额（亿元）	同比（%）	主要出口商品	出口额（亿元）	同比（%）
陕西	农产品	44.82	—	机电产品	495.86	—
	机电产品	1370.46	—	高新技术产品	437.22	—
	高新技术产品	1249.48	—	农产品	14.59	—
	金属矿及矿砂	82.86	—	食品	9.8	—
	未锻轧铜及铜材	81.90	—	基本有机化学品	6.26	—
甘肃	金属矿及矿砂	158.99	2.51	机电产品	45.33	−37.91
	机电产品	39.64	46.79	高新技术产品	25.58	5.84
	高新技术产品	29.37	49.56	农产品	19.66	−7.27
	未锻轧铜及铜材	21.31	161.01	医药材及药品	1.86	−5.93
	农产品	7.80	54.46	未锻轧铝及铝材	1.15	−80.00
青海	铜矿砂及其精矿	4.78	−51.65	机电产品	2.35	165.70
	机电产品	1.04	−81.23	纺织纱线、织物及制品	1.59	−51.00
	未锻轧的铜及铜材	1.51	—	农产品	1.55	9.40
	氧化铝	1.24	—	未锻轧铝及铝材	1.5	52.70
	农产品	0.55	50.97	铁合金	1	−79.70

	主要进口商品	进口额（亿元）	同比（%）	主要出口商品	出口额（亿元）	同比（%）
宁夏	金属矿及矿砂	13.90	−60.80	双氰胺	6.99	9.96
	机电产品	9.40	−3.50	泰乐菌素	6.4	41.28
	钢材	1.70	23.20	金属锰	4.03	−23.57
	多晶硅	1.20	59.40	坦铌铍制品	3.29	−9.78
	农产品	1.18	48.50	铁合金	2.89	−52.07
新疆	天然气	94.70	−8.20	机电产品	349.97	3.60
	金属矿及矿砂	61.59	12.50	服装及衣着附件	246.72	−23.00
	农产品	48.92	−3.10	鞋靴	81.77	−33.20
	未锻轧铜及铜材	47.17	15.00	文化产品	71.58	−5.50
	机电产品	39.80	1.40	农产品	60.02	−21.50

注：由于陕西、宁夏2019年进、出口商品类别缺失，无同比增长数据。

资料来源：根据2020年各省份国民经济与各地社会发展统计公报以及统计年鉴、2020年各省份海关数据整理得出。

表20-8 2021年西北地区对外贸易主要产品

	主要进口商品	进口额（亿元）	同比（%）	主要出口商品	出口额（亿元）	同比（%）
陕西	机电产品	1573.52	14.82	机电产品	2318.81	367.63
	金属矿及矿砂	116.02	40.02	文化产品	57.64	371.92
	未锻轧铜及铜材	113.77	38.91	农产品	35.74	144.96
	煤及褐煤	60.67	35.36	纺织纱线、织物及其制品	25.24	−8.06
	农产品	55.53	23.91	基本有机化学品	20.08	220.77
甘肃	金属矿及矿砂	214.40	34.85	机电产品	50.70	11.85
	机电产品	72.60	83.15	高新技术产品	31.58	23.46
	镍钴新材料	32.50	26.20	农产品	18.98	−3.46
	高新技术产品	46.32	57.71	医药材及药品	2.56	37.63
	未锻轧铜及铜材	20.55	−3.57	文化产品	2.38	108.14

续表

	主要进口商品	进口额 （亿元）	同比 （%）	主要出口商品	出口额 （亿元）	同比 （%）
青海	铜矿砂及其精矿	2.52	−47.28	机电产品	1.50	−36.17
	机电产品	1.40	34.62	焦炭及半焦炭	2.28	236.10
	高新技术产品	0.80	−99.98	硅铁（按重量记含硅量>55%）	1.83	95.40
	农产品	0.61	−50.81	未漂白或漂白桑蚕丝机织物（含丝≥85%）	1.02	205.60
	—	—	—	冻鳟鱼	1.01	620.90
宁夏	机电产品	12.70	35.11	枸杞	2.21	−19.10
	金属矿及矿砂	12.20	−13.80	泰乐菌素	7.42	15.94
	农产品	2.60	120.34	维生素C及其衍生物	3.21	62.40
	多晶硅	1.70	41.67	双氰胺	11.09	58.70
	—	—	—	金属锰	10.93	171.22
新疆	天然气	72.19	−23.77	服装及衣着附件	391.93	58.86
	金属矿及矿砂	58.67	−4.74	机电产品	360.16	2.91
	未锻轧铜及铜材	36.84	−21.90	鞋靴	114.78	40.37
	农产品	32.33	−33.60	文化产品	54.76	−23.50
	机电产品	25.06	−37.04	农产品	49.83	−16.98

资料来源：根据2021年各省份国民经济与各地社会发展统计公报以及统计年鉴、2021年各省海关数据整理得出。

表20-9 2022年西北地区对外贸易主要产品

	主要进口商品	进口额 （亿元）	同比 （%）	主要出口商品	出口额 （亿元）	同比 （%）
陕西	机电产品	1141.47	−27.46	机电产品	2613.75	12.72
	高新技术产品	1059.2	−27.50	高新技术产品	2196.92	10.17
	未锻轧铜及铜材	126.49	11.18	农产品	41.45	15.98
	金属矿及矿砂	98.68	−14.95	文化产品	32.98	−42.78
	煤及褐煤	73.68	21.44	钢材	27.09	93.03

	主要进口商品	进口额（亿元）	同比（%）	主要出口商品	出口额（亿元）	同比（%）
甘肃	金属矿及矿砂	247.51	15.44	机电产品	62.43	23.14
	机电产品	63.30	−12.81	高新技术产品	39.72	25.78
	高新技术产品	48.26	4.19	农产品	24.62	29.72
	未锻轧铜及铜材	14.49	−29.49	集成电路	20.97	−8.44
	农产品	11.23	−26.46	食品	18.62	26.03
青海	机电产品	1.60	14.29	机电产品	4.50	200.00
	高新技术产品	1.10	37.50	高新技术产品	1.40	617.50
	铝矿砂及其精矿	7.16	1313.70	硅铁，按重量计含硅量＞55%	2.87	56.83
	锌矿砂及其精矿	3.12	−49.20	碳酸钠（纯碱）	2.23	5001.90
	镍矿砂及其精矿	1.38	35.10	锂	1.66	540.60
宁夏	金属矿及矿砂	23.15	89.75	机电产品	38.92	23.89
	机电产品	20.95	64.96	基本有机化学品	33.74	26.95
	农产品	3.83	47.31	高新技术产品	30.38	77.93
	高新技术产品	3.81	−7.89	劳动密集型产品	17.38	3.15
	多晶硅	3.54	108.24	医药材及药品	16.73	−3.62
新疆	铜矿砂及其精矿	78.22	176.59	服装及衣着附件	511.57	30.53
	天然气	74.14	2.70	鞋靴	209.62	82.63
	未锻轧其他精炼铜阴极	27.32	−22.85	玩具及模型	49.63	40.48
	平均粒度＜0.8mm未烧结铁矿砂及其精矿	17.33	99.28	汽车及其零配件	160.47	149.74
	炼焦煤	17.09	140.37	番茄酱罐头重量＞5kg	29.70	62.98

资料来源：根据2022年各省份国民经济与各地社会发展统计公报以及统计年鉴、2022年各省海关数据整理得出。

从西北地区对外贸易结构来看，贸易大省陕西省和新疆维吾尔自治区，分别以加工贸易和边境小额贸易为主，其他三省（区）均以一般贸易为主。从2020年、2021年、2022年进出口情况来看，陕西省的加工贸易进出口占其进出口总额比重均超过50%，是陕西省最为主要的贸易方式，且一般贸易比重在逐年上升，从25.43%上涨至35.39%，保税物流比重在下降，从20.99%下降至10.95%；甘肃省贸易方式主要以一般贸易为主，一般贸易进出口占其进出口总额比重在65%以上，加工贸易比重基本稳定，保税物流的比重小幅增加，从0.37%上涨至3.67%；青海省贸易方式也主要以一般贸易为主，一般贸易进出口占其进出口总额比重在97%以上，加工贸易、保税物流所占比重极小，加工贸易在0.10%以下，保税物流2022年才上涨至2.26%；宁夏回族自治区贸易方式以一般贸易为主，一般贸易进出口占其进出口总额比重在60%以上，加工贸易比重下降幅度较大，从36.55%下降至1.02%，保税物流进出口增幅较大，从0.34%上涨至27.31%；新疆维吾尔自治区以边境小额贸易为主，占其进出口总额比重从47.15%上涨至60.89%，一般贸易从46.19%下降至27.13%，加工贸易基本稳定，保税物流从5.17%上涨至10.24%。

从进口方面看，陕西省进口是以加工贸易为主，且占其进口额比重从2020年的65.39%下降至2022年的47.00%，一般贸易进口从27.07%上涨至39.11%，保税物流基本稳定；甘肃省、青海省、宁夏回族自治区、新疆维吾尔自治区四省（区）是以一般贸易进口为主，其中，甘肃省加工贸易进口优于保税物流进口，青海省加工贸易进口与保税物流进口基本相当且占比极小，宁夏回族自治区保税物流进口逐渐优于加工贸易进口，新疆维吾尔自治区保税物流进口逐渐成为次进口贸易方式。

从出口方面看，陕西省出口是以加工贸易为主，且占其出口总额比重从2020年的57.37%下降至2022年的53.87%，一般贸易出口、保税物流变化基本稳定；甘肃省、青海省、宁夏回族自治区三省（区）出口以一般贸易为主，其中，甘肃省加工贸易出口优于保税物流出口，青海省加工贸易出口与保税物流出口相当且占比极小，宁夏回族自治区保税物流出口逐渐优于加工贸易出口；新疆维吾尔自治区出口以边境小额贸易为主，一般贸易出口次之，保税物流出口略优于加工贸易出口（表20-10、表20-11、表20-12）。

表20-10 2020年西北地区对外贸易结构

（单位：亿元、%）

		进出口		出口		进口	
		总额	比例	总额	比例	总额	比例
陕西	一般贸易	73.81	25.43	42.95	30.44	30.86	27.07
	加工贸易	155.50	53.58	80.95	57.37	74.55	65.39
	保税物流	60.90	20.99	17.20	12.19	8.60	7.54
甘肃	一般贸易	17.66	67.36	6.26	78.96	11.40	62.43
	加工贸易	8.46	32.28	1.67	21.04	6.79	37.21
	保税物流	0.10	0.37	0.00	0.00	0.07	0.37
青海	一般贸易	2.71	99.99	1.03	99.98	1.68	100.00
	加工贸易	0.00	0.01	0.00	0.02	0.00	0.00
	保税物流	0.00	0.00	0.00	0.00	0.00	0.00
宁夏	一般贸易	7.65	63.11	6.34	70.91	1.31	41.15
	加工贸易	4.43	36.55	2.56	28.62	1.87	58.85
	保税物流	0.04	0.34	0.04	0.47	0.00	0.00
新疆	一般贸易	685.61	46.19	478.07	43.52	207.54	53.79
	加工贸易	12.54	0.84	4.95	0.45	7.59	1.97
	保税物流	76.77	5.17	5.51	0.50	71.26	18.47
	边境小额贸易	699.87	47.15	601.40	54.75	98.47	25.52

注：加工贸易=来料加工贸易+进料加工贸易；保税物流=海关保税监管场所进出境货物+海关特殊监管区域物流货物。该表与表20-11、表20-12中的"比例"是指不同贸易方式占贸易总额的比重，新疆维吾尔自治区由一般贸易、加工贸易、保税物流和边境小额贸易4种贸易方式构成，其他四省（区）由一般贸易、加工贸易、保税物流3种贸易方式构成。

资料来源：根据2020年各省份海关数据、商务厅数据、2020年各地国民经济与社会发展统计公报整理得出。

表20-11 2021年西北地区对外贸易结构

（单位：亿元、%）

		进出口		出口		进口	
		总额	比例	总额	比例	总额	比例
陕西	一般贸易	1307.52	27.48	606.11	27.66	701.41	27.33
	加工贸易	2556.94	53.74	1102.11	50.29	1454.83	56.69
	保税物流	620.33	13.04	216.29	9.87	404.05	15.75
甘肃	一般贸易	331.85	72.29	58.34	65.40	273.51	73.95
	加工贸易	108.73	23.68	29.16	32.69	79.56	21.51
	保税物流	18.49	4.03	1.71	1.92	16.78	4.54
青海	一般贸易	30.83	99.98	16.77	99.96	14.06	100
	加工贸易	0.01	0.02	0.01	0.04	0.00	0.00
	保税物流	0.00	0.00	0.00	0.00	0.00	0.00
宁夏	一般贸易	184.21	94.60	147.63	94.21	36.58	36.58
	加工贸易	5.24	2.69	3.89	2.48	1.35	1.35
	保税物流	5.28	2.71	5.19	3.31	0.09	0.09
新疆	一般贸易	74.85	40.75	397.81	31.26	241.60	81.54
	加工贸易	0.22	0.83	4.88	0.38	8.15	2.75
	保税物流	13.39	4.67	30.00	2.36	43.33	14.62
	边境小额贸易	106.62	53.11	830.64	65.26	2.63	0.89

注：加工贸易=来料加工贸易+进料加工贸易；保税物流=海关保税监管场所进出境货物+海关特殊监管区域物流货物。

资料来源：根据各省份2021年海关数据、商务厅数据、2021年各地国民经济与社会发展统计公报整理得出。

表20-12　2022年西北地区对外贸易结构

表20-12　2022年西北地区对外贸易结构

（单位：亿元、%）

		进出口		出口		进口	
		总额	比例	总额	比例	总额	比例
陕西	一般贸易	1711.40	35.39	998.05	33.14	713.35	39.11
	加工贸易	2479.57	51.28	1622.31	53.87	857.27	47.00
	保税物流	529.42	10.95	384.75	12.78	144.66	7.93
甘肃	一般贸易	389.33	66.84	88.43	70.07	300.89	65.95
	加工贸易	171.72	29.48	33.17	26.28	138.55	30.37
	保税物流	21.40	3.67	4.61	3.65	16.79	3.68
青海	一般贸易	42.00	97.70	26.5	100	15.5	94.10
	加工贸易	0.00	0.00	0.00	0.00	0.00	0.00
	保税物流	0.97	2.26	0.00	0.00	0.97	5.90
宁夏	一般贸易	184.29	71.60	146.24	74.32	38.05	62.78
	加工贸易	2.62	1.02	1.95	0.99	0.68	1.12
	保税物流	70.30	27.31	48.45	24.62	21.84	36.05
新疆	一般贸易	668.25	27.13	414.45	19.82	253.80	68.16
	加工贸易	30.43	1.24	14.44	0.69	15.99	4.29
	保税物流	252.23	10.24	155.32	7.43	96.91	26.03
	边境小额贸易	1500.18	60.89	1494.84	71.48	5.34	1.43

注：加工贸易=来料加工贸易+进料加工贸易；保税物流=海关保税监管场所进出境货物+海关特殊监管区域物流货物。

资料来源：根据各省份2022年海关数据、商务厅数据、2022年各省份国民经济与社会发展统计公报整理得出。

三、西北地区深化开放发展的机遇与挑战

（一）深化开放发展的新机遇

1.向西开放的区域优势不断凸显

西北地区接近中亚、连通亚欧，随着国际班列的不断开通和加密，区位条件得到不断改善。共建"一带一路"10年来，西北地区的综合保税区、特殊监管区、边境经济合作区、跨境电子商务综合试验区等多层次开放平台不断搭建，航空口岸、铁路口岸等国际化战略平台建设不断完善，商贸物流中心、交通枢纽中心、文化科教中心、医疗服务中心、区域金融中心等建设也深入推进，"一带一路"的重要枢纽节点功能不断凸显，西北内陆地区的贸易条件得到大幅改善。与此同时，随着连云港—霍尔果斯新亚欧陆海联运的不断构建以及陕西自贸试验区、新疆自贸试验区的创设，将进一步推动西北地区全方位的高水平对外开放。

2.陆海新通道推动形成地区开放发展新优势

"一带一路"倡议提出和实施10年来，部分地改善了西北地区的区位条件，使西北地区从内陆腹地不断走向向西开放的前沿，口岸便捷化建设、货运班列常态化运行，极大地降低了与"一带一路"共建国家经贸往来的运输成本，也就是降低了最重要的贸易成本，便利了商品、劳务、人员的跨境流动，并使西北地区的比较优势得以凸显，进而形成一定的竞争优势。"渝新欧"国际铁路联运大通道和西部陆海新通道的建设与发展，重塑了西北内陆地区的经济地理格局，为其深度参与国际分工合作，尤其是国际产能合作和国际贸易进出口等提供了便利条件[16]。同时，陆海新通道沿线聚集了大量产业园区[17]，正在成为促进与"一带一路"共建国家资源开放共享、有效合理利用和保障我国资源供给的重要平台[18]，为西北地

区深化开放发展提供了新的可能性。

3."一带一路"倡议与区域重大战略衔接耦合产生的机遇

国家区域重大战略以城市群为增长极，进行区域协调发展，"一带一路"倡议也包含区域经济合作[19]。在构建国内国际双循环新发展格局下，随着京津冀协同发展、长江经济带发展、粤港澳大湾区建设、长江三角洲区域一体化发展、黄河流域生态保护和高质量发展等国家区域重大战略的系统推进，"一带一路"建设与这些区域重大战略不断衔接耦合，有利于东西部、国内外资源在城市（群）之间合理地协调配置，这将为西北地区参与共建"一带一路"提供了新的机遇。

4.深厚的历史文化底蕴为持续开放发展提供的机遇

古长安是丝绸之路的起点，西北地区既是丝绸之路的重要通道，也是共建"一带一路"的文化资源富集区和中外不同文明交流和人文合作的历史文化记忆库。西北地区蕴藏着丰富的自然人文资源，具有深厚的历史文化底蕴，也是我国旅游资源最为富集的区域之一[20][21]。随着中外人文、经贸往来交流的不断深入，将为西北地区优势的文化产业深度合作、文化产品和服务海外推销、国际领先文化企业和人才引进等提供巨大的机遇，并为夯实"一带一路"的民心相通奠定坚实的基础。

5.数字经济赋能所产生的竞争新优势

西北地区具有电力丰富、风光资源富集、用地空间大等发展数字经济的明显资源优势，宁夏和甘肃已被纳入国家"东数西算"八大算力枢纽节点的总体布局之中，数字技术及其衍生的数字治理，将赋能传统产业转型升级，塑造区域新的竞争优势，发挥动态的比较优势，这些将为地处内陆、远离世界经济中心、改革和开放相对滞后的西北地区实现弯道超车创造难得的机会。

（二）深化开放发展的新挑战

1.开放程度和水平相对较低

2022年，我国进出口额排名前五的省（市）都在东部地区，分布在广东省（83103亿元）、江苏省（54455亿元）、浙江省（46837亿元）、上海市（41903亿元）、北京市（36446亿元），其进出口总额合计约达26.27万亿元，占全国比重高达62.46%；西北地区进出口总额合计仅为8167.26亿元，占全国的比重仅为1.94%，分别相当于第1名、第5名外贸大省（市）广东省和北京市的9.83%、22.41%。因此，西北地区的进出口总额规模还是比较小的。从全国省份中分布跨境电子商务综合试验区的城市数量来看，截至2022年11月，广东省、山东省、江苏省、浙江省位于全国前四位，分别有21、16、13、12座城市，而新疆维吾尔自治区、陕西省、甘肃省、青海省和宁夏回族自治区分别只有4、3、2、2、1座城市，西北地区合计只有12座城市，仅与浙江省一个省拥有的数量相当，且低于广东省、江苏省等地区①。从自贸区数量上看，沿海和沿江五大世界级城市群一共拥有12个自贸区和41个片区，占了全国自贸区总数的一大半和片区数量的2/3以上，西北地区仅有陕西省、新疆维吾尔自治区2个自贸区[19]。总体上来看，西北地区的开放程度和开放水平都比较低。

2.国际、区际和区内开放不平衡

从现实来看，西北地区开放发展最为关键的初始条件就是"一带一路"，10年来，虽然西北地区对外贸易取得了较大的进步，但国际、区际和区内开放不平衡，区际和区内开放相对滞后[22]。从国际开放来看，2022年西北地区的贸易依存度为11.55%，远低于全国34.92%的对外开放水平；用实际利用外资额与国内（地区）生产总值比值反映的实际利用外资依存

---

①中国发展改革.国务院批复同意，33个城市和地区设立跨境电子商务综合试验区［EB/OL］.（2022-11-24）［2023-09-10］.https://mp.weixin.qq.com/s/Ct7OszIVRLg5Tqv7_BdmNw.

度，西北地区为0.23%，也远低于全国1.02%的平均水平。从区际开放来看，以社会零售商品总额占国内（地区）生产总值的比重衡量商品市场活跃程度，反映区际商品市场的发育状况，发现2013年西北地区的商品市场活跃程度为18.31%，全国为39.17%，2022年西北地区为28.05%，全国为36.34%，虽然10年来西北地区的区际开放有所提高，但仍低于全国平均水平。从区域内开放来看，2022年，广东省民营企业超过677万家，名列全国第一，陕西省、甘肃省、青海省、宁夏回族自治区、新疆维吾尔自治区分别为141.0万家、60.0万家、13.0万家、19.6万家、44.1万家，西北地区民营经济发展相对滞后[1]；2019年，陕西省、甘肃省、青海省、宁夏回族自治区、新疆维吾尔自治区市场化水平分别为5.72、3.95、3.35、4.45、3.93，陕西省、宁夏回族自治区两省（区）市场化水平较高，西北地区平均市场化指数为4.28，全国的市场化指数为5.81，与全国平均水平的差距为1.53[23]。

3.开放发展的领域和内容不协调

西北地区对外贸易主要面向中亚、中东欧、俄罗斯、港澳等国家和地区，而贸易产品主要集中在机电、能源及矿产资源、新材料、特色农业、葡萄酒、粮食、肉类、冰鲜、水果、原木、药品等产品上，虽然能源矿产合作等经贸合作相对更多，但高技术含量、高价值链的对外合作相对较少，且西北更有优势的人文、文化、生态、旅游等领域合作相对欠缺。目前，西北地区的开放更多以要素开放为主，在规则和标准等制度性开放方面颇有不足。

4.城市规模结构对开放发展的支撑不足

2022年，西安、乌鲁木齐和兰州的城区常住人口分别达到770.00万人、383.77万人、303.75万人，西北地区只有西安1座人口超过500万人的

---

①中国民营经济研究会.中国百强产业集群（民营经济集聚区）研究报告——民营经济发展现状［EB/OL］.（2023-04-20）［2023-09-10］.https://mp.weixin.qq.com/s/1w2rL8509oiL8o3O3NdZ7w.

特大城市，以及乌鲁木齐和兰州2座人口超过300万人的I型大城市，其他均为中小城市。从都市圈发展来看，目前西北地区只形成了3个都市圈，且发育程度较低，发展水平不高[24]，兰州都市圈、乌鲁木齐都市圈仍处在都市圈的萌芽期，西安都市圈处于发育期。关中平原城市群、宁夏沿黄城市群、天山北坡城市群和兰州—西宁城市群是西北地区国家规划建设和培育发展的城市群，且这4个城市群的综合竞争力偏弱、城市间经济文化联系度偏低、城市营商环境水平较低，因此，西北地区开放发展的支撑能力相对不足。

5.空间距离大引致较高的贸易成本

空间经济学强调三个"D"：分别是密度（Density）、距离（Distance）和分割（Division）：密度是规模经济的体现；距离代表了运输成本，对地区间的经济活动产生了阻隔的作用；分割是指人口地区间不能自由流动[25]。西北地区相对远离北美、西欧和东亚等世界三大经济中心，人口密度低、市场容量小、规模经济不凸显，内外空间距离大、运输成本较高、外部距离远等现状造成了空间格局不经济。到沿海大港口的距离是影响地区经济外向发展的最重要因素之一，港口附近的国际贸易运输成本较低，且到沿海大港口的距离近的地区经济总量也较高[26]。西北地区整体上与港口距离远，海运等运输成本相对更高。

四、西北地区深化开放发展的路径选择

（一）不断拓展合作领域，推进制度性开放

共建"一带一路"倡议实施10年来，西北地区正在成为中国开放发展的新前沿。西北地区在国家能源安全、边疆安全、生态安全和民族团结等方面承担着重要的功能，这就需要充分发挥其在共建"一带一路"倡议中

重要的区位和通道优势，在现有经贸往来的基础上，深入开展西北地区更具优势的人文、文化、生态、旅游等方面的合作。不断拓展在科技研发、教育培训、跨境电子商务等向西开放的新领域。在要素开放的同时，稳步扩大规则、规制、管理和标准等制度型的开放，持续推进高水平贸易畅通，深化双边多边经贸合作，提高贸易投资自由化、便利化水平[27]，推动共建"一带一路"高质量发展。

（二）通过"三重开放"，实现更高水平开放

在区域内市场主体相对不发达和市场体系相对不健全条件下，西北地区共建"一带一路"的过程中要协同推进区域内开放、区际开放与国际开放[28]。首先，要大力改善西北地区的营商环境，积极发展民营经济，激发各类市场主体的活力，提高市场化水平，营造国际化、市场化和法治化的制度环境，着力构建各类市场主体尤其是民营企业公平竞争和充分竞争的制度环境，不断降低制度性交易成本。其次，在建设全国统一大市场的背景下，西北地区应明确优势产业，促进劳动力、资本等要素的自由流动，并依托地域优势，促进区际开放。最后，以向西开放为主，深化与"一带一路"共建国家的经济和文化联系，不断拓展合作领域，深化合作内涵。

（三）培育区域性中心城市，增强与区域重大战略的协同性

目前区域竞争正在从政策与要素竞争转向城市竞争，城市竞争则从争夺投资与产业转向人力资本竞争[29]。西北地区需要增强共建"一带一路"、黄河流域生态保护和高质量发展等区域重大战略的衔接性和协同性，以深厚的文化底蕴为基础，不断提升关中平原城市群、兰州—西宁城市群、宁夏沿黄城市群、天山北坡城市群等优势区域的经济和人口承载能力，建设现代化的西安、乌鲁木齐和兰州三大都市圈，培育和发展区域性中心城市，不断强化西北地区在共建"一带一路"中的枢纽和节点功能。

（四）深化区域合作，与东部共建海外产业园区

西北地区需要借助东部地区丰富的海外市场拓展经验和渠道，并引进、吸收、消化东部地区的关键技术、成套技术和外贸经验[30]，对传统产业进行改造升级。探索"产业飞地""创新飞地"等合作模式，立足于自身特色形成特色优势产业，实现错位发展，并通过优势互补促进产业结构升级，加快形成新材料、新能源、先进制造业、特色农牧业、生物医药等创新型产业集群，借助东部在海外产业园建设的技术和经验，共建海外产业园区，合力提升对外合作的能力和水平，不断深化与"一带一路"共建国家的经贸往来、文化合作、人文交流。

（五）把握数字经济机遇，不断降低贸易成本

数字经济赋能高水平开放，形成开放发展的新优势。西北地区要积极参与数字丝绸之路建设，前瞻布局5G、人工智能、工业互联网等新型基础设施建设，推进"一带一路"信息港和数据中心建设，推动产业数字化、数字产业化、治理数字化、数字技术场景丰富化以及数据要素价值化的探索。加速数字贸易发展，推进传统贸易方式的数字化升级和贸易内容的数字化拓展。不断提高跨境电商平台、智慧物流、口岸智能监管等建设水平，不断提高支付结算、通关的便利化水平，注重知识产权保护和隐私保护。进一步完善上下游链条产业的数字化配套设施，促进交通运输和物流的流程合理化、成本节约化。依托数字技术提高生产管理效率和贸易便利化水平，拓展新的合作空间，形成新的增长动力源[31]，以数字化不断降低运输的贸易成本，深入推动"数字丝绸之路"建设。

参考文献

［1］陈润羊，张贵祥.西北五省区丝绸之路经济带战略规划的比较研究［J］.改革与战略，2018，34（3）：78-83.

［2］白永秀，陈煦.中国式现代化新征程中"一带一路"高质量发展：成就、变局与转型［J］.人文杂志，2023（6）：21-31.

［3］安树伟."一带一路"对我国区域经济发展的影响及格局重塑［J］.经济问题，2015（4）：1-4.

［4］陶凤鸣，杨佳，张柳柳."一带一路"国内国际研究的文献计量对比分析与政策建议［J］.重庆大学学报（社会科学版），2023，29（6）：85-99.

［5］朱兰.共建"一带一路"十年：进展、成就与展望［J］.改革，2023（7）：47-56.

［6］张辉，韦东明."一带一路"高质量发展推进高水平对外开放的成就、挑战与路径［J］.兰州大学学报（社会科学版），2023，51（5）：13-26.

［7］朱廷珺，孙睿."一带一路"沿线西部省份开放型经济运行效率研究［J］.经济经纬，2016，33（2）：7-12.

［8］卫玲，戴江伟.丝绸之路经济带中国段集聚现象透视——基于城市位序—规模分布的研究［J］.兰州大学学报（社会科学版），2015，43（2）：1-7.

［9］赵霞，王志增，朱启航.比较优势、空间差异与区域产业定位——基于偏离—份额模型的丝绸之路经济带沿线省区分析［J］.经济与管理，2017，31（2）：17-26.

［10］姜安印，刘晓伟."一带一路"背景下我国西北五省（区）产业结构协同测度及发展研究［J］.新疆社会科学，2017（3）：47-53.

［11］李杰，陈英，谢保鹏，等.丝绸之路经济带西北段城市联系及空间格局［J］.地域研究与开发，2021，40（2）：50-55.

［12］柳希."一带一路"沿线西部省份开放型经济运行效率研究［J］.当代经济，2018（18）：4-5.

［13］杨永春."一带一路"倡议下中国深内陆城市全球化的基本路径［J］.兰州大学学报（社会科学版），2023，51（3）：50-61.

［14］于津平，刘依凡.新发展格局下"一带一路"建设的推进策略［J］.江苏社会科学，2023（2）：136-146，243.

［15］陈润羊，张双悦.我国丝绸之路经济带研究的特点与展望［J］.兰州财经大学学报，2018，34（1）：24-32.

［16］郭爱君，范巧，张永年.西北经济走廊建设与发展：战略构想、现实条件与有效路径［J］.兰州大学学报（社会科学版），2020，48（1）：72-81.

［17］倪红福，向迪，王文斌.共建"一带一路"对构建新发展格局的作用［J］.全球化，2022（4）：31-40，133.

［18］石钰，王兴平，戴宜顺."一带一路"沿线中国境外资源型产业园区发展研究［J/OL］.国际城市规划，1-18［2023-12-31］.https：//doi.org/10.19830/j.upi.2023.127.

［19］赵伟.国家战略视阈的自贸港、自贸区着力点与地方政府选择［J］.云南社会科学，2023（5）：74-82.

［20］汪永臻，曾刚.空间视角下丝绸之路文化遗产廊道构建研究——以甘肃段为例［J］.世界地理研究，2022，31（4）：862-871.

［21］杨雪可，陈金华."丝绸之路经济带"线性非遗廊道构建研究［J］.干旱区资源与环境，2021，35（10）：202-208.

［22］王必达.论甘肃向西开放的模式选择与政策取向［N］.甘肃日报，2021-12-13（004）.

［23］王小鲁，樊纲，胡李鹏.中国分省份市场化指数报告（2021）［M］.北京：科学技术文献出版社，2021.

［24］陈润羊，李文婧，张旭雯.构建"内联外通、开放包容"的兰州都市圈［J］.中国投资，2023（Z9）：72-77.

［25］陆铭.大国大城：当代中国的统一、发展与平衡［M］.上海：上海人民出版社，2016：60-63.

［26］陆铭.向心城市：迈向未来的活力、宜居与和谐［M］.上海：上海人民出版社，2022：99-143.

［27］王颂吉，韩瑞."一带一路"贸易便利化的十年进展、问题分析与推进路径［J］.西北大学学报（哲学社会科学版），2024，54（2）：54-64.

［28］王必达，赵城.黄河上游区域向西开放的模式创新："三重开放"同时启动与推进［J］.中国软科学，2020（9）：70-83.

［29］赵伟.国家战略、"一带一路"倡议与西部选择［J］.现代经济探讨，2022（7）：1-9.

［30］袁杰.西北地区对外贸易活动的现状及发展［J］.内蒙古大学学报（人文社会科学版），2005（2）：106-111.

［31］李晓钟，毛芳婷.数字经济对"一带一路"沿线国家创新绩效的影响研究［J］.中国软科学，2023（1）：40-50.

后记

　　几年前，我彼时正在北京攻读博士学位，有感于地域研究与区域发展的紧密联系，撰写过一篇文章，题为《地域研究与区域发展相关：由"京津冀多部曲"到"山西三部曲"再到"甘肃一部曲"》。在文中，我提出了这样一个命题：一个区域的经济发展情况与研究的关注度和深入度具有相关性。

　　身为甘肃人，看到甘肃省经济增长持续低迷、人均地区生产总值在全国排名持续靠后，我不禁陷入沉思：这是否与研究不够深入具有因果关联呢？当然，在经济发展滞后的背后，科学决策、民主决策等方面的因素，同样有着更深层次的原因。

　　地域研究，是否也像区域经济一样具有梯度分布的特征呢？以我比较熟悉和了解的东部的京津冀、中部的山西省和西部的甘肃省为例，似乎能够找到相关印证。京津冀的研究成果非常丰富多样，其中也包括我本人曾参与的京津冀蓝皮书，我称之为"京津冀多部曲"。针对山西省的相关研究也颇为充分；如山西籍的区域经济学学者安树伟教授主编和主撰的《山西经济地理》《山西省资源型经济转型》《山西迈向高质量发展之路》（本人曾参与该著作的研究）三本书，我称之为"山西三部曲"。然而，以甘肃省为研究对象的成果却极其稀缺，即便市面上存在一些相关论著，也都是年代久远的论著。

鉴于此，身为陇原学人，我一直以来的愿望是能够在保持专业问题研究的同时，持续跟踪并研究甘肃省经济发展的相关问题。数年来，我通过发表期刊学术文章和报刊理论文章，开展纵向课题研究和横向委托项目研究、接受电视访谈、进行干部培训授课、参与政府文件起草讨论和实际调研、密切关注政府政策动态、提交决策咨政报告等多种途径和方式，坚持不懈地为这个愿望而努力着。历经数年，积累了一系列的研究成果，而这些工作和成果，正是本书的基本素材和重要基础来源。

本书以"后发省域经济现代化"为主题，将我过去数年间完成的论文和报告进行了系统化的梳理和总结，书中所涵盖的问题，多数源于我个人深入思考，部分则是课题研究和委托项目所给定的命题内容。为了确保体系的系统性和逻辑的连贯性，我依据历史逻辑、理论逻辑和现实逻辑相统一的原则对书稿进行了重新组织、补充完善和细致修改。

在此过程中，我有幸参与了甘肃省政府参事室为牵头单位的甘肃省第十四次党代会前期研究的专题调研和写作工作，也为甘肃省政府工作报告的起草提供了书面建议。作为主笔人完成的咨政报告，数次获得了中共甘肃省委、甘肃省政府主要负责人的肯定性批示，并得到督办落实，其中提出的部分政策建议，被《甘肃省国民经济和社会发展第十四个五年规划和二〇三五年远景目标纲要》所采纳。

令人欣慰的是，萌芽于2019年8月，正式发表于2021年2月5日《甘肃日报》上的文章"在优化营商环境上下更大功夫"，我提出了"研究和论证成立专门的省级营商环境督导、服务以及咨询机构的必要性和可行性"的建议；2024年1月，甘肃省营商环境建设局揭牌成立。当然不能断言这两者之间有必然关联，但至少昭示了理论预判的力量，也进一步激发了我不断深入研究的兴趣和动力①。

本书大部分的研究选题则来源于我本人的思索，这些思索源头追溯于读书获得的理论启示和观察现实获得的灵感，并将这些思考的成果凝练成各类文稿。工作至今的20多年来，我以研究者的身份，跑遍了甘肃省所辖的14个市州以及许多县市和乡村。因此，本书的主体内容和观察思考，很大程度上得益于这些经历②。

感谢为完成本书提供便利、指导、鼓励的所有老师、同仁、朋友和学生。本书所属的丛书主编、首都经济贸易大学安树伟教授，总是不断引领我进行前沿理论问题的探索。在本书研究过程中，我得到了浙江大学赵伟教授、中国社会科学院吴利学研究员、中国宏观经济研究院黄征学研究员、甘肃省社会科学院安江林研究员等专家学者的指导。甘肃省政府参事室副主任魏琳和刘娜，魏秀鸿参事、梁亚民参事等，为我创作提供了接触现实问题的宝贵机会。曾任甘谷县发改局副局长、现任大像山镇一级主任科员的王顺定，热情提供了甘谷县最近几年的基础数据，使得7年前我曾参与的有关甘谷县县域经济、乡村振兴的研究得以延续和深化。酒泉市商务局副局长屈生辉，多年来一直为我提供最新的地方发展材料助力我紧跟发展动态，把握研究方向。甘肃省社科规划办、科学技术厅和教育厅进行了相关课题的立项资助和组织实施工作。兰州财经大学区域经济学硕士生王洋洋、李瑞珠、李文婧、张旭雯全心投入、不厌其烦，协助完成了数据和资料更新、文献补充等诸多繁杂琐碎的基础性工作。

当我恳请赵伟教授作序时，他阅读书稿后慷慨应允，并提出了修改

①详见本书第二章、第十九章的相关脚注说明。
②关于笔者对甘肃发展有关问题的困惑、思索和研究的心路历程，可参阅本人在博士论文基础上修订的专著《区域环境协同治理：演进、机制与模式》（2022年6月由浙江大学出版社出版发行）一书的"后记"。

书名的中肯建议，令我深受感动。该篇代序，无疑极大地提升了本书的质量，弥补了书中可能存在的不足。作为从陇原大地走出去的经济学家，赵伟老师多年来一直通过倡议并成立"兰山经济论坛"、搭建在兰经管院校学术交流平台、担任兰州大学经济学院学术院长、回甘作学术报告和主题演讲、指导青年学人等多种方式，积极回馈故乡！我也一直从他微信公众号的多篇文章中获得思想启发，曾一度萌生出撰写一本类似他的《空间视野看中国经济大势》那样既通俗易懂，又富有思想内涵的学术随笔的念头，然而因自身学识所限，只能对赵伟老师的成就高山仰止了。我唯有通过持续和更深入的研究，才不辜负所有鼓励和支持者的期许。

山西经济出版社的丰艺编辑，凭借其专业的水准和认真负责的态度，使本书增色不少，以更好的面貌呈现在读者面前。

当然，家庭的支持，是我前行的不懈动力。我铭记母亲、妻子和儿子及亲人们一直以来给予我的支持和付出，他们的爱与理解是我持续研究探索的坚实后盾。

坦率而言，我虽满怀研究的热忱，但目前的研究程度有深有浅，甚至也有错漏之处，之所以梳理成书予以出版，一是对自己多年来思考历程的回顾和总结，期望能借此梳理过往，为后续研究提供清晰脉络；二是期望引起更多同仁对甘肃这类历史文化底蕴深厚，却在经济发展方面面临困境的后发地区的兴趣和重视，以抛砖引玉之姿，带动更多关注和研究，这也正是我出版本书的初衷所在。

我也深感，本书尚有很多不足，仅仅是阶段性思考的产物，且一些问题还是停留在表面上，希望方家和读者批评指正，也诚邀更多关注、关心后发地区尤其是甘肃省地域问题的同道者共同进行探索，并期待通过扎实深入的研究为后发地区的高质量发展继续贡献自己的一份绵薄之力。

本书即将付梓之时，甘肃省教育厅原副巡视员、原甘肃省招生办公室主任程耀荣先生特意题诗，这首诗精准地表达了本书的研究主题，同时也饱含着对我的殷切期许：

日夜潜心区域经，抛家攻博进京城。

勤翻史料求真意，谦访名人敬业情。

参政调研华夏走，出谋划策陇原行。

十年磨剑锋芒在，不断耕耘梦想成。

陈润羊

2024年10月20日于金城兰州